Understanding and Application

《中华人民共和国
基本医疗卫生与健康促进法》
理解与适用

主编　申卫星

中国政法大学出版社

2020·北京

图书在版编目（ＣＩＰ）数据

《中华人民共和国基本医疗卫生与健康促进法》理解与适用/申卫星主编. —北京：中国政法
大学出版社，2020.6

　ISBN 978-7-5620-8002-2

　Ⅰ.①中…　Ⅱ.①申…　Ⅲ.①卫生法－法律解释－中国　Ⅳ.①D922.165

中国版本图书馆CIP数据核字(2020)第082032号

书　名	《中华人民共和国基本医疗卫生与健康促进法》理解与适用 ZHONGHUARENMINGONGHEGUO JIBEN YILIAO WEISHENG YU JIANKANG CUJINFA LIJIE YU SHIYONG
出版者	中国政法大学出版社
地　址	北京市海淀区西土城路 25 号
邮　箱	fadapress@163.com
网　址	http://www.cuplpress.com（网络实名：中国政法大学出版社）
电　话	010-58908466（第七编辑部）　010-58908334（邮购部）
承　印	保定市中画美凯印刷有限公司
开　本	720mm×960mm　1/16
印　张	21
字　数	345 千字
版　次	2020 年 6 月第 1 版
印　次	2020 年 6 月第 1 次印刷
定　价	68.00 元

编 委 会

前　言

2019 年 12 月 28 日，第十三届全国人民代表大会常务委员会第十五次会议通过了《中华人民共和国基本医疗卫生与健康促进法》（以下简称《基本医疗卫生与健康促进法》），自 2020 年 6 月 1 日起开始施行。这是我国卫生健康领域一部综合性、基础性立法，凝聚了法学界、医学界等社会各界近 20 年的艰辛努力和智慧供给，如今终于结出了硕果。这部法律的实施必将对全面推进"健康中国""法治中国"建设产生重要影响，也将成为我国卫生健康立法史上熠熠生辉的一页，具有十分重大而深远的意义。

我国《基本医疗卫生与健康促进法》共 10 章 110 条，内容丰富、体系完整，涵盖了基本医疗卫生服务、医疗卫生机构、医疗卫生人员、药品供应保障、健康促进、资金保障、监督管理、法律责任等方面的内容，凸显了"保基本、强基层、促健康"的理念，既总结了我国医药卫生体制改革业已取得的成功经验，又对当前卫生健康领域中多个社会关切的话题进行了回应；既借鉴了国际上一些成功范例，又立足我国实际构建了契合自身的本土路径，彰显出鲜明的中国特色。

为了增进对《基本医疗卫生与健康促进法》的认识和理解，做好对该法的宣传、贯彻，我们组织全国 24 位理论和实务专家共同编写了本书，其中大部分专家都曾不同程度地参与过本法的起草、咨询和论证工作，具有较为深厚的理论素养和丰富的实践经验。本书不仅适合在高等院校、科研院所从事卫生法学教育教学和研究的师生使用，而且对卫生行政部门、医疗卫生机构、药品企业等亦有较高的参考和指导价值。

　　本书的编写，几乎与我国新冠肺炎抗疫工作同时进行，全体编写人员一边积极参与防疫，一边编写本书，在感受健康权重要性的同时，充分认识到了我国在此次防控疫情工作中所体现出的制度优势。值此本书出版之际，唯愿疫情尽去，未来中国更加重视公共卫生的法治建设。本书是集体智慧的成果，主编、副主编均多次集中审稿、反复讨论，各位参编人员也积极回应，力求精准表达。但囿于时间仓促、水平有限，书中疏漏、不妥之处恐在所难免，祈请各位读者不吝指正。

本书编委会

2020 年 4 月 18 日

目　录

中华人民共和国基本医疗卫生与健康促进法

（2019 年 12 月 28 日第十三届全国人民代表大会常务委员会第十五次会议通过）

目 录

第一章　总 则

第一条　为了发展医疗卫生与健康事业，保障公民享有基本医疗卫生服务，提高公民健康水平，推进健康中国建设，根据宪法，制定本法。

第二条　从事医疗卫生、健康促进及其监督管理活动，适用本法。

第三条　医疗卫生与健康事业应当坚持以人民为中心，为人民健康服务。医疗卫生事业应当坚持公益性原则。

第四条　国家和社会尊重、保护公民的健康权。

国家实施健康中国战略，普及健康生活，优化健康服务，完善健康保障，建设健康环境，发展健康产业，提升公民全生命周期健康水平。

国家建立健康教育制度，保障公民获得健康教育的权利，提高公民的健康素养。

第五条 公民依法享有从国家和社会获得基本医疗卫生服务的权利。

国家建立基本医疗卫生制度，建立健全医疗卫生服务体系，保护和实现公民获得基本医疗卫生服务的权利。

第六条 各级人民政府应当把人民健康放在优先发展的战略地位，将健康理念融入各项政策，坚持预防为主，完善健康促进工作体系，组织实施健康促进的规划和行动，推进全民健身，建立健康影响评估制度，将公民主要健康指标改善情况纳入政府目标责任考核。

全社会应当共同关心和支持医疗卫生与健康事业的发展。

第七条 国务院和地方各级人民政府领导医疗卫生与健康促进工作。

国务院卫生健康主管部门负责统筹协调全国医疗卫生与健康促进工作。国务院其他有关部门在各自职责范围内负责有关的医疗卫生与健康促进工作。

县级以上地方人民政府卫生健康主管部门负责统筹协调本行政区域医疗卫生与健康促进工作。县级以上地方人民政府其他有关部门在各自职责范围内负责有关的医疗卫生与健康促进工作。

第八条 国家加强医学基础科学研究，鼓励医学科学技术创新，支持临床医学发展，促进医学科技成果的转化和应用，推进医疗卫生与信息技术融合发展，推广医疗卫生适宜技术，提高医疗卫生服务质量。

国家发展医学教育，完善适应医疗卫生事业发展需要的医学教育体系，大力培养医疗卫生人才。

第九条 国家大力发展中医药事业，坚持中西医并重、传承与创新相结合，发挥中医药在医疗卫生与健康事业中的独特作用。

第十条 国家合理规划和配置医疗卫生资源，以基层为重点，采取多种措施优先支持县级以下医疗卫生机构发展，提高其医疗卫生服务能力。

第十一条 国家加大对医疗卫生与健康事业的财政投入，通过增加转移支付等方式重点扶持革命老区、民族地区、边疆地区和经济欠发达地区发展医疗卫生与健康事业。

第十二条 国家鼓励和支持公民、法人和其他组织通过依法举办机构和捐赠、资助等方式，参与医疗卫生与健康事业，满足公民多样化、差异化、个性化健康需求。

公民、法人和其他组织捐赠财产用于医疗卫生与健康事业的，依法享受税收优惠。

第十三条 对在医疗卫生与健康事业中做出突出贡献的组织和个人，按照国家规定给予表彰、奖励。

第十四条 国家鼓励和支持医疗卫生与健康促进领域的对外交流合作。

开展医疗卫生与健康促进对外交流合作活动，应当遵守法律、法规，维护国家主权、安全和社会公共利益。

第二章 基本医疗卫生服务

第十五条 基本医疗卫生服务，是指维护人体健康所必需、与经济社会发展水平相适应、公民可公平获得的，采用适宜药物、适宜技术、适宜设备提供的疾病预防、诊断、治疗、护理和康复等服务。

基本医疗卫生服务包括基本公共卫生服务和基本医疗服务。基本公共卫生服务由国家免费提供。

第十六条 国家采取措施，保障公民享有安全有效的基本公共卫生服务，控制影响健康的危险因素，提高疾病的预防控制水平。

国家基本公共卫生服务项目由国务院卫生健康主管部门会同国务院财政部门、中医药主管部门等共同确定。

省、自治区、直辖市人民政府可以在国家基本公共卫生服务项目基础上，补充确定本行政区域的基本公共卫生服务项目，并报国务院卫生健康主管部门备案。

第十七条 国务院和省、自治区、直辖市人民政府可以将针对重点地区、重点疾病和特定人群的服务内容纳入基本公共卫生服务项目并组织实施。

县级以上地方人民政府针对本行政区域重大疾病和主要健康危险因素，开展专项防控工作。

第十八条 县级以上人民政府通过举办专业公共卫生机构、基层医疗卫生机构和医院，或者从其他医疗卫生机构购买服务的方式提供基本公共卫生服务。

第十九条 国家建立健全突发事件卫生应急体系，制定和完善应急预案，组织开展突发事件的医疗救治、卫生学调查处置和心理援助等卫生应急工作，有效控制和消除危害。

第二十条 国家建立传染病防控制度，制定传染病防治规划并组织实施，加强传染病监测预警，坚持预防为主、防治结合，联防联控、群防群控、源头防控、综合治理，阻断传播途径，保护易感人群，降低传染病的危害。

任何组织和个人应当接受、配合医疗卫生机构为预防、控制、消除传染病危害依法采取的调查、检验、采集样本、隔离治疗、医学观察等措施。

第二十一条 国家实行预防接种制度，加强免疫规划工作。居民有依法接种免疫规划疫苗的权利和义务。政府向居民免费提供免疫规划疫苗。

第二十二条 国家建立慢性非传染性疾病防控与管理制度，对慢性非传染性疾病及其致病危险因素开展监测、调查和综合防控干预，及时发现高危人群，为患者和高危人群提供诊疗、早期干预、随访管理和健康教育等服务。

第二十三条 国家加强职业健康保护。县级以上人民政府应当制定职业病防治规划，建立健全职业健康工作机制，加强职业健康监督管理，提高职业病综合防治能力和水平。

用人单位应当控制职业病危害因素，采取工程技术、个体防护和健康管理等综合治理措施，改善工作环境和劳动条件。

第二十四条 国家发展妇幼保健事业，建立健全妇幼健康服务体系，为妇女、儿童提供保健及常见病防治服务，保障妇女、儿童健康。

国家采取措施，为公民提供婚前保健、孕产期保健等服务，促进生殖健康，预防出生缺陷。

第二十五条 国家发展老年人保健事业。国务院和省、自治区、直辖市人民政府应当将老年人健康管理和常见病预防等纳入基本公共卫生服务项目。

第二十六条 国家发展残疾预防和残疾人康复事业，完善残疾预防和残疾人康复及其保障体系，采取措施为残疾人提供基本康复服务。

县级以上人民政府应当优先开展残疾儿童康复工作，实行康复与教育相结合。

第二十七条 国家建立健全院前急救体系，为急危重症患者提供及时、规范、有效的急救服务。

卫生健康主管部门、红十字会等有关部门、组织应当积极开展急救培训，普及急救知识，鼓励医疗卫生人员、经过急救培训的人员积极参与公共场所急救服务。公共场所应当按照规定配备必要的急救设备、设施。

急救中心（站）不得以未付费为由拒绝或者拖延为急危重症患者提供急救服务。

第二十八条 国家发展精神卫生事业，建设完善精神卫生服务体系，维护和增进公民心理健康，预防、治疗精神障碍。

国家采取措施，加强心理健康服务体系和人才队伍建设，促进心理健康教育、心理评估、心理咨询与心理治疗服务的有效衔接，设立为公众提供公益服务的心理援助热线，加强未成年人、残疾人和老年人等重点人群心理健康服务。

第二十九条 基本医疗服务主要由政府举办的医疗卫生机构提供。鼓励社会力量举办的医疗卫生机构提供基本医疗服务。

第三十条 国家推进基本医疗服务实行分级诊疗制度，引导非急诊患者首先到基层医疗卫生机构就诊，实行首诊负责制和转诊审核责任制，逐步建立基层首诊、双向转诊、急慢分治、上下联动的机制，并与基本医疗保险制度相衔接。

县级以上地方人民政府根据本行政区域医疗卫生需求，整合区域内政府举办的医疗卫生资源，因地制宜建立医疗联合体等协同联动的医疗服务合作机制。鼓励社会力量举办的医疗卫生机构参与医疗服务合作机制。

第三十一条 国家推进基层医疗卫生机构实行家庭医生签约服务，建立家庭医生服务团队，与居民签订协议，根据居民健康状况和医疗需求提供基本医疗卫生服务。

第三十二条 公民接受医疗卫生服务，对病情、诊疗方案、医疗风险、医疗费用等事项依法享有知情同意的权利。

需要实施手术、特殊检查、特殊治疗的，医疗卫生人员应当及时向患者说明医疗风险、替代医疗方案等情况，并取得其同意；不能或者不宜向患者说明的，应当向患者的近亲属说明，并取得其同意。法律另有规定的，依照其规定。

开展药物、医疗器械临床试验和其他医学研究应当遵守医学伦理规范，依法通过伦理审查，取得知情同意。

第三十三条 公民接受医疗卫生服务，应当受到尊重。医疗卫生机构、医疗卫生人员应当关心爱护、平等对待患者，尊重患者人格尊严，保护患者隐私。

公民接受医疗卫生服务，应当遵守诊疗制度和医疗卫生服务秩序，尊重医疗卫生人员。

第三章 医疗卫生机构

第三十四条 国家建立健全由基层医疗卫生机构、医院、专业公共卫生机构等组成的城乡全覆盖、功能互补、连续协同的医疗卫生服务体系。

国家加强县级医院、乡镇卫生院、村卫生室、社区卫生服务中心（站）和专业公共卫生机构等的建设，建立健全农村医疗卫生服务网络和城市社区卫生服务网络。

第三十五条 基层医疗卫生机构主要提供预防、保健、健康教育、疾病管理，为居民建立健康档案，常见病、多发病的诊疗以及部分疾病的康复、护理，接收医院转诊患者，向医院转诊超出自身服务能力的患者等基本医疗卫生服务。

医院主要提供疾病诊治，特别是急危重症和疑难病症的诊疗，突发事件医疗处置和救援以及健康教育等医疗卫生服务，并开展医学教育、医疗卫生人员培训、医学科学研究和对基层医疗卫生机构的业务指导等工作。

专业公共卫生机构主要提供传染病、慢性非传染性疾病、职业病、地方病等疾病预防控制和健康教育、妇幼保健、精神卫生、院前急救、采供血、食品安全风险监测评估、出生缺陷防治等公共卫生服务。

第三十六条 各级各类医疗卫生机构应当分工合作，为公民提供预防、保健、治疗、护理、康复、安宁疗护等全方位全周期的医疗卫生服务。

各级人民政府采取措施支持医疗卫生机构与养老机构、儿童福利机构、社区组织建立协作机制，为老年人、孤残儿童提供安全、便捷的医疗和健康服务。

第三十七条 县级以上人民政府应当制定并落实医疗卫生服务体系规划，科学配置医疗卫生资源，举办医疗卫生机构，为公民获得基本医疗卫生服务提供保障。

政府举办医疗卫生机构，应当考虑本行政区域人口、经济社会发展状况、医疗卫生资源、健康危险因素、发病率、患病率以及紧急救治需求等情况。

第三十八条 举办医疗机构，应当具备下列条件，按照国家有关规定办理审批或者备案手续：

（一）有符合规定的名称、组织机构和场所；

（二）有与其开展的业务相适应的经费、设施、设备和医疗卫生人员；

（三）有相应的规章制度；

（四）能够独立承担民事责任；

（五）法律、行政法规规定的其他条件。

医疗机构依法取得执业许可证。禁止伪造、变造、买卖、出租、出借医疗机构执业许可证。

各级各类医疗卫生机构的具体条件和配置应当符合国务院卫生健康主管部门制定的医疗卫生机构标准。

第三十九条 国家对医疗卫生机构实行分类管理。

医疗卫生服务体系坚持以非营利性医疗卫生机构为主体、营利性医疗卫生机构为补充。政府举办非营利性医疗卫生机构，在基本医疗卫生事业中发挥主导作用，保障基本医疗卫生服务公平可及。

以政府资金、捐赠资产举办或者参与举办的医疗卫生机构不得设立为营利性医疗卫生机构。

医疗卫生机构不得对外出租、承包医疗科室。非营利性医疗卫生机构不得向出资人、举办者分配或者变相分配收益。

第四十条 政府举办的医疗卫生机构应当坚持公益性质，所有收支均纳入预算管理，按照医疗卫生服务体系规划合理设置并控制规模。

国家鼓励政府举办的医疗卫生机构与社会力量合作举办非营利性医疗卫生机构。

政府举办的医疗卫生机构不得与其他组织投资设立非独立法人资格的医

疗卫生机构，不得与社会资本合作举办营利性医疗卫生机构。

第四十一条　国家采取多种措施，鼓励和引导社会力量依法举办医疗卫生机构，支持和规范社会力量举办的医疗卫生机构与政府举办的医疗卫生机构开展多种类型的医疗业务、学科建设、人才培养等合作。

社会力量举办的医疗卫生机构在基本医疗保险定点、重点专科建设、科研教学、等级评审、特定医疗技术准入、医疗卫生人员职称评定等方面享有与政府举办的医疗卫生机构同等的权利。

社会力量可以选择设立非营利性或者营利性医疗卫生机构。社会力量举办的非营利性医疗卫生机构按照规定享受与政府举办的医疗卫生机构同等的税收、财政补助、用地、用水、用电、用气、用热等政策，并依法接受监督管理。

第四十二条　国家以建成的医疗卫生机构为基础，合理规划与设置国家医学中心和国家、省级区域性医疗中心，诊治疑难重症，研究攻克重大医学难题，培养高层次医疗卫生人才。

第四十三条　医疗卫生机构应当遵守法律、法规、规章，建立健全内部质量管理和控制制度，对医疗卫生服务质量负责。

医疗卫生机构应当按照临床诊疗指南、临床技术操作规范和行业标准以及医学伦理规范等有关要求，合理进行检查、用药、诊疗，加强医疗卫生安全风险防范，优化服务流程，持续改进医疗卫生服务质量。

第四十四条　国家对医疗卫生技术的临床应用进行分类管理，对技术难度大、医疗风险高，服务能力、人员专业技术水平要求较高的医疗卫生技术实行严格管理。

医疗卫生机构开展医疗卫生技术临床应用，应当与其功能任务相适应，遵循科学、安全、规范、有效、经济的原则，并符合伦理。

第四十五条　国家建立权责清晰、管理科学、治理完善、运行高效、监督有力的现代医院管理制度。

医院应当制定章程，建立和完善法人治理结构，提高医疗卫生服务能力和运行效率。

第四十六条　医疗卫生机构执业场所是提供医疗卫生服务的公共场所，任何组织或者个人不得扰乱其秩序。

第四十七条　国家完善医疗风险分担机制，鼓励医疗机构参加医疗责任保险或者建立医疗风险基金，鼓励患者参加医疗意外保险。

第四十八条　国家鼓励医疗卫生机构不断改进预防、保健、诊断、治疗、护理和康复的技术、设备与服务，支持开发适合基层和边远地区应用的医疗卫生技术。

第四十九条　国家推进全民健康信息化，推动健康医疗大数据、人工智能等的应用发展，加快医疗卫生信息基础设施建设，制定健康医疗数据采集、存储、分析和应用的技术标准，运用信息技术促进优质医疗卫生资源的普及与共享。

县级以上人民政府及其有关部门应当采取措施，推进信息技术在医疗卫生领域和医学教育中的应用，支持探索发展医疗卫生服务新模式、新业态。

国家采取措施，推进医疗卫生机构建立健全医疗卫生信息交流和信息安全制度，应用信息技术开展远程医疗服务，构建线上线下一体化医疗服务模式。

第五十条　发生自然灾害、事故灾难、公共卫生事件和社会安全事件等严重威胁人民群众生命健康的突发事件时，医疗卫生机构、医疗卫生人员应当服从政府部门的调遣，参与卫生应急处置和医疗救治。对致病、致残、死亡的参与人员，按照规定给予工伤或者抚恤、烈士褒扬等相关待遇。

第四章　医疗卫生人员

第五十一条　医疗卫生人员应当弘扬敬佑生命、救死扶伤、甘于奉献、大爱无疆的崇高职业精神，遵守行业规范，恪守医德，努力提高专业水平和服务质量。

医疗卫生行业组织、医疗卫生机构、医学院校应当加强对医疗卫生人员的医德医风教育。

第五十二条　国家制定医疗卫生人员培养规划，建立适应行业特点和社会需求的医疗卫生人员培养机制和供需平衡机制，完善医学院校教育、毕业后教育和继续教育体系，建立健全住院医师、专科医师规范化培训制度，建立规模适宜、结构合理、分布均衡的医疗卫生队伍。

国家加强全科医生的培养和使用。全科医生主要提供常见病、多发病的诊疗和转诊、预防、保健、康复，以及慢性病管理、健康管理等服务。

第五十三条　国家对医师、护士等医疗卫生人员依法实行执业注册制度。医疗卫生人员应当依法取得相应的职业资格。

第五十四条　医疗卫生人员应当遵循医学科学规律，遵守有关临床诊疗技术规范和各项操作规范以及医学伦理规范，使用适宜技术和药物，合理诊疗，因病施治，不得对患者实施过度医疗。

医疗卫生人员不得利用职务之便索要、非法收受财物或者牟取其他不正当利益。

第五十五条　国家建立健全符合医疗卫生行业特点的人事、薪酬、奖励制度，体现医疗卫生人员职业特点和技术劳动价值。

对从事传染病防治、放射医学和精神卫生工作以及其他在特殊岗位工作的医疗卫生人员，应当按照国家规定给予适当的津贴。津贴标准应当定期调整。

第五十六条　国家建立医疗卫生人员定期到基层和艰苦边远地区从事医疗卫生工作制度。

国家采取定向免费培养、对口支援、退休返聘等措施，加强基层和艰苦边远地区医疗卫生队伍建设。

执业医师晋升为副高级技术职称的，应当有累计一年以上在县级以下或者对口支援的医疗卫生机构提供医疗卫生服务的经历。

对在基层和艰苦边远地区工作的医疗卫生人员，在薪酬津贴、职称评定、职业发展、教育培训和表彰奖励等方面实行优惠待遇。

国家加强乡村医疗卫生队伍建设，建立县乡村上下贯通的职业发展机制，完善对乡村医疗卫生人员的服务收入多渠道补助机制和养老政策。

第五十七条　全社会应当关心、尊重医疗卫生人员，维护良好安全的医疗卫生服务秩序，共同构建和谐医患关系。

医疗卫生人员的人身安全、人格尊严不受侵犯，其合法权益受法律保护。禁止任何组织或者个人威胁、危害医疗卫生人员人身安全，侵犯医疗卫生人员人格尊严。

国家采取措施，保障医疗卫生人员执业环境。

第五章　药品供应保障

第五十八条　国家完善药品供应保障制度，建立工作协调机制，保障药品的安全、有效、可及。

第五十九条　国家实施基本药物制度，遴选适当数量的基本药物品种，满足疾病防治基本用药需求。

国家公布基本药物目录，根据药品临床应用实践、药品标准变化、药品新上市情况等，对基本药物目录进行动态调整。

基本药物按照规定优先纳入基本医疗保险药品目录。

国家提高基本药物的供给能力，强化基本药物质量监管，确保基本药物公平可及、合理使用。

第六十条　国家建立健全以临床需求为导向的药品审评审批制度，支持临床急需药品、儿童用药品和防治罕见病、重大疾病等药品的研制、生产，满足疾病防治需求。

第六十一条　国家建立健全药品研制、生产、流通、使用全过程追溯制度，加强药品管理，保证药品质量。

第六十二条　国家建立健全药品价格监测体系，开展成本价格调查，加强药品价格监督检查，依法查处价格垄断、价格欺诈、不正当竞争等违法行为，维护药品价格秩序。

国家加强药品分类采购管理和指导。参加药品采购投标的投标人不得以低于成本的报价竞标，不得以欺诈、串通投标、滥用市场支配地位等方式竞标。

第六十三条　国家建立中央与地方两级医药储备，用于保障重大灾情、疫情及其他突发事件等应急需要。

第六十四条　国家建立健全药品供求监测体系，及时收集和汇总分析药品供求信息，定期公布药品生产、流通、使用等情况。

第六十五条　国家加强对医疗器械的管理，完善医疗器械的标准和规范，提高医疗器械的安全有效水平。

国务院卫生健康主管部门和省、自治区、直辖市人民政府卫生健康主管部门应当根据技术的先进性、适宜性和可及性，编制大型医用设备配置规划，促进区域内医用设备合理配置、充分共享。

第六十六条 国家加强中药的保护与发展，充分体现中药的特色和优势，发挥其在预防、保健、医疗、康复中的作用。

第六章　健康促进

第六十七条 各级人民政府应当加强健康教育工作及其专业人才培养，建立健康知识和技能核心信息发布制度，普及健康科学知识，向公众提供科学、准确的健康信息。

医疗卫生、教育、体育、宣传等机构、基层群众性自治组织和社会组织应当开展健康知识的宣传和普及。医疗卫生人员在提供医疗卫生服务时，应当对患者开展健康教育。新闻媒体应当开展健康知识的公益宣传。健康知识的宣传应当科学、准确。

第六十八条 国家将健康教育纳入国民教育体系。学校应当利用多种形式实施健康教育，普及健康知识、科学健身知识、急救知识和技能，提高学生主动防病的意识，培养学生良好的卫生习惯和健康的行为习惯，减少、改善学生近视、肥胖等不良健康状况。

学校应当按照规定开设体育与健康课程，组织学生开展广播体操、眼保健操、体能锻炼等活动。

学校按照规定配备校医，建立和完善卫生室、保健室等。

县级以上人民政府教育主管部门应当按照规定将学生体质健康水平纳入学校考核体系。

第六十九条 公民是自己健康的第一责任人，树立和践行对自己健康负责的健康管理理念，主动学习健康知识，提高健康素养，加强健康管理。倡导家庭成员相互关爱，形成符合自身和家庭特点的健康生活方式。

公民应当尊重他人的健康权利和利益，不得损害他人健康和社会公共利益。

第七十条 国家组织居民健康状况调查和统计，开展体质监测，对健康绩效进行评估，并根据评估结果制定、完善与健康相关的法律、法规、政策和规划。

第七十一条 国家建立疾病和健康危险因素监测、调查和风险评估制度。县级以上人民政府及其有关部门针对影响健康的主要问题，组织开展健康危险因素研究，制定综合防治措施。

国家加强影响健康的环境问题预防和治理，组织开展环境质量对健康影响的研究，采取措施预防和控制与环境问题有关的疾病。

第七十二条 国家大力开展爱国卫生运动，鼓励和支持开展爱国卫生月等群众性卫生与健康活动，依靠和动员群众控制和消除健康危险因素，改善环境卫生状况，建设健康城市、健康村镇、健康社区。

第七十三条 国家建立科学、严格的食品、饮用水安全监督管理制度，提高安全水平。

第七十四条 国家建立营养状况监测制度，实施经济欠发达地区、重点人群营养干预计划，开展未成年人和老年人营养改善行动，倡导健康饮食习惯，减少不健康饮食引起的疾病风险。

第七十五条 国家发展全民健身事业，完善覆盖城乡的全民健身公共服务体系，加强公共体育设施建设，组织开展和支持全民健身活动，加强全民健身指导服务，普及科学健身知识和方法。

国家鼓励单位的体育场地设施向公众开放。

第七十六条 国家制定并实施未成年人、妇女、老年人、残疾人等的健康工作计划，加强重点人群健康服务。

国家推动长期护理保障工作，鼓励发展长期护理保险。

第七十七条 国家完善公共场所卫生管理制度。县级以上人民政府卫生健康等主管部门应当加强对公共场所的卫生监督。公共场所卫生监督信息应当依法向社会公开。

公共场所经营单位应当建立健全并严格实施卫生管理制度，保证其经营活动持续符合国家对公共场所的卫生要求。

第七十八条 国家采取措施，减少吸烟对公民健康的危害。

公共场所控制吸烟，强化监督执法。

烟草制品包装应当印制带有说明吸烟危害的警示。

禁止向未成年人出售烟酒。

第七十九条 用人单位应当为职工创造有益于健康的环境和条件，严格执行劳动安全卫生等相关规定，积极组织职工开展健身活动，保护职工健康。

国家鼓励用人单位开展职工健康指导工作。

国家提倡用人单位为职工定期开展健康检查。法律、法规对健康检查有规定的，依照其规定。

第七章 资金保障

第八十条 各级人民政府应当切实履行发展医疗卫生与健康事业的职责，建立与经济社会发展、财政状况和健康指标相适应的医疗卫生与健康事业投入机制，将医疗卫生与健康促进经费纳入本级政府预算，按照规定主要用于保障基本医疗服务、公共卫生服务、基本医疗保障和政府举办的医疗卫生机构建设和运行发展。

第八十一条 县级以上人民政府通过预算、审计、监督执法、社会监督等方式，加强资金的监督管理。

第八十二条 基本医疗服务费用主要由基本医疗保险基金和个人支付。国家依法多渠道筹集基本医疗保险基金，逐步完善基本医疗保险可持续筹资和保障水平调整机制。

公民有依法参加基本医疗保险的权利和义务。用人单位和职工按照国家规定缴纳职工基本医疗保险费。城乡居民按照规定缴纳城乡居民基本医疗保险费。

第八十三条 国家建立以基本医疗保险为主体，商业健康保险、医疗救助、职工互助医疗和医疗慈善服务等为补充的、多层次的医疗保障体系。

国家鼓励发展商业健康保险，满足人民群众多样化健康保障需求。

国家完善医疗救助制度，保障符合条件的困难群众获得基本医疗服务。

第八十四条 国家建立健全基本医疗保险经办机构与协议定点医疗卫生机构之间的协商谈判机制，科学合理确定基本医疗保险基金支付标准和支付方式，引导医疗卫生机构合理诊疗，促进患者有序流动，提高基本医疗保险基金使用效益。

第八十五条 基本医疗保险基金支付范围由国务院医疗保障主管部门组

织制定，并应当听取国务院卫生健康主管部门、中医药主管部门、药品监督管理部门、财政部门等的意见。

省、自治区、直辖市人民政府可以按照国家有关规定，补充确定本行政区域基本医疗保险基金支付的具体项目和标准，并报国务院医疗保障主管部门备案。

国务院医疗保障主管部门应当对纳入支付范围的基本医疗保险药品目录、诊疗项目、医疗服务设施标准等组织开展循证医学和经济性评价，并应当听取国务院卫生健康主管部门、中医药主管部门、药品监督管理部门、财政部门等有关方面的意见。评价结果应当作为调整基本医疗保险基金支付范围的依据。

第八章　监督管理

第八十六条　国家建立健全机构自治、行业自律、政府监管、社会监督相结合的医疗卫生综合监督管理体系。

县级以上人民政府卫生健康主管部门对医疗卫生行业实行属地化、全行业监督管理。

第八十七条　县级以上人民政府医疗保障主管部门应当提高医疗保障监管能力和水平，对纳入基本医疗保险基金支付范围的医疗服务行为和医疗费用加强监督管理，确保基本医疗保险基金合理使用、安全可控。

第八十八条　县级以上人民政府应当组织卫生健康、医疗保障、药品监督管理、发展改革、财政等部门建立沟通协商机制，加强制度衔接和工作配合，提高医疗卫生资源使用效率和保障水平。

第八十九条　县级以上人民政府应当定期向本级人民代表大会或者其常务委员会报告基本医疗卫生与健康促进工作，依法接受监督。

第九十条　县级以上人民政府有关部门未履行医疗卫生与健康促进工作相关职责的，本级人民政府或者上级人民政府有关部门应当对其主要负责人进行约谈。

地方人民政府未履行医疗卫生与健康促进工作相关职责的，上级人民政府应当对其主要负责人进行约谈。

被约谈的部门和地方人民政府应当立即采取措施，进行整改。

约谈情况和整改情况应当纳入有关部门和地方人民政府工作评议、考核记录。

第九十一条 县级以上地方人民政府卫生健康主管部门应当建立医疗卫生机构绩效评估制度，组织对医疗卫生机构的服务质量、医疗技术、药品和医用设备使用等情况进行评估。评估应当吸收行业组织和公众参与。评估结果应当以适当方式向社会公开，作为评价医疗卫生机构和卫生监管的重要依据。

第九十二条 国家保护公民个人健康信息，确保公民个人健康信息安全。任何组织或者个人不得非法收集、使用、加工、传输公民个人健康信息，不得非法买卖、提供或者公开公民个人健康信息。

第九十三条 县级以上人民政府卫生健康主管部门、医疗保障主管部门应当建立医疗卫生机构、人员等信用记录制度，纳入全国信用信息共享平台，按照国家规定实施联合惩戒。

第九十四条 县级以上地方人民政府卫生健康主管部门及其委托的卫生健康监督机构，依法开展本行政区域医疗卫生等行政执法工作。

第九十五条 县级以上人民政府卫生健康主管部门应当积极培育医疗卫生行业组织，发挥其在医疗卫生与健康促进工作中的作用，支持其参与行业管理规范、技术标准制定和医疗卫生评价、评估、评审等工作。

第九十六条 国家建立医疗纠纷预防和处理机制，妥善处理医疗纠纷，维护医疗秩序。

第九十七条 国家鼓励公民、法人和其他组织对医疗卫生与健康促进工作进行社会监督。

任何组织和个人对违反本法规定的行为，有权向县级以上人民政府卫生健康主管部门和其他有关部门投诉、举报。

第九章　法律责任

第九十八条 违反本法规定，地方各级人民政府、县级以上人民政府卫生健康主管部门和其他有关部门，滥用职权、玩忽职守、徇私舞弊的，对直接负责的主管人员和其他直接责任人员依法给予处分。

第九十九条 违反本法规定，未取得医疗机构执业许可证擅自执业的，由县级以上人民政府卫生健康主管部门责令停止执业活动，没收违法所得和药品、医疗器械，并处违法所得五倍以上二十倍以下的罚款，违法所得不足一万元的，按一万元计算。

违反本法规定，伪造、变造、买卖、出租、出借医疗机构执业许可证的，由县级以上人民政府卫生健康主管部门责令改正，没收违法所得，并处违法所得五倍以上十五倍以下的罚款，违法所得不足一万元的，按一万元计算；情节严重的，吊销医疗机构执业许可证。

第一百条 违反本法规定，有下列行为之一的，由县级以上人民政府卫生健康主管部门责令改正，没收违法所得，并处违法所得二倍以上十倍以下的罚款，违法所得不足一万元的，按一万元计算；对直接负责的主管人员和其他直接责任人员依法给予处分：

（一）政府举办的医疗卫生机构与其他组织投资设立非独立法人资格的医疗卫生机构；

（二）医疗卫生机构对外出租、承包医疗科室；

（三）非营利性医疗卫生机构向出资人、举办者分配或者变相分配收益。

第一百零一条 违反本法规定，医疗卫生机构等的医疗信息安全制度、保障措施不健全，导致医疗信息泄露，或者医疗质量管理和医疗技术管理制度、安全措施不健全的，由县级以上人民政府卫生健康等主管部门责令改正，给予警告，并处一万元以上五万元以下的罚款；情节严重的，可以责令停止相应执业活动，对直接负责的主管人员和其他直接责任人员依法追究法律责任。

第一百零二条 违反本法规定，医疗卫生人员有下列行为之一的，由县级以上人民政府卫生健康主管部门依照有关执业医师、护士管理和医疗纠纷预防处理等法律、行政法规的规定给予行政处罚：

（一）利用职务之便索要、非法收受财物或者牟取其他不正当利益；

（二）泄露公民个人健康信息；

（三）在开展医学研究或提供医疗卫生服务过程中未按照规定履行告知义务或者违反医学伦理规范。

前款规定的人员属于政府举办的医疗卫生机构中的人员的，依法给予处分。

第一百零三条 违反本法规定，参加药品采购投标的投标人以低于成本的报价竞标，或者以欺诈、串通投标、滥用市场支配地位等方式竞标的，由县级以上人民政府医疗保障主管部门责令改正，没收违法所得；中标的，中标无效，处中标项目金额千分之五以上千分之十以下的罚款，对法定代表人、主要负责人、直接负责的主管人员和其他责任人员处对单位罚款数额百分之五以上百分之十以下的罚款；情节严重的，取消其二年至五年内参加药品采购投标的资格并予以公告。

第一百零四条 违反本法规定，以欺诈、伪造证明材料或者其他手段骗取基本医疗保险待遇，或者基本医疗保险经办机构以及医疗机构、药品经营单位等以欺诈、伪造证明材料或者其他手段骗取基本医疗保险基金支出的，由县级以上人民政府医疗保障主管部门依照有关社会保险的法律、行政法规规定给予行政处罚。

第一百零五条 违反本法规定，扰乱医疗卫生机构执业场所秩序，威胁、危害医疗卫生人员人身安全，侵犯医疗卫生人员人格尊严，非法收集、使用、加工、传输公民个人健康信息，非法买卖、提供或者公开公民个人健康信息等，构成违反治安管理行为的，依法给予治安管理处罚。

第一百零六条 违反本法规定，构成犯罪的，依法追究刑事责任；造成人身、财产损害的，依法承担民事责任。

第十章 附 则

第一百零七条 本法中下列用语的含义：

（一）主要健康指标，是指人均预期寿命、孕产妇死亡率、婴儿死亡率、五岁以下儿童死亡率等。

（二）医疗卫生机构，是指基层医疗卫生机构、医院和专业公共卫生机构等。

（三）基层医疗卫生机构，是指乡镇卫生院、社区卫生服务中心（站）、村卫生室、医务室、门诊部和诊所等。

（四）专业公共卫生机构，是指疾病预防控制中心、专科疾病防治机构、健康教育机构、急救中心（站）和血站等。

（五）医疗卫生人员，是指执业医师、执业助理医师、注册护士、药师（士）、检验技师（士）、影像技师（士）和乡村医生等卫生专业人员。

（六）基本药物，是指满足疾病防治基本用药需求，适应现阶段基本国情和保障能力，剂型适宜，价格合理，能够保障供应，可公平获得的药品。

第一百零八条 省、自治区、直辖市和设区的市、自治州可以结合实际，制定本地方发展医疗卫生与健康事业的具体办法。

第一百零九条 中国人民解放军和中国人民武装警察部队的医疗卫生与健康促进工作，由国务院和中央军事委员会依照本法制定管理办法。

第一百一十条 本法自 2020 年 6 月 1 日起施行。

《中华人民共和国基本医疗卫生与健康促进法》

理解与适用

第一章 总 则

第一条 为了发展医疗卫生与健康事业，保障公民享有基本医疗卫生服务，提高公民健康水平，推进健康中国建设，根据宪法，制定本法。

【条文主旨】 立法目的

【理解与适用】 本条是关于本法立法目的的规定。2019 年 12 月 28 日，第十三届全国人民代表大会常务委员会第十五次会议通过了《中华人民共和国基本医疗卫生与健康促进法》（以下简称《基本医疗卫生与健康促进法》），自 2020 年 6 月 1 日起实施。该法从最初被列入全国人民代表大会立法规划到最终出台，因其涉及面广、专业性强，先后历经第十届、第十一届、第十二届、第十三届全国人民代表大会常务委员会，经过长达 15 年的讨论、修改、更名、充实、完善，方得以问世。

在第十届全国人民代表大会立法规划中，该法最初的名称为"初级卫生保健法"，其直接目的在于为实现世界卫生组织（WHO）提出的全球性战略目标——"人人享有卫生保健"提供立法保障；在第十一届全国人民代表大会的立法规划中，将"初级卫生保健法"修改为"基本医疗卫生保健法"，其法律类别由之前的行政法变更为社会法；在第十二届全国人民代表大会的立法规划中，又将"基本医疗卫生保健法"修改为"基本医疗卫生法"。

2016 年 8 月 19～20 日，全国卫生与健康大会在京召开，习近平总书记出席会议并发表重要讲话。他强调，没有全民健康，就没有全面小康。要把人民健康放在优先发展的战略地位，以普及健康生活、优化健康服务、完善健康保障、建设健康环境、发展健康产业为重点，加快推进"健康中国"建设，努力做到全方位、全周期保障人民健康，为实现"两个一百年"奋斗目标、实现中华民族伟大复兴的中国梦打下坚实的健康基础。同年，中共中央、国务院印发《"健康中国 2030"规划纲要》。2017 年 10 月 18～24 日，中国共产党第十九次全国代表大会召开，明确提出要实施"健康中国"战略。"大卫生、大健康"理念要求对立法思路进行调整，并特别强调了预防为主，公民是健康的第一责任人，健康促进较之医疗保障更为重要的理念，因此该法随后的立法名称又由"基本医疗卫生法"修改为"基本医疗卫生与健康促进法"。

此后,《基本医疗卫生与健康促进法》在起草和修改过程中,特别注意把握以下七点:一是坚持以习近平新时代中国特色社会主义思想为指导,深入学习贯彻党的十九大和十九届二中、三中全会精神,全面贯彻落实习近平总书记在全国卫生与健康大会上的重要讲话精神和《"健康中国2030"规划纲要》等党中央、国务院文件精神,坚持以人民为中心、为人民健康服务为根本点的新形势下卫生与健康工作方针。这也是我们用以理解整部法律的内部体系,体会其法律精神、价值的依据。二是坚持"保基本",在基本医疗卫生服务和健康促进方面努力增强人民群众制度上的获得感、幸福感、安全感,同时从国情和实际出发,坚持"保基本"的定位,保障基本医疗卫生服务公平可及,避免脱离实际、超越发展阶段。三是落实"强基层",针对基层医疗卫生服务能力薄弱的现状,坚持以基层为重点,着力加强基层医疗卫生机构和人才队伍建设。四是体现"大健康",补充环境保护、食品安全、加强全民健身指导服务等内容,充实健康促进措施。五是与医药卫生体制改革相衔接,将经实践证明行之有效的措施上升为法律,增强制度刚性;对尚需继续探索的领域,在法律上留有必要空间;体现新一轮深化机构改革的相关精神。六是坚持问题导向,针对问题疫苗案件、药品低于成本价竞标等问题,增加约束性规定,体现从严监管的精神;针对一些公民自我健康管理意识不强等问题,增加相应规定,强化个人健康管理责任。七是增强可操作性,细化相关制度,明确法律责任,做好与相关法律法规包括正在推进的有关立法项目的衔接。[1]这是我们解释和适用这部法律的重要依据。

我国《基本医疗卫生与健康促进法》内容丰富,共10章110条,规定了我国医疗卫生和健康促进工作的基本原则、基本医疗卫生服务制度、医疗卫生机构的职责、医疗卫生人员的权利与义务、药品供应保障制度、健康促进措施、医疗卫生的资金保障、监督管理、法律责任,是我国卫生健康立法领域一部基础性和综合性法律。

---

[1] "全国人民代表大会宪法和法律委员会关于《中华人民共和国基本医疗卫生与健康促进法(草案)》修改情况的汇报",载 http://www.npc.gov.cn/npc/c30834/202001/93515d43f9034788b9b2dc2e88646d27.shtml,最后访问日期:2020年3月26日。

　　基础性主要体现在该法与其他卫生法律之间的关系方面。在医疗卫生与健康法治建设方面，我国陆续颁布了《药品管理法》（1984 年）、《国境卫生检疫法》（1986 年）、《传染病防治法》（1989 年）、《红十字会法》（1993 年）、《母婴保健法》（1994 年）、《献血法》（1997 年）、《执业医师法》（1998 年）、《职业病防治法》（2001 年）、《人口与计划生育法》（2001 年）、《食品安全法》（2009 年）、《精神卫生法》（2012 年）、《中医药法》（2016 年）、《疫苗管理法》（2019 年）等 13 部法律，但是一直缺少一部基础性法律以对医疗卫生与健康领域基本制度作出规定。《基本医疗卫生与健康促进法》的出台正填补了这一法律空白。

　　综合性主要体现在这部法律对基本医疗卫生服务制度和推进"健康中国"建设各个方面都作了主要制度安排。《基本医疗卫生与健康促进法》首次以法律形式明确了国家建立基本医疗卫生制度，并提出了健康促进措施。这部法律总结了我国医疗卫生体制改革的经验，是落实党中央、国务院在基本医疗卫生与健康促进方面的战略部署作出的一项顶层的制度性安排，以此推动、发展我国的医疗卫生与健康事业。

　　我国颁布《基本医疗卫生与健康促进法》，旨在通过法律保障公民享有基本医疗卫生服务，提高公民健康水平，推进"健康中国"建设。当前，我国正处于全面推进"法治中国"和"健康中国"建设的重要时期，而《基本医疗卫生与健康促进法》的出台正回应了社会发展的现实需求，不仅在第二章专章规定了基本医疗卫生服务，而且在第六章专章规定了健康促进制度和措施，还对医疗卫生机构的职责、医疗卫生人员的权利与义务、药品供应保障、国家对医疗卫生和健康促进的经费投入和资金保障等作出了基本规定。通过对该法的立法过程和立法资料的梳理，可得知该法的立法目的主要包含以下三点：一是落实宪法关于国家发展医疗卫生事业，保护人民健康的规定（如我国《宪法》第 21 条、第 45 条的规定）；二是引领医药卫生事业改革和发展大局，通过法律的权威固化医药卫生改革所取得的各项成果；三是将健康融入所有政策，推动和保障"健康中国"战略的实施，保障公民享有基本医疗卫生服务，提高公民的健康水平，切实增强人民群众的满意度和获得感。我国《基本医疗卫生与健康促进法》的颁行，将有利于推进我国医疗卫生体制的改革，并助推"健康中国"和"法治中国"建设。

"根据宪法，制定本法"，其含义有三：一是制定该法的立法权是我国宪法赋予的，在立法权限上符合宪法的规定，且经过了法定的立法程序；二是该法的内容符合宪法的精神和原则；三是该法将宪法的相关规定予以具体化，旨在落实宪法关于国家发展医疗卫生事业、保护人民健康的规定，引领我国医药卫生事业改革和发展大局，推动和保障"健康中国"战略的实施。

第二条　从事医疗卫生、健康促进及其监督管理活动，适用本法。

【条文主旨】调整范围

【理解与适用】本条是关于本法调整范围的规定。调整范围是一部法律的核心问题，明确调整范围，有利于清晰厘定该法与其他相关法律的界限，同时有利于司法机关、卫生行政部门等相关行政机关正确适用法律，并为医疗卫生机构及执业人员、公民个人等主体提供行动指导，使其遵法守法，并为其合法权益提供保障。该条明确指出了《基本医疗卫生与健康促进法》的调整范围主要包括医疗卫生及其监督管理和健康促进及其监督管理两大部分。

由于受到立法思路和立法名称不断变化的影响，我国《基本医疗卫生与健康促进法》的调整范围亦在不断修正。该法一审稿没有规定该法的调整范围，可谓一大立法缺憾；而该法二审稿弥补了这一不足，明确规定，"在中华人民共和国境内从事基本医疗卫生服务与健康促进活动，适用本法"，将该法的调整范围定位于基本医疗卫生服务活动和健康促进活动，但是从法律的内容方面进行考察，就会发现除了规定基本医疗卫生服务外，该法还规定了其他医疗卫生活动以及监督管理的一部分内容，这就造成二审稿关于调整范围的界定与实际规定的内容范围不相一致的情况。所以，该法三审稿最终将调整范围定位于"医疗卫生、健康促进及其监督管理活动"，并最终被正式的法律文本采纳。换言之，尽管本法的名称是"基本医疗卫生与健康促进法"，但并不意味着其仅规制医疗卫生中的基本医疗卫生，而是调整包含基本医疗卫生服务在内的整个医疗卫生活动。

医疗卫生是医疗和公共卫生的合称。医疗侧重维护个体健康权，医疗服务的提供主体主要是医院等医疗机构，其内容又按照基层医疗机构和基层医疗机构以上的医院进行区分。具体而言，基层医疗机构侧重常见病、多发病的诊治，在超出自身诊治能力时，可以通过分级诊疗制度的指引提供转诊服务。如果是上级医院向下转诊，其需要按照相关的规定或者协议约定，由基层医疗机构提供接诊服务；公共卫生侧重保障群体健康权，关注的是集体健康，公共卫生服务的提供主体主要是公共卫生机构和科室，其服务内容包括传染病、慢性非传染性疾病、职业病、地方病等疾病的预防控制和健康教育、妇幼保健、精神卫生、院前急救、采供血、食品安全风险监测评估、出生缺陷防治等。需要注意的是，村卫生室等一些特殊的基层医疗卫生机构，基本医疗服务和公共卫生服务是一体提供的，而不像其他医疗机构和公共卫生机构一样将二者泾渭分明。

从另一个维度对医疗卫生进行考察，可以将其分为基本医疗卫生和非基本医疗卫生。根据该法第 15 条的规定，基本医疗卫生服务是指维护人体健康所必需、与经济社会发展水平相适应、公民可公平获得的，采用适宜药物、适宜技术、适宜设备提供的疾病预防、诊断、治疗、护理和康复等服务。由于基本医疗卫生服务具有（准）公共产品的特性，因此其公益性较强，其中，基本公共卫生服务由国家免费提供。而非基本医疗卫生服务，则具有多层次、多样化的特质，公益性显著降低，医疗机构与患者之间的关系往往建立在医疗合同之上。但是这种合同又具有一定的特殊性，医疗机构及其医务人员在为患者提供非基本医疗服务时，除医疗整形美容外，基本上不存在医疗效果的约定。换言之，医疗机构的法定义务为手段义务而非结果义务，即仅负有依据法律法规的相关规定和诊疗规范提供医疗卫生服务的义务，其服务结果具有一定的未知性和风险性。当前，我国医患关系略显紧张，这与一部分患者尚未理解、接受上述理论和观念存在一定的关联，对医疗服务的预期仍居高不下。

医疗卫生服务往往立足于"治病"这一出发点，但是"健康促进"理念则将这种理念的高度予以提升，即从以治病为中心向以健康维护为中心转变，这更加符合"健康中国"战略下"大卫生、大健康"的要求。《基本医疗卫生与健康促进法》通过规定与健康有关的食品、环境、健身、心理、生活方式等内容，进一步充实"健康促进"的有关内容，全方位保障公众健康。因此，"健康促进"也是本法的重要调整内容。

《基本医疗卫生与健康促进法》对政府及其相关行政部门的权力、职责和医疗卫生机构、公民等主体的权利、义务进行了规定。如果这些主体不履行法定职责和法定义务，那么就会影响到医疗卫生和健康事业的落实、推进和发展，就有可能侵害到相关主体的权益，因此需要建立一套科学有效的综合监督管理体系，既要有政府部门的监管，也要有专业监督，还需要社会监督（如媒体监督）和群众监督，通过多方合力监管确保相关主体严格依法履行职责和义务，积极构建和努力营造一个良好的健康环境。因此，对医疗卫生和健康促进活动的事前、事中和事后的全程式监督管理，理应成为我国《基本医疗卫生与健康促进法》的重要调整内容。

本条与第 1 条一样，均具有统领性的作用，适用于本法的所有内容，其他条文也是本条的具体化。例如，本条关于监督管理这一调整范围的规定，与本法第 8 章"监督管理"前后呼应，本条是第 8 章内容设置的依据，而第 8 章则属于本条的具体化，即如何通过制度和规则实现医疗卫生和健康促进的监督管理。

第三条 医疗卫生与健康事业应当坚持以人民为中心，为人民健康服务。医疗卫生事业应当坚持公益性原则。

【条文主旨】基本原则

【理解与适用】本条规定了医疗卫生与健康事业应当坚持的基本原则。坚持以人民为中心是习近平新时代中国特色社会主义思想的重要内容，是我国新时代坚持和发展中国特色社会主义的基本方略之一。以人民为中心，生动诠释了全心全意为人民服务这一根本宗旨，进一步彰显了马克思主义的人民性。[1]2016 年 8 月，习近平总书记在全国卫生与健康大会上发表重要讲话，指出没有全民健康，就没有全面小康，强调要把人民健康放在优先发展的战略地位，以普及健康生活、优化健康服务、完善健康保障、建设健康环境、发展健康产业为重点，加快推进"健康中国"建设，努力做到全方位、全周期保障人民健康，为实现"两个一百年"奋斗目标、实现中华民族伟大复兴的中国梦打下坚实的健康基础。2018 年 3 月，在国家卫生健康委员会揭牌仪式上，国务院副总理孙春兰进一步提出须牢固树立"大卫生、大健康"理念，完善国民健康政策，把以治病为中心转变为以人民健康为中心，不断增进人民健康福祉，加快"健康中国"建设。2018 年 8 月，国家卫生健康委员会、

----

〔1〕 齐彪："深刻领会坚持以人民为中心"，载《人民日报》2019 年 10 月 30 日，第 9 版。

国家中医药管理局联合发布了《关于坚持以人民健康为中心推动医疗服务高质量发展的意见》（国卫医发〔2018〕29 号），提出坚持以人民健康为中心，把解决人民群众最关心、最直接、反映最突出的健康问题作为出发点和落脚点，以人民群众健康需求为导向，优化医疗服务流程，完善医疗服务模式，进一步改善医疗服务，提高医疗质量，为人民群众提供连续性医疗服务。国家把人民健康作为重大政治问题和实现"中国梦"的基础置于治国理政全局，相关部门也已出台措施切实推进以人民为中心，为人民健康服务，这为医疗卫生与健康事业发展指明了方向，成为整个医疗卫生与健康领域的核心概念和基本政策指引。[1]

我国是人民当家作主的社会主义国家，这决定了我们必须坚持医疗卫生事业的公益性。习近平总书记多次强调，要坚持公立医院公益性的基本定位，将公平可及、群众受益作为医疗卫生体制改革的出发点。医疗卫生事业坚持公益性原则是实现"健康优先发展"的必然要求。健康是无价的，医疗服务是有价的，如果按市场化、商品化的方式提供医疗服务，必然导致医疗服务机构的经济利益和患者健康利益的冲突。我国长期处在社会主义初级阶段，要用有限的资源维护全体人民的健康，只能坚持公益性方向，优先保障人人享有基本医疗卫生服务，把更多的资源投入到基层、公共卫生和基本医疗等社会效益较高的领域。[2]医疗卫生事业的公益性反映的是医疗卫生机构提供服务和履行社会责任的程度，即社会公众获得医疗卫生服务的方便性、可及性和适应性的程度。[3]医疗卫生事业的公益性主要表现为：一是不以营利为目的，以保障人民群众生命健康为首要任务；二是对社会公众一视同仁，提供公平、可及、高效、适宜的医疗卫生服务，满足人民的健康需求；三是除基本医疗卫生服务之外，还需承担医疗卫生人才培养、医疗技术创新、紧急救助、慈善服务等社会责任。

当前，新冠肺炎疫情正在全球蔓延，我国始终坚持人民生命健康至上，

---

〔1〕 王晨光、张怡："《基本医疗卫生与健康促进法》的功能与主要内容"，载《中国卫生法制》2020 年第 2 期。

〔2〕 李玲、江宇："必须坚持基本医疗卫生事业的公益性"，载《求是》2017 年第 7 期。

〔3〕 尤金辉、尤平民："我国公立医院公益性概念及相关问题研究"，载《江苏卫生事业管理》2018 年第 8 期。

以不惜牺牲经济发展为代价，果断采取各项防控措施，统筹调配医疗卫生等各项资源，团结一致，众志成城，同舟共济、科学施策。目前，我国疫情防控取得阶段性胜利，充分体现了社会主义制度的优越性。在疫情防控的关键时刻，习近平总书记所强调的"生命重于泰山。疫情就是命令，防控就是责任"，正是以人民为中心、为人民健康服务的生动体现。

第四条　国家和社会尊重、保护公民的健康权。

国家实施健康中国战略，普及健康生活，优化健康服务，完善健康保障，建设健康环境，发展健康产业，提升公民全生命周期健康水平。

国家建立健康教育制度，保障公民获得健康教育的权利，提高公民的健康素养。

【条文主旨】公民健康权及国家和社会责任

【理解与适用】本条规定了健康权以及国家和社会尊重、保护、帮助公民实现健康权的"健康中国"战略。该条一方面明确规定了公民的健康权，体现了国家在立法层面对于公民健康权的重视；另一方面强调了国家和社会在公民健康权保障方面的责任，体现了政府的担当和治国理念的转变。这是我国在卫生法律体系中首次明确规定健康权。于个体而言，健康是人全面发展的基础；于国家而言，没有全民的健康，就没有全面的小康。因此，健康权的保障是重大民生问题，关系千家万户的幸福。鉴于此，立法的根本任务就在于通过加强对公民健康权的保障，以适应人民群众日益增长的健康保障需求，提高人民群众的健康素质，促进经济和社会全面协调可持续发展，实现社会公平正义。

健康权是本法立法的基点和目的，"健康中国"战略是立法的框架和支柱；健康权于公民而言，表现为私权利、社会权利，同时国家和社会对公民的健康权负有尊重和保护的义务。健康权的规定和"健康中国"战略的提出具有重要的时代意义，是本法画龙点睛之处，以健康权为核心，奠定了本法的基调，构建了健康权实现的完整法律体系。

本条是在我国《宪法》第45条规定的基础上形成的，反映了近年来我国一系列医药卫生体制改革的现实成果和价值导向。我国《宪法》第45条规定："中华人民共和国公民在年老、疾病或者丧失劳动能力的情况下，有从国家和社会获得物质帮助的权利。国家发展为公民享受这些权利所需要的社会保险、社会救济和医疗卫生事业。国家和社会保障残废军人的生活，抚恤烈士家属，优待军人家属。国家和社会帮助安排盲、聋、哑和其他有残疾的公民的劳动、生活和教育。"《中共中央　国务院关于深化医药卫生体制改革的意见》指出："加强健康促进与教育。医疗卫生机构及机关、学校、社区、企业等要大力开展健康教育，充分利用各种媒体，加强健康、医药卫生知识的传播，倡导健康文明的生活方式，促进公众合理营养，提高群众的健康意识和自我保健能力。"

健康权是基本人权之一，受到我国宪法的承认和保护。本条规定中的健康权有两大法律基础。首先，"二战"以来，健康权不断为各类重要国际条约所承认，并逐渐被各国写进宪法之中，成为基本人权之一。我国是联合国的创始成员国兼常任理事国，也是《世界卫生组织宪章》《世界人权宣言》《经济、社会及文化权利国际公约》等国际条约的缔约国之一，因而对于这些国际条约中的健康权条款负有国际法义务。因此，本条将健康权明文纳入立法之中，是我国履行国际法义务的具体体现，也体现了我国政府在促进人类健康道路上的担当。其次，通过国内立法的形式承认健康权，也是我国宪法的必然要求。依据《宪法》第1条规定可知，我国是人民当家作主的社会主义国家，人民是国家的主人。而人民主权原则的实现，必须以人民的健康为前提。我国《宪法》第33条第3款规定，"国家尊重和保障人权"。随着中国社会的发展和综合国力的增强，人民群众在健康权实现方面的需求也日益增长。因此，我国通过本条规定承认健康权，在推动人民健康方面负有不可推卸的宪法责任。可以说，本条规定也是对我国宪法上的健康权条款的具体转化，有助于推动宪法健康权条款在司法实践中的实施。

健康权是一项复合型权利，对健康权的理解，可以从以下三个维度进行分析和归类：自由权层面的健康权、公法权利层面的健康权、社会权利层面的健康权。就自由权而言，它要求国家履行尊重公民健康权的义务，体现在不得侵犯公民健康，也不得侵犯公民对健康权的享有。就公法权利而言，它主要体现在要求国家履行保护公民健康权的义务，比如国家通过立法设置医疗卫生机构和医务人员的准入标准，规定健康产品（食品、药品、化妆品、医疗器械等）的安全标准等，保障公民健康权不受损害。就社会权利而言，它主要体现在要求国家履行积极义务，为促进和保障公民健康提供基本保障，比如提供基本医疗服务、基本公共卫生服务保障等。当然，国家的尊重义务、保护义务和实现义务存在于不同类型的健康权领域中，只是针对不同类型的健康权，侧重点会有所不同。历史经验表明，自由权意义上的健康权对于保障公民健康具有至关重要的作用，公法权利意义上的健康权有助于推动政府在医疗卫生领域的依法行政，社会权利意义上的健康权则更加有助于推动健康权的可及性、可获得性、可负担性，以实现健康正义。因此，自由权层面的健康权要求国家承担尊重义务，公法权利层面的健康权要求国家承担保护义务，而社会权利层面的健康权则要求国家承担实现义务。对于健康权的保障，国家需要在消极义务和积极义务之间保持平衡。

健康权的保障水平问题，是一个政治问题，也是一个法律问题，但它首先是一个经济问题。健康权的保障水平需要以物质为基础，以一国经济发展水平为前提。因此，健康权的保障水平需要考虑人民的需求，同时须以社会经济的支付能力为支撑。

健康权，不仅是公民的一项权利，同时也是公民的一项义务。公民个人是其健康权实现的第一责任人，接受健康教育也是公民健康权利和义务的重要组成部分。本条第 3 款开宗明义地指出："国家建立健康教育制度，保障公民获得健康教育的权利，提高公民的健康素养。"这正是为了确保公民接受健康教育权利的实现。党的十八大明确提出："健康是促进人的全面发展的必然要求。"当下中国已进入慢性病高发、未富先老的时期，健康已成为社会的热点话题。因此，深入开展健康教育，普及医药卫生知识，教育社会公众养成良好卫生习惯和健康文明的生活方式，是全社会的共同义务。

为此，在国家的统一领导下，建立一个纵向到底、横向到边的健康教育体系与网络，对全人群开展健康教育非常必要。纵向网络应当涵盖国家、省、市、县（区）、社区、居委会等各个层面，通过社区卫生服务中心等最基层的健康教育专业人员，深入社会最基层、深入居民家中；横向网络应当从卫生系统外延到政府其他部门、事业单位、厂矿企业、社会团体、群众组织等所有社会组成单位。在国家的统一领导下，经过努力，形成"上下合力，相互促进"的局面，在全社会形成人人重视健康教育、人人接受健康教育的新局面。

第五条 公民依法享有从国家和社会获得基本医疗卫生服务的权利。

国家建立基本医疗卫生制度，建立健全医疗卫生服务体系，保护和实现公民获得基本医疗卫生服务的权利。

【条文主旨】基本医疗卫生服务权

【理解与适用】本条是关于公民享有从国家和社会获得基本医疗卫生服务权利的规定。

无论是作为一项道德层面上的基本人权，还是作为一项实体法上的法律权利，健康权的实现都有赖于具体的制度。本条第 1 款规定公民有权获得基本医疗卫生服务的权利，是对本法第 4 条规定的健康权的细化和落实，是社会权利层面的健康权的体现，社会权利层面的健康权的客体是公民从国家或社会获得医疗卫生服务或产品保障的权利。"公民依法享有从国家和社会获得基本医疗卫生服务的权利"，就是该类健康权的集中体现。

综观各国医改和国际卫生运动的实践经验，要想促进和保障公民的健康权，都离不开基本公共卫生、基本医疗服务和基本药物保障这三项制度。因此，本条第 2 款以我国国情为基础，在充分借鉴国际经验的前提下，明确规定通过国家建立基本医疗卫生制度来保障公民获得基本医疗卫生服务的权利。《基本医疗卫生与健康促进法》第 15 条明确规定："基本医疗卫生服务，是指维护人体健康所必需、与经济社会发展水平相适应、公民可公平获得的，采用适宜药物、适宜技术、适宜设备提供的疾病预防、诊断、治疗、护理和康复等服务。基本医疗卫生服务包括基本公共卫生服务和基本医疗服务。基本公共卫生服务由国家免费提供。"

关于"基本医疗卫生服务"的讨论，其实早已有之。早在 1978 年，世界卫生组织（WHO）和联合国儿童基金会（UNICEF）就发布了《阿拉木图宣言》，提出了"2000 年人人享有健康"的目标，并把初级卫生保健作为实现这一目标的基本策略和关键途径。根据 WHO 的定义，初级卫生保健是指最基本、人人能得到、体现社会平等权利、人民群众和政府都能负担得起的卫生保健服务。1993 年世界银行发布了《世界发展报告——投资健康》，提出了供中低收入国家政府参考的基本医疗卫生服务的范围，提出"基本""必需"

或"最低标准"的医疗卫生服务包（包括公共卫生服务和基本医疗服务）。但是，不同国家的医疗卫生制度都是由该国特定的政治、经济和文化等因素综合决定的，基本医疗卫生制度和基本药物制度同样如此。各国对于这三项制度中"基本"一词的理解反映了不同国家的价值选择，但无论是发达国家还是发展中国家，基本医疗卫生服务都强调两个针对性：一是针对国内主要疾病和健康问题，二是运用适宜技术和基本药物等干预手段。

基本医疗卫生服务的本质是健康服务，表现为服务主体的公民性、内容的法定性以及责任的多元性特点。基本医疗卫生服务的目的是"人人享有基本医疗卫生服务"，即任何公民，无论年龄、性别、职业、地域、支付能力等，都享有采用适宜药物、适宜技术、适宜设备提供的疾病预防、诊断、治疗、护理和康复等服务以及传染病预防与控制的公共卫生服务。健康是社会公平正义的基本保障，也是国家的义务，而基本医疗卫生服务本身就是国家为提高国民健康水平所做的制度性工作。基本医疗卫生服务是公民健康权的基本保障，这已经成为民主法治国家的基本共识。尽管基本医疗卫生服务的主体一方是国家，但就世界大多数国家而言，基本医疗卫生法属于社会保障法的主要内容。

基本公共卫生服务是一项公共产品，主要表现为传染病的预防与控制等方面，由国家免费提供。在此次新冠肺炎疫情中，我国对确诊及疑似患者进行免费治疗，对社会公众进行新冠肺炎传染病防控知识教育等，都贯彻了本条的精神。

公民基本医疗服务权是一项社会权。基本医疗服务属于拟制公共产品，国家通过对经济生活的积极介入保障基本医疗服务权的实现，由此决定了基本医疗服务权的社会权性质。公民基本医疗服务权的公法与私法相融合的性质，亦决定了基本医疗服务权的社会权性质。基本医疗服务权是典型的社会权，各个层次的法律形式对基本医疗服务权的具体规定，都应坚持和落实基本医疗服务权的实质公平要求。

在《基本医疗卫生与健康促进法》的视域下，对公民基本医疗服务权的具体类型设置了如下内容：

（1）基本医疗保障权。我国主要通过推行社会医疗保险制度来保障公民基本医疗服务权的实现。目前，我国的基本医疗保险体系主要包括城镇职工基本医疗保险、城乡居民基本医疗保险和城乡居民大病保险，其中，城乡居民基本医疗保险由新型农村合作医疗保险和城镇居民基本医疗保险整合而成。[1] 目前，我国基本医疗保险已经实现全覆盖。本法第7章"资金保障"中有多条涉及基本医疗保障的相关内容。

（2）基本医疗救助权。基本医疗救助应该体现为政府帮助贫困、残疾及特殊人群获得基本医疗服务，以促进其健康权利的实现。目前，我国医疗救助的对象主要是城乡低保家庭成员和五保户，并已逐步扩展至其他经济困难家庭人员，[2] 政府通过补贴其基本医疗个人缴费部分，以及对救助对象经基本医疗保险、大病保险和其他补充医疗保险支付医疗费用后，个人及其家庭难以承担的符合规定的基本医疗自负费用部分，给予补助。2020年2月，《中共中央　国务院关于深化医疗保障制度改革的意见》提出健全统一规范的医疗救助制度。本法第7章"资金保障"第83条规定了基本医疗救助的相关内容。

（3）基本药物保障权。为确定并完善基本药物制度，本法单设第五章对"药品供应保障"予以规定。

（4）基本人力资源及基本医疗服务权的救济类型。基本医疗服务体系、基本医疗设施及基本人力资源是公民基本医疗服务权的基本保障，只有这些条件得到满足，才能进一步保障公民基本医疗服务权的实现。本法单设第三章"医疗卫生机构"及第4章"医疗卫生人员"做出了相应的制度安排。

（5）特殊群体的健康权。健康权作为一项基本人权，应该无差别地被人们享有。但现实生活中，由于各种各样的原因，一些群体或个人，例如妇女、儿童、老人、残疾人等，因生理、社会、经济状况或者生活中被歧视等因素，会面临特殊的问题，在健康权的实现方面，也会与一般人存在不同之处。国家有义务保证特殊群体不受歧视，能平等地享有健康权。本法第二章"基本医疗卫生服务"第24条、第25条、第26条对此作出了相应的制度安排。

---

〔1〕 参见《国务院关于整合城乡居民基本医疗保险制度的意见》（国发〔2016〕3号）。

〔2〕 参见《关于进一步完善城乡医疗救助制度的意见》（民发〔2009〕81号）。

第六条　各级人民政府应当把人民健康放在优先发展的战略地位，将健康理念融入各项政策，坚持预防为主，完善健康促进工作体系，组织实施健康促进的规划和行动，推进全民健身，建立健康影响评估制度，将公民主要健康指标改善情况纳入政府目标责任考核。

全社会应当共同关心和支持医疗卫生与健康事业的发展。

【条文主旨】健康事业优先发展与健康理念入万策

【理解与适用】本条确立了人民健康的战略高度和实施路径——将健康理念融入各项政策。

2016年8月，习近平在全国卫生与健康大会上明确提出，"要把人民健康放在优先发展的战略地位"。2016年10月，中共中央、国务院发布的《"健康中国2030"规划纲要》进一步确立了"健康优先"原则和"把健康摆在优先发展的战略地位，立足国情，将促进健康的理念融入公共政策制定实施的全过程"的要求。健康是人生存在世间追求幸福生活的必要前提和根本保障，优化健康服务、建设健康环境、全方位保障人民健康，能为增进人民福祉和实现民族复兴提供坚实堡垒。[1]

"健康融入所有政策"（HiAP）是国际卫生事业不断推进的重要理念：1978年《阿拉木图宣言》指出，健康是世界范围内重要的社会目标，这个目标的实现不仅仅需要卫生部门的努力，也需要其他社会、经济部门的参与；1986年《渥太华宪章》提出，要建立健康的公共政策，把健康问题提到各个部门、各级领导的议事日程上；2006年HiAP开始成为欧盟制定政策的重要原则；2010年《阿德莱德声明》强调，只有卫生部门和其他部门共同制定政策，才能够很好地实现政府的目标，所有部门要加强合作来促进人类可持续性和公平性发展，同时提高健康水平；2013年6月，第八届世界健康促进大会通过了《实施"将健康融入所有政策"的国家行动框架》，呼吁各国重视健康的社会决定因素、采取"将健康融入所有政策"的策略。[2]许多国家，如英国、加拿大、美国和日本等，也都根据"健康国家"建设理念的更新，

---

〔1〕乐虹等："健康中国背景下构建医药卫生综合监管制度的思考"，载《中国医院管理》2016年第11期。

〔2〕袁雁飞等："将健康融入所有政策理论与国际经验"，载《中国健康教育》2015年第1期。

逐步调整和完善本国的"健康国家"战略。美国从 20 世纪 70 年代开始每十年发布一次"健康公民计划";日本自 1996 年开始制订"21 世纪国民健康增进运动"的十年计划(简称"健康日本 21");英国政府于 1999 年就发布了两个重要的健康战略——《拯救生命:更健康的国家白皮书》以及配套的行动方案《减少健康不平等:行动报告》。[1]

　　本条还确立了"大健康"理念,明确了政府职责和考核机制。2016 年 8 月,习近平总书记在全国卫生与健康大会上提出了要树立"大卫生、大健康"的理念。为了推动对影响健康社会因素的研究及对策建议的提出,WHO 于 2005~2008 年成立了"影响健康的社会因素委员会"。[2]通过建立健康影响评价评估制度,系统评估各项经济社会发展规划和政策、重大工程项目对健康的影响。从此以后,对各项经济社会发展规划、政策、工程项目进行系统的健康影响评估有了法律依据。[3]很多国家和地区均通过立法或发布国家战略的方式推动建立健康影响评估制度,使其具有一定的强制性[4]。如《加拿大魁北克省公共卫生法案》第 54 条规定,"各政府部门及机构应确保其立法项目(包括法律和规章制度)不会对人群健康产生不利影响";《瑞士日内瓦公共卫生法》提出,"对于有可能对健康产生不利影响的立法项目,由日内瓦政府决定是否需要开展健康影响评估";《泰国宪法 BE. 2550(2007)》第 67 条提出,"任何可能产生有害影响的项目和活动在实施前都要开展其对环境和人体健康的影响评估";《加拿大哥伦比亚省公共卫生法案》第 61 条规定,"各政府部门应该对其有可能影响公众健康的立法项目开展健康影响评估";《西班牙公共卫生法》规定,"各政府部门必须对可能产生重大健康影响的法规、政策、规划、项目和工程进行健康影响评估";《新西兰健康战略 2000》将公共政策健康影响评估作为其首要战略。[5]

---

〔1〕 任洁、王德文:"健康治理:顶层设计、政策工具与经验借鉴",载《天津行政学院学报》2019 年第 3 期。

〔2〕 世界卫生组织:《世界卫生组织组织法》,1948 年 4 月 7 日。

〔3〕 王晨光、张怡:"《基本医疗卫生与健康促进法》的功能与主要内容",载《中国卫生法制》2020 年第 2 期。

〔4〕 王荣荣:"健康影响评价评估制度国际经验",载《人口与健康》2019 年第 4 期。

〔5〕 王荣荣等:"健康影响评估制度建设的国际经验及启示",载《卫生软科学》2018 年第 4 期。

"大健康"理念还体现在该条第2款："全社会应当共同关心和支持医疗卫生与健康事业的发展。""健康中国"需要全社会齐心协力、共同推进，个人也是其中的重要主体。因此在尊重和保护公民健康权的同时，不能片面地认为公民仅享有权利而没有义务，或把健康权仅仅作为获得权利，而忽视健康权主体积极维护和促进健康的义务。[1]新冠肺炎疫情发生以来，各地采取了一系列强有力的措施，广大干部群众也以实际行动遵守各项措施，支持疫情防控工作，彰显了"疫情面前，人人有责"的强烈责任感。习近平总书记所倡导的"每个人是自己健康的第一责任人"，正是从理念付诸实践的显现。每个人都应是合格的法规政令守护者。健康是人类发展的共同目标，也是国家软实力的重要组成部分，涵盖政治、经济、文化、社会等多个层面，涉及多领域和多部门的参与合作，也影响各种公共政策的制定与执行。[2]中华人民共和国成立之初，在全国发起的爱国卫生运动，就是由政府牵头，多部门合作和全民参与的群众性卫生运动，具有中国特色的全民健康促进运动的雏形。[3]

第七条 国务院和地方各级人民政府领导医疗卫生与健康促进工作。

国务院卫生健康主管部门负责统筹协调全国医疗卫生与健康促进工作。国务院其他有关部门在各自职责范围内负责有关的医疗卫生与健康促进工作。

县级以上地方人民政府卫生健康主管部门负责统筹协调本行政区域医疗卫生与健康促进工作。县级以上地方人民政府其他有关部门在各自职责范围内负责有关的医疗卫生与健康促进工作。

【条文主旨】卫生健康工作的组织领导与职能职责

【理解与适用】本条是关于对国务院和地方各级人民政府、卫生健康主管部门和相关部门职能职责进行纵向层次和横向条块划分的规定。本条规定有三个方面的含义：一是国家和地方各级人民政府对医疗卫生与健康促进工作的主体地位和领导职责；二是突出了各级卫生健康委员会统筹协调健康促进工作而不单单是履行公共卫生或者医疗救治的职能职责，这是与"健康中国"

---

[1] 王晨光、张怡："《基本医疗卫生与健康促进法》的功能与主要内容"，载《中国卫生法制》2020年第2期。

[2] 乐虹等："综合监督管理制度的立法思考——基于《基本医疗卫生与健康促进法（草案）》的解读与思考"，载《中国卫生法制》2018年第4期。

[3] 毛群安："从爱国卫生运动到建设健康中国"，载《中国卫生》2019年第10期。

战略和本法名称相适应的内涵重新定位和履行职能职责方式拓展的重要改变；三是各级政府其他有关部门的履职配合职能。

本次新冠肺炎疫情防控就是对本条很好的诠释、演示和证明。首先，面对如此巨大且突如其来的疫情，习近平总书记和党中央高度重视，直接指挥，国务院成立联防联控机制，各级政府成立联防联控领导小组，领导疫情防控工作；卫生健康系统冲锋陷阵，在发现疫情后及时进行基因检测、溯源，举全国医疗卫生系统之力竭力救治；国家层面，及时作出关闭离汉通道的决策，各地相继宣布进入重大突发公共卫生事件一级响应，一系列政府和相关部门履职尽责、全力协调的政策措施紧紧跟上和有效落实：检测、治疗以及防控费用的筹集、减免、保障（各级政府以及财政、发改、经信、卫健、医保、银保监等部门），疫苗的研制开发（卫健、药监、科技等部门），城乡社区及道路交通的管控、追踪（各级政府、组织、公安、交通、大数据、移动、电信等部门），基本生活用品的保障、调度、运输、配送（发改、商务、市场监管等部门），医疗废物处置和环境安全监测（卫健、国土、环保等部门），以及财政、市场监管、教育、人社、红会和社区以及志愿者等各个主体全体动员、全力以赴。

此外，对日常的基本医疗卫生和健康促进工作中，政府、行政主管部门和其他相关部门的职能职责的依据和作用，应作如下理解：

首先，从政府的层面上说，政府责任的依据是《宪法》第21条的规定，"国家发展现代医药和我国传统医药，鼓励和支持农村集体经济组织、国家企业事业组织和街道组织举办各种医疗卫生设施，开展群众性的卫生活动，保护人民健康"；第45条第1款规定，"中华人民共和国公民在年老、疾病或者丧失劳动能力的情况下，有从国家和社会获得物质帮助的权利。国家发展为公民享受这些权利所需要的社会保险、社会救济和医疗卫生事业"。本条明确了国家和政府推动和保障"健康中国"战略的实施，引领医疗卫生事业改革和发展大局，保障公民基本健康权益实现的主体责任；是医疗卫生事业坚持公益性、合理配置卫生资源、实现医疗卫生领域分配正义的强有力的制度保障；是中华人民共和国成立以来医疗卫生事业和健康促进工作的基本规律、成效、经验、模式上升为法律的体现。

各级政府的主要职能是保障医疗卫生事业的公益性，优化医疗卫生资源配置，构建与国民经济和社会发展水平相适应、与居民健康需求相匹配、体系完整、分工明确、功能互补、密切协作的整合型医疗卫生服务体系，实现医疗卫生领域内的资源配置优化和分配正义。具体体现在卫生人力、物力、财力等资源的配置、卫生系统区域规划、医疗行为规范等多个方面。王晨光教授将其详细解读为："其一，国家、社会和所有人都要尊重公民健康权，不仅不得侵害公民健康，而且要为保障健康权提供尽可能高的医药服务；其二，国家有义务大力推动医药卫生事业发展，建立科学和有效的医药卫生服务机构和相应的制度；其三，国家应制定改善生活工作环境和发展健康事业的规划，推动公共卫生事业的发展；其四，国家要制定推动医药科学和产业发展的规划，不断提高医疗服务水平和健康产品的质量；其五，建立科学的监管体制，保障医疗服务和健康产品的安全、有效和可及性；其六，以保障健康权为最高宗旨，不能用经济效益或产业利益来侵害或取代。"[1]

其次，从主管部门的层面上讲，一是中华人民共和国成立以来发生数次机构改革，其经历了卫生部、国家卫生和计划生育委员会、国家卫生健康委员会一系列的变化。1949年中华人民共和国成立后，卫生部就是中央人民政府的组成部门。2013年3月17日，根据《国务院机构改革和职能转变方案》，国务院整合国家卫生部、国家人口和计划生育委员会，将其组建为国家卫生和计划生育委员会。2018年3月，第十三届全国人民代表大会第一次会议批准通过了《国务院机构改革方案》，2018年3月27日，新组建的国家卫生健康委员会正式挂牌。二是名称的变化反映了随着我国社会经济文化的不断发展进步，卫生健康工作始终坚持党的领导，不断完善和提升医疗卫生事业的理念、机制、制度，并蕴涵了历次机构改革力图实现的卫生健康工作理念、方针、体制、机制的变化发展，以及由此产生的机构职能的增减、整合、变迁、更迭。20世纪50年代，我国形成了指导卫生工作的四大方针，分别是"面向工农兵""预防为主""团结中西医""卫生工作与群众运动相结合"。1991年，第七届全国人民代表大会第四次会议提出了"贯彻预防为主，依靠科技进步，动员全社会参与，中西医并重，为人民健康服务"的五大卫生工

〔1〕 王晨光："论以保障公民健康权为宗旨 打造医药卫生法治的坚实基础"，载《医学与法学》2016年第1期。

作方针。2016年，《"健康中国2030"规划纲要》明确提出了新时期卫生与健康工作方针："以基层为重点，以改革创新为动力，预防为主，中西医并重，将健康融入所有政策，人民共建共享。"

最后，从相关部门层面进行考察，本部法律名称从"基本医疗卫生法"到"基本医疗卫生与健康促进法"，其内涵和外延都有了非常大的拓展，彰显了通过立法，明确、固化和推动"健康中国"国家战略和健康理念入万策，以及各个部门依法履行健康促进职能的法治思维。国家健康战略的实施和公民健康权益的保障，不仅要涵盖基本医疗卫生制度，还要从更广泛的健康影响因素入手，明确国家、卫生健康主管部门和相关部门、个人、社会组织在健康促进工作中的职能职责和权利义务。具体到公民，公民健康权益的实现和决定其健康状况的因素中，医疗卫生服务仅占其中一小部分，而遗传等生物因素、生活方式和社会环境因素，甚至是精神和心理因素都具有非常重要的作用。普及健康生活、优化健康服务、完善健康保障、建设健康环境、发展健康产业、建立健康制度、提升健康素养，需要相关部门切实履职、密切配合协作。财政、发改、经信等部门与卫生健康资源配置、经费投入等密切相关；国土与自然资源、农村农业、畜牧养殖、市场监管、环境保护等部门涉及食品、药品、空气、饮水等基本生活资料的生产、提供，衣食住行等基础设施的提供、保障；宣传、文化、教育、体育等部门以及各类媒体、社会组织等均与公民健康教育、理念、行为习惯养成密切相关，需要共同发挥作用做好医疗卫生与健康促进工作。

第八条 国家加强医学基础科学研究，鼓励医学科学技术创新，支持临床医学发展，促进医学科技成果的转化和应用，推进医疗卫生与信息技术融合发展，推广医疗卫生适宜技术，提高医疗卫生服务质量。

国家发展医学教育，完善适应医疗卫生事业发展需要的医学教育体系，大力培养医疗卫生人才。

【条文主旨】医学发展的重点与目标

【理解与适用】本条明确了医学发展的目标，并规定要从基础医学、临床医学、医疗卫生技术、医学教育等领域重点推进医学发展。医学是由人类在长期与疾病做斗争的实践中产生和发展而成的，医学发展水平与人们的健康状态密切相关。医学在漫长的发展过程中，大致经历了原始医学、古代经验医学、近代实验医学和现代医学等发展阶段。现代医学虽然取得了巨大的成就，但仍然面临许多亟待解决的问题，如心脑血管病、恶性肿瘤、病毒感染、精神疾病等。要解决问题，不仅需要新的思维方式和先进的科学技术，更需要国家从宏观层面进行整体设计，明确发展重点并推进实施，此条即是关于医学发展目标和重点领域的具体规定。

医学发展的目标是提高医疗卫生服务质量。为了实现这一目标，此条重点明确了以下几个方面的任务：

一是加强医学基础科学研究，鼓励医学科学技术创新。基础医学的发展史就是现代医学的进步史，临床诊断和治疗的进步依赖于基础医学理论的完善。有了基础科学的发展，医学才能从根本上由一种经验的归纳和总结上升为可以称之为科学的学科。基础生物医学研究是征服一些在全球范围内迅速传播的传染性疾病的关键所在，许多学者认为，支持基础生物医学研究与改善健康状况之间关系密切，尽管基础生物医学研究获得的结果往往需要历经几十年才能真正应用于临床。[1]因此，我们要弘扬医学科学精神，遵循医学科研的基本要求，要为医学科学技术创新创造良好的环境条件，通过基础研究和技术创新，为诊治临床疾病提供理论研究基础和有效的科学技术手段。

二是支持临床医学发展，促进医学科技成果的转化和应用。"临床"即"亲临病床"之意，临床医学是关于研究疾病的病因、诊断、治疗和预后的科学，是提高临床治疗水平，促进人体健康的科学。20世纪医学领域先后发生了三次革命，产生了现代临床医学。作为与疾病直接对抗的科学，现代临床医学成为人类与疾病抗争的最重要的武器，在未来也将发挥更重要的作用。因此，国家需要在医疗机构设置、医疗卫生人员配备、管理体制机制改革等方面全面支持临床医学发展，鼓励和支持医学基础科技研究成果在临床医疗中的转化和应用，使临床医学的发展与疾病的诊断治疗相适应。

三是推进医疗卫生与信息技术融合发展，推广医疗卫生适宜技术。在全民健康信息化建设背景下，在医疗健康领域中正在逐步推广应用人工智能，

---

〔1〕 邢鸿飞："认识基础科学的贡献"，载《世界科学》2014年第10期。

形成了"AI+健康医疗"模式。2019年6月，由中国卫生信息与健康医疗大数据学会主办、华为公司协办的2019年中国卫生信息技术大会展示了"华为云"在医疗领域的核心技术方案与优秀实践成果，表明了我国借助云计算等先进技术，不断加速健康医疗领域新技术、新模式的发展。比如，可以使用大数据技术对海量的医疗数据进行处理和分析，这些数据可以帮助医疗工作者将主观的经验和客观的数据有效地结合起来，从而做出最正确的临床决策，提高治疗效率和治疗效果；[1]通过App预约、网络问诊、在线处方、智能化结算、数字化管理等方式，能够提升医疗卫生人员的工作效率和服务质量，让患者享受高新科学技术带来的便利，使就医更加准确、智能和高效。

四是发展医学教育，完善适应医疗卫生事业发展需要的医学教育体系，大力培养医疗卫生人才。医学教育是指有目的、有计划、有组织地培养医药卫生人才的教育活动。医学教育最初采取以师带徒的形式，但随着知识量的扩大和对医务人员需求量的增加，采取学校形式的医学教育便应运而生。我国早在公元443年刘宋王朝时期就设立了官方的医学教育机构，至今已有1500多年的历史。19世纪以后，外国教会在各地陆续兴办医院，招收学徒，创办医学校，西方新医学教育引入我国。1866年美国教会在广州创办了博济医学校，1881年清政府在天津开设医学馆，1903年又在北京京师大学堂内增设医学馆，之后全国各地陆续建立了许多医学院校。中华人民共和国成立后，我国基本上确立了由初等、中等、高等、研究生和进修教育等形式组成的教育结构，形成了一套完整的多层次的医学教育体系。医学教育是终身教育，一般可分为三个阶段：基本医学教育、毕业后教育和继续医学教育。我国当前的医学教育，主要是指高等医学院校的本科生教育和研究生教育等基本医学教育，尤其是本科生教育，与部分国家要求学生先获得一个本科学位才能选修医学专业不同，我国高校直接招收高中生进行医学教育培养，这与我国医疗卫生事业发展急需大量医疗卫生人才的实际密切相关。为了培养合格的医疗卫生人才，国家组织开展了临床医学专业认证，通过学校自查和专家诊

---

〔1〕 孙爱婷、张海平："大数据技术在医疗领域应用的发展前景"，载《中国管理信息化》2017年第19期。

查相结合，帮助学校总结优势和特色，改进短处和不足，通过制定持续的改革措施进一步促进医学教育内涵式发展。[1]同时，为了保证医疗卫生人才的培养质量，除部分本科学生会选择进入硕士、博士研究生阶段学习以外，还通过住院医师规范化培训制度，使医学生能够接受正规的毕业后教育。此外，还广泛开展继续教育，使医学工作者不断更新知识，提高业务技术水平，以推动医学科学和卫生健康事业的发展。

第九条　国家大力发展中医药事业，坚持中西医并重、传承与创新相结合，发挥中医药在医疗卫生与健康事业中的独特作用。

【条文主旨】发展中医药事业

【理解与适用】本条是关于通过立法来推动中医药事业发展的规定。中医药是中华民族的瑰宝，是我国传统文化的重要组成部分，有着数千年的历史。但是，在"西学东渐"思潮的影响下，中医药事业受到了前所未有的严峻挑战。中华人民共和国成立初期，卫生部门执行了限制中医的错误政策。不过，毛泽东主席在1954年后相继作出了包括建立中医研究院、组织西医学习中医等在内的一系列指示，开始了对错误政策的批判和纠正，这些拨乱反正的措施不但使中医学作为一个完整的医学体系得到充分的肯定，也使很多人转变了思想观念，明确了用现代科学方法发掘、整理、研究中医药学遗产，丰富了现代医学科学的观念，把中医中药和西医西药的知识结合起来，创造了中国统一的新医学、新药学，中西医结合方针得以确立，中国医学的发展进入了中医、西医和中西医结合三支力量并存的新时期。[2]

然而，尽管国家开始重视中医药的发展，并为此投入了大量的财力和物力，但西医依然在我国医疗系统中占据着主导地位：不仅西医医院的数量不断增加，中医院也出现了西化的现象。这使得中医药事业不断弱化，人才也呈现出持续缩减的趋势。甚至有一些学者开始质疑中医中药，认为中医是伪科学，因为其缺乏完整的理论知识体系，辨证施治时主观性大。[3]

---

〔1〕李朝征等："临床医学专业认证与医学教育内涵式发展的协同促进"，载《中国高等医学教育》2019年第3期。
〔2〕宫正：《新中国中医方针政策的历史考察》，中共中央党校2011年版，第5页。
〔3〕谢慧、陆敏："坚持中西医并重对中医药发展的促进作用"，载《中国社区医师》2018年第28期。

近年来，随着国家对中医药事业支持力度的不断加大，中医药事业发展呈现出突飞猛进的态势。目前我国正面临人口老龄化的严峻形势，慢性病患病数量急剧增加，中医药在疾病预防、保健和健康管理等领域的应用受到越来越多的关注。《国务院关于扶持和促进中医药事业发展的若干意见》（国发〔2009〕22号）提出，"中医药（民族医药）是我国各族人民在几千年生产生活实践和与疾病做斗争中逐步形成并不断丰富发展的医学科学，为中华民族繁衍昌盛做出了重要贡献，对世界文明进步产生了积极影响。中华人民共和国成立特别是改革开放以来，党中央、国务院高度重视中医药工作，中医药事业取得了显著成就。但也要清醒地看到，当前中医药事业发展还面临不少问题，不能适应人民群众日益增长的健康需求"。《中共中央 国务院关于深化医药卫生体制改革的意见》（中发〔2009〕6号）提出，"要坚持中西医并重的方针，充分发挥中医药作用"。这是我国首部以国务院的名义发布的关于中医药发展的指导性意见，也是一部指导我国中医药事业发展的纲领性文件，明确了在深化医药卫生体制改革中，中医药要充分发挥作用。[1]2013年9月，《国务院关于促进健康服务业发展的若干意见》（国发〔2013〕40号）中明确指出，当前我国健康服务业的主要任务之一即"全面发展中医药医疗保健服务"，"要充分发挥中医医疗预防保健特色优势"。

党的十八大以来，习近平总书记多次对中医药事业的发展作出指示，党和国家高度重视中西医结合工作，2016年2月，国务院出台的《中医药发展战略规划纲要（2016—2030年）》提出，丰富中医药文化内涵，创新中医药文化传播，增强中医药文化的渗透力和影响力。推动中医对外话语体系建设，充分利用世界卫生组织、国际标准化组织等平台，讲好"中医药故事"，促进中医药在世界范围内得到丰富和发展，为传承和发展中华优秀传统文化、提升国家文化软实力作出新的贡献。[2]2016年8月，国家中医药管理局印发《中医药发展"十三五"规划》，2016年12月25日，全国人民代表大会表决通过了《中医药法》，均明确提出要促进中西医结合。上述规划和法律的出台，为中西医结合发展奠定了良好的政策保障，特别是《中医药法》的颁布

---

〔1〕 郭清：《中国健康服务业发展报告2017》，人民卫生出版社2018年版，第3页。
〔2〕 国务院研究室编写组：《十二届全国人大三次会议〈政府工作报告〉学习问答》，中国言实出版社2015年版，第359页。

为我国中医药事业的发展提供了有力的法律支撑，也将成为中西医结合事业发展的新里程碑。[1]

国家"十三五"规划及习近平总书记在党的十九大报告中指出，我们应当坚持中西医并重，充分利用现代科学技术和方法，推进中医药现代化，推动中医药走向世界，传承和振兴发展中医药事业。经过几十年的开拓探索和创新研究，中西医结合在医疗卫生体系中的作用不断增强，在临床实践中的优势不断显现，学术研究成果不断增多，[2]其中最具代表性的是基于中医学理论运用现代技术创制的新型抗疟药青蒿素和双氢青蒿素，[3]成为我国第一个获得诺贝尔自然科学奖的项目，极大地振奋了中西医结合工作者的信心。此外，中医药在新冠肺炎疫情的治疗和防控中发挥了重要作用。国家卫生健康委员会发布的《新型冠状病毒肺炎诊疗方案（试行第七版）》中，将"清肺排毒汤"列入中医临床治疗期首选。国家中医药管理局科技司司长李昱在2020年4月14日举行的国务院联防联控机制新闻发布会上指出，国务院在应对新冠肺炎疫情联防联控机制科研攻关组下专门设立了中医药专班，统筹推进中医药疫情防治重点科研攻关工作和中长期中西医结合传染病防控机制的建立。各地中医药主管部门正在组织相关专家队伍，指导各地对恢复期患者进行中医药、中西医结合的康复干预。研究显示，运用中医药进行综合干预，与没有运用中医药进行综合干预的临床疗效差异显著。[4]这一具有中国特色的病证结合诊疗模式，在中医院和中西医结合医院得到普遍采用，极大地提升了中医辨证论治的效能，充分发挥了中医药在医疗卫生与健康事业中的独特作用。

2020年的新冠肺炎疫情中，中医药深入介入诊疗全过程，发挥了前所未有的积极作用，成为抗疫"中国方法"的重要组成部分。据有关资料显示，

---

　　[1] 吴咸中："学习中医药法 促进中西医结合"，载《中国中西医结合杂志》2017年第2期。

　　[2] 王国强："在全国中西医结合发展战略研讨会暨中国中西医结合学会成立三十周年纪念会开幕式上的讲话"，载《中国中西医结合杂志》2012年第1期。

　　[3] 张铁军等："天然药物化学史话：青蒿素——中药研究的丰碑"，载《中草药》2016年第19期。

　　[4] "国务院联防联控机制：中医药在抗击新冠肺炎疫情中发挥了重要作用"，载新华网，http://www.xinhuanet.com/health/2020-04/15/c_1125857201.htm，2020-04-15，最后访问日期：2020年4月16日。

全国 5 万余名出院患者大多数都使用过中医药。另据湖北省卫生健康委员会发布的数据显示，湖北省中医药使用率累计达到 91.91%，方舱医院中医药使用率超过 99%，集中隔离点中医药使用率超过了 94%。目前，新冠肺炎病例已经"清零"的宁夏回族自治区新冠肺炎确诊病例治愈率之高，曾引起全国瞩目。在整体治疗方案中，宁夏中医参与治疗度达到 98%，加上中西医专家共同查房、会诊、治疗，成为宁夏治疗效果的亮点和保障。这一切都证明了中医药在抗击新冠肺炎疫情中的特殊贡献，[1]更体现出在中西医并重、传承与创新相结合的过程中，中医药在医疗卫生与健康事业中的独特作用。

第十条　国家合理规划和配置医疗卫生资源，以基层为重点，采取多种措施优先支持县级以下医疗卫生机构发展，提高其医疗卫生服务能力。

【条文主旨】医疗卫生资源的规划和配置

【理解与适用】本条是关于我国医疗卫生资源的规划和配置，以基层为重点的规定。"强基层"是本法的主要亮点之一，是保障城乡居民基本医疗卫生服务公平可及的重要原则。落实"以基层为重点"是新时期我国卫生与健康工作的总方针。本条明确指出，"国家合理规划和配置医疗卫生资源，以基层为重点"，这对加强基层，特别是艰苦偏远地区的医疗卫生服务和公共卫生服务是一个重大"利好"。

本法第 34 条和第 35 条对"以基层为重点"作出了具体规定：国家加强县级医院、乡镇卫生院、村卫生室、社区卫生服务中心（站）和专业公共卫生机构等的建设，建立健全农村医疗卫生服务网络和城市社区卫生服务网络。基层医疗卫生机构主要提供预防、保健、健康教育、疾病管理，为居民建立健康档案，常见病、多发病的诊疗以及部分疾病的康复、护理，接收医院转诊患者，向医院转诊超出自身服务能力的患者等基本医疗卫生服务。

基层医疗卫生机构是医疗卫生服务体系的基础和网底，是提供公共卫生与基本医疗服务的重要载体。基层医疗卫生机构贴近居民群众，熟悉社区、村镇的情况，医疗卫生服务以预防为主、防治结合，服务成本比较低，在为

---

〔1〕 "让中医药瑰宝插上高科技翅膀"，载央广网，http://news.cnr.cn/native/comment/20200325/t20200325_525030108.shtml，2020-03-25，最后访问日期：2020 年 4 月 16 日。

城乡居民提供安全、方便、质优、价廉的基本医疗卫生服务方面具有不可替代的作用。城市医疗卫生服务体系以社区卫生服务中心为主体。县级以下医疗卫生机构主要包括乡镇卫生院和村卫生室，是我国农村基本医疗卫生服务的网底。乡镇卫生院负责提供公共卫生服务和常见病、多发病的诊疗等综合服务，并承担对村卫生室的业务管理和技术指导；村卫生室承担行政村的公共卫生服务及一般疾病的诊治等工作。

改革开放特别是 2009 年《中共中央　国务院关于深化医药卫生体制改革的意见》发布以来，国家医疗卫生体制改革一直关注基层卫生服务体系建设，我国基层医疗卫生机构得到快速发展。《2018 年我国卫生健康事业发展统计公报》显示，基层医疗卫生机构中，社区卫生服务中心（站）34 997 个，乡镇卫生院 36 461 个，诊所和医务室 228 019 个，村卫生室 62 2001 个。但是，目前我国很多基层医疗卫生机构的服务能力依然不能满足人们的医疗卫生需要。加强基层医疗卫生机构建设，提升基层医疗卫生机构服务能力，是落实"保基本、强基层、建机制"要求的重要体现，也是提高医疗服务可及性、解决"看病难"问题的重要举措。合理规划和配置医疗卫生资源、完善医疗卫生服务体系、加强基层医疗卫生体系建设、推进分级诊疗是当前医疗卫生体制改革的重点。当前，我国医疗资源分布不平衡、不充分，而分级诊疗制度包含着轻重分离、供需匹配的理念，是满足人民群众就医需要的重要途径。在推进异地就医工作的过程中，要出台转诊备案办法，做好报销政策衔接，从而与分级诊疗工作相结合，这样既可以保障人民群众合理的异地就医需求，引导有序就医，又不能因为异地结报工作冲击了分级诊疗制度的实施。[1]

基层医疗卫生机构应该是常见病、慢性病等基本医疗服务和基本公共卫生服务双重健康的"守门人"。1994 年卫生部颁布的《医疗机构基本标准（试行）》（部分失效）对乡镇卫生院的配置要求是"临床科室至少设有急诊（抢救）室、内科、外科、妇（产）科、儿科、预防保健科"。"非典"疫情之后，2004 年卫生部发布《关于二级以上综合医院感染性疾病科建设的通知》，要求全国所有二级以上综合医院设立感染性疾病科。之后，又发布了

---

〔1〕　陈默等："基于 K-means 聚类与支持向量机的大病患者住院费用影响因素与控制策略研究"，载《中国医院管理》2019 年第 5 期。

《二级以上综合医院感染性疾病科工作制度和工作人员职责》和《感染性疾病病人就诊流程》等重要文件，对感染性疾病科的工作提出了具体要求。2005年2月28日，卫生部出台了《医疗机构传染病预检分诊管理办法》，其第2条明确规定，医疗机构应当建立传染病预检、分诊制度。二级以上综合医院应当设立感染性疾病科，没有设立感染性疾病科的医疗机构应当设立传染病分诊点。

在应对新冠肺炎这种新发重大传染病期间，为落实以社区防控为主的综合防控措施，指导社区科学有序地开展新冠肺炎疫情防控工作，国家卫生健康委员会连续发布了《关于加强新型冠状病毒感染的肺炎疫情社区防控工作的通知》（肺炎机制发〔2020〕5号）、《关于进一步做好农村地区新型冠状病毒感染的肺炎疫情防控工作的通知》（肺炎机制发〔2020〕14号）、《关于进一步动员城乡社区组织开展新型冠状病毒感染的肺炎疫情防控工作的紧急通知》（民发〔2020〕9号）等文件。基层医疗卫生机构在地方党委政府、卫生健康行政部门的领导下，在疾控机构和其他专业机构的指导下，积极配合乡镇（街道）、村（居）委会严格执行相关工作规范，科学开展宣传教育，对辖区居民实行"网格化"健康管理，开展"地毯式"排查，织密织牢疫情防控的"网底"，对于做好新冠肺炎疫情的社区防控和关口前移发挥了重要的基础作用。本次疫情也对基层医疗卫生机构提出了更高更全面的要求。《基本医疗卫生与健康促进法》明确提出了国家在合理规划和配置医疗卫生资源方面的职责和关注重点，可谓及时，具有重大现实意义，将有利于进一步促进县级以下医疗卫生机构的发展和医疗卫生服务能力的提升。

第十一条 国家加大对医疗卫生与健康事业的财政投入，通过增加转移支付等方式重点扶持革命老区、民族地区、边疆地区和经济欠发达地区发展医疗卫生与健康事业。

【条文主旨】加大对医疗卫生投入及服务均等化

【理解与适用】本条标志着国家加大医疗卫生与健康事业方面的财政投入政策正式入法。早在2002年，江泽民同志在党的十六大上就指出，要"进一步建立适应新形势要求的卫生服务体系和医疗保健体系，提高城乡居民的医疗保健水平"，"开展全民健身运动，提高全民健康水平"。2007年胡锦涛同志在党的十七大上提出，"建立基本医疗卫生制度，提高全民健康水平。强化政府责任和投入，完善国民健康政策"。2017 年习近平同志在党的十九大上首提"健康中国"战略，要求"完善国民健康政策，为人民群众提供全方位全周期健康服务"。按照增加医疗卫生经费投入的要求，各级政府用于医疗卫生服务、医疗保障补助、卫生和医疗保障行政管理、人口与计划生育事务性支出等各项医疗卫生事业的经费均应得到相应增加，同时，疾病预防、食品安全、老龄服务等健康事业方面的投入也要有所加大。

在加大财政投入的同时，国家还要推动医疗卫生与健康服务均等化。2005 年中共十六届五中全会通过了《中共中央关于制定国民经济和社会发展第十一个五年规划的建议》，要求"按照公共服务均等化原则，加大国家对欠发达地区的支持力度，加快革命老区、民族地区、边疆地区和贫困地区经济社会发展"。2006 年中共十六届六中全会通过的《中共中央关于构建社会主义和谐社会若干重大问题的决定》中进一步提出，"完善公共财政制度，逐步实现基本公共服务均等化"。公共服务均等化，是指向全国各地的居民提供在使用价值形态上水平大体相同的公共服务。均等的内容包含两个方面：一是居民享受医疗卫生与健康服务的机会均等，二是居民享受医疗卫生与健康服务的结果均等。即每一个公民无论住在什么地方，其所享受的医疗卫生与健康服务的数量和质量都应大体相等。[1]

财政转移支付是完成医疗卫生与健康服务均等化目标的主要措施。我国财政税收体制改革大致可以划分为三个阶段：第一阶段从中华人民共和国成立后到 1978 年之前，主要实行统收统支的财政集中体制；第二阶段从 1978 年到 1993 年，中央政府逐步放权，实行分成和财政包干体制，额外增长的税收大部分归地方政府支配，结果加剧了财政资源分配不公和公共服务地区间失衡；第三阶段从 1994 年至今，我国实行分税制和转移支付制度，分税制调整了中央政府和地方政府在收入税等方面的分享比例，加强了中央财政税收集权，并随之建立了中央向地方的转移支付制度。[2]转移支付主要采用以下方式：（1）税收返还、体制补助和结算补助；（2）一般性转移支付，在支付过程

---

〔1〕 安体富、任强："公共服务均等化：理论、问题与对策"，载《财贸经济》2007 年第 8 期。

〔2〕 张晏、龚六堂："分税制改革、财政分权与中国经济增长"，载《经济学（季刊）》2005 年第 4 期。

中按照规范和均等化的原则进行；（3）专项转移支付，服务于中央宏观政策目标，重点项目主要用于中西部地区。[1]对于转移支付效果，通常用以下指标进行评价：（1）医疗卫生与健康事业支出；（2）医疗卫生与健康事业产出，如人均医疗床位数、医务人员数、诊疗人次等；（3）医疗卫生与健康服务结果，如出生率、死亡率、患病率、营养摄入量等。[2]

第十二条　国家鼓励和支持公民、法人和其他组织通过依法举办机构和捐赠、资助等方式，参与医疗卫生与健康事业，满足公民多样化、差异化、个性化健康需求。

公民、法人和其他组织捐赠财产用于医疗卫生与健康事业的，依法享受税收优惠。

【条文主旨】鼓励各主体参与医疗卫生与健康事业

【理解与适用】本条是关于国家鼓励公民、法人和其他组织依法参与医疗卫生与健康事业的规定，包括社会办医和捐赠等形式，并通过税收优惠等政策予以引导和支持。

2013 年出台的《国务院关于促进健康服务业发展的若干意见》（国发〔2013〕40 号）提出，"形成以非营利性医疗机构为主体、营利性医疗机构为补充，公立医疗机构为主导、非公立医疗机构共同发展的多元办医格局"。2019 年 10 月 31 日，中国共产党第十九届中央委员会第四次全体会议通过了《中共中央关于坚持和完善中国特色社会主义制度、推进国家治理体系和治理能力现代化若干重大问题的决定》，要求"创新公共服务提供方式，鼓励支持社会力量兴办公益事业，满足人民多层次多样化需求，使改革发展成果更多更公平惠及全体人民"。在以公立医疗机构为主导的前提下，发展社会办医、引入竞争机制，对于激发公立医院内生活力、增加公立医院外在推力、加快医药卫生体制改革进程、促进医疗卫生服务多样化和多层次供给、推动社会领域改革创新、引导经济结构转型升级等意义重大。政府举办非营利性医疗卫生机构，在基本医疗卫生事业中发挥着主导作用，保障基本医疗卫生公平

---

〔1〕　安体富、任强："公共服务均等化：理论、问题与对策"，载《财贸经济》2007 年第 8 期。

〔2〕　郭庆旺、贾俊雪："中央财政转移支付与地方公共服务提供"，载《世界经济》2008 年第 9 期。

可及，与此同时，社会办医可以起到提供高端医疗卫生服务、对基本医疗服务形成竞争和促进、进一步探索优化政府和市场关系的"鲶鱼效应"。本法通过本条在总则中的原则规定，体现了党和国家对以人为本，以健康为中心，进一步推动和完善医疗卫生体制改革的高度重视和坚定决心。

将本条置于总则，体现了国家鼓励社会办医的重要政策导向，抓住经济社会持续向好发展、慈善捐赠行为日益增长和成熟的良好时机，鼓励公民、法人和其他社会组织举办非营利性和营利性医疗机构，立足国情优先支持举办非营利性医疗机构，巩固和加强非营利性医疗机构在医疗体系中的主体地位；鼓励对医疗机构进行捐赠，并落实相关优惠政策；鼓励红十字会、各类慈善机构、基金会等出资举办非营利性医疗机构，或与社会资本举办的非营利性医疗机构建立长期对口捐赠关系。本条明确了社会力量参与医疗卫生事业的主体可以是公民、法人和其他组织；具体方式可以是依法举办机构、捐赠、资助等；目标是满足公民多样化、差异化、个性化的健康需求。关于举办医疗机构及其管理和政策支持、责权利相关的规定在本法第3章明确。

捐赠通常具有以下四个特征：一是捐赠的主体可以是任何自然人、法人或者其他组织；二是捐赠的方式包括提供资金、物资等多种形式；三是捐赠是自愿无偿的；四是捐赠的目的是提供支持和帮助。根据捐赠的上述特征，我们可以将卫生计生单位接受捐赠的行为理解为：自然人、法人或者其他组织自愿无偿向卫生计生单位提供资金、物资等形式的公益性支持和帮助。卫生计生单位接受捐赠的用途包括：用于医疗机构患者医疗救治费用减免；用于公众健康等公共卫生服务和健康教育；用于卫生计生人员培训和培养；用于卫生计生领域学术活动或科学研究；用于卫生计生机构公共设施设备建设；用于其他卫生计生公益性非营利活动。不得接受捐赠的情形主要包括：不符合国家法律法规的相关规定；涉及商业营利性活动；涉嫌不正当竞争和商业贿赂；与本单位采购物品（服务）挂钩；附有与捐赠事项相关的经济利益、知识产权、科研成果、行业数据及信息等权利和主张；不符合国家有关质量、环保等标准和要求的物资；附带政治目的及其他意识形态倾向；损害公共利益和其他公民的合法权益；任何方式的索要、摊派或者变相摊派；承担政府监督执法任务的机构，不得接受与监督执法工作有利害关系的捐赠。

捐赠可以通过两种方式进行：（1）捐赠人直接向卫生计生单位进行捐赠。

首先，捐赠人向卫生计生单位提出捐赠申请，卫生计生单位在收到捐赠人的捐赠申请后，及时对捐赠是否属于卫生计生单位可以接受的范围提出评估意见；其次，在确定可以接受捐赠后，捐赠人与受赠单位应当签订捐赠协议；最后，受赠单位接受捐赠财产，并按照捐赠财产的实际价值向捐赠人开具财政部门统一印制并加盖受赠单位印章的公益事业捐赠票据。但需注意的是，捐赠人直接向卫生计生单位进行捐赠的支出不能在所得税前扣除。（2）捐赠人通过公益性社会团体向卫生计生单位进行捐赠，捐赠的流程如下：首先，由捐赠人从省级以上（含省级）财政、税务和民政部门每年分别联合公布的名单中选取获得公益性捐赠税前扣除资格的公益性社会团体；其次，在确定上述公益性社会团体可以接受捐赠后，捐赠人与受赠单位签订捐赠协议；再次，受赠单位接受捐赠财产，并按照捐赠财产的实际价值向捐赠人开具财政部门统一印制并加盖受赠单位印章的公益事业捐赠票据；最后，由受赠单位将捐赠财产拨付给卫生计生单位。

2020 年 4 月 16 日，中国红十字会总会在其官网上发布的《接受使用新型冠状病毒肺炎疫情防控社会捐赠款物动态》中载明，截至 2020 年 4 月 14 日 17 时，中国红十字会总会机关和中国红十字基金会共接受用于新冠肺炎疫情防控的社会捐赠款物 217 210.56 万元。其中，接受资金 163 270.11 万元，物资价值 53 940.45 万元。所接受的捐赠资金和物资按照疫情防控需要及捐赠方意愿安排使用。中国红十字会总会机关接受捐赠款物 62 376.10 万元。其中，接受资金 55 305.01 万元，用于支持承担防控救治任务的武汉雷神山医院、武汉火神山医院、中国中医科学院、武汉市金银潭医院、武汉市汉口医院、武汉市中心医院等医疗机构 6280 万元；用于湖北、山东、浙江、福建、辽宁等地疫情防控 26 565.19 万元；用于防控一线医务人员人道救助 1120 万元；已购买防控物资 13 397.63 万元，计划安排使用资金 7942.19 万元。接受物资价值 7071.09 万元，已发放至湖北武汉、十堰、孝感、黄冈及其他 24 个省市的物资价值 7071.09 万元。中国红十字基金会接受捐赠款物 154 834.46 万元。其中，接受资金 107 965.10 万元，设立专项救助项目用于防控一线医务人员等人道救助 49 628.73 万元；用于支持承担防控救治任务的武汉雷神山医院、武汉火神山医院、黄冈市中心医院等医疗机构 20 436.22 万元；用于湖北、河南、内蒙古、山西、福建、江苏等地疫情防控 4691.39 万元；用于支持钟南山医学基金会等进行疫情防控科研 700 万元；捐方定向捐赠物流运输等执行费 510 万元；支持抗疫社会组织协作 50 万元；已购买防控物资 19 116.09 万元；用于抗疫国际人道援助 12 037.22 万元。

关于税收优惠。公益税收政策的内容包括企业所得税和个人所得税两个部分：（1）对于企业所得税。企业通过公益性社会团体发生的捐赠支出，在年度利润总额 12% 以内的部分，准予在计算应纳税所得额时扣除；超过年度利润总额 12% 的部分准予向以后年度结转扣除，结转年限自捐赠发生年度的次年起计算最长不得超过 3 年。另外，企业在对公益性捐赠支出计算扣除时，应当先扣除以前年度结转的捐赠支出，再扣除当年发生的捐赠支出。示例如下：某企业 2017 年结转的公益性捐赠支出为 5 万元，2018 年实际发生的公益性捐赠支出为 8 万元，2018 年利润总额为 100 万元。按照上述标准，2018 年公益性捐赠支出扣除限额等于 100×12%＝12 万元。2017 年结转的公益性捐赠支出（5 万元）+2018 年发生的公益性捐赠支出（8 万元）等于 13 万元，大于企业当年年度利润总额的 12%。在 2018 年准予扣除的 12 万元里面，应当先扣除 2017 年的 5 万元，余下的 7 万元再在 2018 年的 8 万元里予以扣除，剩余的 1 万元可以依次在 2019 年、2020 年、2021 年进行扣除。（2）对于个人所得税。个人通过公益性社会团体发生的捐赠支出，在纳税义务人申报的应纳税所得额 30% 的部分，准予从应纳税所得额中扣除；超过纳税义务人申报的应纳税所得额 30% 的部分，不得转到其他应纳税所得项目以及以后年度扣除，更不允许追溯到之前年度纳税申报期的应纳税所得额中扣除。

享受税收政策应当具备以下两个要件：一是捐赠人的捐赠方式应当符合规定。捐赠人直接捐赠支出不能在所得税前扣除，只有通过公益性社会团体或者县级以上人民政府及其部门发生的捐赠支出才能在所得税前扣除。二是捐赠人应当取得合法的捐赠票据。捐赠人只有提供省级以上（含省级）财政部门印制并加盖接受捐赠单位印章的公益性捐赠票据，才可按税法规定享受相关税前扣除政策。

第十三条　对在医疗卫生与健康事业中做出突出贡献的组织和个人，按照国家规定给予表彰、奖励。

【条文主旨】表彰、奖励突出贡献者

【理解与适用】本条是关于表彰、奖励在医疗卫生与健康事业中做出突出贡献的组织和个人的规定。

为了调动医务人员，特别是医师的积极性、创造性，形成一种人人争先的社会风气，推动我国医疗卫生事业更好、更快发展，[1]1998年颁布的《执业医师法》（2009年已修正）将表彰、奖励作为一项基本制度加以规定。[2]该法第5条规定，"国家对在医疗、预防、保健工作中作出贡献的医师，给予奖励"。该法第33条具体规定了应表彰或者奖励的条件：（1）在执业活动中，医德高尚，事迹突出的；（2）对医学专业技术有重大突破，做出显著贡献的；（3）遇有自然灾害、传染病流行、突发重大伤亡事故及其他严重威胁人民生命健康的紧急情况时，救死扶伤、抢救诊疗表现突出的；（4）长期在边远贫困地区、少数民族地区条件艰苦的基层单位努力工作的；（5）国务院卫生行政部门规定应当予以表彰或者奖励的其他情形的。《中医药法》第10条规定："对在中医药事业中做出突出贡献的组织和个人，按照国家有关规定给予表彰、奖励。"

我国并未颁布关于表彰、奖励医务人员的具体制度。参照《军队奖励和表彰管理规定》，表彰是指有关单位以通报形式对单位和个人给予褒扬。表彰单位应为受表彰单位颁发奖牌、奖状，为受表彰个人颁发证书，但一律不得发放奖金。参照《军队奖励和表彰管理规定》和《公务员奖励规定（试行）》，奖励是指依照有关规定对单位和个人给予嘉奖，记一、二、三等功，授予荣誉称号。奖励的类型如下：对表现突出的，给予嘉奖；对做出较大贡献的，记三等功；对做出重大贡献的，记二等功；对做出杰出贡献的，记一等功；对功绩卓著的，授予"人民满意的×××"或者"模范×××"等荣誉称号。在各种荣誉称号中，国家荣誉称号是国家最高荣誉。根据《国家勋章和国家荣誉称号法》的规定，国家荣誉称号授予在经济、社会、国防、外交、教育、科技、文化、卫生、体育等各领域、各行业做出重大贡献、享有崇高声誉的杰出人士。国家荣誉称号的名称可冠以"人民"，也可以使用其他名称。国家主席根据全国人民代表大会常务委员会的决定，向国家勋章和国家荣誉称号获得者授予国家勋章、国家荣誉称号奖章，签发证书。国家和社会

〔1〕 全国人大常委会法工委国家法行政法室等编：《〈中华人民共和国执业医师法〉释解》，中国民主法制出版社1998年版，第26页。
〔2〕 宋瑞霖主编：《中华人民共和国执业医师法释义》，中国法制出版社1999年版，第8页。

通过多种形式宣传国家荣誉称号获得者的卓越功绩和杰出事迹。各种奖励的审批单位如下：嘉奖、记三等功，由县级以上党委、政府或者市（地）级以上机关批准；记二等功，由市（地）级以上党委、政府或者省级以上机关批准；记一等功，由省级以上党委、政府或者中央机关批准；授予荣誉称号，由省级以上党委、政府或者中央主管部门批准。

根据中组部办公厅、人社部办公厅、财政部办公厅、国家公务员局综合司联合下发的《关于调整公务员奖励奖金标准的通知》（人社厅发〔2018〕1号），奖励奖金标准如下：嘉奖奖金为 1500 元，记三等功奖金为 3000 元，记二等功奖金为 6000 元，记一等功奖金为 12 000 元，授予"人民满意的公务员"称号为 20 000 元。2020 年 3 月初，国家卫生健康委员会、人力资源社会保障部、国家中医药管理局决定授予 113 个集体"全国卫生健康系统新冠肺炎疫情防控工作先进集体"称号，授予 472 位同志、追授 34 位同志"全国卫生健康系统新冠肺炎疫情防控工作先进个人"称号，获奖个人享受省部级表彰奖励获得者待遇。

第十四条 国家鼓励和支持医疗卫生与健康促进领域的对外交流合作。

开展医疗卫生与健康促进对外交流合作活动，应当遵守法律、法规，维护国家主权、安全和社会公共利益。

【条文主旨】对外交流合作

【理解与适用】本条表明国家对医疗卫生与健康促进领域的对外交流合作持鼓励和支持态度，并且规定了开展医疗卫生与健康促进领域的对外交流合作活动应当遵循的准则。

在全球化背景下，卫生安全与发展面临着新形势和新挑战，需要世界各国加强交流与合作，共同应对。不断暴发的公共卫生安全危机将全球卫生这一非传统安全问题推上国际社会和各个国家的主要议程。在全球化不断推进的过程中，健康已成为贸易、外交和国际合作的重要领域，也是中国作为一个负责任大国必须承担的国际义务。[1]中国作为负责任大国，在全球卫生治理中发挥着重要作用，一直积极参与全球卫生事务，广泛开展卫生领域的政

---

〔1〕 王晨光、苏玉菊："健康中国战略的法制建构——卫生法观念与体制更新"，载《中国卫生法制》2018 年第 4 期。

府间和民间的多边、双边合作交流，积极参加国际社会、国际组织倡导的重大卫生行动。医疗卫生领域的对外交流与合作应当以国家主权、卫生安全与社会公共利益为导向，遵循平等互利、相互尊重、合作共赢的原则，共同构建包容、稳定、合理的全球卫生治理体系。

尤其是党的十八大以来，以习近平同志为核心的党中央，积极推动人类命运共同体建设，深入参与全球健康治理与合作，很好地展示了我国负责任大国的国际形象，受到国际社会的广泛赞誉。人类命运共同体理念的提出为全球健康治理提供了理论基础和治理路径，可以作为践行全球健康治理的指导思想。[1]我们要站在新时代的历史高度，全面认识和理解积极参与全球健康治理与合作在建构人类命运共同体中的重大历史使命。"健康中国"与全球健康密不可分，中国作为负责任大国，在全球卫生治理中应发挥重要作用，应积极推动国际卫生法制的发展，要主动参与全球卫生与健康领域国际协议、指南的研究、谈判、制定与执行，加强与世界卫生组织之间的法律合作，为全球健康治理贡献中国方案，从国际卫生规则的参与者转变为规则的制定者。另外，要把卫生与健康作为我国参与国际社会与"一带一路"沿线国家建设的重要内容，加强传统医药知识保护与合作，合理分配区域卫生资源，依法推进当地人民健康水平的提高，打造"健康丝绸之路"，使我国成为全球健康治理的典范。

当下，新冠肺炎疫情已经成为国际社会关注的突发公共卫生事件，中国负责任的信息及时分享、高效率的科研成果共享、超常规的疫情防控举措，备受世界各国关注和肯定。2020年1月初，新冠肺炎疫情在中国刚刚暴发，中方即及时主动地向世界卫生组织做了通报，同时还向包括美国在内的有关国家通报了疫情信息，与世界卫生组织和有关国家共享了新型冠状病毒基因组序列信息。国家卫生健康委员会和外交部等有关机构，多次召开疫情通报会和新闻发布会，及时介绍疫情进展和中国防控情况。这种公开透明和高度负责任的做法，不但及时地回应了国际社会的普遍关切，更重要的是为世界各国掌握疫情动向、开展防控工作提供了宝贵经验和思路。派遣医疗专家参

---

〔1〕 敖双红、孙婵："'一带一路'背景下中国参与全球卫生治理机制研究"，载《法学论坛》2019年第3期。

与有关国家的抗疫行动，是中国支持和推动国际抗疫合作不断向纵深发展的重要形式之一。有关数据显示，截至 2020 年 4 月 7 日，中国已向意大利、塞尔维亚、柬埔寨、巴基斯坦、伊朗、伊拉克、老挝、委内瑞拉、菲律宾、英国等许多国家派出了医疗专家组。在积极参与和支持国际抗疫行动的过程中，中国通过多种渠道和方式，与全球 100 多个国家、10 多个国际组织和地区组织分享了疫情防控信息和治疗方案等文件，专门建立了新冠肺炎疫情网上知识中心和国际合作专家库，通过远程视频与国外专家学者进行业务交流。已经在国外的医疗队伍除全力参与疫情防控外，还在当地开展了各类培训和健康教育活动，接受培训者多达万人。〔1〕构建现代公共卫生危机治理体系，亟须立足人类命运共同体的价值理念，推动完善国家与国家之间、政府机构与非政府组织之间的新型公共卫生安全伙伴关系，强化公共卫生安全的国际规则约束、组织合作机制、公共产品生产和制度执行效能，促进公共卫生安全领域的"中国之制"与全球治理的有机融合。

---

〔1〕 于洪君："国际抗疫合作展现中国品格"，载《人民政协报》2020 年 4 月 14 日，第 3 版。

第二章　基市医疗卫生服务

第十五条　基本医疗卫生服务，是指维护人体健康所必需、与经济社会发展水平相适应、公民可公平获得的，采用适宜药物、适宜技术、适宜设备提供的疾病预防、诊断、治疗、护理和康复等服务。

基本医疗卫生服务包括基本公共卫生服务和基本医疗服务。基本公共卫生服务由国家免费提供。

【条文主旨】基本医疗卫生服务的界定

【理解与适用】本条是关于基本医疗卫生服务的内涵与外延的界定。我国《宪法》第45条第1款规定："中华人民共和国公民在年老、疾病或者丧失劳动能力的情况下，有从国家和社会获得物质帮助的权利。国家发展为公民享受这些权利所需要的社会保险、社会救济和医疗卫生事业。"1993年1月15日，时任卫生部部长陈敏章在全国卫生工作会议的报告中首次提及"基本医疗"的概念，他指出，"基本医疗服务必须给予保证，提供医疗质量和服务效率，体现政府对全体社会成员的一定的福利性照顾"。[1]1978年9月12日通过的《阿拉木图宣言》认为，初级卫生保健应提出群众中的主要卫生问题，并相应地提供促进、预防、治疗及康复服务。

国家高度重视基本医疗卫生服务，出台了大量文件，推进基本医疗卫生服务体系建设以保证基本医疗卫生服务的质量与效率。1997年1月15日，《中共中央　国务院关于卫生改革与发展的决定》（中发〔1997〕3号）提出卫生改革与发展的基本原则之一是"以提高人民健康水平为中心，优先发展和保证基本卫生服务，体现社会公平，逐步满足人民群众多样化的需求"。2009年3月17日发布的《中共中央　国务院关于深化医药卫生体制改革的意见》（中发〔2009〕6号）确立了"建立健全覆盖城乡居民的基本医疗卫生制度，为群众提供安全、有效、方便、价廉的医疗卫生服务"的总体目标。

---

〔1〕　陈敏章："陈敏章部长在全国卫生工作会议上的报告（摘要）"，载《中国卫生事业管理》1993年第2期。

首先，基本医疗卫生服务应是维护人体健康所必需的，有些医疗卫生服务是维护人体健康所必需的，而有些则不是，比如单纯为了容貌追求与喜好而进行的医疗美容。基本医疗卫生服务应保障社会成员基本的生命健康权利，使其在防病治病过程中得到基本的卫生保健与治疗。

其次，基本医疗卫生服务同时还应是当地当时经济社会可承受的，有条件提供的。同时，基本医疗卫生服务的具体内容也要适应经济和社会的发展情况。随着我国人口老龄化和疾病谱的变化，心脑血管疾病、癌症、慢性呼吸系统疾病、糖尿病等成为影响人们健康的主要"杀手"。2019 年国务院政府工作报告提出要"加强重大疾病防治，要实施癌症防治行动，推进预防筛查、早诊早治和科研攻关，着力缓解民生的痛点"；"做好常见慢性病防治，把高血压、糖尿病等门诊用药纳入医保报销。加快儿童药物研发。加强罕见病用药保障"；"将新增基本公共卫生服务财政补助经费全部用于村和社区，务必让基层群众受益"。显示出我国基本医疗卫生服务范围的不断扩展与水平的不断提升。

再次，基本医疗卫生服务的界定和实现，还应当体现社会公正，即人们接受基本医疗卫生服务的机会必须是均等的。[1]把基本医疗卫生制度作为公共产品向全民提供，努力实现人人享有基本医疗卫生服务的战略目标，是深化医改的根本追求和目的。各地公共卫生资源的不均衡配置与失衡发展亦对"全民健康覆盖"的"公平性"和"可及性"提出新的要求。[2]李克强总理曾指出，基本医疗卫生服务是"公共产品"，必须下大力气保障人民群众的基本医疗卫生服务。2019 年国务院政府工作报告要求，"保障基本医疗卫生服务，继续提高城乡居民基本医保和大病保险保障水平，居民医保人均财政补助标准增加 30 元，一半用于大病保险"；"降低并统一大病保险起付线，报销比例由 50% 提高到 60%，进一步减轻大病患者、困难群众医疗负担"。显示出国家对公民公平获得基本医疗卫生服务的保障。

本条还进一步界定了基本医疗卫生服务的范围，指出基本医疗卫生服务

---

〔1〕 石光等："关于界定和实施基本医疗卫生服务的思考与建议"，载《卫生经济研究》2014 年第 10 期。

〔2〕 杨宜勇、刘永涛："我国省际公共卫生和基本医疗服务均等化问题研究"，载《经济与管理研究》2008 年第 5 期。

包括基本公共卫生服务和基本医疗服务，并且明确规定基本公共卫生服务由国家免费提供，表明维护健康不仅是指患病后的诊治，更应该关注疾病的预防。这体现了我国预防为主，防治结合的卫生方针，也显示出我国对基本医疗卫生服务全面性的界定和对公共卫生服务的重视。2009 年 7 月，卫生部、财政部、国家计生委联合印发了《关于促进基本公共卫生服务逐步均等化的意见》（卫妇社发〔2009〕70 号），全面启动了基本公共卫生服务项目。十多年来国家基本公共卫生服务项目的内容从 2009 年的 9 大类 41 项增加至 2017 年的 14 大类 55 项；以孕产妇、儿童、老年人、慢性病患者、结核病患者、精神病患者等为重点对象，关注流动人口；基本公共卫生服务涉及全人群、全生命周期的服务。[1]在公共卫生公平性方面，澳大利亚的许多举措具有一定的借鉴作用，如加强对省级政府实施基本公共卫生服务的绩效考核，兼顾公平与效率以保证城市和农村居民之间、发达地区和欠发达地区人群之间、户籍人口与流动人口之间平等享有公平的基本公共卫生服务等。[2]从国际社会来看，各国都根据本国具体情况和条件，制定了基本医疗卫生服务项目。我国经济发展不平衡，要确保基本医疗卫生服务的公平享有，一些发展中国家的做法值得我们借鉴。如墨西哥的基本卫生服务包包含公共产品和准公共产品的以下九个领域：预防、救护车、牙科、生殖健康、孕产期保健和新生儿保健、急救、康复、住院、手术。泰国基本卫生服务包包含广泛的门诊和住院服务：心脏病、糖尿病、创伤、拔牙补牙、产前检查、产后访视、分娩、计划免疫等，住特殊病房也可享受 10% 的折扣。孟加拉国的基本卫生服务包包含生殖卫生保健、儿童健康保健、传染性疾病控制、有限的治疗服务、行为干预等。斯里兰卡的基本卫生服务包包含一级、二级医院提供的所有临床服务，妇产科医院提供的大多数服务，专科、教学医院和转诊医院提供的将近一半的服务，所有门诊机构提供的医疗和牙科服务，所有妇幼保健项目、健康促进项目和疾病控制项目，除了试管婴儿和其他辅助生殖之外的所有计划生育，学校卫生和食品检测等。印度确定了一个综合性服务包，具体包括以下三个部分：核心服务包是由公共产品组成的、基本免费的门诊医疗服务

---

〔1〕　秦江梅："国家基本公共卫生服务项目进展"，载《中国公共卫生》2017 年第 9 期。

〔2〕　陈浩、黎幕、徐缓："澳大利亚基本公共卫生服务的法律保障（三）——立法动向和借鉴意义"，载《中国卫生法制》2011 年第 4 期。

和非医疗服务；基本服务包包括核心服务包所覆盖的疾病的住院服务，主要的外科手术以及高血压、糖尿病、哮喘等呼吸系统疾病和严重伤害的治疗，由政府举办的社区卫生服务中心提供医疗服务或者也可以购买私人开业医生的服务，其筹资主要来自公共预算，外加少量个人付费；二级服务包包括心血管疾病、癌症和心理疾病的治疗以及来自社区卫生服务中心的转诊，由县级和地区医院提供服务，其筹资主要来自社会保险。

第十六条 国家采取措施，保障公民享有安全有效的基本公共卫生服务，控制影响健康的危险因素，提高疾病的预防控制水平。

国家基本公共卫生服务项目由国务院卫生健康主管部门会同国务院财政部门、中医药主管部门等共同确定。

省、自治区、直辖市人民政府可以在国家基本公共卫生服务项目基础上，补充确定本行政区域的基本公共卫生服务项目，并报国务院卫生健康主管部门备案。

【条文主旨】基本公共卫生服务项目的确定

【理解与适用】本条是关于基本公共卫生服务的规定。公共卫生以保障和促进公众健康为宗旨，关注群体卫生和健康。公共卫生具有卫生服务一般经济性质的同时还具有很强的社会公益性，仅靠市场调节作用难以保证充足的供应。近代公共卫生学的发展，使得人们开始关注诸如流行病之类所引发的社会性问题。[1]健康权不仅属于个人自由权，同时具有社会权的属性。社会权和传统自由权不同，是一种积极权利，即公民根据健康权可以向国家和社会进行合理的主张，国家和社会应当承担起相应的义务。[2]《基本医疗卫生与健康促进法》多处明确强调政府承担公共卫生服务的主导责任。

基本公共卫生服务是我国基本的公共服务之一，也是基本医疗卫生服务的组成部分。本条第1款明确提出国家要采取措施，保障公民享有安全有效的基本公共卫生服务；要控制影响健康的危险因素，提高疾病的预防控制水

---

〔1〕 谭浩、邱本："健康权的立法构造——以《中华人民共和国基本医疗卫生与健康促进法（草案）》为对象"，载《南京社会科学》2019年第3期。

〔2〕 陈云良："我国颁布首部公民健康权利保障书的重要意义"，载中国人大网，http://www.npc.gov.cn/npc/c30834/202001/9739d6b7b9df455a90938e1966cee063.shtml，最后访问日期：2020年4月12日。

平。显示了国家对国民健康和基本公共卫生服务提供方面的责任。第 2 款和第 3 款则具体规定了国家和省级政府在确定基本公共卫生服务项目方面的主体权责以及具体负责的部门。

基本公共卫生服务的一个具体表现形式为基本公共卫生服务项目，由疾病预防控制机构、社区卫生服务中心、乡镇卫生院、村卫生室等城乡基本医疗卫生机构向全体居民免费提供。[1]2009 年 7 月，卫生部、财政部、国家计生委出台《关于促进基本公共卫生服务逐步均等化的意见》（卫妇社发〔2009〕70 号），明确了在基本公共卫生服务方面的政府责任。

公共卫生服务项目的确定既是卫生问题也是经济问题，故本条第 2 款规定国家基本公共卫生服务项目由国务院卫生健康主管部门会同国务院财政部门、中医药主管部门等共同确定。为保证公共卫生服务项目的资金，国务院财政部门制定了《基本公共卫生服务项目补助资金管理办法》（财社〔2010〕311 号）、《公共卫生服务补助资金管理暂行办法》（财社〔2015〕255 号）等系列政策，建立了逐年增长的动态筹资机制，形成了中央、省（市）、市（县）按比例分摊、共同投入的筹资模式，中央补助向西部、中部倾斜的政策导向，以此保证筹资标准均等化。[2]

随着国家经济发展和对公共卫生服务的愈加重视，国家基本公共卫生服务项目也在逐步增加。根据《关于做好 2019 年基本公共卫生服务项目工作的通知》（国卫基层发〔2019〕52 号），2019 年的国家基本公共卫生服务项目在《国家基本公共卫生服务规范（第三版）》的基础上又有新增，并通过纳入中央转移地方专项转移支付 2019 年人均基本公共卫生服务经费补助标准为 69 元，新增 5 元经费全部用于村和社区，务必让基层群众受益。

中国幅员辽阔，各省市区在经济发展、气候条件、健康问题等方面存在一定差异，对公共卫生服务的需求也就具有多样性。本条第 3 款规定了省、自治区、直辖市人民政府可以在国家基本公共卫生服务项目的基础上，补充确定本行政区域的基本公共卫生服务项目，并报国务院卫生健康主管部门备

〔1〕郭海健等："不同视角下我国基本公共卫生服务现状与发展"，载《中国健康教育》2018 年第 4 期。
〔2〕胡同宇："国家基本公共卫生服务项目回顾及对'十三五'期间政策完善的思考"，载《中国卫生政策研究》2015 年第 7 期。

案。授权和鼓励地方政府根据本地情况对基本公共卫生服务项目进行补充，能够更好地保障公共卫生服务；赋予省级人民政府自主权，更有利于发挥地方政府的积极性，也更能因地制宜，适应不同地区的不同需求。公共卫生服务的均等化并不等于平均化，公共卫生服务的均等化保障的是公民均等享有公共卫生服务的权益。各地基本公共卫生服务的具体内容可根据当地的健康需要和经济社会状况来予以变通规定，如 2016 年青海省结合区域内居民健康状况，在国家基本公共卫生服务项目的基础上，新增 3 项省级基本公共卫生服务项目。

第十七条 国务院和省、自治区、直辖市人民政府可以将针对重点地区、重点疾病和特定人群的服务内容纳入基本公共卫生服务项目并组织实施。

县级以上地方人民政府针对本行政区域重大疾病和主要健康危险因素，开展专项防控工作。

【条文主旨】重点重大公共卫生服务项目

【理解与适用】本条在第 16 条规定国家和省级政府确定基本公共卫生服务项目的基础上，进一步针对重点地区、重点疾病和特定人群，以及县级以上地方人民政府的权责进行了规定。

第 1 款规定国务院和省、自治区、直辖市人民政府可以将针对重点地区、重点疾病和特定人群的服务内容纳入基本公共卫生服务项目并组织实施。2020 年初，新冠肺炎疫情席卷神州大地，其不仅仅是一场医疗防控战，也考验着我们国家政府的治理体系和治理能力。疫情发生后党中央加强集中统一领导，第一时间成立中央应对疫情工作领导小组；2020 年 1 月 20 日，国家卫生健康委员会发布 1 号公告，将新冠肺炎纳入乙类传染病，采取甲类传染病的预防控制措施；国家和各地都将疫情防控工作纳入重大专项公共卫生工作；国务院联防联控机制充分发挥协调作用，推动各项防控措施有序开展；2020年 1 月 25 日，财政部、国家卫生健康委员会迅速发布《关于新型冠状病毒感染肺炎疫情防控有关经费保障政策的通知》（财社〔2020〕2 号），财政部又于 1 月 31 日发布了《关于进一步做好新型冠状病毒感染肺炎疫情防控经费保障工作的通知》（财办〔2020〕7 号），有效落实了防控经费保障工作。

除了通过确定国家和省级公共卫生服务项目来保障公共卫生服务提供之

外，本条第 2 款还规定县级以上地方人民政府可以针对本行政区域的重大疾病和主要健康危险因素，开展专项防控工作。

从全球视角来看，通过开展专项运动针对重大疾病和健康危险因素采取合适的防治措施来提高居民健康状况，已成为共识。芬兰慢性病防控项目（North Karelia 项目）、英格兰卫生部实施的"健康促进技能"项目、阿拉伯联合酋长国大学生"宣传大使"活动以及美国心脏医学会开展的"百万心脏"运动都是很好的例证。

21 世纪初，梅毒成为危害性仅次于艾滋病的第二大性传播疾病。深圳市政府为阻断梅毒的母婴传播，启动了《深圳市预防与控制梅毒母婴传播项目》专项行动，设立专项防治经费，开展免费普查及综合干预工作，及时发现孕产妇人群中的梅毒感染者，使得梅毒报告病例显著减少。[1]壤塘县曾是四川省阿坝州大骨节病流行时间最长、患病人数最多、病情最严重的县，地方政府从 2007 年开始采取"大骨节病项目"防治措施，通过搬迁、改水换粮、免费药物治疗等具体措施有效控制了疾病扩散，少年儿童的患病率也大幅下降。[2]2008 年 8 月，北京市正式启动《健康北京人——全民健康促进十年行动规划》，这是第一个由地方政府主导的大型综合健康促进项目，包括合理膳食、抽烟、母婴保健、肿瘤防治等九大项行动内容，力图使北京市民的 11 项主要健康指标得到明显改善。新冠肺炎疫情发生后，武汉市采取了"关闭离汉通道""四类人员集中收治隔离"等专项措施，内防扩散、外防输出。大量事实已经证明，严格隔离对传染性疾病的控制效果十分明显。

第十八条　县级以上人民政府通过举办专业公共卫生机构、基层医疗卫生机构和医院，或者从其他医疗卫生机构购买服务的方式提供基本公共卫生服务。

【条文主旨】基本公共卫生服务提供

【理解与适用】本条是关于县级以上人民政府通过何种路径向属地居民提

---

〔1〕　程锦泉等："深圳市预防与控制梅毒母婴传播实施策略初探"，载《中国公共卫生》2004 年第 10 期。

〔2〕　中共壤塘县委、壤塘县人民政府："上下联动，共建健康美好生活——阿坝州壤塘县综合防治大骨节病典型经验"，载《中国西部》2013 年第 10 期。

供基本公共卫生服务的规定。自从深化医疗卫生体制改革以来，我国越发重视公共卫生事业，日益增大公共卫生服务规模，不断推进基本公共卫生服务发展。基本公共卫生服务属于纯公共物品，各县（自治县、县级市、县级区、旗）、市、省（自治区、直辖市）及中央人民政府直接或间接地向全体公民提供基本公共卫生服务，国家和政府是基本公共卫生服务的付费者和管理者。[1]这充分体现了政府在基本公共卫生服务中的主导责任，保障公民的健康权和基本公共卫生服务的公益性、公平性和可及性。

本条明确了我国提供基本公共卫生服务的两种方式。

一是政府通过举办专业公共卫生机构、基层医疗卫生机构和医院直接向公民提供基本公共卫生服务。其中，专业公共卫生机构包括疾病预防控制中心、专科疾病防治机构、健康教育机构、急救中心（站）和血站，基层医疗卫生机构包括乡镇卫生院、社区卫生服务中心（站）、村卫生室、医务室、门诊部和诊所。根据《关于促进基本公共卫生服务逐步均等化的意见》的相关规定，专业公共卫生机构要研究制定公共卫生防治策略，指导其他医疗卫生机构开展基本公共卫生服务工作。

二是政府从其他医疗卫生机构购买服务间接向公民提供基本公共卫生服务。政府购买服务引入了市场竞争机制，创新公共卫生服务供给方式，主要包括单独合同购买模式、服务券与服务券+项目合同模式、多种购买方式并存的模式等。[2]例如，重庆市根据财政部《关于开展政府购买社区公共卫生服务试点工作的指导意见》（财社〔2007〕267号）、重庆市人民政府《关于发展城市社区卫生服务的意见》（渝府发〔2007〕65号）和重庆市财政局、卫生局、发改委《关于重庆市城市社区卫生服务补助政策的意见》（渝财社〔2007〕109号）等政策性文件的精神，发布了《关于政府购买社区公共卫生服务的通知》（渝财社〔2008〕217号）。实践中，重庆市政府转变传统服务提供方式，积极探索"公共卫生服务券"模式、"服务券（卡）+合同购买"

---

〔1〕 严妮、沈晓："公共产品：我国卫生服务分类与服务生产和提供方式的理论分析"，载《理论月刊》2014年第5期。

〔2〕 胡凌霞等："新时期政府购买公共卫生服务模式研究"，载《智库时代》2019年第47期。

综合模式、"计工分"量化管理模式，[1]显著提高了基本公共卫生服务质量，提升了该地区基本公共卫生服务的可及性，促进了基本公共卫生服务均等化。又如，2016 年湖南省隆回县将 40%以上的基本公共卫生服务项目的工作量交由村卫生室承担，该县财政则根据与乡镇卫生院与村级卫生室所签订的协议，对村医的相应经费提供补助。为确保村卫生室基本公共卫生服务工作的正常开展，隆回县卫生和计划生育局按照"做多少事、给多少钱、钱随事走、购买服务"的原则，严格将服务情况与经费拨付挂钩，采取"半年预拨50%，年底考核结算"的方式，统一通过乡镇卫生院财务集中核算和绩效考核中心直接打卡拨付；而对于连续 2 年项目考核不合格的村卫生室，则予以取缔其购买项目服务的资格。为确保政府购买服务项目工作平稳推进，确保乡村两级承担的工作量符合国家要求，隆回县卫生和计划生育局通过培训指导村医不断提升服务能力和逐步提高村医承担项目服务的工作量，对于空白村或者村医服务能力不足的村，其基本公共卫生服务工作由当地乡镇卫生院或者其他村卫生室来承担。[2]

2019 年 6 月 12 日，国家卫生健康委员会、国家发展改革委员会、科技部、财政部、人力资源社会保障部、自然资源部、住房城乡建设部、市场监管总局、国家医疗保障局、中国银保监会等十部委联合下发了《关于促进社会办医持续健康规范发展的意见》（国卫医发〔2019〕42 号）。在"加大政府支持社会办医力度"方面，该意见提出，推广政府购买服务；创新政府提供公共卫生服务的方式，进一步加大政府购买服务力度；各地要于 2019 年底前制定政府购买医疗卫生服务的实施办法，明确购买服务的主体、内容、方式、程序和监督管理等细则；按照公平竞争择优的原则，支持向社会办基层医疗机构购买服务，为社区居民提供家庭医生签约和有关公共卫生服务，通过开展养老照护、家庭病床、上门诊疗等服务工作方便居民享受基本公共卫生服务。该意见的出台，进一步推动了政府购买医疗卫生服务工作的发展。

---

〔1〕　任然、蒲川："重庆市政府购买公共卫生服务现状与发展"，载《卫生经济研究》2018 年第 5 期。

〔2〕　参见 http://www. hn. chinanews. com/hnjjdy/fzfl/2016/0810/12715. html，最后访问日期：2020 年 4 月 10 日。

当然，政府购买服务也应受到相关法律的约束。我国各级政府在向其他医疗卫生机构购买基本公共卫生服务时应遵循《政府采购法》的相关规定，采用公开招标、邀请招标、竞争性谈判、单一来源、询价等方式确定承接主体，严禁转包行为。依据 2013 年 9 月 26 日国务院办公厅颁布的《关于政府向社会力量购买服务的指导意见》，购买主体应按照合同管理要求，与承接主体签订合同，双方严格履行各自的权利义务，向公民提供高质量的基本公共卫生服务。

第十九条　国家建立健全突发事件卫生应急体系，制定和完善应急预案，组织开展突发事件的医疗救治、卫生学调查处置和心理援助等卫生应急工作，有效控制和消除危害。

【条文主旨】突发事件卫生应急制度

【理解与适用】本条是关于完善突发事件卫生应急制度的规定。在 2003 年"非典"疫情之前，我国没有明确的应急体系概念。"非典"疫情期间，我国颁布了《突发公共卫生事件应急条例》。2004 年修订《传染病防治法》时增加了预警、预案、物资储备、医疗救治等制度。2006 年《国家突发公共卫生事件应急预案》细化了上述制度，如应急组织体系及职责、监测、预警与报告、应急反应和终止、善后处理、保障、预案管理与更新。随后，在整合《食品安全法》《职业病防治法》《动物防疫法》《国境卫生检疫法》等法律中应急处理制度的基础上，2007 年我国出台了应急管理的基本法——《突发事件应对法》。[1]2012 年，在中国首届卫生应急学术论坛上，时任卫生部副部长徐科指出，我国通过强化监测和预警、信息报告与发布、应急处置等环节，加强预案、队伍、物资储备等方面建设，初步建立了突发公共卫生事件应急体系。[2]

应急管理体系的第一个组成部分是指挥管理体系。根据《突发事件应对法》的规定，"国家建立统一领导、综合协调、分类管理、分级负责、属地管理为主的应急管理体制"。在卫生应急领域，国家建立起由卫生健康部门牵

----

〔1〕孙梅：《危机管理：突发公共卫生事件应急处置问题与策略》，复旦大学出版社 2013 年版，第 18 页。

〔2〕"中国初步建立突发公共事件卫生应急体系"，载《医学信息学杂志》2012 年第 12 期。

头、30 多个部门参与的应对突发急性传染病疫情联防联控工作机制，实现了跨部门、跨区域、跨国境的协调联动。国家卫生健康委员会内设卫生应急办公室，专门负责突发公共卫生事件防控和突发事件紧急医学救援工作，各地卫生健康部门也设立了相应机构。

应急管理体系的第二个组成部分是应急队伍建设。目前，我国分区域设置了 4 大类 58 支国家级卫生应急队伍，且正在探索布局国家紧急医学救援基地，各地正在建设区域紧急医学救援中心、试点航空基地和海（水）上基地，目标是建成陆海空一体化的紧急医学救援网络。为了完成上述任务，国家要强化卫生应急管理和专业人员的培训，加强卫生应急人才队伍、卫生应急指导专家库的建设和管理。[1]

应急管理体系的第三个组成部分是突发卫生事件信息系统建设。我国已建立了全球最大的传染病疫情和突发公共卫生事件网络直报系统，具备了在 72 小时内检测 300 余种病原体的实验室检测能力，平均报告时间为 4 个小时。[2]

应急预案的制定及落实对突发事件处理的效果至关重要。在新冠肺炎疫情期间，各级政府均按照预案启动了应急处理程序。县级以上政府在依法制定突发事件卫生应急预案的基础上，还应根据实际情况及时修订预案，并加强预案培训、宣传、评估工作，着重组织以实战为基础、情景构建为核心的卫生应急演练，提升专业技术本领和协同应对能力。[3]

医疗机构承担传染病患者的救治任务。当传染病暴发、流行时，医务人员有义务按照诊疗方案提供服务。当出现新冠肺炎这类全新的传染病时，医学界在提供常规诊疗服务的同时，迅速开展科学研究工作，国家卫生健康委员会及时发布、更新了多版诊疗方案，事实证明，成效显著。在新冠肺炎疫情初期，武汉市大量患者需要住院治疗，由此发生了"医疗挤兑"的情况，造成患者入院率低、死亡率高。在各省医疗队入鄂支援之后，才实行了"应收尽收"政策，随之，患者治愈率迅速提高、死亡率快速降低。因此，我国尚需健全优化重大疫情救治体系，建立健全分级、分层、分流的传染病等重

〔1〕 张磊："2019 年卫生应急要抓 7 项重点"，载《中国卫生》2019 年第 5 期。

〔2〕 "卫生应急'四大支柱'"，载《中国卫生》2019 年第 10 期。

〔3〕 张磊："2019 年卫生应急要抓 7 项重点"，载《中国卫生》2019 年第 5 期。

大疫情救治机制。

物资储备是卫生应急体系非常重要的组成部分，《中央级救灾储备物资管理办法》明确规定了物资购置、调拨制度，但在新冠肺炎疫情期间，医用设备、防护服、口罩等物资频频告急。今后，要把应急物资保障作为国家应急管理体系建设的重要内容，按照集中管理、统一调拨、平时服务、灾时应急、采储结合、节约高效的原则，尽快健全相关工作机制和应急预案。要优化重要应急物资产能保障和区域布局，做到关键时刻调得出、用得上。对短期可能出现的物资供应短缺，建立集中生产调度机制，统一组织原材料供应、安排定点生产、规范质量标准，确保应急物资保障有序有力。要健全国家储备体系，科学调整储备的品类、规模、结构，提升储备效能。要建立国家统一的应急物资采购供应体系，对应急救援物资实行集中管理、统一调拨、统一配送，推动应急物资供应保障网更加高效安全可控。[1]

总之，卫生应急体系涵盖组织管理、队伍建设、预警、预案、物资储备、卫生学调查处置、医疗救治、心理救援、人才培养、科学研究等方面内容。

第二十条　国家建立传染病防控制度，制定传染病防治规划并组织实施，加强传染病监测预警，坚持预防为主、防治结合，联防联控、群防群控、源头防控、综合治理，阻断传播途径，保护易感人群，降低传染病的危害。

任何组织和个人应当接受、配合医疗卫生机构为预防、控制、消除传染病危害依法采取的调查、检验、采集样本、隔离治疗、医学观察等措施。

【条文主旨】传染病防控及主体义务

【理解与适用】本条是关于传染病防控制度及主体义务的规定，共分为两款，其中第1款规定的是我国的传染病防控制度，第2款规定的是在传染病防控中，个人和组织应当负有的主要义务。该条将成为连接传染病防控法律体系的桥梁和纽带，也是指导其他法律法规进一步细化规定传染病防控制度及主体义务的上位法依据。

关于传染病防控制度的建设，我国经历了漫长的历史。中华人民共和国成立后，针对天花等传染病传播和流行的现状，我国十分重视传染病的防控

---

〔1〕习近平：“全面提高依法防控依法治理能力　健全国家公共卫生应急管理体系”，载《求是》2020年第5期。

立法和政策制定工作。1950 年 2 月 10 日，中央政府卫生部和军委卫生部联合发布了《关于开展军民春季防疫工作给各级人民政府及部队的指示》，要求政府、部队、人民团体应当严重警惕传染病的发生和传播，竭尽全力控制急性传染性疾病的流行。与此同时，有关部门组织防疫专家专门制定鼠疫、霍乱、天花等传染病的防治方案。1950 年 10 月 12 日，我国卫生部颁布了《种痘暂行办法》，其第 2 条明确规定，"中华人民共和国境内之居民，不分国籍，均须依照本办法之规定种痘"。1955 年 6 月 1 日，国务院又批准了《传染病管理办法》，并由卫生部于 1955 年 7 月 5 日公布。尽管用今天的眼光审视早期的立法与政策会发现其十分简略和粗疏，但在当时的历史条件下，却已经难能可贵，这些立法和政策在与传染病的斗争实践中起到了显著作用。根据历史资料记载，作为烈性传染病之一的天花，其 1954 年的发病率相比 1950 年减少了 99%，期间全国更有 15 个省两三年没有发生过一个天花病例。[1]

1978 年改革开放之后，随着国家法治化进程的加快，我国传染病防控立法再次迎来发展机遇，最典型的例证便是《急性传染病管理条例》（1978 年 9 月 20 日发布）等一系列规范性文件的出台。该条例第 1 条的立法宗旨明确指出，要认真贯彻预防为主的方针，积极预防、控制和消灭急性传染病的发生与流行，保障人民的生命安全和身体健康。1989 年 2 月 21 日，第七届全国人民代表大会常务委员会第六次会议通过了《传染病防治法》，并于 2004 年、2013 年进行了两次修订。1991 年 12 月 6 日，我国卫生部发布并实施了《传染病防治法实施办法》。2003 年我国突发"非典"疫情之后，加速了传染病防控法律法规的修改和制定。迄今为止，我国已经初步建立了以《传染病防治法》为核心，以《突发事件应对法》《基本医疗卫生与健康促进法》等为上位法，以《传染病防治法实施办法》《突发公共卫生事件应急管理条例》《突发公共卫生事件与传染病疫情监测信息报告管理办法》等为下位法，以《国境卫生检疫法》《动物防疫法》等为衔接的宏观、中观、微观三个层次的立体性防控法律体系，[2]对传染病防控制度作出了全面规定。我国《基本医疗卫生与健康促进法》在制定过程中充分吸收了《传染病防治法》等法

---

〔1〕 "认真贯彻传染病管理办法"，载《江西中医药》1955 年第 8 期。

〔2〕 刘炫麟："依法治'疫'与我国公共卫生法的完善"，载《中国社会科学报》2020 年 2 月 19 日，第 3 版。

律法规的内容，但在理念和要求上均有所超越，为我国传染病防控法律法规的不断完善提供了充足的上位法依据，有利于提升我国的治理体系和治理能力现代化。

关于预防为主的传染病防控理念，我国自 1950 年 8 月召开第一届全国卫生工作会议以来，就一直将预防为主作为卫生工作的方针，这是宝贵的历史经验的传承。我国《传染病防治法》等法律法规均明确规定了这一方针。美国、日本等发达国家也十分重视传染病的预防工作，可以说这一方针已经成为世界性共识。

在法定职责上，根据我国《传染病防治法》的相关规定，各级人民政府负责领导传染病防治工作，其中县级以上人民政府制定并组织实施传染病防治规划，建立健全传染病防治的疾病预防控制、医疗救治和监督管理体系。作为专业卫生机构的各级疾病预防控制部门应当承担传染病监测、预测、流行病学调查、疫情报告以及其他预防、控制工作。

在防控原则上，防治结合要求防中有治，治中有防，该防时防，该治时治，以防促治，以治促防，实现防治优势互补。[1]例如，新冠肺炎疫情期间，武汉市疫情防控指挥部于 2020 年 1 月 23 日决定采取"关闭离汉通道"的控制措施，其目的是切断传播途径，突出"防"的一面。同时指挥部宣布，另建集中收治新冠肺炎患者的火神山医院和雷神山医院，突出"治"的一面，这两所医院在防治新冠肺炎疫情的过程中，发挥了"特种部队"的作用，有效遏制了疫情蔓延。

在传染病防控工作中，需要根据各种传染病的传染性强弱、传播途径难易、传播速度快慢、人群易感范围等因素，对不同类型的传染病采取不同的预防、控制措施，在对传染病进行科学分类的基础上实行分类监测、分类监督管理。此外，传染病的特点和危害决定了我们需要联防联控、群防群控、源头防控、综合治理，比如采取针对性措施，做到外防输入、内防扩散。源头防控、综合治理等理念，更是在 2019 年 10 月 31 日出台的《中共中央关于坚持和完善中国特色社会主义制度、推进国家治理体系和治理能力现代化若干重大问题的决定》中被多次提及，其重要性不言而喻。

---

〔1〕 汪建荣：《中国医疗法》，法律出版社 2018 年版，第 158 页。

疫情防控不是某个人的事情，疫情防控强调全民参与。当疫情，尤其是突发传染病疫情发生时，我们便进入应急法治的状态，相关主体的权利有可能被适当限制或者克减，[1]作为单位、社会组织和公民个人，其首要的义务就是配合义务，当疾病预防控制机构、医疗机构开展有关传染病的调查、检验、采集样本、隔离治疗、医学观察等预防、控制措施时，任何组织和个人应当予以配合，并如实提供有关情况。比如，疫情防控期间，若是公民个人与患者有过密切接触，医疗卫生机构对其采取医学观察措施时，公民个人应当予以配合。如果不予配合，按照相关法律规定，有关部门可以对该公民给予行政处分或纪律处分。如果公民个人的行为触犯了我国《治安管理处罚法》的规定，其将面临公安机关的行政处罚。如果其行为触犯了《刑法》的有关规定，构成犯罪的，则将面临刑事追责。这不仅适用于中国公民，而且也适用于外国人。例如，新冠肺炎疫情防控期间，一名外籍男子被广州市越秀区疾控中心转运到酒店进行集中隔离医学观察时，该外籍男子趁工作人员不备，擅自离开集中隔离医学观察点，拒不执行广州市政府颁布的决定命令。2020年3月30日，越秀区公安分局对该外籍男子进行了警告处罚，并限期出境。

第二十一条　国家实行预防接种制度，加强免疫规划工作。居民有依法接种免疫规划疫苗的权利和义务。政府向居民免费提供免疫规划疫苗。

【条文主旨】预防接种制度

【理解与适用】本条规定了公民享有国家提供传染病预防的权利，这是作为公法权利层面的健康权内容的体现，即公共卫生健康权。公共卫生健康权是指公民具有获得预防疾病与传染病、治疗传染病和获知传染病疫情以及在传染病暴发流行时能够获得救济和治疗的权利。虽然我们不能要求国家保证每个公民都不患传染病，但是，在传染病流行时期，国家应当充分告知公民与疫情相关的信息并采取紧急有效措施消灭传染病；在传染病流行时期及消灭传染病后，国家应当向公民提供必要的物质救济，并尽可能采取有效的传染病预防措施。这个层面的公民健康权主要体现了国家对公民健康权利的保

---

〔1〕　王晨光："运用法治思维　推进疫情防控"，载《法律适用》2020年第5期。

护，即健康保障权。该层面的健康权主要包括公共卫生事件应急保障和传染病防控等内容，主要强调政府采取系列措施对公共安全进行保障的义务，进而保护公民的健康权。

本法第19条规定了国家建立健全突发事件卫生应急体系，明确了国家应当承担公共卫生事件应急保障的责任；第20条规定了国家建立传染病防控制度，明确了国家的防控传染病的法定义务；而本条则规定了国家预防传染病的预防接种制度，明确了公民预防接种的权利与义务。

传染病曾是危害人类健康的头号大敌，被人们称作改变历史的疾病，其实这种威胁一直存在，新冠肺炎疫情的暴发让我们再次认识到传染病给人类的生命健康、社会的经济发展、国家的安全稳定带来的巨大危害。在这些突发卫生事件面前，公民的力量是微小的，此时就需要国家力量的出现，需要国家在传染病防治方面采取充分的公共卫生预防与控制措施，减少传染病的发生。与此相对应，为了预防传染病，公民享有获得传染病预防的权利，当然从公民应当积极配合国家的传染病预防措施的角度来看，这也成了公民的义务。面对传染病，最好的应对措施就是预防，而接种疫苗是最有效的预防措施，许多在历史上严重危及人类生命健康安全的传染病都是通过接种疫苗获得了彻底控制，如天花接种牛痘、脊髓灰质炎吃"糖丸"，等等。当前正在全球暴发流行的新冠肺炎疫情，没有特效药，各个国家都在积极研发疫苗，期望通过疫苗有效终结疫情。2020年3月，中国的重组新型冠状病毒疫苗（腺病毒载体）Ⅰ期临床试验正式启动。[1]

本条通过规定国家实施预防接种制度，制定国家免疫规划，来保障公民免受特定传染病的危害。国家计划免疫规划的内容也随着相关需要预防传染病的种类而产生变化。国家免疫规划，是指按照国家或者省、自治区、直辖市确定的疫苗品种、免疫程序或者接种方案，在人群中有计划地进行预防接种，以预防和控制特定传染病的发生和流行。目前，调整我国疫苗流通及接种相关法律关系的法律主要有2019年6月29日第十三届全国人民代表大会常务委员会第十一次会议通过，自2019年12月1日起施行的《疫苗管理法》，其第2条第2款规定："本法所称疫苗，是指为预防、控制疾病的发生、流行，

---

〔1〕 张盖伦："中国首批志愿者已接种新冠肺炎疫苗"，载《科技日报》2020年3月23日。

用于人体免疫接种的预防性生物制品，包括免疫规划疫苗和非免疫规划疫苗。"第6条规定："国家实行免疫规划制度。居住在中国境内的居民，依法享有接种免疫规划疫苗的权利，履行接种免疫规划疫苗的义务。政府免费向居民提供免疫规划疫苗……"第97条规定，"非免疫规划疫苗，是指由居民自愿接种的其他疫苗"。

本条所规定的居民依法接种免疫规划疫苗，既是公民的健康权利，也是公民的健康义务。现行的国家免疫规划工作规定，按照免疫程序，所有达到应接种月（年）龄的适龄儿童，均为疫苗接种对象。新纳入国家免疫规划的疫苗，其接种对象为自规定实施时间起达到免疫程序规定的各剂次月（年）龄条件的儿童。强化免疫的接种对象按照强化免疫实施方案予以确定，根据需要，国家会制定一些其他病例的强化规定方案。出血热疫苗接种对象为重点地区16~60岁的目标人群。炭疽疫苗接种对象为炭疽病例或病畜的间接接触者及疫点周边的高危人群。钩体疫苗接种对象为钩端螺旋体病例流行地区可能接触疫水的7~60岁的高危人群。

本条规定国家对免疫规划疫苗实行免费强制接种。此类疫苗种类正在不断增加，《国家免疫规划疫苗儿童免疫程序及说明（2016年版）》规定，儿童需要接种乙肝疫苗、卡介苗、脊髓灰质炎疫苗、百白破疫苗、白破疫苗、麻风疫苗、麻疹疫苗、麻腮风疫苗、乙脑疫苗、流脑疫苗、甲肝疫苗等，通过接种上述11种疫苗，可预防乙型肝炎、结核病、脊髓灰质炎、百日咳、白喉、破伤风、麻疹、风疹、流行性腮腺炎、流行性乙型脑炎、流行性脑脊髓膜炎、甲型肝炎等12种传染病。在发生炭疽疫情、钩端螺旋体病疫情时，应对重点人群进行炭疽疫苗或钩体疫苗的应急接种；在必要时，应对重点地区的重点人群进行流行性出血热疫苗接种。

第二十二条 国家建立慢性非传染性疾病防控与管理制度，对慢性非传染性疾病及其致病危险因素开展监测、调查和综合防控干预，及时发现高危人群，为患者和高危人群提供诊疗、早期干预、随访管理和健康教育等服务。

【条文主旨】慢性病防控与管理

【理解与适用】本条规定国家对慢性非传染性疾病的防控与管理制度，主要包括健康检测、健康调查、健康咨询、健康指导、健康教育等综合防控手段。本法规定了对非传染性慢性病防控的管理内容，给我国慢性病防控工作带来了新的契机。我国慢性非传染性疾病防控与管理制度以预防为主为理念，以关口前移为重点，以健康管理为手段。所谓健康管理，是指对个体或群体的健康进行全面检测、分析、评估，提供健康咨询和指导，以及对健康危险因素进行干预的全过程。具体方法是通过健康检测获取基础数据，发现致病危险因素，然后根据检测结果把人群分为三类：低、中、高风险人群，分别有针对性地进行一级、二级、三级预防管理。即对低风险人群实施健康教育，对中风险人群提供健康咨询、健康指导等措施，对高风险人群进行早发现、早治疗、早干预，采取提供随访管理服务等综合性干预措施，以达到预防为主、调动个体和群体的积极性、利用有限资源达到最佳的健康效果、提高健康水平的目的。

慢性非传染性疾病（以下简称慢性病）已成为 21 世纪威胁人类健康的首要疾病，主要以心脑血管、糖尿病、癌症和慢性阻塞性肺疾病为主，已造成全球 60% 以上的死亡，估计到 2030 年将上升为 75%。我国慢性病导致的居民死亡人数超过总死亡人数的 86.6%，已成为重要的公共卫生问题和经济发展的负担。国内外的病因学研究证实，慢性病是一组主要因社会生活方式因素致病的疾病，其主要危险因素包括吸烟、过量饮酒、不合理膳食、缺少体育锻炼、超重、精神紧张、环境污染、高血脂等。WHO 认为，1/3 的慢性病通过预防保健可以避免，1/3 的慢性病通过早期发现可得到有效控制，1/3 的慢性病通过早期干预可提高治疗效果，[1]因此，预防是完全可能的。很多国家通过对生活方式的健康管理，有效地预防了疾病发生，提升了慢性病患者的健康水平。如美国自 20 世纪 50 年代起在国民中推行"健康四大基石"，即合理膳食、适量运动、戒烟限酒、心理平衡，美国的高血压发病率下降 55%，脑卒中发病率下降 75%，糖尿病发病率下降 50%，癌症发病率下降 1/3，成效显著。20 世纪六七十年代，芬兰采取引导人们养成健康的生活方式、创造健康环境和提供优质的基层社区卫生服务等综合性措施，芬兰的心血管疾病死亡率从 450/10 万下降到 150/10 万，下降了 66.7%。[2]

---

〔1〕 盛梅、胡万进："慢性非传染性疾病与健康管理"，载《预防医学情报杂志》2009 年第 4 期。
〔2〕 潘毅等："建设'健康江苏'应对慢性病的挑战"，载《江苏卫生保健》2013 年第 5 期。

　　中国政府很早就在政策支持、经费投入等方面采取了一系列强有力的措施开展慢性病的防治工作，但我国防控立法相对滞后，远未达到应有的法治化程度。20 世纪 80 年代我国建立了全国癌症、心血管病、脑血管病防治研究领导小组；2000 年财政部、国家计委、卫生部下发了《关于卫生事业补助政策的意见》，明确规定财政补助范围和方式，其中包括"部分慢性非传染性疾病的监测和预防"。2002 年，我国成立了中国疾病预防控制中心慢性病中心，带动了各级疾控系统慢性病防治队伍建设。[1]2009 年颁布的《中共中央　国务院关于深化医药卫生体制改革的意见》明确提出"积极开展对心脑血管疾病、肿瘤等非传染病的防治工作"。同年，国务院颁布了具有较强法律和制度约束力的《全民健身条例》，但该条例仅涉及 1 个慢性病危险因素，且相关健康评估及健康促进的内容存在不足；2012 年卫生部等 15 个部委共同印发了《中国慢性病防治工作规划（2012—2015 年）》，提出了多部门合作机制，规定了各有关部门的职责，但由于该文件缺乏具有可操作性的方式，多部门的合作并未在工作中得到落实；2014 年国家卫生计生委办公厅印发了《中国居民慢性病与营养监测工作方案（试行）》。2015 年中国疾病预防控制中心发布了《中国癌症防治三年行动计划（2015—2017 年）》。2016 年中共中央、国务院印发《"健康中国 2030"规划纲要》，2016 年国务院印发《"十三五"卫生与健康规划》，提出主要健康危险因素需要得到有效控制、2030 年重大慢性病过早死亡率比 2015 年降低 30% 的目标，并指出要加强健康教育、塑造自主自律的健康行为，实施慢性病综合防控战略。2017 年国务院办公厅印发的《中国防治慢性病中长期规划（2017—2025 年）》指出，要以控制慢性病危险因素、建设健康支持性环境为重点，以健康促进和健康管理为手段，提升全民健康素质，降低高危人群的发病风险，提高患者生存质量，减少可预防的慢性病发病、死亡和残疾，完善政府主导、部门协作、动员社会、全民参与的慢性病综合防治机制，为推进"健康中国"建设奠定坚实基础。2019 年国务院印发了《关于实施健康中国行动的意见》，强调坚持预防为主、关口前移，倡导健康文明的生活方式，全方位干预健康影响因素，预防控制重大慢

---

　　〔1〕　王艳丽："慢性非传染性疾病防治管理工作的现状分析与对策"，载《医疗装备》2016 年第 14 期。

性疾病。2019 年 12 月 28 日第十三届全国人民代表大会常务委员会通过了《基本医疗卫生与健康促进法》。至此，我国慢性病防治工作逐步走向科学化、规范化、法治化的道路，基本形成了由政府主导、多部门合作以及全社会参与的慢性病综合防控体系。但是，慢性病防控具有投入大、见效慢、效益潜藏、周期长等特点，另外，根据多项调查研究表明，由于社会对慢性病的认知不够，居民自我保健意识差、对预防慢性病的一些具体知识和预防行为掌握不足，居民不良生活方式广泛存在，以及我国人口老龄化进程加快等多种原因，慢性病防控仍然面临着许多困难和挑战。

第二十三条 国家加强职业健康保护。县级以上人民政府应当制定职业病防治规划，建立健全职业健康工作机制，加强职业健康监督管理，提高职业病综合防治能力和水平。

用人单位应当控制职业病危害因素，采取工程技术、个体防护和健康管理等综合治理措施，改善工作环境和劳动条件。

【条文主旨】职业健康与职业病防治

【理解与适用】本条规定了职业健康防护制度，加强政府对职业健康监督以及企业对职业健康的控制。

本条第 1 款规定政府职业健康保护责任。职业健康的核心在于职业病防治。我国一直重视工业卫生和职业健康。1953 年第三届全国卫生会议就将工业卫生纳入卫生的工作重点。1954 年 5 月第一届全国工业卫生会议作出了《第一届全国工业卫生会议决议》。2001 年 10 月第九届全国人民代表大会常务委员会第二十四次会议通过了《职业病防治法》，后经过四次修订。职业病不仅影响劳动者健康，还影响人力资源的持续发展。原卫生部的有关数据显示，我国存在有毒有害作业的场所企业约 1600 万家，遭受不同程度职业病危害的劳动者约 2 亿，自 20 世纪 50 年代以来官方共报告 67 万多例尘肺病病人，中国每年因此造成的经济损失达 2000 亿元以上。职业病对患病劳动者及其赡养扶养家属的生活和心理影响无法估量。职业病危害远超于欠薪和安全事故，其潜伏期长，发病缓慢，具有的隐蔽性特征常常使人们忽视它巨大的伤害力和影响力。发达国家惯例是将劳动者职业安全和职业卫生（职业病防治）统一立法、统一监管，对劳动者职业病健康防护、健康监护、职业病诊断鉴定、劳动能力鉴定、工伤认定赔付建立较完善的制度。国际劳工局曾发布《职业病的鉴别和认定——将疾病列入国际劳工组织职业病目录的标准》。各国建立了各不相同的职业病认定与赔付机制，如德国采取统一的工伤保险体制，由工伤保险同业公会调查判定职业病；美国多数州采取由用人单位购买商业保险公司工伤保险的模式，对职业病的诊断、判定和赔付，只有存在争议时才由政府行政部门参与医疗评估。

本条第 2 款规定了用人单位的职业健康责任。我国已经建立了职业病危害监测与报告的工作环境控制制度，劳动者个人防护、岗位培训、健康监护的安全劳动权制度，职业病报告制度，以及职业病认定、治疗和工伤认定机制，但实践中仍存在劳动者的职业病得不到有效救治和工伤认定的现象。因此应构建劳动者职业卫生权、企业责任、政府监管的良性责任分配制度，确立劳动者健康权的优先地位。劳动者与企业具有双赢性，也有利益的相对性，政府履行监管职责时需考虑用人单位的经济承受能力和保障能力，但在经济平稳发展时期劳动者的健康权益应处于优先地位，应对劳动者健康权予以全面保护。在劳动者权利中，职业卫生权、报酬权、职业安全权应受到同等重视。职业卫生防护权的加强有助于减少职业病的发生，实现政府（工伤保险基金）、企业和劳动者之间的良性平衡。对劳动者职业卫生权的保护可增加劳动者的可获得感，促进人力资源可持续发展。劳动者的健康和劳动力市场的持续稳定对于已开始步入老龄化社会的当代中国具有重要意义。

第二十四条　国家发展妇幼保健事业，建立健全妇幼健康服务体系，为妇女、儿童提供保健及常见病防治服务，保障妇女、儿童健康。

国家采取措施，为公民提供婚前保健、孕产期保健等服务，促进生殖健康，预防出生缺陷。

【条文主旨】 *妇幼健康*

【理解与适用】本条旨在促进妇女和儿童的疾病治疗和身体保健，并通过加强婚前和孕产期保健预防出生缺陷。

本条第 1 款规定了国家建立妇幼健康服务体系。妇幼健康包括妇女（孕妇）、胎儿、婴儿和幼儿的健康。第八届全国人民代表大会常务委员会第十次会议于 1994 年 10 月 27 日通过了《母婴保健法》，2001 年国务院公布了《母婴保健法实施办法》，2017年均予以修订。妇幼保健分为婚前保健和孕产期保健。我国实行预防为主、面向基层的方针，以保健为主，建立了社区医院、妇幼保健机构为妇幼提供医疗保健服务。

本条第2款旨在促进生殖健康。婚前保健主要是指婚前医学检查，现在已不再实施强制婚检，而采取自愿原则。但在是否将婚检结果告知对方的问题上，实践中出现了不同观点。2017年南通市一对夫妻在登记结婚前于一所婚检机构进行了婚前医学检查，未被提示不宜结婚。但婚后不久丈夫知晓妻子婚前患有艾滋病，便将婚检机构告上了法院，要求其赔偿精神损失费和彩礼损失。法院认为，婚检机构为保护患者隐私没有义务告知患者的疾病信息，判决驳回诉讼请求。而在2016年郭某（女）诉某保健所一般人格权案中，吉林省高级人民法院在再审民事判决书中确认了婚姻相对方的知情权。郭某在婚姻登记前与李某一起接受了婚前医学检查，但未被告知男性存在左侧精索静脉曲张三度，亦未检查出婚检后由另一中医院门诊诊断的患有尖锐湿疣的情况，遂向法院起诉婚检机构，要求其赔偿精神损失费3万元。吉林省高级人民法院再审时认为，根据《吉林省免费婚前医学检查项目实施方案》的规定，婚检医师应当及时将婚检结果反馈给准备结婚的男女双方。《男性婚前医学检查表》中明确载有受检双方签名栏，检查结果必须由受检双方签名。本案中，保健所只让李某本人签名，并允许其代表郭某签名，致使郭某未能了解李某的真实身体状况。法院认为不告知婚姻对方的健康状况不符合准备结婚的男女双方进行婚前医学检查的目的，对某保健所"保护受检人隐私权"的抗辩理由没有采信。最终吉林省高级人民法院经审理认为保健所未尽到告知义务，侵犯了郭某的知情权，致使其遭受精神损害，保健所应承担相应的赔偿责任。

孕产期保健包括孕产期妇女健康和胎儿、婴儿健康。在2007年肖某拒签剖腹产手术同意书后其妻子李某死亡事件中，李某父母向朝阳区人民法院起诉，认为医院采取的救助措施不当导致李某和胎儿死亡，存在过错应予赔偿。朝阳区人民法院经审理认为医院医疗行为与患者死亡后果之间无因果关系，不构成侵权，判决医院补偿10万元。2010年卫生部公布的《病历书写基本规范》第10条明确规定，对需取得患者书面同意方可进行的医疗活动，为抢救患者，在法定代理人或被授权人无法及时签字的情况下，可由医疗机构负责人或者授权的负责人签字。可见在需紧急救治但无法获得患者法定代理人或被授权人签字时，可由医疗机构负责人或者授权的负责人签字，从而使患者获得救治，避免出现不良后果。

我国每年有几十万缺陷新生儿出生，因此加强孕产期检查极为重要。我国也应加强患罕见病儿童的治疗和罕见病药物的研制，以保护特殊儿童的健康权益。

第二十五条　国家发展老年人保健事业。国务院和省、自治区、直辖市人民政府应当将老年人健康管理和常见病预防等纳入基本公共卫生服务项目。

【条文主旨】老年人健康

【理解与适用】本条旨在促进老年人保健事业，并将老年人健康管理和常见病预防作为基本公共卫生服务内容。

我国老年人口逐渐增长，据国家统计局所公布的数据显示，截至 2018 年底，我国 65 周岁及以上人口达 16 658 万人，占总人口的 11.9%，60 周岁及以上人口达 24 949 万人，占总人口的 17.9%。老年人口健康状况处于下降趋势，经济状态的不佳可能会加剧健康状态的恶化。传统中国的"孝"文化一直十分重视对老年人的尊重与经济、健康方面的支持。1996 年第八届全国人民代表大会常务委员会第二十一次会议通过了《老年人权益保障法》，2018 年对其进行了修正。

各国关于老年人权益的立法主要有两种模式，单独式立法模式和分散式立法模式。[1]单独式立法指以老年人为对象制定专门立法，中国即采取了这种立法模式，日本、美国、韩国等亦如此。美国于 20 世纪 60 年代制定了老年人法，禁止就业年龄歧视，取消了就业年龄限制和强制性退休制度，并禁止歧视老年人。分散式立法则是指在各种不同法律中对老年人权益进行规定，代表国家有英国、加拿大、澳大利亚等。采取单独立法模式的国家除了有专门的老年人权益法外，在其他法律中也体现了对老年人权益的保护。

2020 年新冠肺炎疫情中，根据流行病学的调查显示，在确诊的 44 672 例患者中（截至 2020 年 2 月 11 日），老年人属于患病率和致死率较高的群体，

---

〔1〕　肖辉、孙文胜："构建我国老年法学学科和老年法体系初探"，载《河北法学》2017 年第 1 期。

60 周岁以上患者占患者总人数的 31.2%，病死率占比为 81%，患有高血压、糖尿病和心血管疾病等基础病的老年人占死亡人数的绝大部分。[1]由此可见，新型烈性传染病暴发时，会对老年人的健康造成非常大的威胁。

促进老年人保健事业发展应关注以下几点：一是老年人医疗保险制度的全面覆盖。我国的医疗保险存在城乡差别，农村老人的医疗保险存在缴费低、保障弱等问题，农村重病老人难以获得充分治疗，且大部分地区只有住院保险，没有门诊、慢性病保险，导致部分老人小病拖成大病或重病，最终无法得到有效救治。因此，应加强老年人慢性病、常见病的常规性治疗，加强老年人对社区医院的可获得性，推广家庭医生对老年人的持续性支持。在传染病暴发时，老年人应获得及时关注、帮助和治疗，并在治疗期间应获得充分尊重，减少病死率。二是在全国范围推广长期护理保险制度，以加强孤寡老人、子女不在身边的失能老人的疾病护理支持，并对护理老年人的子女采取税收等优惠措施。三是加强老年人医养结合模式探索。老年人的养老与医疗问题通常不可分离，因此，可探索医养结合的养老社区服务模式，使老年人随时获得可及的、高效的医疗服务。四是增进对老年人的经济支持。在未实现全面免费医疗的情况下，老年人的健康状况依赖于经济情况。国家应充分支持老年人就业。禁止就业中的年龄歧视，规定灵活的退休制度，强制性的延期退休或强制性的退休都需要审慎对待，应赋予老年人自由选择权，即在法定退休年龄的基础上，由老年人自主选择。老年人的健康保健需要政府、个人、医疗机构、社区的合力支持，在设置合理医疗保险、护理保险的基础上，除了强调个人的责任之外，政府还需要适当增加资金投入，尤其对陷于经济困难的老年人，应当给予及时的医疗救助。

第二十六条　国家发展残疾预防和残疾人康复事业，完善残疾预防和残疾人康复及其保障体系，采取措施为残疾人提供基本康复服务。

县级以上人民政府应当优先开展残疾儿童康复工作，实行康复与教育相结合。

---

〔1〕　中国疾病预防控制中心："新型冠状病毒肺炎流行病学特征分析"，载《中华流行病学杂志》2020 年第 2 期。

【条文主旨】残疾预防与残障者康复

【理解与适用】本条旨在促进残疾预防和残障者康复事业，通过完善康复保障体系为残障者提供康复服务，优先为残障儿童提供康复服务，并重视残障儿童的教育。

本条第1款强调为残疾人提供康复服务。残障是人类多样性的体现，残障者是人类共同体的重要成员。"回归社会生活"是残障者健康权益获得保障的核心原则和目标。联合国《残疾人权利宣言》强调，各国应保障残障者参与社会并自由生活。第61届联合国大会于2006年12月13日通过了《残疾人权利公约》，提出残疾是一个演变中的概念，主张残障者有尊严和个人自主，有权平等参与社会生活。我国现约有8500万残障者，为保障残障者的健康权益，国务院于2016年8月发布了《"十三五"加快残疾人小康进程规划纲要》，计划为残障者建立基本公共服务体系。2008年4月24日修订的《残疾人保障法》对残障者的康复、教育、社会保障、无障碍环境设施等作出了规定。2007年2月25日国务院发布《残疾人就业条例》，致力于促进和保障残障者就业。国务院还通过了《无障碍环境建设条例》《城市居民最低生活保障条例》《社会救助暂行办法》《农村五保供养工作条例》等，从不同角度对残障者的权利作出了规定。[1]2017年2月7日国务院公布《残疾预防和残疾人康复条例》，对预防残疾和残障者康复规定得最为详细，体现了对残障者健康权的广泛保障。残障包括身体残障和精神残障，对两类残障者应采取不同的健康保健措施。日本的残疾人基本法、身体障碍者福利法、精神薄弱者福利法对残障者康复、教育、残疾恤金等予以了充分保障。我国现有法律分类尚不够细致，缺乏有针对性的预防与保障措施。

残障者的健康保障以加强残障预防为主。由于遗传病、传染病、慢性病、意外伤害、精神疾病的影响而导致的残疾风险不断增加，因此应加强孕前和孕产期筛查、诊断与保健，减少新生儿缺陷，并针对药物、疾病的致残因素，采取有针对性的措施，消除和降低致残风险，降低残障的发生率。

本条第2款强调为残疾儿童提供康复服务。完善残障康复措施，尤其关注残障儿童的康复，及时为残障儿童提供辅助器具、完善无障碍设施。2006

---

〔1〕 黎建飞、王喜荣："中国特色残疾人事业的法律保障"，载《残疾人研究》2018年第1期。

年第二次全国残障者抽样调查统计发现，我国约有 167.8 万名 6 岁以下残障儿童，每年新增残障儿童 19.9 万人。虽然《残疾预防和残疾人康复条例》第 26 条明确规定，国家建立残疾儿童康复救助制度，逐步实现 0~6 岁视力、听力、言语、肢体、智力等残疾儿童和孤独症儿童免费得到手术、辅助器具配置和康复训练等服务，但接受过医疗、救助、康复训练与服务的残障儿童占比很少，接受过辅助器具的残障儿童仅占 4.15%，我国残障儿童的医疗、康复需求与健康保障之间尚存在较大差距。因此，有必要将残障儿童的医疗与康复纳入医疗保险之中，使残障儿童的健康权得到充分保障。除此之外，我国康复治疗师的数量严重不足，每 10 万人口拥有康复治疗师不足 1 人，应加强康复治疗师的教育与培训以适应社会的大量需求。残障儿童教育与康复并重是促进残疾儿童回归社会的重要手段。1994 年国务院颁布的《残疾人教育条例》规定了残障者的受教育权利及其保障。但对残障儿童实施分立教育还是融合教育存在一定争议，尤其是对孤独症儿童的教育权尚需进一步完善。对残障患者尽早医疗、矫正与加大针对残障患者的辅助器具支持，是助其回归与融入社会的最重要的帮助措施。

第二十七条　国家建立健全院前急救体系，为急危重症患者提供及时、规范、有效的急救服务。

卫生健康主管部门、红十字会等有关部门、组织应当积极开展急救培训，普及急救知识，鼓励医疗卫生人员、经过急救培训的人员积极参与公共场所急救服务。公共场所应当按照规定配备必要的急救设备、设施。

急救中心（站）不得以未付费为由拒绝或者拖延为急危重症患者提供急救服务。

【条文主旨】院前急救体系相关部门职责

【理解与适用】本条是关于院前急救体系及其相关职责的规定。其中，第 1 款阐述了国家建立院前急救体系的目的，即"为急危重症患者提供及时、规范、有效的急救服务"。第 2 款规定了卫生健康主管部门、红十字会等有关部门、组织等在院前急救体系中应担负的职责，包括开展急救培训、普及急救知识、鼓励医疗卫生人员多参与急救服务以及在公共场所设置必要的急救设备、设施。第 3 款强调了急救中心（站）在为急危重症患者提供急救服务时不得以未付费为由拒绝的义务。

院前急救又被称为院外急救，指对发生在医院外的、危及生命的急危重症、意外事故、灾害等造成的伤病者进行及时现场抢救，使之迅速脱离险境，维持生命基础，安全护送至医院的医疗过程。院前急救是急诊医疗体系的重要组成部分，是危重病人抢救成功的前提，是现代城市中不可替代的角色。[1]

近年来，在党中央、国务院领导下，我国院前医疗急救体系和立法规制得以进一步完善，服务能力和效率明显提升，人民群众对院前医疗急救服务的满意度显著提高。目前，随着我国经济的快速发展，人们对院前急救的服务需求日益增加，我国院前急救体系仍存在建设发展不平衡等问题。对此，《基本医疗卫生与健康促进法》中关于院前急救内容的规定，体现了国家对院前急救工作的重视，厘清了体制机制，规范了急救行为，有助于提高院前医疗急救的效率和质量。

本条第1款明确了建立健全院前急救体系的目的，要求为急危重症患者提供及时、规范、有效的急救服务。我国基本上已经形成了覆盖省、市、县的三级院前急救医疗服务体系。目前我国院前急救医疗服务的管理模式主要有六种，分别为独立型的北京模式、院前型的上海模式、行政型的广州模式、依托型的重庆模式、消防结合的香港模式以及联动型的苏州模式。[2]但是也有个别省市并存两种不同的院前急救体系，例如北京市就拥有隶属于北京市卫生局的北京市急救中心（120）和隶属于北京市红十字会的北京红十字会急救中心（999）两套院前急救体系。[3]

由于医患矛盾不断加剧、公众法律意识的不断提高，院前急救过程中的缺陷和不足极易引发医疗纠纷。2015年11月9日21时，999急救中心在从首都机场护送一位腹痛患者去医院的过程中，院前急救人员因运送医院等问题产生争执，辗转多家医院对该名患者进行救治，引发患者的不满。这一事件引发了业内的广泛讨论，救护车的及时到达、急救路线及目标医院的选择以

〔1〕 郑惠娟："我国院前急救医疗现状及发展对策"，载《中外医疗》2009年第30期。
〔2〕 李家琦、陈凤英："我国院前急救现状及其发展前景"，载《世界最新医学信息文摘》2016年第8期。
〔3〕 刘鑫、王梦娟："我国院前急救立法存在问题与对策"，载《中国医院管理》2016年第6期。

及院前急救中若发生患者损害该如何解决等问题，均需进一步健全、统一和规范。

本条第 2 款规定了卫生健康主管部门、红十字会等有关部门、组织等在院前急救体系中应担负的职责，为目前院前急救体系中可能出现的"急救人员医疗水平较低、公共场所急救设备配备不齐"等问题的解决及院前急救的有效开展提供了法律依据。院前急救工作具有高度的自主性、独立性和专业性，各级卫生健康主管部门及红十字会等有关部门要加强院前急救的行业管理，建立相应的教育和培训体系，加强岗位培训，培养更多高素质人才，稳定急救队伍。此外，有关部门和组织还应向公众普及急救知识，使院前急救社会化，为院前急救的成功争取更多的时间。不久前，有明星艺人在录制综艺节目过程中昏迷，经抢救无效最终心源性猝死。这起事件的发生引发全社会对公共场所配备急救设备的关注。以热议的自动体外除颤器（AED）为例，AED 可以自动分析心跳、呼吸骤停伤患的心电图，并在需要除颤（电击）时给予电击。更重要的是，这种设备可由没有接受系统医疗训练的普通公众操作，以抢救心源性猝死患者。患者若能在急救的"黄金四分钟"内得到 AED 等设备的救治，那么其生命被挽回的可能性极大。但目前，如此重要的急救设备，在许多城市的公共场所并不多见。因此，公共场所急救设备、设施的普及率亟须提高。

本条第 3 款规定了急救中心（站）不得以未付费为由拒绝或拖延救治急危重症患者，也就是说，在遇到急危重症患者时，"120"不得因患者不交钱而拒绝救治，这款规定突出了公众生命健康权的重要性，也对急救中心（站）职责的履行提出了进一步要求。在其他法律文件中也能找到与此相符的规定。根据《执业医师法》的规定，医疗机构及其医务人员在实施医疗活动时，必须严格遵守相关医疗卫生管理法律、行政法规、部门规章和诊疗护理规范，恪守医疗服务职业道德，诊断出患者病情后，应积极履行诊疗义务。院前急救虽然是一种特殊的诊疗行为，但在法律上它与一般的诊疗行为的性质相同。《侵权责任法》第 57 条规定："医务人员在诊疗活动中未尽到与当时的医疗水平相应的诊疗义务，造成患者损害的，医疗机构应当承担赔偿责任。"需急救的患者及家属往往会因患者的突发疾病拨打急救中心电话进行求救，院前急救人员在将患者送至医疗机构的过程中，应尽到高度注意义务，一旦发现患者出现病情加重的情况，应及时实施紧急救治措施，延缓患者病情危重的状况。因此，在转送患者的过程中，当遇到患者或家属未付费的情况时，院前急救人员应将患者的生命健康放在首位，院前急救人员一旦因拖延或拒绝治疗而未尽到合理注意义务，实施的救助措施与其医疗水准不相符，采取的救治措施过于简单或采取了不恰当的救治措施，最终导致患者损害的，应当承担相应的赔偿责任。

　　第二十八条　国家发展精神卫生事业，建设完善精神卫生服务体系，维护和增进公民心理健康，预防、治疗精神障碍。

　　国家采取措施，加强心理健康服务体系和人才队伍建设，促进心理健康教育、心理评估、心理咨询与心理治疗服务的有效衔接，设立为公众提供公益服务的心理援助热线，加强未成年人、残疾人和老年人等重点人群心理健康服务。

　　【条文主旨】精神卫生与心理健康

　　【理解与适用】本条旨在促进公民心理健康，通过加强心理健康和精神卫生服务体系，为公众提供心理教育、咨询和精神疾病治疗服务，并强调以未成年人、残疾人和老年人为重点服务对象。其中，第 1 款强调了通过预防、治疗精神障碍完善精神卫生服务体系，第 2 款强调了心理健康服务体系的建立。

　　我国的精神卫生立法经历了漫长的过程。1985 年，卫生部就组织起草精神卫生法，直至 2012 年 10 月 26 日第十一届全国人民代表大会常务委员会第二十九次会议通过了《精神卫生法》，该法于 2013 年 5 月 1 日正式实施，2018 年 4 月 27 日对该法进行了第一次修正。我国目前正在深化卫生体制改革，精神卫生体制亦亟待变革，其改革的目标是提供完善的精神卫生服务，增进公民心理健康，促进精神障碍的预防、治疗和康复，促进对精神障碍者合法权益的保护。精神卫生体制改革主要体现在以下两个方面：一是精神卫生服务的有效提供；二是精神障碍者对服务的有效获取。精神卫生体制改革的核心内容在于精神卫生服务的提供并帮助其管理，最终目的在于促进患者健康并帮助其实现医疗服务权。精神卫生体制改革应通过提供充分有效的医疗服务，有效改善精神障碍者在医疗中的困境，帮助其回归社会、正常生活。

精神卫生体制改革的核心是提供可及的精神卫生服务。精神卫生服务应满足精神障碍者的基本需求，提供普遍覆盖的服务，在患者需求和卫生服务资源的分配上实现公平。其一，精神卫生服务的普遍覆盖与获取。精神障碍患者遭受精神疾病困扰时有机会获得便捷、有效的精神卫生服务，需要有普遍覆盖的服务，且患者能普遍获取。我国经济发展的不均衡及对精神卫生的不够重视，中西部地区的精神卫生资源普遍不足，西部部分县市甚至没有精神病医院，严重缺乏精神科医生，大量精神障碍者无法获得基本治疗。这与我国精神卫生管理体制和服务资源的提供方式相关，我国在精神卫生体制建设方面一直以发展专门的独立精神病医院为中心，不重视普通医院、综合医院的精神疾病防治能力。财政支援不足的地区无法建立专业精神病医院，普通医院又不提供精神卫生服务，导致患者无法得到医疗服务。除此之外，基层康复设施也十分缺乏，患者几乎得不到任何专业的康复指导。因此为了实现精神卫生服务的普遍覆盖，应缩减专业精神病医院规模，发展综合医院精神科，加强社区康复，逐渐实现患者对服务的普遍获取。其二，服务资源公平分配与提供。精神卫生资源应公平地分配和提供，在不导致贫困风险的情况下精神障碍者能获得必要的卫生服务。提供精神卫生服务，且精神障碍者能获得并利用这些资源，才能显示出制度安排的合理性和公平性。精神卫生资源不能仅提供给那些有支付能力的患者，或只为部分患者提供高质量的服务，而让那些缺乏支付能力的精神障碍者得不到精神卫生服务，因此必须建立基本医疗保障制度。

精神卫生体制改革的目标是保障精神障碍者健康并实现患者医疗权。对于精神障碍者而言，精神卫生体制改革应有利于其实现患者医疗权，政府在必要时应给予适当的医疗帮助。其一，实现患者医疗权以促进精神障碍者的健康。精神障碍者本应享有法律上的一切权利，而阻碍其享有权利的正是疾病。治疗疾病、恢复健康是其享有法律权利的前提和基础。只有精神状态恢复正常或疾病得到有效缓解，精神障碍者才能回归正常生活，从而享有法律所赋予的未经扣减的权利。医疗权是精神障碍者享有的一项极其重要的权利。医疗权包含两个方面，对疾病的积极治疗，以及对处于恢复期的患者提供适当的康复条件和环境。医疗权具有一定的公法性质，需要国家精神卫生体制的支持，并由国家提供一定保障。在不存在完善的精神卫生制度的国家，患者谈不上享有医疗权，更遑论医疗权的实现。其二，必要时对患者提供医疗帮助。没有一个国家会保障所有患者完全实现医疗权。患者需要自己首先承担一定的医疗费用，但精神障碍者是一群特殊群体，会因为精神疾病丧失接受教育和获得工作的机会，从而失去经济收入和来源，而高昂的治理费用又会使其生存困难。所以对因疾病导致的有贫困风险、无法生存的患者，国家应当提供医疗帮助，即施以医疗救助。

第二十九条　基本医疗服务主要由政府举办的医疗卫生机构提供。鼓励社会力量举办的医疗卫生机构提供基本医疗服务。

【条文主旨】基本医疗服务的提供主体

【理解与适用】本条是关于基本医疗服务提供主体的规定。基本医疗服务是基本医疗卫生服务的重要组成部分，本条规定基本医疗服务主要由政府举办的医疗卫生机构提供，同时鼓励社会力量举办的医疗卫生机构提供基本医疗服务。

"保障公民享有基本医疗卫生服务"是《基本医疗卫生与健康促进法》的核心立法宗旨。根据该法第15条第1款的规定，所谓"基本医疗卫生服务"，是指维护人体健康所必需、与经济社会发展水平相适应、公民可公平获得的，采用适宜药物、适宜技术、适宜设备提供的疾病预防、诊断、治疗、护理和康复等服务。该条第2款继而规定，基本医疗卫生服务由基本公共卫生服务和基本医疗服务组成。《基本医疗卫生与健康促进法》首先在法律层面确立了国家基本医疗卫生制度，规定国家负有建立基本医疗卫生制度、建立健全医疗卫生服务体系、保护和实现公民获得基本医疗卫生服务的权利的法定职责。

根据不同的标准，对医疗卫生机构可作不同的分类。根据医疗卫生机构的举办主体或资金来源，可将医疗卫生机构分为政府举办的医疗卫生机构和社会力量举办的医疗卫生机构。政府举办的医疗卫生机构又可被称为公立医疗卫生机构，其建设和运行所需的经费主要由政府财政予以保障；社会力量举办的医疗卫生机构又可被称为私立医疗卫生机构，其建设经费来自于社会或私人资本。按照医疗卫生机构经营目的的不同，可将医疗卫生机构分为营利性医疗卫生机构与非营利性医疗卫生机构。根据 2000 年 7 月 18 日卫生部、国家中医药管理局、财政部、国家计委印发的《关于城镇医疗机构分类管理的实施意见》（卫医发〔2000〕233 号），非营利性医疗机构是指为社会公众利益服务而设立和运营的医疗机构，不以营利为目的，其收入用于弥补医疗服务成本，实际运营中的收支结余只能用于自身的发展，如改善医疗条件、引进技术、开展新的医疗服务项目等。营利性医疗机构是指医疗服务所得收益可用于投资者经济回报的医疗机构。政府举办的医疗卫生机构均为非营利性医疗卫生机构，社会力量举办的医疗卫生机构可以为非营利性医疗卫生机构，也可以为营利性医疗卫生机构。

作为基本医疗卫生服务的核心组成部分，可利用的基本医疗服务的数量与质量对于确保公民的基本医疗卫生需求、保障和实现公民健康权具有重要意义。健全的医疗服务提供制度与完备的医疗经费筹措制度是保障基本医疗服务可及性的车之两轮、鸟之两翼，包括基本医疗服务提供主体在内的医疗服务提供制度对于确保基本医疗服务至关重要。为确保基本医疗服务的公平可及，本条规定基本医疗服务主要由政府举办的医疗卫生机构提供，公立医疗卫生机构应该在基本医疗卫生事业中发挥主导作用。为此，县级以上人民政府应当制定并落实医疗卫生服务体系规划，科学配置医疗卫生资源，举办医疗卫生机构。在举办医疗卫生机构时应当充分考虑本行政区域人口情况、经济社会发展状况、医疗卫生资源、健康危险因素、发病率、患病率以及紧急救治需求等情况。同时，本条还规定，鼓励社会力量举办的医疗卫生机构提供基本医疗服务，社会力量举办的医疗卫生机构在基本医疗保险定点处享有与政府举办的医疗卫生机构同等的权利。如河北燕达医院是社会力量举办的非营利性三级甲等医院，具有"北京市基本医疗保险异地持卡结算定点医疗机构""北京市门诊特病定点医疗机构""新农合跨省异地就医联网结报定点医疗机构""河北省省本级医疗保险定点医疗机构"等医保资质。该医院承担了属地卫生主管部门所分配的公共卫生建档、家庭医生签约的任务；同时，依托与公立医院合作及自主招聘、培养的专家资源成为区域医疗诊疗中心单位，并牵头建立区域医联体，在向居民提供基本医疗卫生服务方面发挥了重要作用。[1]

第三十条　国家推进基本医疗服务实行分级诊疗制度，引导非急诊患者首先到基层医疗卫生机构就诊，实行首诊负责制和转诊审核责任制，逐步建立基层首诊、双向转诊、急慢分治、上下联动的机制，并与基本医疗保险制度相衔接。

县级以上地方人民政府根据本行政区域医疗卫生需求，整合区域内政府举办的医疗卫生资源，因地制宜建立医疗联合体等协同联动的医疗服务合作机制。鼓励社会力量举办的医疗卫生机构参与医疗服务合作机制。

【条文主旨】分级诊疗制度

【理解与适用】本条明确了国家推进分级诊疗制度，并对分级诊疗的主要内容、建立机制等方面作出了相关规定。

习近平总书记在全国卫生与健康大会上对深化医药卫生体制改革提出了明确要求，将"分级诊疗制度"列为基本医疗卫生制度建设的首位。分级诊疗制度建设既是新时代医疗卫生供给侧结构性改革的基础，也是全面深化医药卫生体制改革的核心；既是完善基本医疗卫生制度的必然要求，也是优化资源配置、提高卫生系统绩效、促进合理有序就医的治本之策。目前，分级诊疗已成为"健康中国"战略的核心制度体系，纵观分级诊疗的发展历史，可以发现梳理分级诊疗的概念内涵及政策脉络，对落实分级诊疗制度、健全医疗服务体系起到了关键作用。

截至 2016 年 10 月底，我国 31 个省、自治区、直辖市（不包括港、澳、台地区）以及新疆生产建设兵团均印发了关于推进分级诊疗制度建设的相关文件，启动了分级诊疗试点工作。2017 年，全国分级诊疗试点城市多达 321 个，占地市级以上城市的 95%。虽然各地区正逐步落实分级诊疗制度，但据《2018 年我国卫生健康事业发展统计公报》显示，在 2018 年总诊疗人次中，医院占 35.8 亿人次（占 43.1%），基层医疗卫生机构占 44.1 亿人次（占 53.1%），其他医疗机构占 3.2 亿人次（占 3.9%）。可见，我国目前仍然存在基层医疗机构医疗水平较低、基层医疗机构和上级医院医保报销比例差距不

---

〔1〕　姬华奎："三个意见和期待，解读《基本医疗卫生与健康促进法》草案"，载 https://www.cn-healthcare.com/articlewm/20191112/wap-content-1075436.html，最后访问日期：2020 年 4 月 15 日。

大、基层医疗机构药品短缺、更多的医疗服务仍然集中于医院等问题，因此，患者更愿意直接前往上级医院就医，导致了分级诊疗制度难以得到完全的贯彻落实，我国分级诊疗制度改革仍处于探索和攻坚阶段。

本条第 1 款主要规定了分级诊疗的概念、主要内容及基本机制。分级诊疗是指按照疾病的轻重缓急及治疗的难易程度进行分级，不同级别的医疗机构承担不同疾病的治疗，由此逐步实现从全科到专业化的医疗过程。实现分级诊疗的具体做法有以下四个方面。

首先，引导非急诊患者首先到基层医疗卫生机构就诊。该条规定修正了《基本医疗卫生与健康促进法（草案）》中使用的"鼓励非急诊患者首先到基层医疗卫生机构就诊"这一措词，增强了该法条的义务性，但如何做到"引导"是各地区需要考虑的问题，例如可以加大对分级诊疗的宣传等。

其次，实行首诊负责制和转诊审核责任制。首诊负责制度是医疗质量和医疗安全的核心制度之一，指由首先进行接诊的医院和医生对患者进行检查、诊断、治疗和抢救，对超出定位和能力的疾病，由基层医疗卫生机构提供向上转诊服务。转诊审核责任制是指在基层医疗机构首诊的患者，患有经医生确认无法诊治的疾病的，由首诊医疗卫生机构出具审批表，并逐级审核，转往二级或三级医疗机构。该种制度的实行，有利于对病人进行分流，合理配置医疗资源，减轻上级医院的负担。但在具体实践中，应确保转诊流程的顺利和简化，避免因流程复杂而造成患者延误治疗等情况的发生。

再次，逐步建立基层首诊、双向转诊、急慢分治、上下联动机制。2015年发布的《关于推进分级诊疗制度建设的指导意见》指出，要逐步形成"基层首诊、双向转诊、急慢分治、上下联动"的分级诊疗模式，以形成合理的就医格局。基层首诊坚持群众自愿的原则，通过政策引导，鼓励常见病、多发病患者首先到基层医疗卫生机构就诊。双向转诊通过完善转诊程序，重点畅通慢性期、恢复期患者向下转诊，逐步实现不同级别和类别的医疗机构之间的有序转诊。急慢分治是指通过完善亚急性、慢性病服务体系，将度过急性期的患者从三级医院转出，落实各级各类医疗机构急慢病诊疗服务功能。上下联动是指在医疗机构之间建立分工协作机制，促进优质医疗资源纵向流动。

最后，衔接分级诊疗与基本医疗保险制度。我国基本医疗保险制度的建立可追溯到 1998~2008 年，当时农村集体经济已经解体、城市医疗体系正逐步市场化。在这一背景下，我国先后建立了城镇职工基本医疗保险制度（1998 年）、新型农村合作医疗制度（2003 年）和城镇居民基本医疗保险制度（2007 年），医保制度的相关规定决定了就诊具有较大的灵活性，瓦解了分级诊疗制度。职工医保建立初期，没有关于首诊和转诊的制度规定，居民越级就医现象严重。为了优化卫生资源配置，实现规范合理的就医秩序，缓解居民看病贵和看病难的问题，2009 年新医改政策开始实施，我国大力推行分级诊疗政策，主要通过建立健全基层医疗卫生首诊网络、提高基层医疗服务能力等措施引导居民就诊行为。基本医疗保险制度在分级诊疗中起到了重要作用，青海省的分级诊疗模式就是在与基本医疗保险制度相衔接的基础上实行的，主要通过充分发挥医疗保险的调控作用，规定不同等级医疗机构的不同报销比例和服务价格等，来引导患者分级诊疗。因此，面对目前分级诊疗制度实施难、病人更愿意扎堆到三级以上医疗机构集中就诊的情况，可以采取医疗保险政策引导式分级诊疗模式。通过在医保制度上对病人加以引导，使病人愿意直接到基本医疗机构就诊，例如采取加大各层级医疗服务机构之间的医疗保险报销比例差距等措施。

本条第 2 款主要规定了医联体在分级诊疗制度中的作用。2017 年 4 月 26 日国务院办公厅印发的《关于推进医疗联合体建设和发展的指导意见》提出应强化督导，加速推进医联体和分级诊疗工作。[1]这是国家首次提出医联体在分级诊疗工作中具有重要的促进作用，通过多种形式的医联体模式，例如在城市主要组建医疗集团、在县域主要组建医疗共同体、跨区域组建专科联盟、在边远贫困地区发展远程医疗协作网，推动形成基层首诊、双向转诊、急慢分治、上下联动的分级诊疗模式。医联体模式的推进工作主要以北京市和江苏省为首。北京市在 2013 年正式开展了医联体建设工作，探索推广医联体式分级诊疗模式。截至 2018 年 2 月，北京市已建立 58 个区域联合体，区域联合体由 55 家核心医院和 528 家合作机构组成，基本实现了服务人群的全覆盖。2017 年北京市医联体内双向转诊患者共计 16.9 万人次，比 2016 年同期

---

〔1〕 李相荣等：“我国分级诊疗制度实施的关键问题与对策分析”，载《中国药物经济学》2019 年第 2 期。

增加 6.3%。下级医院医生到大医院进修的约有 3700 人，各医联体共派出专家约 2.3 万人次。[1]截至 2018 年 12 月底，全国已经有 2764 家三级医院开展了多种形式的医联体建设工作，占全国三级医院的 90%。医联体的建立可以进一步提升基层服务能力，医联体内的牵头医院还能持续向基层派出专业技术人才和管理人才，进一步联动优质资源。

第三十一条　国家推进基层医疗卫生机构实行家庭医生签约服务，建立家庭医生服务团队，与居民签订协议，根据居民健康状况和医疗需求提供基本医疗卫生服务。

【条文主旨】家庭医生签约服务

【理解与适用】本条明确了国家推进家庭医生签约服务，规定了家庭医生服务团队需与居民签订协议，并为居民提供基本医疗卫生服务。

实行家庭医生签约服务是落实分级诊疗制度的具体机制，被列为我国深化医药卫生体制改革的重要任务之一。近年来，我国政府颁布了一系列政策性文件，致力于积极推动家庭医生签约服务的开展。2009 年《中共中央　国务院关于深化医药卫生体制改革的意见》提出"尽快实现基层医疗卫生机构都有合格的全科医生"，这是我国家庭医生服务开展的前提；2011 年《国务院关于建立全科医生制度的指导意见》提出"逐步建立和完善中国特色全科医生培养、使用和激励制度，全面提高基层医疗卫生服务水平"；2015 年出台的《国务院办公厅关于推进分级诊疗制度建设的指导意见》明确提出"建立基层签约服务制度"，推进居民或家庭自愿与签约医生团队签订服务协议；2016 年国家七部委联合出台了《关于推进家庭医生签约服务的指导意见》，旨在结合基层医疗卫生机构综合改革和全科医生制度建设，加快推进家庭医生签约服务，并计划到 2020 年，力争将签约服务扩大到全人群，形成长期稳定的契约服务关系，基本实现家庭医生签约服务制度的全覆盖；2018 年 9 月，国家卫生健康委员会和国家中医药管理局又联合发布《关于规范家庭医生签约服务管理的指导意见》（以下简称《指导意见》），对签约服务的提供主体、签约服务的对象及协议、签约服务的内容等作出了明确规定；2019 年 4 月，

---

〔1〕 杜瑶、贾慧萍、陈在余："我国分级诊疗制度的现状与对策分析"，载《中国药物经济学》2018 年第 6 期。

国家卫生健康委员会办公厅发布《关于做好 2019 年家庭医生签约服务工作的通知》，要求继续巩固家庭医生签约服务的工作成果、重点提升基层医疗服务能力、着力提高签约居民的感受度、持续做好建档立卡贫困人口签约服务、广泛开展"世界家庭医生日"主题宣传活动以及大力推进"互联网+"签约服务。由此可以看出，国家正在大力推行家庭医生签约制度，以实现医疗资源的下沉，解决看病难、看病贵等问题。

根据《基本医疗卫生与健康促进法》第 31 条的规定，家庭医生签约服务是指通过签约的方式，促使家庭医生团队与签约居民建立一种长期、稳定、可及的健康服务关系，根据居民健康状况和医疗需求为其提供基本医疗卫生服务，使患者能在基层及时看好小病。该条规定有四点值得关注。

首先是家庭医生团队的概念。《指导意见》指出，家庭医生团队主要由家庭医生、社区护士、公共卫生医师（含助理公共卫生医师）等组成，二级以上医院应选派医师（含中医类别医师）为家庭医生团队提供技术支持和业务指导。有条件的地区还可以吸收药师、健康管理师、心理咨询师、社（义）工等加入团队。

其次是签订协议的主体。在《基本医疗卫生与健康促进法》颁布以前，国家发布的关于家庭医生签约服务的相关政策仅是指导性文件，没有强制约束力，因而各地在家庭医生制度推行实践中，对于协议主体存在不同的规定。有的是基层医疗卫生机构与居民签约，有的是医生个人与居民签约，更多的是医疗卫生机构、医生和居民签三方协议。

《指导意见》规定，签约服务原则上应当采取团队服务形式，即签订协议的主体应为家庭医生团队。《指导意见》明确指出，"家庭医生签约服务主要由各类基层医疗卫生机构提供"，同时又指出，"签约居民可自愿选择家庭医生团队签约"。这显然存在矛盾之处。但《基本医疗卫生与健康促进法》第31 条明确规定，"国家推进基层医疗卫生机构实行家庭医生签约服务，建立家庭医生服务团队，与居民签订协议"。该法条属于上位法，明确了签订协议的主体是基层医疗卫生机构及居民，而不是家庭医生或家庭医生团队，并且指出居民也是个人意义上的居民，不包括整体意义上的家庭。这与我国家庭医生并非个人执业，而是属于医疗卫生机构的职员，在地位上属于"单位人"

的现状相符。[1]

再次是签约协议的内容。《指导意见》指出，"基础性签约服务包括基本医疗服务和基本公共卫生服务。个性化签约服务是在基础性签约服务的内容以外，根据居民差异化的健康需求制定针对性的服务内容"。《基本医疗卫生与健康促进法》第31条规定"根据居民健康状况和医疗需求提供基本医疗卫生服务"。因此，家庭医生团队应为居民提供基本医疗卫生服务。

最后是家庭医生在签约服务中的法律责任。尽管目前我国家庭医生签约服务尚未得到广泛实行，因此还未查询到有因家庭医生服务而产生的医疗纠纷，但随着我国基层医疗服务的逐步推进，因家庭医生签约服务而产生的医疗损害责任纠纷中的法律责任应当得到明确。《指导意见》指出，"明确家庭医生为签约服务第一责任人"，但该"第一责任人"仅是家庭医生团队中负责向签约居民提供基本医疗卫生服务的人，并非是损害后果发生时应承担法律责任的人。根据前文所述，家庭医生的医疗行为属于职务行为，且《侵权责任法》第57条规定："医务人员在诊疗活动中未尽到与当时的医疗水平相应的诊疗义务，造成患者损害的，医疗机构应当承担赔偿责任。"因此，如果产生纠纷，法律责任的首要承担者仍然是家庭医生所属的医疗机构。即便家庭医生团队由不同医疗机构的医生组成，但只要其中一个家庭医生在执业中造成损害，也应由其所在的医疗机构承担损害赔偿责任。

"健康中国"战略提出"加强基层医疗卫生服务体系和全科医生队伍建设"，国务院在政府工作报告中也提出，要加大医护人员培养力度，加强全科医生、儿科医生队伍建设，推进分级诊疗和家庭医生签约服务。因此，我国家庭医生签约服务模式的出现是顺应大时代趋势的，其内容是合乎国情的，是为民生热点事业发展做出努力的一项重要的大型国民医疗改革工程。[2]在家庭医生签约服务制度实践中，仍存在亟待解决的问题。一是家庭医生团队基础薄弱，全科医生数量不足，难以满足社区的需要，使得家庭医生服务难以推进；二是对家庭医生的宣传不够，很多居民难以接受这一新鲜"事物"，

---

〔1〕 翟方明："我国家庭医生签约服务的若干法律问题研究——基于相关政府部门文件的比较分析"，载《中国卫生法制》2019年第4期。

〔2〕 张霄艳、胡雨、王雨璇："健康中国战略背景下家庭医生签约服务现状研究"，载《经济研究导刊》2019年第33期。

当全科医生与他们签约时，居民会表现出不理解、不信任、不接受的态度，轻则婉言谢绝，重则拒之门外；三是缺乏成熟的奖励机制，全科医生岗位缺乏吸引力；[1]四是家庭医生上门提供医疗服务存在欠缺法律依据、具有法律风险等问题，在实践中的运行面临着很大的困难。

目前，在我国部分地区，已有社区卫生服务站将家庭医生服务做成了典范。据《北京日报》报道，北京市东城区东直门新中街社区卫生服务站的 12 名医护人员，组建了以全科医生为核心的 6 支家庭医生团队，为辖区 5400 名签约居民提供健康服务，并获得了"全国优秀家庭医生签约团队"的称号。该站家庭医生服务的开展经历了这样的阶段：从刚开始的签约困难、不断开展宣传工作，到家庭医生的概念逐渐深入人心、家庭医生成为居民的健康"守门人"。家庭医生不仅为签约的居民解决小病，当居民遇上疑难大病时，家庭医生也能通过"绿色通道"挂号，患者带着医保卡直接去上级医院取号看病，不用排队，非常方便。

综上，家庭医生服务制度是一项长期且艰巨的任务，随着医疗体制改革的深入，尤其是在"健康中国"战略的背景下，家庭医生签约服务制度将会得到不断完善和发展，将进一步为患者提供更好的基层医疗服务。

第三十二条　公民接受医疗卫生服务，对病情、诊疗方案、医疗风险、医疗费用等事项依法享有知情同意的权利。

需要实施手术、特殊检查、特殊治疗的，医疗卫生人员应当及时向患者说明医疗风险、替代医疗方案等情况，并取得其同意；不能或者不宜向患者说明的，应当向患者的近亲属说明，并取得其同意。法律另有规定的，依照其规定。

开展药物、医疗器械临床试验和其他医学研究应当遵守医学伦理规范，依法通过伦理审查，取得知情同意。

【条文主旨】公民的知情同意权

【理解与适用】本条规定了公民在接受医疗卫生服务时享有知情同意权，这是健康权在私法权利层面的健康权内容的体现，从私法层面即自由权层面

---

〔1〕 刘秀梅："家庭医生式服务探索现状及存在的问题分析"，载《社区医学杂志》2015 年第 19 期。

而言，健康权包括公民有支配自己身心健康的自由，其身心健康不受非法侵犯，以及人格尊严受到保护三层含义，主要包括患者的知情同意权、隐私权、获得关心和尊重的权利等，而知情同意权是其中最重要的内容。自由权层面的健康权主要要求国家承担尊重义务。

随着社会的发展，医疗上的知情同意原则已经成为一项重要的法律原则，日益受到世界各国立法的重视。作为现代医患关系的一项基本原则，知情同意（informed consent）原则是自主原则在医疗卫生领域内的体现，即作为生命权的个体，有权决定对自己的身体做什么或者不做什么。

知情同意理论起源于1946年第二次世界大战后的纽伦堡审判，针对纳粹医生强迫受试者接受不人道的野蛮实验的情况，纽伦堡审判后通过的《纽伦堡法典》规定："人类受试者的自愿同意是绝对必要的"，"应该使他对所涉及的问题有充分的认识和理解，以便能够作出明智的决定"。[1]这个规定标志着知情同意作为一项医疗法律规则在医学实验领域被确定下来。"知情同意"成为医学界共识的标志是1964年《赫尔辛基宣言》的颁布，该宣言再次承认了受试者参加人体试验享有知情同意权。1957年，美国加利福尼亚州上诉法院在审判Salgo案[2]时将"知情同意"引入医疗诉讼领域，首次在审判中导入了"informed consent"这一词汇，首次以判例法的形式确立了患者的"知情同意"规则。随后又发生的两起关于知情同意的案件，即1960年的Natanson v. Kline案[3]和1972年的Canterbury v. Spence案[4]，关注判断医师的告知是否充分的标准，并分别建立了基于医师和患者意志的不同判定标准，即医师标准和患者标准。由此，知情同意理论在判例法上得到确立。立法方面，1973年美国患者权利法案以成文法的形式明确规定了患者的知情同意权。美国患者自我决定法（PSDA）[5]还赋予了患者对未来的医疗事务事先表达意愿的权利，即预先指示权。目前，此权利已被许多国家承认并写进了其本国

---

〔1〕 邱仁宗、卓小勤、冯建妹：《病人的权利》，北京医科大学、中国协和医科大学联合出版社1996年版，第56页。

〔2〕 Salgo v. Leland Stanford Jr. University Board of Trustees, 154 Cal/App. 2d 560, 317P. 2d 170 (1957).

〔3〕 Natanson v. Kline, 350 P. 2d 1093 (1960).

〔4〕 Canterbury v. Spence, 464 F. 2d 772 (1972).

〔5〕 42 U. S. C. A. § 1395cc (f) (1992).

法律。我国法律中关于"知情同意"的规定最早见于 1982 年的《医院工作制度》，目前关于患者知情同意权的相关规定散见于法律、行政法规、规章等规范中，已有近 40 条，主要有《侵权责任法》第 55 条、第 56 条，《医疗机构管理条例》第 33 条等。《基本医疗卫生与健康促进法》第 32 条又再次规定了知情同意权。不过与之前的规定不同的是，本条不仅包括了医疗中的知情同意权，还涵盖了卫生措施，如传染病预防中的知情同意权，同时又将知情同意权的主体再次明确为"患者本人"，对于之前法律法规规定的主体不一致的问题进行了统一。

本条分 3 款层层递进地阐述了在医疗卫生服务中，公民所享有的知情同意权的范围。第一个层次是普遍性规定，即公民的知情同意权内容包括病情、诊疗方案、医疗风险、医疗费用等事项。第二个层次强调了必须获得居民同意的范围包括"需要实施手术、特殊检查、特殊治疗的"，并特别指出知情同意的内容包含"替代医疗方案等情况"，明确了在不能或者不宜向患者说明的情形下，应当向患者的近亲属说明，并取得其同意。法律另有规定的，依照其规定。第三个层次明确了"临床试验和其他医学研究"中的知情同意权的保护问题，即"临床试验和其他医学研究"既要"通过伦理审查"又要"取得知情同意"。医疗技术的发展在治疗顽固疾病、改善生存质量、延长人类寿命等方面起到了至关重要的作用，而医疗技术的发展往往离不开实验性临床医疗，因此，本条对试验性临床医疗与知情同意权之间的关系作出规定，显得十分必要。

本条规定将之前相关法律法规中有关知情同意权的规定进行了集成与统一，可以称为"知情同意条款的母条款"，由于并不存在法条内容的冲突，所以仍然可以适用其他法律中与本条相同的内容规定，这也彰显了公民在接受医疗卫生服务时实现其知情同意权的重要性。

近些年来，临床实践中频频出现有关知情同意权履行问题的相关案例，如 2017 年 8 月 31 日发生的"榆林产妇坠楼案"。在该案中，产妇马某入住榆林市某医院待产，经医院诊查符合自然分娩指征，但 B 超提示脐带有异常可能，胎头偏大，阴道分娩风险较大。主管医生多次向马某及其近亲属说明情况，建议进行剖宫产，但均遭明确拒绝，并在《产妇知情同意书》上签字确认了顺产要求。此外马某还曾签署《授权委托书》，委托其丈夫代为行使知情同意权。次日上午，产妇进入待产室，随后从医院 5 楼坠亡。医院表示，根据《护理记录单》，马某在待产期间，因疼痛烦躁不安，多次离开待产室，向近亲属要求剖宫产，主管医生、科主任也多次向近亲属提出剖宫产建议，均被近亲属拒绝，但马某近亲属却表示其曾多次向医师要求剖腹产，但医师认为即将面临生产因而不能进行剖腹产术。[1]这个案例就涉及患者知情同意权的主体、知情同意代理、知情同意权的内容等一系列问题。

第三十三条 公民接受医疗卫生服务，应当受到尊重。医疗卫生机构、医疗卫生人员应当关心爱护、平等对待患者，尊重患者人格尊严，保护患者隐私。

公民接受医疗卫生服务，应当遵守诊疗制度和医疗卫生服务秩序，尊重医疗卫生人员。

【条文主旨】公民在接受医疗卫生服务时的权利与义务

【理解与适用】本条规定了公民在医疗卫生服务中的人格权保障与遵守医疗制度和医疗秩序的义务，共分为两款。本条的规定有助于引导患者及社会正确认识医患关系，敦促医务人员既要尊重患者，患者也要尊重医务人员，医患之间的彼此信任与尊重才是最有助于战胜疾病的良性医患关系。

本条第 1 款是第 32 条的延续规定，继续明确了私法权利层面上的健康权的具体内容，即公民在接受医疗卫生服务时其人格尊严受到保护，当然包括对患者隐私权的尊重与保护，体现了国家对私法意义上的公民健康权的尊重义务。人格尊严属于民法上的人格权的范畴，每个自然人都应当平等享有。按照民法学界的主流观点，人格尊严是指自然人作为法律主体所应得到的承认、尊重，是人之为人的基本条件。1948 年联合国大会发布了《世界人权宣言》，其第 1 条第 1 款规定，"人人生而自由，在尊严和权利上一律平等"；我国《民法总则》第 110 条第 1 款规定："自然人享有生命权、身体权、健康权、姓名权、肖像权、名誉权、荣誉权、隐私权、婚姻自主权等权利。"经济在发展，社会文明水平在提高，保护患者人格尊严的需求也随之日渐强烈。患者有权在接受医疗服务的过程中维护自己的尊严，其人格尊严及隐私权应受到保护。《世界医学会关于患者权利的里斯本宣言》《促进欧洲患者权利宣

---

〔1〕 常杨等："独家采访！'陕西榆林产妇坠楼'事件还原！在场人员一一回应"，载 https://www.sohu.com/a/206404471_115004/，最后访问日期：2020 年 3 月 21 日。

言》均对患者人格尊严的保护作出了明确规定，如规定患者有保持尊严的权利，使所有人都能不受歧视地、平等地获得服务，患者人格应受尊重，向患者提供诊断、治疗、护理服务时应尊重患者的文化和价值观念，等等。

　　然而，在当前的医疗实践中，医患之间的不信任问题确实存在，患者觉得医生对自己不够耐心、尊重；医生觉得患者不信任自己，随时都可能挑剔诊疗护理行为，存在发生纠纷的可能性。当前，医疗暴力事件频频发生，更加剧了医患关系的异化与分裂。究其症结可能在于：一方面，旧有的医患关系模式是"支配—服从型"模式，医生习惯了在医患关系中的主导地位，但随着患者权利意识的觉醒及医学模式的转变，现有的医患关系走向平等，转变为"指导—合作及共同参与"模式，这表明患者的观念已经发生转变。另一方面，医药资源的有限性与大众健康需求的快速增长之间存在矛盾，医疗行业长期受到行政化管理，未能引进以契约精神为核心的市场竞争机制，诊治简单化、服务水平低等现象仍普遍存在。为了扭转这种局面，《基本医疗卫生与健康促进法》对以患者人格尊严为核心的相关权利进行了规定，在法律层面上捍卫了患者利益，有助于使医务人员重视这一类型的问题。

　　本条第 2 款规定了公民在接受医疗卫生服务时应尽的义务，从而规范了公民的行为。在医疗卫生服务中，患者除了享有权利之外，还应当履行相应的义务，主要表现为遵守诊疗制度与遵守医疗卫生服务秩序及尊重医疗卫生人员等方面。其一，遵守诊疗制度，既包括公民应当遵守调整医疗卫生服务的相关法律法规，如《医疗机构管理条例》《执业医师法》等关于诊疗的制度性规定，还包括应当如实提供个人的信息、疾病情况，服从医嘱，配合诊疗等义务，这既是诚实信用原则的必然要求，也是患者治愈疾病之所需。因医疗服务合同的特殊性，如医务人员不知患者病情，诊疗活动则难以进行，因此患者如实提供个人信息之义务在医疗服务中极其重要。配合诊疗，从积极方面说，乃为医务人员正常开展救治活动所必须，是对医疗服务的尊重；从消极方面说，是患者的不真正义务，其履行与否关涉患者生命健康权能否得以保障。其二，遵守诊疗秩序是公序良俗原则之体现，亦是法律之强制性规定。当今社会医患矛盾加剧、纠纷数量上升、医患关系紧张，主要是因为医患之间日渐缺失信任关系。有鉴于此，《基本医疗卫生与健康促进法》承担起重建医患信任、缓和医患矛盾之重任。重建医患关系，患者要格外尊重医生的劳动和尊严。"医闹""医暴"既是对医生之创伤，更将对患者产生伤害。矛盾普遍存在，医疗纠纷在所难免，但矛盾的解决要依靠理性和法律，尤不能诉诸武力和暴力。

在医疗实践中，频频发生患者不尊重医务人员，采取非法犯罪手段伤害医务人员，扰乱医疗秩序等事件，应予以严厉打击。例如，2019 年 12 月 4 日，被告人孙某某及其亲属将其母孙魏氏送至民航总医院进行治疗。因孙某某不满医生杨某对其母的治疗，便怀恨在心、意图报复。遂于 12 月 24 日 6 时许，孙某某在急诊抢救室内，持事先准备的尖刀反复切割、扎刺值班医生杨某颈部，致其死亡。孙某某作案后报警投案，被公安机关抓获。2020 年 2 月 14 日，北京市高级人民法院二审公开开庭审理孙某某故意杀人上诉案并当庭宣判，依法裁定驳回孙某某的上诉，维持原判，对孙某某的死刑判决依法报请最高人民法院核准。2020 年 4 月 3 日，遵照最高人民法院下达的执行死刑命令，北京市第三中级人民法院对罪犯孙某某依法执行死刑。[1]

---

〔1〕 "'民航医院杀医案'罪犯孙文斌被执行死刑"，载 http://www.bj.chinanews.com/news/2020/0404/76752.html，最后访问日期：2020 年 4 月 4 日。

第三章 医疗卫生机构

第三十四条 国家建立健全由基层医疗卫生机构、医院、专业公共卫生机构等组成的城乡全覆盖、功能互补、连续协同的医疗卫生服务体系。

国家加强县级医院、乡镇卫生院、村卫生室、社区卫生服务中心（站）和专业公共卫生机构等的建设，建立健全农村医疗卫生服务网络和城市社区卫生服务网络。

【条文主旨】国家建立健全医疗卫生服务体系

【理解与适用】本条明确了国家推进建立城乡全覆盖、功能互补、连续协同的医疗卫生服务体系，并着重强调建立健全农村医疗卫生服务网络和城市社区卫生服务网络。本条旨在建立健全医疗卫生服务体系，保障公民获得基本医疗卫生服务的权利。

经过长期发展，我国已经建立了由医院、基层医疗卫生机构、专业公共卫生机构等组成的覆盖城乡的医疗卫生服务体系。《2018 年我国卫生健康事业发展统计公报》统计，截至 2018 年 12 月 31 日，我国医疗卫生机构总数达 997 434 个。其中，医院 33 009 个，基层医疗卫生机构 943 639 个，专业公共卫生机构 18 034 个。在基层医疗卫生机构中，社区卫生服务中心（站）34 997个，乡镇卫生院 36 461 个，诊所和医务室 228 019 个，村卫生室 622 001个。由政府办基层医疗卫生机构 121 918 个。

中华人民共和国成立后，党中央和地方各级政府采取多项措施，动员各方力量，将农村医疗卫生工作作为重中之重，在较短时间内初步形成了我国农村医疗卫生体系。到 1979 年底，农村合作医疗的覆盖率已经达到了 90% 以上，农村大部分地区已经推广了农村合作医疗，形成了覆盖行政县、人民公社和农村生产大队的三级医疗保障网，人民群众的基本医疗得到了必要的保障，与此同时，我国城市医疗卫生体系也已初步建立。[1]经过不懈努力，我

---

〔1〕 刘一欧："我国医疗服务体系发展历程及思考"，载《现代商贸工业》2017 年第 34 期。

国医疗卫生服务体系不断得到完善，但医疗卫生资源总量不足、质量不高、结构与布局不合理、服务体系碎片化、部分公立医院单体规模不合理扩张等问题依然突出。因此本条着重强调建立健全城乡全覆盖、功能互补和连续协同的医疗卫生服务体系。

2015 年 3 月 6 日，国务院办公厅印发了《全国医疗卫生服务体系规划纲要（2015—2020 年）》，通过对全国医疗卫生服务体系的部署，促进我国医疗卫生资源进一步优化配置，提高服务可及性、能力和资源利用效率，指导各地科学、合理地制定实施区域卫生规划和医疗机构设置规划。该纲要指出，全国医疗服务体系的规划目标是优化医疗卫生资源配置，构建与国民经济和社会发展水平相适应、与居民健康需求相匹配、体系完整、分工明确、功能互补、密切协作的整合型医疗卫生服务体系，为实现 2020 年基本建立覆盖城乡居民的基本医疗卫生制度和人民健康水平持续提升奠定坚实的医疗卫生资源基础。

医疗卫生服务体系主要包括医院、基层医疗卫生机构和专业公共卫生机构等。专业公共卫生机构被分为政府办专业公共卫生机构和其他专业公共卫生机构（主要包括国有和集体企事业单位等举办的专业公共卫生机构）。根据属地层级的不同，政府办专业公共卫生机构被划分为县办、市办、省办及部门办四类，包括疾病预防控制机构、卫生监督机构、妇幼保健机构、采供血机构等，是让居民提高身体健康指数，做好疾病预防工作，少生病、晚生病的重要防线，也是我国居民健康防线的上游。县级以下基层医疗卫生机构，分为公立和社会办两类，包括社区卫生服务机构、乡镇卫生院、村卫生室等。这是我国最主要的医防结合结构，既为居民提供了基本公共卫生服务，也为居民提供了基本医疗服务，是我国居民健康的重要守护神，也是医疗服务网的网底。医院分为公立医院和社会办医院。其中，公立医院分为政府办医院（根据功能定位主要划分为县办医院、市办医院、省办医院、部门办医院）和其他公立医院（主要包括军队医院、国有和集体企事业单位等举办的医院），为我国居民提供疾病诊疗服务，这是居民健康防线的下游，也是保障居民健康的最后一道防线。[1]

---

〔1〕 周子勋："疫情助推我国医疗卫生体系加速变革"，载《中国经济时报》2020 年 3 月 17 日，第 4 版。

党的十九大报告将建立优质高效的医疗卫生服务体系作为"健康中国"战略的重要组成部分。优质高效的医疗卫生服务体系，就是指以人民健康为导向，体系完整、服务优质、分工明确、功能互补、密切协作的体系。这一体系具有持续提升服务质量和运行效率的相关机制，是一个整合型医疗卫生服务体系，体系的核心包括优质的服务和高效的体系，两者各有侧重，又相互补充，需要一系列的体制机制予以保障。为了更好地推动医疗卫生体系建设，国家卫生健康委员会需会同相关部门研究制定优质高效的关于医疗卫生服务体系的方案，促进体系更加完整，在技术层面上能够更加先进，在服务层面上人文关怀具有更高水平，使人民群众享受的医疗卫生服务和我国社会经济发展更相适应。

本条第2款规定了应建立健全农村医疗卫生服务网络和城市社区卫生服务网络。基层卫生服务能力的提升对于提升全民健康水平具有至关重要的作用。加强县级医院、乡镇卫生院、村卫生室、社区卫生服务中心（站）和专业公共卫生机构等的建设，建立健全农村医疗卫生服务网络和城市社区卫生服务网络，是从基层卫生服务着手为居民和社区解决健康问题，是建立以人为本的医疗服务的着力点。乡镇卫生院和社区卫生服务中心负责提供基本公共卫生服务，以及常见病、多发病的诊疗、护理、康复等综合服务，并受县级卫生计生行政部门委托，承担辖区内的公共卫生管理工作，负责对村卫生室、社区卫生服务站的综合管理、技术指导和乡村医生的培训工作等。医疗卫生工作重点在基层，难点在农村，我国农村医疗卫生服务网络依旧存在乡村医生素质不高、基础条件差、人才留不住等问题，因此深入推进基层卫生服务体系建设，是使人民群众享受到便捷高效的基本公共卫生服务和基本医疗服务的重要工作。

为促进我国医疗服务体系建设和深入医疗卫生体制改革，国务院颁布了《"十三五"深化医药卫生体制改革规划》，突出保基本、强基层、建机制的基本原则：通过完善我国基层医疗人才培养，推动优质医疗资源下沉，提升基层全科医生队伍整体能力素质，提高大众对基层医疗卫生行业的正确认识等方式，不断推动我国基层医疗卫生服务体系的创新和发展，促进基层医疗卫生服务体系的进一步完善。

第三十五条　基层医疗卫生机构主要提供预防、保健、健康教育、疾病管理，为居民建立健康档案，常见病、多发病的诊疗以及部分疾病的康复、护理，接收医院转诊患者，向医院转诊超出自身服务能力的患者等基本医疗卫生服务。

医院主要提供疾病诊治，特别是急危重症和疑难病症的诊疗，突发事件医疗处置和救援以及健康教育等医疗卫生服务，并开展医学教育、医疗卫生人员培训、医学科学研究和对基层医疗卫生机构的业务指导等工作。

专业公共卫生机构主要提供传染病、慢性非传染性疾病、职业病、地方病等疾病预防控制和健康教育、妇幼保健、精神卫生、院前急救、采供血、食品安全风险监测评估、出生缺陷防治等公共卫生服务。

【条文主旨】医疗卫生机构的职能

【理解与适用】本条是关于医疗卫生机构职能的规定。我国已经建立了覆盖城乡的医疗卫生服务体系，国家在医疗卫生机构基础设施、人才、设备等各方面均有很大的投入。为了更好地发挥各级各类卫生机构的作用，应当明确各部门的工作范围和职责，确保"健康中国"战略顺利进行。

基层医疗机构一般是指最小行政区划级别的医疗机构。城市基层医疗卫生机构是指社区卫生服务中心，社区卫生服务中心是城乡医疗卫生体系的组织基础，主要承担着健康教育、预防、保健、康复、计划生育服务和一般常见病、多发病的诊疗服务等职能，对保障和改善城市居民健康状况具有重要作用。[1]农村基层医疗卫生机构是指乡镇卫生院和村卫生室。其中，乡镇卫生院负责提供公共卫生服务和常见病、多发病的诊疗等综合服务，并承担对村卫生室的业务管理和技术指导等工作；村卫生室承担行政村的公共卫生服务及一般疾病的诊治等工作。

纵观我国基层医疗卫生体系的建设历程，我国基层医疗卫生体系曾取得了举世瞩目的成就，不仅在全国传染性疾病等的防控中发挥了关键性作用，还通过"赤脚医生"等机制创新引领了全球基层卫生事业的发展。当前，随着经济水平的不断发展，我国城乡居民对于健康问题愈来愈重视，因此对基层医疗卫生服务有了更高的要求，基层医疗卫生体系面临着诸多挑战。首先，

----

〔1〕黄虎："基层医疗卫生机构运行中的问题及对策"，载《现代交际》2013年第11期。

我国基层医生的人才培养工作有待进一步加强。虽然目前基层医生数量年均增长 5%，但基层医生的教育培训和执业资质均不够完善。此外基层医生职业倦怠、人才流失和村医老龄化等问题有待进一步改善。其次，虽然目前基本医疗服务的信息网络建设已覆盖全国，但信息技术在基层临床服务中的应用仍未得到普及，有待与居民健康档案和慢性病管理等数据实现交互和共享。只有进一步加强基层医疗卫生机构工作，方能为患者提供必需的基本医疗卫生服务。

本条明确了医院的功能定位。医院分为公立医院和社会办医院，除了提供疾病诊治、突发事件医疗处置和救援以及健康教育等医疗服务，还应做好教育和科研工作，开展医学教育、医疗卫生人员培训、医学科学研究和对基层医疗卫生机构的业务指导等工作。公立医院是我国医疗服务体系的主体，应当坚持维护其公益性，充分发挥其在基本医疗服务提供、急危重症和疑难病症诊疗等方面的骨干作用，承担医疗卫生机构人才培养、医学科研、医疗教学等任务，承担法定和政府指定的公共卫生服务、突发事件紧急医疗救援、援外、国防卫生动员、支农、支边和支援社区等任务。

本条还特别强调了专业公共卫生机构的职能。中华人民共和国成立至 20 世纪 70 年代末，我国初步建立了覆盖县、乡、村三级医疗预防保健网的公共卫生服务体系，坚持以预防为主，开展爱国卫生运动，取得了显著成效。我国专业公共卫生机构的建立最早可追溯到 1953 年。1953 年 1 月 26 日，中央政府批准在全国范围内建立卫生防疫站。从各省到每个县，很快建成了两千余个卫生防疫站。同期，爱国卫生运动发起，"灭四害"工作全面铺开，这些举措对于疾病预防起到了至关重要的作用。20 世纪五六十年代，"传染病大战"此起彼伏，从鼠疫、霍乱到天花，从寄生虫病、出血热到麻疹，一个个传染病都被有效控制乃至被根除。各地防疫站冲锋在前，发挥了积极的作用。20 世纪 80 年代后期，由于经济体制改革和其他经济社会条件的变化，公共卫生服务体系遭受了较大冲击。[1]

2002 年 1 月 23 日，在中国预防医学科学院的基础上整合而来的国家疾控

---

〔1〕　王坤等："我国公共卫生体系建设发展历程、现状、问题与策略"，载《中国公共卫生》2019年第 7 期。

中心正式成立，在地方层面，覆盖省、市、县三级的数千个卫生防疫站也开始进行改制。各地防疫站均更名为疾控中心。疾控中心的工作职能除涉及传染病、职业卫生、食品卫生、环境卫生、学校卫生之外，也逐步增设了"大卫生"的新职能，比如慢性病调查和社区管理、妇幼保健、营养健康、老龄健康和健康教育等职能。2003年我国突发"非典"疫情之后，政府加大了建设公共卫生体系的决心，积极行动，我国公共卫生服务体系建设由此得到了显著增强。2009年，《中共中央 国务院关于深化医药卫生体制改革的意见》提出，全面加强公共卫生服务体系建设，国家对公共卫生体系的构成、功能定位以及发展方向提出了具体要求。通过此次新冠肺炎疫情更应认识到专业公共卫生机构的重要性，为及时有效预防控制传染病，政府应加大投入，培养公共卫生人才，紧随"健康中国"战略，将地方疾控与中央进行整合，最大限度地发挥专业公共卫生机构的作用，逐步发展覆盖重大疾病防控兼具科研实力与行政能力的全新疾控体系。

《全国医疗卫生服务体系规划纲要（2015—2020年）》对卫生服务体系中不同类型的机构之间的功能整合与分工协作分别提出了要求：一是建立专业公共卫生机构与公立医院、基层医疗卫生机构和非公立医疗机构之间的信息共享与互联互通机制，实现防治结合；二是建立并完善分级诊疗模式，建立不同级别医院之间、医院与基层医疗卫生机构、接续性医疗机构之间的分工协作机制，健全网络化城乡基层医疗卫生服务运行机制，逐步实现基层首诊、双向转诊、上下联动、急慢分治的分级诊疗模式；三是坚持中西医并重方针，以积极、科学、合理、高效为原则，优化中医医疗服务资源配置；四是加强社会办医疗机构与公立医疗卫生机构之间的分工协作，推动多元发展；五是加强医疗卫生服务对养老服务的支撑，推动医养结合。

2015年9月，国务院办公厅印发《关于推进分级诊疗制度建设的指导意见》，部署加快推进分级诊疗制度的建立与完善，形成科学有序的就医格局，提高人民健康水平，进一步保障和改善民生。在分级诊疗体系设计中，对各级各类医疗机构的服务功能定位进行了明确。该意见指出，到2017年，分级诊疗政策体系逐步完善，医疗卫生机构分工协作机制基本形成，优质的医疗资源有序有效下沉，以全科医生为重点的基层医疗卫生人才队伍建设得到加强，医疗资源利用效率和整体效益进一步提高，基层医疗卫生机构诊疗量占总诊疗量的比例明显提升，就医秩序更加合理规范；到 2020 年，分级诊疗服务能力得到全面提升，保障机制逐步健全，布局合理、规模适当、层级优化、职责明晰、功能完善、富有效率的医疗服务体系基本建成，基层首诊、双向转诊、急慢分治、上下联动的分级诊疗模式逐步形成，基本建立符合国情的分级诊疗制度。

第三十六条　各级各类医疗卫生机构应当分工合作，为公民提供预防、保健、治疗、护理、康复、安宁疗护等全方位全周期的医疗卫生服务。

各级人民政府采取措施支持医疗卫生机构与养老机构、儿童福利机构、社区组织建立协作机制，为老年人、孤残儿童提供安全、便捷的医疗和健康服务。

【条文主旨】医疗卫生服务的内容

【理解与适用】本条规定了预防、保健、治疗、护理、康复、安宁疗护等全方位全周期的医疗卫生服务。从立法层面首次提出了安宁疗护概念，为后续制定生命预嘱、放弃治疗等相关法律的出台提供了依据。

中华人民共和国成立以来，我国开辟了一条符合我国国情的卫生与健康发展道路，各级各类医疗机构各司其职，卫生与健康事业稳步发展，医疗卫生服务体系逐渐完善，基本公共卫生服务均等化水平稳步提高，公共卫生整体实力和疾病防控能力稳步增强，人民健康水平和人口预期寿命显著提高。但是，受多种因素的影响，我国仍然面临多重疾病威胁并存、多种健康影响因素交织的复杂局面。

党的十九大提出人民健康是民族昌盛和国家富强的重要标志。按照党的十九大报告的部署，完善国民健康政策，为人民群众提供全方位全周期的健康服务，紧紧围绕人民群众最关心最直接最现实的健康问题，把保障人民健康作为经济社会政策的重要目标，把健康指标融入党和国家政策，把实施"健康中国"战略作为重大民生工程，以"共建共享、全民健康"为战略主题，以全面建立中国特色基本医疗卫生制度、医疗保障制度和优质高效的医疗卫生服务体系为基础，以健全药品供应保障制度、实施食品安全战略为重点，深入开展爱国卫生运动、倡导健康文明的生活方式、预防控制重大疾病以及广泛开展全民健康活动，各级各类医疗卫生机构应当加强分工合作，做到防治结合，基层医疗卫生机构做好为公民提供疾病预防、保健服务的工作；与此同时，完善医院与基层卫生服务机构的一体化管理，推动治疗—护理—康复—长期护理服务链的建立，使全方位全周期的医疗卫生服务落到实处。

本条在医疗卫生服务中特别增加了关于安宁疗护的规定，为相关工作的开展提供了保障和依据。安宁疗护是指为疾病终末期患者在临终前，通过控制痛苦和不适症状，提供身体、心理、精神等方面的照护和人文关怀等服务，以提高其生命质量，帮助患者舒适、安详、有尊严地离世的服务。[1] 我国将临终关怀、舒缓医疗、姑息治疗等统称为安宁疗护。根据世界卫生组织作出的定义，"安宁疗护"需要遵循如下原则：一是将死亡视为生命的自然过程；二是既不加速也不延缓死亡；三是医疗者应该为患者提供缓解一切疼痛和痛苦的办法。

"安宁疗护"这一理念来源于1947年英国桑德斯博士（Dame Saunders）照顾一位癌症患者时的感悟。她在照顾一位年轻的癌症病人大卫·塔斯马时，与其建立了深厚的友谊。由于当时医生对癌症病人的疼痛束手无策，桑德斯冥思苦想后决定为癌症病人建立一个像家而比较不像医院的地方。1948年大卫去世，将他的五百英镑遗产都留给了桑德斯，自此桑德斯开始着力关注癌症病人，推动了"安宁疗护"理念的传播。1967年桑德斯在英国创建的圣克里斯托弗临终关怀院是现代安宁疗护事业开启的标志。[2] 但整整21年后，我国才有了第一个专门的安宁疗护研究机构和临终关怀病房。1988年7月，天津医学院（现天津医科大学）临终关怀研究中心的成立揭开了我国现代安宁疗护事业发展的序幕。继1988年天津和上海开展临终关怀服务以来，我国安宁疗护事业得到了一定发展。我国的安宁疗护事业起步较晚，尚处于初级阶段。值得庆幸的是，无论是国家层面还是地方层面，都在不断开展先行试点，提供安宁医疗服务的机构在不断增多。2016年，国务院印发《"健康中国2030"规划纲要》，明确提出全民健康是建设"健康中国"的根本目的，要实现从胎儿到生命终点的全程健康服务和健康保障，全面维护人民健康；要完善医疗卫生服务体系，加强康复、老年病、长期护理、慢性病管理、安宁疗护等医疗机构的建设。2017年国家卫生和计划生育委员会印发《安宁疗护

---

〔1〕 陆宇晗："我国安宁疗护的现状及发展方向"，载《中华护理杂志》2017年第6期。
〔2〕 何坤："老龄化背景下我国安宁疗护的现状与发展策略的思考"，载《饮食保健》2018年第5卷第13期。

中心基本标准和管理规范（试行）》和《安宁疗护实践指南（试行）》，为安宁疗护事业的发展提供了支持。安宁疗护关乎患者的生命质量，关乎医学的价值取向，关乎社会的文明进步，更是为公民提供全方位全周期的医疗卫生服务的切实体现。

安宁疗护给予绝症患者一个有尊严的选择，为其生命的"最后一里路"植入了一束温暖的阳光。国内首例吗啡医疗诉讼案在我国安宁疗护事业发展中起到了重要作用。该案患者于2015年5月因"胃癌晚期、肿瘤全身转移"住院进行治疗，医院在治疗过程中多次使用了吗啡。2015年5月14日，患者死亡。患者儿子认为医院超剂量、多次注射吗啡，才导致了其母亲呼吸衰竭而死亡，遂将医方诉至法院。医方表示对患者的抢救及时，且已积极履行了抢救和治疗义务；在吗啡使用上符合相关用法、用量；患者的死亡是其自身疾病所造成的，医院不应承担任何赔偿责任。该案的争议焦点在于吗啡是否具有缓解患者呼吸困难的作用，医方使用吗啡是否属于"超说明书用药"。法院指定的一家专业鉴定机构认为，"医方使用吗啡不够慎重，对病人死亡负有较轻微责任"。法院考虑到此案在医学界产生的巨大反响，对安宁疗护工作具有重大意义，因此组织了医学界很多权威专家进行了一场专家论证，最终认为"患者死亡与吗啡使用没有因果关系"。患者出现意识丧失、心率下降、呼吸减慢直至死亡的情况，是在其最后一次使用吗啡的5个多小时后出现的，因此可认定该情况与吗啡的使用并无因果关系。法院驳回了原告的诉讼请求。该案没有简单地依据鉴定意见来作出判决，而是从临床医学实操出发通过法律手段厘清了是非，该案的胜诉有利于我国临终关怀、姑息治疗、舒缓医疗等安宁疗护事业的发展。

此外，本条重点强调了各级政府应采取措施，为老年人、孤残儿童等弱势群体提供安全、便捷的医疗和健康服务，确保了老年人、孤残儿童等弱势群体的医疗和健康服务得以保障。

我国是世界上老年人口最多的国家。随着老龄化程度不断加剧，且呈现出基数大、增速快，失能、高龄、空巢老年人多等特点，老年人对医疗、照护的需求与日俱增。[1]2013年10月，《国务院关于加快发展养老服务业的若

---

〔1〕　甘贝贝："医养结合正慢慢升温"，载《健康报》2019年6月3日，第1版。

干意见》指出，关注老年健康问题，鼓励医养结合。近年来各级政府以多种形式鼓励多渠道解决养老服务有效供给不足的问题。比如简化和放宽准入，支持各类所有制养老机构规模化、连锁化发展；大力发展居家社区的养老服务，加强养老护理人员职业技能培训，加快推进长期照护服务发展；完善老年人健康分级、能力评估、医疗护理服务等行业标准体系，制定医养结合的收费标准等。各级政府应强化支持政策落实，促进现有医疗卫生和养老机构的合作，发挥互补优势，形成规模适宜、功能互补、安全便捷的健康养老服务网络。

孤残儿童是最为弱势的社会群体之一。相对于其他弱势群体，孤残儿童"孤"和"残"的特性决定了他们更为困难的处境，其医疗和健康的保障更需要国家和社会的关注和扶持。2014年5月，李克强总理到北京儿童医院看望民政部"明天计划"援助的孤儿和残疾儿童时强调，孤儿和残疾儿童的照顾和保护是社会文明进步的象征，应提出并修订相关规定，使中国在援助、救治孤儿和残疾儿童等方面取得重大进展。国务院于2018年7月10日印发的《关于建立残疾儿童康复救助制度的意见》指出，为全面贯彻落实党的十九大关于"发展残疾人事业，加强残疾康复服务"的重要部署，改善残疾儿童康复状况，完善社会保障体系，国务院决定建立残疾儿童康复救助制度。残疾儿童康复状况随着全社会关注度的提高得到了显著改善，但仍有一些残疾儿童因家庭经济困难，未能得到及时救治康复，还有一些残疾儿童家庭因残致贫、陷入困境，成为全面建成小康社会亟待解决的突出问题。做好残疾儿童康复救助工作，关系残疾儿童的切身利益和健康成长，关系千家万户的安居乐业和美满幸福，关系社会稳定和文明进步，关系"健康中国"建设和全面建成小康社会的大局。为进一步做好孤残儿童保障工作，民政部研究制定了《儿童福利机构管理办法》，于2019年1月1日开始实施。该办法明确了儿童福利机构的服务对象、服务内容和程序等。同年，为让残疾孤弃儿童得到更好的医疗康复服务，民政部制定了《"孤儿医疗康复明天计划"项目实施办法》，于2019年3月1日开始实施，扩大了受益孤儿的范围和资金资助的范围，使得更多孤儿得到了及时救治。

第三十七条　县级以上人民政府应当制定并落实医疗卫生服务体系规划，科学配置医疗卫生资源，举办医疗卫生机构，为公民获得基本医疗卫生服务提供保障。

政府举办医疗卫生机构，应当考虑本行政区域人口、经济社会发展状况、医疗卫生资源、健康危险因素、发病率、患病率以及紧急救治需求等情况。

【条文主旨】医疗卫生服务体系规划

【理解与适用】本条是关于制定和落实医疗卫生服务体系规划的规定。医疗卫生服务体系的规划以区域内居民实际医疗服务需求为依据，以合理配置、利用医疗卫生资源，公平地向全体居民提供安全、有效、可及的基本医疗服务为目的，将各级各类、不同隶属关系、不同所有制形式的医疗机构予以统一规划、设置和布局。这有利于引导医疗卫生资源的合理配置，充分发挥有限资源的最大效率和效益，建立结构合理、覆盖城乡，适应我国国情、人口政策和具有中国特色的医疗卫生服务体系，为人民群众提供安全、有效、方便、价廉的基本医疗卫生服务。

回顾历史，早在民国时期，医疗卫生服务体系的规划就受到政府的重视。南京国民政府行政院在 1940 年发布《县各级卫生组织大纲》，卫生署在 1946 年发布《公立医院设置规则》，[1]用以明确各级医疗机构的基本设置规则。

中华人民共和国成立后，为统筹医疗卫生服务体系，1951 年 3 月 15 日卫生部发布了《医院诊所管理暂行条例》，其第 7 条明确规定，"各地方人民政府对申请开设私立医院、诊所者，应根据当地人口与需要及该医院诊所之设置计划等具体情况，核发开业执照"。[2]同日卫生部发布的《医院诊所管理暂行条例实施细则》第 4 条规定，"对于在五千人口中已有一名医师之城市内申请新设私立医院诊所者，得不发开业执照。对新设之医院诊所，当地卫生主管机关得根据人民需要指定其设置地址"。[3]

随着经济社会的发展，医疗卫生服务体系构成也逐步展现其多元化，不

---

〔1〕　陈明光主编：《中国卫生法规史料选编（1912—1949.9）》，上海医科大学出版社 1996 年版，第 506 页、第 677 页。

〔2〕　"医院诊所管理暂行条例"，载《湖南政报》1951 年第 4 期。

〔3〕　"医院诊所管理暂行条例实施细则"，载《湖南政报》1951 年第 4 期。

同级别、不同类型、不同性质的医疗机构大量出现，其规模与分布开始更加需要依法统筹、合理规划。因此，1994 年国务院发布《医疗机构管理条例》，与同年卫生部发布的《医疗机构管理条例实施细则》和《医疗机构设置规划指导原则》共同构成了我国当前医疗卫生服务体系规划的法律基础。

随着医改的不断持续深入，2009 年 3 月 17 日，我国在总结前期医改经验的基础上，印发了《中共中央 国务院关于深化医药卫生体制改革的意见》，启动了新一轮医改。其中为进一步强化区域卫生规划而明确指出："省级人民政府制定卫生资源配置标准，组织编制区域卫生规划和医疗机构设置规划，明确医疗机构的数量、规模、布局和功能。科学制定乡镇卫生院（村卫生室）、社区卫生服务中心（站）等基层医疗卫生机构和各级医院建设与设备配置标准。充分利用和优化配置现有医疗卫生资源，对不符合规划要求的医疗机构要逐步进行整合，严格控制大型医疗设备配置，鼓励共建共享，提高医疗卫生资源利用效率。新增卫生资源必须符合区域卫生规划，重点投向农村和社区卫生等薄弱环节。加强区域卫生规划与城乡规划、土地利用总体规划等的衔接。建立区域卫生规划和资源配置监督评价机制。" 2012 年，卫生部下发了《关于做好区域卫生规划和医疗机构设置规划 促进非公立医疗机构发展的通知》，要求将政府主导与市场机制相结合，充分发挥医疗卫生服务体系的整体功能，实现公平与效率的统一；要坚持全行业与属地化管理；要统筹各方资源，科学规划卫生资源的总量、结构和布局，确定区域卫生发展与资源配置重点；要坚持分级分类管理；要给非公立医疗机构留出足够的发展空间；要拓宽社会资本举办医疗机构的准入范围；鼓励通过合作、托管、重组等方式，促进医疗资源合理配置；要切实加强对区域卫生规划和医疗机构设置规划工作的指导；所有新增卫生资源，必须按照区域卫生规划和医疗机构设置规划的要求与管理程序，严格审批；要强化规划监督和评价。[1]为贯彻落实《国务院办公厅关于印发全国医疗卫生服务体系规划纲要（2015—2020 年）的通知》，国家卫生和计划生育委员会在 2016 年修订发布了《医疗机构设置规划指导原则（2016—2020 年）》，作为现行医疗卫生服务体系规划的依据。地方各级卫生行政部门要按照该指导原则制定本行

---

〔1〕 仇永贵主编：《医疗机构法律实务》，浙江工商大学出版社 2016 年版，第 12~13 页。

政区域的医疗机构设置规划，每5年更新一次，根据考核评价的情况和当地社会、经济、医疗需求、医疗资源、疾病等的发展变化情况，对所定指标进行修订。

医疗机构设置规划的主要内容包括现状分析、明确健康影响因素、确定医疗机构的设置、确定医疗技术的配置、设计制作医疗机构现状图和设置规划图五个步骤。其中，现状分析分为社会经济发展概况、医疗服务需求分析和医疗资源分析三个方面。县级以上地方人民政府应当把医疗机构设置规划纳入当地的区域卫生发展规划和城乡建设发展总体规划中，[1]通过实施属地化和全行业管理，将各种所有制、投资主体、隶属关系和经营性质的医疗机构均纳入所在地卫生行政部门的统一规划、设置和布局中，实行统一准入、统一监管。公立医院的设置要综合考虑当地城镇化、人口分布、地理交通环境、疾病谱、突发事件应对等因素进行合理布局，实施分区域制定床位配置原则，合理设置公立综合医院的数量，严格控制公立医院单体床位规模的不合理扩张，重点控制三级综合医院的床位数。逐步构建以国家医学中心和区域医疗中心为引领，以省级医疗中心为支撑，以市、县级医院为骨干，以基层医疗卫生机构为基础，以公立医院为主体、社会办医为补充，与国民经济和社会发展水平相适应，与健康需求相匹配，体系完整、分工明确、功能互补、密切协作的整合型医疗卫生服务体系和分级诊疗就医格局，引导医疗资源的合理配置，避免医疗卫生资源配置重复、盲目扩大规模，逐步缩小城乡差别、地区差别，充分合理利用医疗资源，满足区域内居民日益增长的医疗服务需求。

根据《医疗机构设置规划指导原则（2016—2020年）》，当前医疗卫生服务体系规划中医疗机构设置的基本原则如下：（1）公平可及原则。形成全覆盖医疗服务网络，布局合理，注重科学性与协调性、公平与效率的统一，保障全体居民公平、可及地享有基本医疗卫生服务。（2）统筹规划原则。各级各类医疗机构必须符合属地医疗机构设置规划和卫生资源配置标准，局部服从全局，提高医疗卫生资源的整体效益。（3）科学布局原则。明确和落实各级各类医疗机构的功能和任务，实行"中心控制、周边发展"。（4）协调发

---

〔1〕　郑雪倩主编：《中国医院建制与分类管理》，中国协和医科大学出版社2013年版，第42~47页。

展原则。坚持公立医院为主体，合理控制公立医院的数量和规模，实行"综合控制、专科发展"。（5）中西医并重原则。保障中医、中西医结合、民族医医疗机构的合理布局和资源配置，充分发挥中医在慢性病诊疗和康复领域的作用。

第三十八条　举办医疗机构，应当具备下列条件，按照国家有关规定办理审批或者备案手续：

（一）有符合规定的名称、组织机构和场所；

（二）有与其开展的业务相适应的经费、设施、设备和医疗卫生人员；

（三）有相应的规章制度；

（四）能够独立承担民事责任；

（五）法律、行政法规规定的其他条件。

医疗机构依法取得执业许可证。禁止伪造、变造、买卖、出租、出借医疗机构执业许可证。

各级各类医疗卫生机构的具体条件和配置应当符合国务院卫生健康主管部门制定的医疗卫生机构标准。

【条文主旨】医疗机构的成立条件

【理解与适用】本条规定了医疗机构成立的法定条件，并明确了不同级别、不同类型的医疗卫生机构的具体法律适用。

医疗机构是指依据《医疗机构管理条例》和《医疗机构管理条例实施细则》的规定，经登记取得《医疗机构执业许可证》的机构，包括医院、卫生院、疗养院、门诊部、诊所、卫生所（室）以及急救站等不同类型。医疗机构的举办，应具备一定的条件，按照规定办理审批或备案手续，依法取得执业许可证并符合相关医疗卫生机构标准。

我国是世界上最早设立医院的国家。据《汉书》记载，西汉时期便设立了最早的居民隔离医院。随着时代发展，西医逐步传入我国。1918 年，我国创办最早的现代医院——中央医院在北京成立。[1]民国时期，我国首次建立了医疗机构管理制度。1929 年，南京国民政府卫生部发布《管理医院规则》，

〔1〕郑雪倩主编：《中国医院建制与分类管理》，中国协和医科大学出版社 2013 年版，第 41~42 页。

明确规定医疗机构开业需具备一定的条件并经管官署核准后，方得开业。[1]
与此同时，中国共产党在革命根据地和解放区也对医疗机构管理工作进行了
一系列立法规制。1948 年 7 月，东北解放区东北行政委员会颁布了《医院、
诊疗所及产院管理暂行条例》，明确规定医院诊疗所或产院应具备一定条件，
经各地方政府卫生机关核准，领取营业许可证书方可开业。1949 年 1 月，华
北军区颁布《医院设备标准规定》，为医疗机构的标准制定奠定了基础。[2]

中华人民共和国成立后，1951 年 3 月 15 日卫生部发布了《医院诊所管理
暂行条例》和《医院诊所管理暂行条例实施细则》，沿袭了此前关于举办医疗
机构的相关规定。[3]直至 1994 年，在结合前期医疗机构管理经验的基础上，
国务院颁布了《医疗机构管理条例》，同年卫生部发布了《医疗机构管理条例
实施细则》《医疗机构基本标准（试行）》《医疗机构设置规划指导原则》
《医疗机构诊疗科目名录》，形成了举办医疗机构所需的全面法律体系。该体
系明确了举办医疗机构所需的条件、标准（含床位、科室设置、人员、房屋、
设备、规章制度、资金等）及执业登记制度。登记机关在受理医疗机构的执
业登记申请后，按照规定的条件和时限进行审查和实地考察、核实，并现场
抽查考核。经审核合格的，颁发《医疗机构执业许可证》。

为做好中医药的传承与发展，我国于 2017 年开始实施《中医药法》。该
法第 14 条创新了对中医诊所设立的管理办法，将设立中医诊所的审核由许可
管理改为备案管理。同年国家卫生和计划生育委员会发布《中医诊所备案管
理暂行办法》和《关于印发中医诊所基本标准和中医（综合）诊所基本标准
的通知》，进一步对可备案管理的中医诊所的服务范围进行了限定，但可备案
管理的中医诊所不含中医（综合）诊所。

为进一步促进医养结合发展，2017 年国家卫生和计划生育委员会办公厅
发布了《关于养老机构内部设置医疗机构取消行政审批实行备案管理的通
知》，规定对养老机构内部设置诊所、卫生所（室）、医务室、护理站，取消

---

〔1〕 陈明光主编：《中国卫生法规史料选编（1912—1949.9）》，上海医科大学出版社 1996 年
版，第 633~634 页。

〔2〕 陈明光主编：《中国卫生法规史料选编（1912—1949.9）》，上海医科大学出版社 1996 年
版，第 259~260、第 290~292 页。

〔3〕 "医院诊所管理暂行条例实施细则"，载《湖南政报》1951 年第 4 期。

行政审批，实行备案管理。

随着互联网技术的快速发展，我国开始高度重视"互联网+医疗健康"工作。2018年，《国务院办公厅关于促进"互联网+医疗健康"发展的意见》正式印发，提出允许依托医疗机构发展互联网医院。同年，国家卫生健康委员会、国家中医药管理局联合发布了《互联网医院管理办法（试行）》，明确了互联网医院的服务范围及其基本标准，并规定统一按照《医疗机构管理条例》《医疗机构管理条例实施细则》对互联网医院实行准入管理。

因此，综合现行医疗机构管理政策法规，举办医疗机构在取得设置审批的基础上，还应具备本条所列的5项条件，并办理审批（其他医疗机构）或备案（中医诊所、养老机构内设医疗机构）手续。为了严格实行医疗机构设置审批管理制度，2008年卫生部颁布并实施了《关于医疗机构设置审批管理的若干规定》，要求对医疗机构设置实行批准公示、审批备案、执业登记现场审查等制度。[1]

医疗机构经审批或备案依法进行执业登记，由批准其设置的人民政府卫生行政部门办理，获得《医疗机构执业许可证》。国家统一规划的医疗机构执业登记，由所在地的省、自治区、直辖市人民政府卫生行政部门办理。机关、企业和事业单位设置的为内部职工服务的门诊部、诊所、卫生所（室）的执业登记，由所在地的县级人民政府卫生行政部门办理。举办中医诊所的，由所在地的县级中医药主管部门备案，获得《中医诊所备案证》。

我国现行法律法规规定，"不得伪造、涂改、出卖、转让、出借"《医疗机构执业许可证》和《中医诊所备案证》。证件遗失的，应当及时申明，并向原登记机关申请补发。而本条将表述方式改为"禁止伪造、变造、买卖、出租、出借"，相较于此前的法规表述更加严谨。"伪造"，是指将虚假之物仿造为真实之物，以假乱真。"变造"，是通过涂改、刮擦、剪贴、挖补、揭层、拼接等方法改变真实之物，以实现不法目的，较"涂改"更加全面。"买卖"，则既包含"买入"，也包含"出卖"，均是非法行为。"出租"，是指以牟利为目的，将证件有偿给他人在一定时间内使用。"出借"，是指将证件无偿给他人在一定时间内使用。"转让"，是指将证件的使用权长期出让给他人，

---

〔1〕 仇永贵主编：《医疗机构法律实务》，浙江工商大学出版社2016年版，第16~17页。

包括有偿转让（出卖、出售）和无偿转让。因此，"转让"的含义与"出卖"的含义存在一定的交叉，故采用"出租"更为妥当。根据《医疗机构管理条例》第46条的规定，出卖、转让、出借《医疗机构执业许可证》的，由县级以上人民政府卫生行政部门没收非法所得，并可以处以5000元以下的罚款；情节严重的，吊销其《医疗机构执业许可证》。例如，2017年10月13日，社会人士举报济南某大药店中有人从事诊疗活动。原济南市天桥区卫生和计划生育局经现场查明，该药店未取得《医疗机构执业许可证》，擅自执业，违反了《医疗机构管理条例》第24条的规定。依据《医疗机构管理条例》第44条、《医疗机构管理条例实施细则》第77条第2款和第3款的规定，对其作出《行政处罚决定书》，没收其非法所得5151元，罚款8000元。

因我国医疗机构存在不同类型等级，医疗卫生机构的标准也存在不同。随着医疗机构的类型更加多元化，在1994年我国发布《医疗机构基本标准（试行）》之后，又先后补充完善更新了眼科医院、妇产医院、耳鼻喉医院、城市社区卫生服务中心、城市社区卫生服务站、诊所、护理院、康复医院、养老机构医务室、养老机构护理站、病理诊断中心、血液透析中心、医学检验实验室、医学影像诊断中心、康复医疗中心、护理中心、安宁疗护中心、中医诊所、中医（综合）诊所、医疗消毒供应中心、健康体检中心的基本标准。此后，修订完善了《医疗机构基本标准（试行）》和《眼科医院基本标准（试行）》。为呼应互联网医疗发展和医疗改革，国家发布了《互联网医院基本标准（试行）》和《诊所改革试点地区诊所基本标准（2019年修订版）》。医疗卫生机构基本标准为医疗机构执业必须达到的最低标准，是卫生行政部门进行执业登记审批或备案的依据。少数地区执行基本标准确有困难的，可由省、自治区、直辖市卫生行政部门根据实际情况调整某些指标，作为地方标准，报国家卫生健康委员会核准备案后施行。尚未列入基本标准的医疗卫生机构，可比照同类医疗机构的基本标准执行。

第三十九条　国家对医疗卫生机构实行分类管理。

医疗卫生服务体系坚持以非营利性医疗卫生机构为主体、营利性医疗卫生机构为补充。政府举办非营利性医疗卫生机构，在基本医疗卫生事业中发挥主导作用，保障基本医疗卫生服务公平可及。

以政府资金、捐赠资产举办或者参与举办的医疗卫生机构不得设立为营利性医疗卫生机构。

医疗卫生机构不得对外出租、承包医疗科室。非营利性医疗卫生机构不得向出资人、举办者分配或者变相分配收益。

【条文主旨】医疗卫生机构的分类管理

【理解与适用】本条是关于医疗卫生机构分类管理的规定。根据经营目的的不同，医疗机构分为非营利性医疗机构和营利性医疗机构。非营利性医疗机构是指为社会公众利益服务而设立和运营的医疗机构，不以营利为目的，其收入用于弥补医疗服务成本，实际运营中的收支结余只能用于自身的发展，如改善医疗条件、引进技术、开展新的医疗服务项目等。营利性医疗机构是指医疗服务所得收益可用于投资者经济回报的医疗机构。[1]

2000年，我国卫生部、国家中医药管理局、财政部、国家计委联合印发《关于城镇医疗机构分类管理的实施意见》，开始实施医疗机构分类管理，规定政府不举办营利性医疗机构，社会捐资兴办的医疗机构一般被定性为非营利性医疗机构，其他主体可自主设立非营利性或营利性医疗机构。同年，财政部、国家税务总局发布《关于医疗卫生机构有关税收政策的通知》（部分条款已失效），明确了税收政策方面的医疗机构分类管理。2012年，卫生部发布《关于社会资本举办医疗机构经营性质的通知》，进一步明确"社会资本可以按照经营目的，自主申办营利性或非营利性医疗机构"。医疗机构分类管理是国际上较为普遍的管理办法。欧盟成员国及美国的医疗机构在法律层面上都分为公立、私立非营利性医疗机构和私立营利性医疗机构，在医疗卫生筹资意义上实行公共与个人混合的医疗卫生体制。[2]我国也分为两类三种医疗机

〔1〕仇永贵主编：《医疗机构法律实务》，浙江工商大学出版社2016年版，第15~16页。

〔2〕陈福今、袁曙宏主编：《欧洲公共部门绩效评估——教育、医疗、法律及公共管理的国际比较》，国家行政学院出版社2005年版，第116页。

构：政府举办的非营利性医疗机构、非政府举办的非营利性医疗机构和营利性医疗机构。

从构成比例来看，根据多数欧美国家医疗机构的数据显示，通常私立非营利性医疗机构是医疗机构的主体，公立医疗机构不超过医疗机构总体数量的1/3。2000年，国务院办公厅转发国务院体改办等部门发布的《关于城镇医药卫生体制改革指导意见的通知》，明确要求"非营利性医疗机构在医疗服务体系中占主导地位，享受相应的税收优惠政策"。2013年，中国共产党第十八届中央委员会第三次全体会议通过了《中共中央关于全面深化改革若干重大问题的决定》，鼓励社会办医，优先支持举办非营利性医疗机构。近年来，全国医疗机构的总体数量基本呈上升趋势，非营利性医疗机构的比例持续下降，但仍为主要构成部分。其中主体仍是公立医疗机构，公立医疗机构约占医疗机构总数的一半。营利性医疗机构比例持续上升，其他非营利性医疗机构比例不升反降。[1]这与我国政策鼓励方向并不相符，需进一步加强引导管控。

从机构职能来看，非营利性医疗机构在基本医疗卫生事业中发挥着主导作用，保障基本医疗卫生服务公平可及。政府举办的非营利性医疗机构主要提供基本医疗服务并完成政府交办的其他任务，其他非营利性医疗机构主要提供基本医疗服务，这两类非营利性医疗机构也可以提供少量的非基本医疗服务；营利性医疗机构根据市场需求自主确定医疗服务项目。当发生重大灾害、事故、疫情等特殊情况时，各类医疗机构均有义务执行政府的指令性任务。

从财政补偿机制来看，政府举办的非营利性医疗机构享受同级政府给予的财政补助，其他非营利性医疗机构不享受政府财政补助。

从医疗服务价格来看，非营利性医疗机构执行政府规定的医疗服务指导价格，享受相应的税收优惠政策。放开营利性医疗机构的医疗服务价格，营利性医疗机构依法自主经营，照章纳税。

我国实施以上医疗卫生机构分类管理，是与我国经济社会发展分不开的。我国已由传统计划经济体制过渡到社会主义市场经济体制，传统的医疗机构管理模式已不能与之相适应。从经济发展的角度来看，以公立医院为核心的

---

〔1〕 郑雪倩主编：《中国医院建制与分类管理》，中国协和医科大学出版社2013年版，第131～133页。

医疗制度必须顺应市场经济制度，满足医疗消费需求的变化；从社会建设的角度来看，医疗服务领域的管理并不能，也不应该简单地从计划调控直接推向市场调节。多元化的供给结构才有助于提供多种形式的医疗服务。因此，医疗卫生机构的分类管理，便是要定义在医疗服务的供给中政府、社会和市场的边界，政府、市场和第三部门应分别提供什么服务以及如何提供服务。而非营利性与营利性的分类管理，有助于划清边界、明确职能、组织分工、配套政策、确保可行。既要保持基本医疗的公益性，又要尊重市场规律。实施分类管理，既可建立引入竞争的基础制度环境，又可保留政府干预市场的有效手段。[1]政府不举办营利性医疗机构，这表明政府不与民争利，将市场可调节的部分留给市场，政府仅承担基本医疗服务的提供职能。如此规定一方面可以确保公众必需的医疗服务有最基本的供给，另一方面非营利机制下提供的医疗服务可以对营利性医疗机构提供的自主定价医疗服务在价格上形成平衡和牵制。

因为非营利性医疗机构的本质是不以营利为目的，不追求利润回报，所以非营利性医疗机构不得向出资人、举办者分配或者变相分配收益。

出租，是指出租人以收取租金为条件在一定期限内将某项财产交付承租人使用的行为。承包，是指发包人与承包者之间订立承包经营合同，在一定期限内将经营管理权全部或部分交给承包者，由承包者进行经营管理并承担经营风险及获取收益的行为。公立医院不允许科室承包，而合作医院、民营医院、私立医院承包科室的情况较多。一种是本院内部人员承包；另一种是外部人员承包。我国很多私立营利性医疗机构的早期诞生和发展，往往是与非营利性医疗机构合作"院中院"或"承包科室"。这种形式很容易成为滋生非法行医、破坏医疗秩序行为的土壤。因此在2000年，《关于城镇医疗机构分类管理的实施意见》规定，政府举办的非营利性医疗机构不得投资与其他组织合资合作设立非独立法人资格的营利性"科室""病区""项目"。2004年，卫生部《关于对非法采供血液和单采血浆、非法行医专项整治工作中有关法律适用问题的批复》进一步强调，医疗机构将科室或房屋承包、出租给

---

〔1〕 郑雪倩主编：《中国医院建制与分类管理》，中国协和医科大学出版社2013年版，第150~151页。

非本医疗机构的人员或者其他机构并以本医疗机构的名义开展诊疗活动的，将予以行政处罚。

合肥蜀山井岗门诊部于 2014 年 6 月 27 日经核准登记执业，其经营性质为非营利性（非政府办）医疗机构。胡某兵、胡某平系兄妹关系，2016 年 6 月 14 日双方就"合肥蜀山井岗门诊部"的所有权及经营归属等事项签订了一份协议，约定：（1）胡某兵为门诊部名义上的法定代表人，不参加门诊部的一切经营管理，不担任职务。（2）胡某平为门诊部的实际出资人及全资所有者，承担门诊部的所有责权事项，决定门诊部的一切经营事项。（3）自本协议签字日后，胡某平于每年年终给予胡某兵 100 000 元；若门诊部出售给他人，胡某平需给予胡某兵股份出让所得的 30%。（4）自本协议签字日后，胡某兵不再参与门诊部的任何事务，也不得干扰门诊部的经营。（5）自本协议签字日后，胡某兵需交回前期门诊部的所有财物及资料，该事项清了后，胡某平需结清胡某兵前两年的工资尾款合计人民币 120 000 元。2016 年 8 月 8 日，胡某兵、胡某平签订补充协议一份，约定：分红款改为每半年支付 50 000 元，支付日期为每年 6 月 14 日之前及 12 月 14 日之前。协议还约定了其他事项。而胡某平未实际履行协议内容。2016 年，胡某兵向法院起诉，请求：判令胡某平支付其欠款人民币 100 000 元及违约金人民币 30 000 元。胡某平辩称双方签订的协议及补充协议明显违反了《民办非企业单位登记管理暂行条例》及《关于城镇医疗机构分类管理实施的意见》的强制性规定。合肥蜀山井岗门诊部自登记之日起即为非营利性医疗机构，属于民办非企。胡某兵以干扰门诊部正常经营的手段胁迫胡某平签订非法协议，意图从非营利性医疗机构中得到分红，属于私分财产行为，明显违反了上述法律规范的规定，也损害了社会公共利益，根据《合同法》第 52 条的规定，该协议无效，对双方当事人没有约束力。一审法院认为，胡某兵与胡某平达成的协议中有关分红的条款约定违反了相关法规的强制性规定，应为无效条款，故胡某兵的各项诉讼请求均没有事实和法律依据，均不予支持，判决驳回原告的全部诉讼请求。胡某兵不服一审判决，提起上诉。安徽省合肥市中级人民法院二审作出终审判决，判决驳回胡某兵的上诉，维持原判。[1]

---

〔1〕　相关案例可见（2018）皖 01 民终 1629 号民事判决书。

第四十条　政府举办的医疗卫生机构应当坚持公益性质，所有收支均纳入预算管理，按照医疗卫生服务体系规划合理设置并控制规模。

国家鼓励政府举办的医疗卫生机构与社会力量合作举办非营利性医疗卫生机构。

政府举办的医疗卫生机构不得与其他组织投资设立非独立法人资格的医疗卫生机构，不得与社会资本合作举办营利性医疗卫生机构。

【条文主旨】政府办医的公益性

【理解与适用】本条主要规定了政府办医应当坚持公益性原则，是本法第3条医疗卫生事业公益性原则的具体体现。政府举办的医疗卫生机构，是由国家政府、国有高等院校等利用国有资产举办的各类医疗机构，是公立医院的重要组成部分（其他公立医院包括军队医院、国有和集体企事业单位等举办的医院），且均为非营利性医疗机构。非营利性医疗机构的基本属性在于其不以营利为目的，为社会提供服务，以社会公众的利益最大化为目标，即非营利性医疗机构具有公益性。但政府办医疗机构的公益性曾受到过质疑，并且近年实施的医改中被反复重申恢复政府办医院的公益性。

在中华人民共和国成立之初的计划经济时期，政府办医院是我国的一项福利性事业。为保证广大群众在持有低工资的情况下可以看得起病，我国医疗服务实行低价政策。政府办医院所有的基础设施建设费用，医务人员薪酬、药品采购的费用全部来源于国家财政。后因国家财政无力再承担全部政府办医院的费用投入，自1954年开始，我国对政府办医疗机构用药实行了加价15%的政策，以弥补医疗收支亏损。1979年，卫生部提出"运用经济手段管理卫生事业"。同年，卫生部等三部委联合印发《关于加强医院经济管理试点工作的意见》，指出在政府办医院经费补助方面，国家采取"全额管理、定额补助、结余留用"的政策。这一政策的发布给医院提供了较大的自主权，使得医院的利益与医生的利益产生了联系。[1]1981年3月，为扭转医疗卫生机构不善于经营核算的局面，卫生部下发了《医院经济管理暂行办法》和《关于加强卫生机构经济管理的意见》。在此基础上，1985年中国正式启动医疗改

---

〔1〕　黄顺康、廖智柳："破除我国'以药养医'的机制设计分析"，载《甘肃社会科学》2014年第3期。

革，改革的核心思想是放权让利，扩大医院自主权。以"只给政策不给钱"为主导思想，以"建设靠国家，吃饭靠自己"为主要精神的第一次医改，在刺激了医院创收，弥补医院收入不足的同时，也影响了医疗机构公益性的发挥，造成"看病问题"突出、群众反映强烈的后患。1989 年，卫生部、财政部、人事部、国家物价局、国家税务局联合发布《关于扩大医疗卫生服务有关问题的意见》，积极推行各种形式的承包责任制，开展有偿业余服务，进一步调整医疗卫生服务收费标准，提出医疗服务费应该根据不同的设施条件、医疗技术水平适当地拉开档次，允许开展有偿服务，实行"以副补主""以工助医"。上述改革逐渐形成逆向激励，导致政府办医院的公益性淡化，"看病贵、看病难"等问题逐渐突出。2005 年 7 月，国务院发展研究中心在媒体上发布的关于医改的研究报告称，中国医改总体上不成功，其症结在于近 20 年来医疗服务逐渐市场化、商品化。

直至 2009 年的"新医改"，关于政府办医院回归公益性的议题成为"新医改"的核心内容之一。《中共中央　国务院关于深化医药卫生体制改革的意见》要求推进公立医院管理体制改革，强化公立医院的公益性和政府的有效监管。2010 年，卫生部等五部委发布《关于公立医院改革试点的指导意见》，明确要求坚持公立医院的公益性质，建立以公益性为核心的公立医院绩效考核管理制度，"强化区域卫生规划，合理确定公立医院功能、数量和规模，优化结构和布局，完善服务体系"。同年发布的《医院财务制度》再次强调，公立医院是公益性事业单位，不以营利为目的，其第 8 条规定："医院所有收支应全部纳入预算管理。"2015 年，国务院办公厅《关于城市公立医院综合改革试点的指导意见》要求充分发挥公立医院公益性质和主体作用，切实落实政府办医责任。以上文件、措施的最终目的，均是"把维护人民健康权益放在第一位"，实现政府办医疗机构"适度规模、优化结构、合理布局、提高质量、持续发展"的要求。

在政府办医疗机构与社会力量合作办医方面，应做到以下三点：

首先，鼓励合作举办非营利性医疗机构。2015 年，国务院办公厅发布《全国医疗卫生服务体系规划纲要（2015—2020 年）》，鼓励公立医院与社会力量以合资合作的方式共同举办新的非营利性医疗机构，满足群众多层次医疗服务需求。2017 年，国务院办公厅再次发布《关于支持社会力量提供多层次多样化医疗服务的意见》，允许公立医院根据规划和需求，与社会力量合作举办新的非营利性医疗机构。例如，2018 年 9 月 7 日，"北医三院首都机场院区"签约仪式在首都机场医院举行。首都机场集团公司与北医三院代表签署《委托经营合作协议书》，双方采用委托经营模式开展深度合作，"北京首都国际机场医院"更名为"北医三院首都机场院区"。2018 年 12 月 26 日，北京首都国际机场医院由北京大学第三医院正式接管运行。该合作充分发挥了首都机场集团公司的资源优势、平台优势和北医三院的专业优势、技术优势，是贯彻落实国家关于国有企业深化改革文件精神的重要举措，是国企医疗改革的一个范本、标杆。就实际操作层面而言，公立医院与社会力量以合资合作的方式共同举办新的医疗机构的模式基本上可以概括为服务或管理外包模式、建造—运营—移交（build-operate-transfer，BOT）模式、重构—运营—移交（reconstitution-operation-transfer，ROT）模式、股份制模式和特许经营模式四种常见模式。[1]优先鼓励以公立医疗机构的人才、品牌、技术和管理等无形资产出资举办非营利性医疗机构。以公立医疗机构的现有设备、土地及建筑物等实物资产出资举办非营利性医疗机构，则在资产出资前均要依法进行评估、公示和报批，严防国有资产流失；出资后要加强监管，确保国有资产的安全与完整，努力实现保值。[2]

其次，合作举办的医疗机构应有独立法人资格。2000 年，卫生部、国家中医药管理局、财政部、国家计委联合制定了《关于城镇医疗机构分类管理的实施意见》，其中规定，政府举办的非营利性医疗机构不得投资与其他组织合资合作设立具有非独立法人资格的营利性"科室""病区""项目"；已投资与其他组织合资合作举办营利性"科室""病区""项目"的，应停办或经卫生行政和财政等部门批准转为独立法人单位。

最后，不得与社会资本合作举办营利性医疗卫生机构。关于政府办医疗机构能否对外投资或合资、合作举办营利性医疗机构，此前的法律法规、指导意见等文件并没有做出明确、直接的规定。此前，各地也确实出现过政府

---

[1] 邓勇："公立医院与社会资本 PPP 运营中的投资回报机制研究"，载《中国医院》2017 年第 5 期。
[2] 陈文德："关于公私合作办医的几点思考"，载《江苏卫生事业管理》2016 年第 4 期。

办医疗机构与社会力量合作举办营利性医疗机构的先例。[1][2]2000 年，根据我国卫生部、国家中医药管理局、财政部、国家计委联合印发的《关于城镇医疗机构分类管理的实施意见》，开始实施医疗机构分类管理，虽明确规定政府不举办营利性医疗机构，但并未明确政府举办的非营利性医疗机构不得与社会力量合作举办营利性医疗机构。2015 年 6 月，国务院办公厅公布的《关于促进社会办医加快发展的若干政策措施》仅提到通过特许经营、公建民营、民办公助等模式，支持社会力量举办非营利性医疗机构，未明令禁止社会资本与政府办医疗机构合作举办营利性机构。但实践中，各界对于非营利性医疗机构，尤其是政府办医疗机构对外投资合作仍有很大争议。[3]我国宪法规定由国家承担公共医疗服务及保障公民健康的责任，而政府开办营利性医院，意味着"百姓生病、政府赚钱"，与宪法精神背道而驰。[4]政府办医疗机构应坚持公益性，顺应国家医药卫生体制改革、公立医院改革要求，把社会效益放在首位，以保障人民群众身体健康为中心，[5]不以营利为目的，不追求利润回报。与社会力量合作举办营利性医疗机构与政府办医疗机构的公益性相矛盾，且存在国有资产流失的法律风险。因此，本条通过法律的形式将此原则予以明确，结束了多年改革中存在的争议。

第四十一条　国家采取多种措施，鼓励和引导社会力量依法举办医疗卫生机构，支持和规范社会力量举办的医疗卫生机构与政府举办的医疗卫生机构开展多种类型的医疗业务、学科建设、人才培养等合作。

社会力量举办的医疗卫生机构在基本医疗保险定点、重点专科建设、科研教学、等级评审、特定医疗技术准入、医疗卫生人员职称评定等方面享有与政府举办的医疗卫生机构同等的权利。

----

[1]　何达等："我国公私合作办医政策与可行模式浅析"，载《中华医院管理杂志》2015 年第 10 期。

[2]　李彦、沃飞宇、柳枫："社会资本与公立医院合作模式探析"，载《医院管理论坛》2012 年第 11 期。

[3]　郑雪倩主编：《中国医院建制与分类管理》，中国协和医科大学出版社 2013 年版，第 163~164 页。

[4]　邓勇、方乐、张光卉："公立医院联姻社会资本现状及完善对策研究"，载《中国医院》2015 年第 9 期。

[5]　邓勇："公立医院对外医疗合作问题研究"，载《中国医院》2017 年第 9 期。

社会力量可以选择设立非营利性或者营利性医疗卫生机构。社会力量举办的非营利性医疗卫生机构按照规定享受与政府举办的医疗卫生机构同等的税收、财政补助、用地、用水、用电、用气、用热等政策，并依法接受监督管理。

【条文主旨】鼓励社会力量办医

【理解与适用】本条是关于国家鼓励社会力量举办医疗机构的规定。社会力量依法举办医疗卫生机构，也称民办医疗机构、非公立医疗机构或私立医疗机构，是指企业事业单位、社会团体和其他社会力量以及公民个人，利用非国有资产举办医疗卫生机构，其举办的医疗卫生机构可以是非营利性医疗机构，也可以是营利性医疗机构。我国鼓励社会资本举办非营利性医疗机构，也支持社会资本举办营利性医疗机构。

民国时期，我国医疗机构便被分为国立、公立、私立医院，疗养院等类型。[1]中华人民共和国成立后，根据 1951 年《医院诊所管理暂行条例实施细则》的规定，医疗机构分为公立、公私合营及私立医院诊所。"公立医院诊所，系指各级人民政府或其所属机关团体设立者；其他教会、团体、私人经营者，均为私立医院诊所。"[2]1951 年 4 月，政务院批准发布《卫生部关于调整医药卫生事业中公私关系的决定》；1963 年，卫生部发布了《开业医生暂行管理办法》；1980 年国务院批准了卫生部《关于允许个体开业行医问题的请示报告》；1988 年卫生部、国家中医药管理局联合发布了《医师、中医师个体开业暂行管理办法》；同年，国家中医药管理局又发布了《中医人员个体开业管理补充规定》；1994 年 2 月 26 日，国务院《医疗机构管理条例》及其实施细则对个人设置医疗机构作出了规定；1998 年 6 月 26 日，第九届全国人民代表大会常务委员会第三次会议通过的《中华人民共和国执业医师法》对执业医师申请个体行医以及管理作出了明确规定。

2009 年，我国启动了新一轮医改。《中共中央　国务院关于深化医药卫生体制改革的意见》明确指出，"鼓励和引导社会资本发展医疗卫生事业。积极促进非公立医疗卫生机构发展，形成投资主体多元化、投资方式多样化的办

---

〔1〕 陈明光主编：《中国卫生法规史料选编（1912—1949.9）》，上海医科大学出版社 1996 年版，第 504~508 页。

〔2〕 "医院诊所管理暂行条例实施细则"，载《湖南政报》1951 年第 4 期。

医体制"。鼓励和引导社会资本举办医疗机构，有利于增加医疗卫生资源，扩大服务供给，满足人民群众多层次、多元化的医疗服务需求；有利于建立竞争机制，提高医疗服务的效率和质量，完善医疗服务体系。

我国当前的医疗服务体系坚持非营利性医疗机构为主体、营利性医疗机构为补充，公立医疗机构为主导、非公立医疗机构共同发展的办医原则，坚持建设结构合理、覆盖城乡的医疗服务体系。公立医疗机构掌握着绝大多数的医疗资源（包括医务人员、医疗技术、医疗设备等），提供着绝大多数的医疗服务。因此，非公立医疗机构的发展必然需要一系列有效的政策措施来促进医疗资源的流动，拓宽医疗服务的空间，消除机构发展的阻碍。因此，2010 年，国务院办公厅转发发展改革委、卫生部等部门《关于进一步鼓励和引导社会资本举办医疗机构意见的通知》，提出了 24 条优惠政策，消除了阻碍非公立医疗机构发展的政策障碍，确保非公立医疗机构在准入、执业等方面与公立医疗机构享受同等待遇，鼓励和引导社会资本举办医疗机构。2013年，国家卫生和计划生育委员会、国家中医药管理局发布《关于加快发展社会办医的若干意见》，要求加强规划引导，加大发展支持力度，帮助提升服务能力，加强机构监管。2015 年，国务院办公厅印发《关于促进社会办医加快发展的若干政策措施》，提出了 16 条政策措施，加快形成多元办医格局。2017 年，国务院办公厅发布《关于支持社会力量提供多层次多样化医疗服务的意见》，提出了"以人为本、统筹推进；需求引领、供给升级；放宽准入、优化服务；严格监管、有序发展"的基本原则，以及七种医疗服务发展方向和相关的配套政策措施。2019 年，国家卫生健康委员会、国家发展改革委员会等十部门联合印发《关于促进社会办医持续健康规范发展的意见》，提出了22 条意见措施，加大了促进力度。国家卫生健康委员会还发布了《关于提升社会办医疗机构管理能力和医疗质量安全水平的通知》，加强了社会办医疗机构的管理和内涵建设。

综合上述政策意见，可以将国家保障社会力量办医的措施归纳为合作保障、发展保障、优惠保障和监管保障四个方面。

在合作保障方面，鼓励公立医院与社会办医疗机构在人才、管理、服务、技术、品牌等方面建立协议合作关系，支持社会力量办好多层次、多样化的医疗服务。鼓励公立医疗机构与社会办医疗机构开展合作，实现医学影像、医学检验等的结果互认和医疗机构消毒供应中心（室）等的资源共享。支持公办和社会办医按照平等自愿的原则组建专科联盟。支持社会办医参加远程医疗协作网，提高诊疗服务能力。鼓励公立医疗机构为社会办医疗机构培养医务人员，提高技术水平，并探索开展多种形式的人才交流与技术合作。倡导开展各类医疗机构广泛协作、联动、支持模式试点，并建立合理的分工与分配机制。

在发展保障方面，将社会办医纳入规划范围，在区域卫生规划和医疗机构设置规划中为非公立医疗机构留出足够空间，严格控制公立医院的发展规模，优先满足非营利性医疗机构的需求。放宽举办主体要求，建立公开、透明、平等、规范的社会办医准入制度。放宽服务领域要求，凡是法律法规没有明令禁入的领域，都要向社会资本开放。放宽大型医用设备配置。允许非公立医疗机构纳入医保定点范围。允许医师多点执业，鼓励医务人员在公立和非公立医疗机构间合理流动。对非公立医疗机构和公立医疗机构在医疗技术临床应用准入管理方面给予同等对待。非公立医疗机构在技术职称考评、科研课题招标及成果鉴定、临床重点学科建设、医学院校临床教学基地及住院医师规范化培训基地资格认定等方面享有与公立医疗机构同等的待遇。加强对非公立医疗机构临床专科能力建设的指导，将其统一纳入临床重点专科建设规划。各医学类行业协会、学术组织和医疗机构评审委员会要平等吸纳非公立医疗机构参与。

在优惠保障方面，非公立医疗机构享有当地政府规定的引进各类人才的同等优惠政策，引进和培养人才要对非公立医疗机构一视同仁。社会资本举办的非营利性医疗机构按照国家有关规定享受税收优惠政策，用电、用水、用气、用热与公立医疗机构同价，其提供的医疗服务和药品要执行政府规定的相关价格政策。营利性医疗机构按国家规定缴纳企业所得税，其提供的医疗服务实行自主定价，免征营业税。对社会办非营利性医疗机构免征行政事业性收费，对营利性医疗机构减半征收行政事业性收费。社会力量在医疗资源薄弱区域和康复、护理、精神卫生等短缺专科领域举办的非营利性医疗机构，可享受与公立医疗机构同等的政府提供的场地或租金补贴和其他支持政策。将提供基本医疗卫生服务的社会办非营利性医疗机构纳入政府补助范围。本条较以往的规范性文件，在社会力量举办非营利性医疗机构的财政补助方面取得了进一步突破，不论所在地区和医疗服务类型等，将社会力量举办的非营利性医疗机构，均纳入享受同等政府财政补助的范围。

在监管保障方面，非公立医疗机构应执行医疗机构管理条例及其实施细则等法规和相关规定，提供医疗服务要获得相应许可。严禁非公立医疗机构超范围服务，依法严厉打击非法行医活动和医疗欺诈行为。规范非公立医疗机构的医疗广告发布行为，严禁非公立医疗机构发布虚假、违法医疗广告。将非公立医疗机构纳入统一的医疗质量控制与评价范围。将非公立医疗机构统一纳入医疗纠纷预防、处置管理体系。非公立医疗机构应守法经营。

第四十二条　国家以建成的医疗卫生机构为基础，合理规划与设置国家医学中心和国家、省级区域性医疗中心，诊治疑难重症，研究攻克重大医学难题，培养高层次医疗卫生人才。

【条文主旨】国家及区域医疗中心的设置与功能

【理解与适用】本条是关于设置国家及区域医疗中心功能和作用的规定。国家医疗中心为国内一流的医院，医院管理规范化、标准化、专业化、精细化和信息化，能在全国医疗领域发挥示范和引领作用。国家区域医疗中心为区域内符合设置标准的医院或者具备相应服务能力的医院，在规划的服务区域内整体实力强，综合优势明显，能统筹区域内医疗资源，提供优质的医疗服务。

我国关于国家医疗中心和国家区域医疗中心的设置，始于2009年的"新医改"，在此之前的医疗卫生服务体系规划和医疗机构设置规划指导原则均无相关表述。目前，我国社会主要矛盾在卫生与健康领域的突出表现是医疗资源总量不足、分布不均衡，优质医疗资源短缺等问题。建设国家医学中心和国家区域医疗中心，是加强医疗服务供给侧改革，进一步完善区域医疗资源配置，促进医疗服务同质化的制度安排。[1]

2009年，《中共中央　国务院关于深化医药卫生体制改革的意见》提出，"中央、省级可以设置少量承担医学科研、教学功能的医学中心或区域医疗中心"。2015年，国务院办公厅印发的《全国医疗卫生服务体系规划纲要（2015—2020年）》提出，按照统筹规划、提升能级、辐射带动的原则，在全国规划布局设置若干部门办医院。2016年，国家卫生和计划生育委员会发布《医疗

---

〔1〕　方秉华："打造国家医学中心和区域医疗中心　完善分级诊疗制度体系"，载《中国卫生人才》2019年第4期。

机构设置规划指导原则（2016—2020 年）》，提出逐步构建以国家医学中心和区域医疗中心为引领，以省级医疗中心为支撑，以市、县级医院为骨干，以基层医疗卫生机构为基础，以公立医院为主体、社会办医为补充，与国民经济和社会发展水平相适应，与健康需求相匹配，体系完整、分工明确、功能互补、密切协作的整合型医疗卫生服务体系和分级诊疗就医格局。同年，由中共中央、国务院发布《"健康中国 2030"规划纲要》，要求依托现有机构，建设一批引领国内、具有全球影响力的国家级医学中心，建设一批区域医学中心和国家临床重点专科群，带动医疗服务区域发展和整体水平提升。国务院发布的《"十三五"卫生与健康规划》和《"十三五"深化医药卫生体制改革规划》重申了依托现有资源，合理规划与设置国家医学中心及国家、省级区域医疗中心。2017 年，国家卫生和计划生育委员会专门印发《"十三五"国家医学中心及国家区域医疗中心设置规划》，明确设置了数量类别、功能定位、职责任务和基本条件等，要求依托现有的三级医疗服务体系，合理规划与设置国家医学中心及国家区域医疗中心，进一步完善区域间优质医疗资源配置，整合推进区域医疗资源共享，促进医疗服务同质化，逐步实现区域分开，推动公立医院科学发展，为实现分级诊疗创造条件。2019 年，国家卫生健康委员会办公厅印发《国家医学中心和国家区域医疗中心设置实施方案》，明确设置了专业类别、工作目标、工作原则、遴选程序与管理程序。围绕区域内群众急需、医疗资源短缺和异地就医最突出的专科医疗需求，推进了国家医学中心和国家区域医疗中心的设置。[1]目前，我国已发布的国家医学中心与国家区域医疗中心设置的标准专业包括了创伤、神经、心血管病、精神、癌症、口腔、儿童、呼吸等专业。

在功能定位方面，国家医学中心的主要定位在于，在疑难危重症诊断与治疗、高层次医学人才培养、高水平基础医学研究与临床研究成果转化、解决重大公共卫生问题、医院管理等方面代表全国顶尖水平，发挥牵头作用，在国际上有竞争力。引领全国医学技术发展方向，为国家政策制定提供支持，会同国家区域医疗中心带动全国医疗、预防和保健服务水平提升。国家区域医疗中心的主要定位在于，在疑难危重症诊断与治疗、医学人才培养、临床

---

〔1〕 姚常房："国家医学医疗中心设置有优先项"，载《现代养生》（下半月版）2019 年第 4 期。

研究、疾病防控、医院管理等方面代表区域顶尖水平，协同国家医学中心带动区域医疗、预防和保健服务水平提升，努力实现区域间医疗服务同质化。

在职责任务方面，国家医学中心主要开展全国疑难危重症的诊断与治疗，示范、推广适宜有效的高水平诊疗技术，辐射和引领国家医学发展和医疗服务能力的提升；培养临床技术骨干和学科带头人；整合现有资源建立全国主要疾病信息库，进行年度情况分析，预测疾病发病和死亡、危险因素流行和发展趋势，有针对性地组织开展全国多中心、大样本的临床研究，及时将国内外的临床科研成果转化为临床应用；协助国家卫生和计划生育委员会制定疑难危重症的诊疗规划，编制疾病诊疗指南、技术规范和有关标准；整合资源，推动开展疾病预防保健服务，牵头构建疾病防治网络，推动疾病防治及医疗保健技术的交流与合作；承担突发公共事件的医疗卫生应急救援工作；认真落实医改任务，积极参与公立医院综合改革。国家区域医疗中心主要负责区域内疑难危重症的诊断与治疗，示范、推广适宜有效的诊疗技术，辐射和引领区域内医学发展和医疗服务能力的提升；培养骨干人才和学科带头人；引领本区域内主要疾病的临床研究，及时做好研究成果的临床应用转化；整合现有资源，推动开展疾病预防保健服务，在区域内牵头构建医疗服务和疾病防治网络；协同国家医学中心，加强学术交流和区域协作，完善我国医疗服务体系，提高区域医疗服务水平；承担突发公共事件的医疗卫生应急救援工作；认真落实医改任务，积极参与公立医院综合改革。

由此可见，"两大中心"的设置，既要求医疗机构具备相应实力，也要求其有责任担当，可谓"压力与动力并存"。[1]以儿科专业为例，2017年1月23日，《国家卫生计生委关于设置国家儿童医学中心的函》正式印发，明确将首都医科大学附属北京儿童医院作为主体设置国家儿童医学中心（北京），以复旦大学附属儿科医院、上海交通大学医学院附属上海儿童医学中心作为联合主体设置国家儿童医学中心（上海），由两者共同构成国家儿童医学中心。国家儿童医学中心的建立超出了《国家儿童医学中心及国家儿童区域医疗中心设置规划》中"在全国遴选设置1个国家儿童医学中心"的具体要求。这一方面反映了国家医学中心的综合实力代表着国内该专业的最高水平，另

---

〔1〕　吴佳男："医院能力提升加速"，载《中国医院院长》2019年第1期。

一方面也反映出医疗机构之间、所在区域之间的激烈竞争关系，体现出"荣誉与竞争并存"。[1]

第四十三条　医疗卫生机构应当遵守法律、法规、规章，建立健全内部质量管理和控制制度，对医疗卫生服务质量负责。

医疗卫生机构应当按照临床诊疗指南、临床技术操作规范和行业标准以及医学伦理规范等有关要求，合理进行检查、用药、诊疗，加强医疗卫生安全风险防范，优化服务流程，持续改进医疗卫生服务质量。

【条文主旨】保障医疗卫生服务质量

【理解与适用】本条规定了医疗卫生机构应当遵章守规，保障并持续改进医疗卫生服务质量。

本条第 1 款规定了医疗卫生机构应当遵守法律、法规、规章，建立健全内部质量管理和控制制度，对医疗卫生服务质量负责。法律，是指由全国人民代表大会和全国人民代表大会常务委员会制定并颁布的规范性文件。例如，《基本医疗卫生与健康促进法》《执业医师法》《传染病防治法》《药品管理法》《国境卫生检疫法》等。行政法规，常被简称为法规，系指由国务院制定的规范性文件，其效力低于法律而高于地方性法规。较常见的涉及医疗质量安全的行政法规有《医疗机构管理条例》《护士条例》《医疗纠纷预防和处理条例》等。部门规章，系指国务院各部、委员会、中国人民银行、审计署和具有行政管理职能的直属机构，根据法律和国务院的行政法规、决定、命令，在本部门的权限范围内制定的规范性文件。例如，原卫生部发布的《医院工作制度》《医疗质量管理办法》《病历书写基本规范》等。内部质量管理与控制制度，是指医疗卫生机构根据自身情况建立的，规范医疗卫生服务、保障医疗卫生安全的各项规章制度。

本条第 1 款规定医疗卫生机构应当遵章守法，依法开展诊疗活动。医疗卫生机构应当按照登记的诊疗项目开展医疗卫生服务工作，医务人员必须具备相应的资质；加强门急诊管理制度，完善人员和技术力量配备，优化门急诊服务流程，保证门急诊医疗质量和医疗安全；加强护理质量管理，完善并

---

〔1〕 谢子秋："国家区域医疗中心的区域分类研究"，华中科技大学 2013 年硕士学位论文。

实施护理相关的工作制度、技术规范和护理指南；加强药学部门建设和药事质量管理，使用经批准的药品、医疗器械、耗材开展诊疗活动；加强医技科室的质量管理，建立覆盖检查、检验全过程的质量管理制度；加强医院感染管理，建立医院感染的风险监测、预警以及多部门协同干预机制；应当加强病历质量管理，建立并实施病历质量管理制度，保障病历书写客观、真实、准确、及时、完整、规范等。

本条第 2 款规定了医疗卫生机构应当遵守的具体规范，包括临床诊疗指南、临床技术操作规范和行业标准以及医学伦理规范，并规定持续改进医疗卫生服务质量。临床技术操作规范，是指指导和规范全国临床医务人员诊断治疗行为的学术著作，[1]除了以专著形式出版的之外，还有国家卫生健康行政部门以规范性文件发布的形式展现。例如，原卫生部发布了《人工耳蜗临床技术操作规范》（卫医发〔2006〕473 号）。临床诊疗指南，与临床技术操作规范配套实行，是指系统开发的多学科临床指导意见，可以帮助临床医生、患者以及其他利益相关者对特定的临床问题作出恰当的判断。在表现形式上，除了有中华医学会编写的系列诊疗指南之外，临床诊疗指南一般还包括专家共识、诊疗规范、疾病治疗方案和指引等。除了国内专家编写的指南之外，还有国外专家编写的指南可供临床医生参考，例如《NCCN 临床实践指南：食道癌和胃食管交界处癌》。根据我国《标准化法》，行业标准是指对没有推荐性国家标准、需要在全国某个行业范围内统一的技术要求所制定的标准。行业标准由国务院有关行政主管部门制定，报国务院标准化行政主管部门备案。在此，行业标准主要是指卫生标准，一般冠以 WS 的标识代码。合理检查、用药、诊疗，是为进一步规范医疗卫生人员的诊疗行为，重点针对在诊治过程中对医疗费用影响较大的检查、用药及治疗措施作出规范要求和限制性规定，是对所涉及疾病的临床诊疗技术规范、操作常规的进一步细化和完善。

对于医疗卫生机构及其医务人员而言，临床技术操作规范、临床诊疗指南是其在医疗行为中需要遵守的最为基本的规范，其应当保证医疗技术应用的科学性、合理性。医疗卫生机构及其医务人员应当规范行医，严格遵循临床诊疗和技术规范，使用适宜的诊疗技术和药物，因病施治，合理医疗；不

---

〔1〕 白书忠："《临床技术操作规范》前言"，载《健康大视野》2005 年第 10 期。

隐瞒、误导或夸大病情，不过度医疗，并且需要通过人才的继续教育等手段持续改进医疗服务质量。

2012年8月1日施行的《抗菌药物临床应用管理办法》明确规定，严重违规使用抗菌药物的医生将被吊销执业证书，被称为史上"最严限抗令"。现在，曾经被滥用的抗菌药物的使用逐渐趋于合理化、规范化，但远未达到理想的境地。自2014年3月16日起，中国医科大学航空总医院取消了普通门诊静脉输液服务，并明确规定：门诊医生（除儿科、急诊、麻醉外）不得开具静脉用药处方。据公开资料显示，这是北京市第一家取消普通门诊静脉输液的医院。[1]取消门诊输液，能进一步规范医疗行为，加强合理施治。这一举措正是践行"规范诊疗行为，提高医疗服务质量"的体现。

第四十四条 国家对医疗卫生技术的临床应用进行分类管理，对技术难度大、医疗风险高，服务能力、人员专业技术水平要求较高的医疗卫生技术实行严格管理。

医疗卫生机构开展医疗卫生技术临床应用，应当与其功能任务相适应，遵循科学、安全、规范、有效、经济的原则，并符合伦理。

【条文主旨】医疗卫生技术临床应用管理

【理解与适用】本条主要规定了医疗卫生技术的临床应用管理以及应当遵守的基本原则。

现代医疗技术的不断发展在保障和促进人类健康水平，推动医疗卫生事业的进步方面发挥了越来越显著的作用。然而，技术也是一把"双刃剑"，如果其临床应用的有效性、安全性、经济性和社会适应性不能得到保障，则会损害病人的健康。必须规范医疗技术的临床应用，以保障医疗安全。因此，本条的立法目的是，加强医疗技术临床应用管理，促进医学科学发展和医疗技术进步，保障医疗质量和患者安全，维护人民群众健康权益。

2018年8月13日，国家卫生健康委员会发布了《医疗技术临床应用管理办法》，自2018年11月1日起施行。该办法第2条规定，医疗技术是指医疗卫生机构及其医务人员以诊断和治疗疾病为目的，为对疾病作出判断和消除

---

〔1〕董蕊："北京有个门诊不输液医院"，载《健康时报》2014年7月24日，第3版。

疾病、缓解病情、减轻痛苦、改善功能、延长生命、帮助患者恢复健康而采取的医学专业手段和措施。医疗技术临床应用，是指将经过临床研究论证且安全性、有效性确切的医疗技术应用于临床，用以诊断或者治疗疾病的过程。

可以从以下三个层面理解本条。第一个层面是国家建立分类管理制度，其针对的对象是技术难度大、医疗风险高，对服务能力、人员专业技术水平要求较高的医疗卫生技术。第二个层面是医疗卫生机构开展医疗卫生技术临床应用，应当与其功能任务相适应，遵循科学、安全、规范、有效、经济的原则。第三个层面是医疗卫生机构开展医疗卫生技术临床应用应当符合伦理规范要求。

第一个层面，国家建立医疗技术临床应用负面清单管理制度，对禁止临床应用的医疗技术实施负面清单管理，对部分需要严格监管的医疗技术进行重点管理，而其他临床应用的医疗技术由决定使用该类技术的医疗卫生机构自行管理。据此，医疗技术可以被分为三类：第一类，禁止类技术，即明确禁止应用到临床工作中的医疗技术。医疗技术具有下列情形之一的，应禁止应用于临床：（1）临床应用安全性、有效性不确切；（2）存在重大伦理问题；（3）该技术已经被临床淘汰；（4）未经临床研究论证的医疗新技术。禁止类医疗技术目录由国家卫生健康委员会制定发布或者由其委托专业的组织制定发布，并根据情况适时予以调整。第二类，限制类技术，即需要进行严格控制的医疗技术。在禁止类技术目录之外并具有下列情形之一的，为限制类技术，由省级以上卫生行政部门进行严格管理：（1）技术难度大、风险高，对医疗卫生机构的服务能力、人员水平有较高的专业要求，需要设置限定条件的；（2）需要消耗稀缺资源的；（3）涉及重大伦理风险的；（4）存在不合理临床应用，需要予以重点管理的。国家限制类技术目录及其临床应用管理规范由国家卫生健康委员会制定发布或者由其委托专业组织制定发布，并根据临床应用实际情况予以调整。省级卫生行政部门可以结合本行政区域的实际情况，在国家限制类技术目录基础上增补省级限制类技术相关项目，制定发布相关技术临床应用管理规范，并报国家卫生健康委员会备案。第三类，自管类技术，即未被纳入禁止类技术目录和限制类技术目录的医疗技术。医疗卫生机构可以根据自身功能、任务、技术能力等条件自行决定开展临床应用，并应当对其所开展的医疗技术临床应用实施严格管理。这类医疗技术一般是常规性的医疗技术，或者是长期应用其安全性与有效性都得到证实的，且技术难度要求不是很高的医疗技术，医疗卫生机构可自行决定临床应用，并依照医疗卫生机构内部常规管理制度进行管理。

第二个层面，医疗卫生机构应用医疗技术的基本要求。医疗卫生机构承担的基本医疗卫生与健康任务各不相同，所以在医疗卫生技术临床应用上也存在一定差异。但是，所有医疗卫生技术在开展医疗卫生技术临床应用时，都必须遵循科学、安全、规范、有效、经济的原则。医疗卫生机构及其医务人员应当遵循国家相关法律法规和规章制度、诊疗操作常规，从实行项目准入制度入手，加强对新技术、新项目的全过程管理。

第三个层面，医疗卫生机构应用医疗技术的伦理要求。医学技术研究与应用中的伦理问题越来越受到人们的关注与重视。现代医学伦理学确立的不伤害、有利、尊重、公平四项原则，也应成为医疗技术管理中需遵循的原则。这些基本原则在决定一项医疗技术是否可以应用到临床中时，可具体化为以下原则：[1]（1）社会价值原则，是指医学技术的应用在医疗实践中应有利于患者和社会，以保护患者和社会利益；（2）知情自愿原则，系医患关系中的基本准则之一；（3）权利平等原则，在一定程度上，某一项医疗技术都有可能扩大不同人群间利用水平的"差别"，应尽量予以避免此类情况的发生；（4）传统习俗原则，在世界各国的习俗中，有很多近乎"民间法"的民俗习惯与规则支配着人们的生活与交往，习惯虽然不是法律，但也应当得到尊重；（5）保密隐私原则，现代医学技术的应用也带来了新的信息与隐私保密的问题，所以，应重视患者隐私权的保护；（6）伦理监督原则，对医学技术的研究与应用进行伦理审查与监督，已经成为国际共识和通行的制度。

2018年11月26日，媒体报导了贺某某"免疫艾滋病的基因编辑婴儿"事件，2019年12月30日，深圳市南山区人民法院对该案进行了一审公开宣判。法院认定贺某某、张某某、覃某某3名被告人因共同非法实施以生殖为目的的人类遗传基因编辑和生殖医疗活动，构成非法行医罪。其中，贺某某

---

〔1〕 邓蕊："医学人体研究伦理审查的哲学反思与制度实践路径"，山西大学2012年博士学位论文。

被判处有期徒刑 3 年，并处罚金人民币 300 万元。[1]

第四十五条 国家建立权责清晰、管理科学、治理完善、运行高效、监督有力的现代医院管理制度。

医院应当制定章程，建立和完善法人治理结构，提高医疗卫生服务能力和运行效率。

【条文主旨】现代医院管理制度的构建

【理解与适用】本条是关于现代医院管理制度的规定。现代医院管理制度是指在新型公共治理框架指导下所形成的关于政府、所有者代表与医院之间责、权、利关系的一系列制度安排，包括宏观层面的政府治理制度和微观层面的医院内部管理制度。[2]

我国规范化的医院管理，始于 1982 年。在 1978 年《全国医院工作条例试行草案》的实践基础上，卫生部于 1982 年修订发布了《全国医院工作条例》，其中明确规定了"医院实行党委领导下的院长负责制"，并且对医院的决策机制、民主管理、医护技术业务管理、教学科研管理、人力资源管理、质量安全管理、经济管理、后勤管理和文化管理等进行了原则性规定，形成了医院科学管理制度的雏形。同年，为了细化医院的科学管理制度，卫生部在总结试行《全国医院工作条例》经验的基础上，修订并发布了《医院工作制度》，其中包括 64 项关于医疗机构日常规范运行和质量保障的基础制度，这是国家层面上第一部指导医疗机构全面开展日常科学管理的权威实操手册。1986 年，卫生部发布了《中医医院工作制度（试行）》，包括 63 项中医医院工作制度。1992 年，卫生部发布了《医院工作制度的补充规定（试行）》，新增制定了 6 项医院工作制度。至此，我国医疗机构初步建立了制度架构。2010 年，卫生部修订并发布了《医院工作制度与人员岗位职责》，共收录医院工作制度 138 项，人员岗位职责 107 项，其中新增工作制度 85 项，新增岗位职责 29 项，较全面地反映了近 30 年来我国医院管理理念的发展成果，适用于不同等级、类别的医院，对推动公立医院改革，提高医院管理水平，促

---

〔1〕 "'基因编辑婴儿事件'调查结果公布"，载《潇湘晨报》2019 年 12 月 31 日，第 A07 版。
〔2〕 饶克勤："解析现代医院管理制度"，载《中华医院管理杂志》2014 年第 10 期。

进医院管理系统化、制度化、规范化建设具有较强的指导意义。

　　随着医疗发展，我国公立医院的制度安排与制度环境耦合性弱、公益性与效益性界限模糊、相关管理体制与机制失衡错位、[1]针对医院的监管制度缺失[2]以及医院管理体制的僵化低效等问题深度暴露在医改进程之中，管理制度的落后难以适应时代的发展。改革传统僵化的公立医院管理体制的呼声日益高涨，要求寻求体制与机制层面的创新，为医改破题。[3]2009年，我国启动新一轮医改，《中共中央　国务院关于深化医药卫生体制改革的意见》提出，推进公立医院管理体制改革，进一步转变政府职能，落实公立医院独立法人地位，建立和完善医院法人治理结构，建立规范的公立医院运行机制，完善公立医院补偿机制，进一步完善财务、会计管理制度，严格预算管理，改革人事制度，完善分配激励机制，实行综合绩效考核和岗位绩效工资制度，有效调动医务人员的积极性。2010年，卫生部等五部委发布《关于公立医院改革试点的指导意见》，要求改革形成比较科学规范的公立医院管理体制、补偿机制、运行机制和监管机制，加强公立医院内部管理。2011年，《国务院办公厅关于印发医药卫生体制五项重点改革2011年度主要工作安排的通知》提到："探索建立高效的公立医院管理体制，形成规范化的公立医院法人治理结构，积极推进现代医院管理制度。"这是"现代医院管理制度"首次出现在政府文件中。2012年，《国务院关于印发"十二五"期间深化医药卫生体制改革规划暨实施方案的通知》和《国务院办公厅印发关于县级公立医院综合改革试点意见的通知》等文件分别以"建立现代医院管理制度"和"加快建立现代医院管理制度"为目标，进行了公立医院改革部署，标志着现代医院管理制度开始居于重要的改革地位。2015年起，"建立现代医院管理制度"频繁在《国务院办公厅关于城市公立医院综合改革试点的指导意见》《"健康中国2030"规划纲要》《"十三五"卫生与健康规划》等医改文件中被提及。

---

　　〔1〕　伍凤兰、申勇："公立医院改革——历史演进、制度困境与路径选择"，载《中国卫生政策研究》2016年第1期。

　　〔2〕　琚小红、孔英："浅析现代医院管理制度的制度创新"，载《中国卫生产业》2019年第10期。

　　〔3〕　于千等："我国现代医院管理制度的建制原则以及架构理念"，载《中国医院管理》2019年第4期。

2016 年，现代医院管理制度的地位进一步提升，习近平总书记在全国卫生与健康大会上首次提出要着力推进包括"现代医院管理制度"在内的五项基本医疗卫生制度建设。同年 12 月国务院印发的《"十三五"深化医药卫生体制改革规划》则用专门章节对现代医院管理制度进行了详细规划，要求"到2020 年，基本建立具有中国特色的权责清晰、管理科学、治理完善、运行高效、监督有力的现代医院管理制度，建立维护公益性、调动积极性、保障可持续的运行新机制和科学合理的补偿机制"。2017 年《国务院办公厅关于建立现代医院管理制度的指导意见》出台，由此，建立现代医院管理制度的政策框架得以确立（见图 1）。

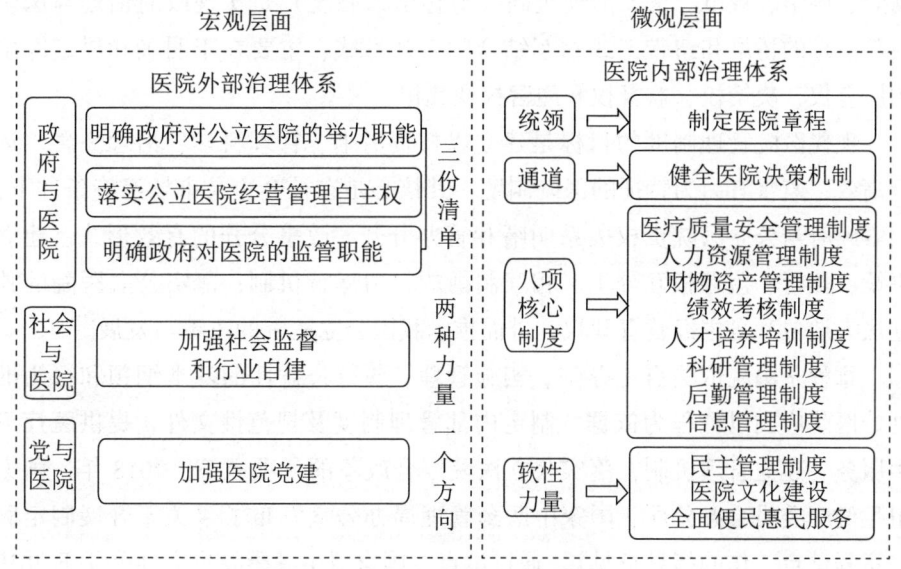

图 1　现代医院管理制度政策框架[1]

现代医院管理制度政策框架以"两层结构"（宏观、微观）和"三份权利清单"（政府举办职能、公立医院经营管理自主权、政府监管职能）为顶层设计，可以分解为宏观层面的外部治理制度和微观层面的内部治理制度。

---

〔1〕　张静、王虎峰："新时代现代医院管理制度的演进路径及政策衔接"，载《中国卫生政策研究》2018 年第 1 期。

宏观层面的外部治理主要通过政事分开、管办分开、清晰产权和"三医联动"等举措，从医疗卫生服务体系的结构布局入手，明确和界定医院与政府、市场以及社会组织之间的权责关系，以及为规范权责关系而制定相关法律法规和制度安排，包括医院所有权或出资人制度、筹资补偿与支付制度、资源配置与组织结构、政府与社会多元监管等。

微观层面的内部治理主要是指医院人力、财务、设备、技术、信息、管理等方面的规则与章程，如人力资源、财务会计、薪酬待遇、绩效考核、信息制度及医疗质量与安全管理制度等管理制度。[1]内部治理的核心是建立医院法人治理机制，明晰医院内部主体的权责利关系，以保证医院内部治理的高效、科学、规范。法人治理机制（或称法人制度）是实现政府治理与医院内部治理的桥梁和纽带，或相互结合的有效形式，主要在于明确和界定医院的所有权、决策权、监督权和经营权及其相互关系。

现代医院管理制度的目标是建立以权责清晰、管理科学、治理完善、运行高效、监督有力为特征的医院制度，其核心是在社会主义市场经济条件下，探索政府与公立医院责权关系明晰和管办分开、政事分开的有效形式；建立决策、执行、监督相互分工、相互制衡的权力运行机制；落实公立医院的独立法人地位和自主经营管理权，进而推动我国公立医院的改革与发展。

章程是医院依法自主办院、实施管理、履行公益性的基本纲领和行为准则。医院应当以章程为依据，制定内部管理制度及规范性文件，提供医疗卫生服务、建立管理机制，落实公立医院综合改革的各项政策。2018年，国家卫生健康委员会办公厅、国家中医药管理局办公室发布了《关于开展制定医院章程试点工作的指导意见》。通过试点，国家卫生健康委员会办公厅于2019年发布《公立医院章程范本》，供各地在推进医院章程制定工作时参考。医院章程应明确医院的举办主体、医院性质、办医宗旨、功能定位、管理体制等总则内容，应明确举办主体的权利与义务、医院的权利与义务等外部治理体系内容，应明确党委、纪委、领导班子、内部结构框架等内部治理体系内容，应明确医院员工的权利义务，以及医院运行管理的原则与机制内容，以提高

---

〔1〕 朱战国等："中国特色现代医院管理制度的科学内涵及优化路径"，载《中国卫生产业》2019年第20期。

医疗卫生服务能力和运行效率。公立医院章程应当明确其履行公益性的具体要求。建立法人治理结构的医院，应当在章程中明确法人治理结构的相关内容。

第四十六条 医疗卫生机构执业场所是提供医疗卫生服务的公共场所，任何组织或者个人不得扰乱其秩序。

【条文主旨】 医疗卫生机构的定性

【理解与适用】 本条将医疗卫生机构执业场所的性质明确界定为公共场所，为公安机关适用《治安管理处罚法》等维护医疗机构医疗秩序提供了明确的法律依据，也结束了学界长期关于医疗卫生机构是内保单位还是公共场所的争议。

当前，"医闹"现象频发，经常出现患者一方侵犯医务人员权利的情况，反映出一些患者的秩序意识、义务意识淡薄。患者应当遵守诊疗制度，维护医疗秩序，尊重医务人员；不得干扰医疗秩序，妨害医务人员的工作、生活。医疗卫生机构及其医疗卫生人员的合法权益受法律保护。

为了维护正常的医疗秩序和医疗卫生人员的职业权益，确保患者拥有良好的就医环境，实现就医权利，明确医疗卫生机构执业场所的法律属性显得十分必要和迫切。在本法颁布之前，对于医疗卫生机构法律属性的定性相对比较模糊。长期以来，医疗卫生机构一直被作为内保单位予以对待，这一做法源于《企业事业单位内部治安保卫条例》（国务院令第421号）。深圳市第六届人民代表大会常务委员会第十次会议于2016年8月25日通过并发布的《深圳经济特区医疗条例》，第一次以地方立法的形式，将医疗卫生机构执业场所确立为医疗卫生机构提供医疗服务的公共场所。

公共场所是一个耳熟能详、经常使用的名词，一般人不会去探究其法律概念及意义，但在涉及追究发生在公共场所的事件的民事、行政、刑事责任时，探究公共场所的法律概念及意义就显得十分必要。在法律层面，大多法律规定都对公共场所实行了列举式规定，例如《公共场所卫生管理条例》第2条列举的公共场所包含：（1）宾馆、饭馆、旅店、招待所、车马店、咖啡馆、酒吧、茶座；（2）公共浴室、理发店、美容店；（3）影剧院、录像厅（室）、游艺厅（室）、舞厅、音乐厅；（4）体育场（馆）、游泳场（馆）、公园；

（5）展览馆、博物馆、美术馆、图书馆；（6）商场（店）、书店；（7）候诊室、候车（机、船）室、公共交通工具。不同的法律对于公共场所的界定也有不同理解，例如《刑法》中的"公共场所"主要是指大众进行公开活动的场所，如商店、影剧院、体育场、街道等；[1]《侵权责任法》第 37 条所指的"公共场所"不限于"宾馆、商场、银行、车站、娱乐场所"，还包括其他场所，比如机场、公园、餐厅、码头等。[2]所以，对于本条所指的公共场所还需要结合其他部门法进行界定。

将医疗卫生机构执业场所界定为公共场所，有利于公安机关依法打击"医闹"等违法行为。对于此类行为，公安机关可根据《治安管理处罚法》的有关规定，以扰乱公共秩序违法行为对违法分子进行惩处，减少暴力伤医现象，保障医疗卫生人员的合法权益。

2013 年 11 月 2 日，村民贺某某因病到黎平县人民医院进行治疗，后因病情恶化，经医院抢救无效死亡。贺某某的弟弟，被告人贺某谋等亲属主观臆断贺某某的死亡是医院的责任，要求医院赔偿 160 万元。2013 年 11 月 3 日，在医院没有满足其要求的情况下，贺某谋提出并带头参与将贺某某的尸体推到医院门诊大厅停放，烧香纸、放鞭炮，聚集 100 多人在医院门诊大厅及附近，并安排聚集的人员在医院食堂就餐。在有关部门安排的工作人员劝阻下，聚集人员拒不撤离，严重扰乱了医院的正常秩序。2013 年 11 月 22 日，经黎平县人民检察院批准，贺某谋被黎平县公安局批准逮捕。12 月 19 日，黎平县公安局以被告人贺某谋涉嫌聚众扰乱社会秩序罪向黎平县人民检察院移送审查起诉。黎平县人民检察院于 2014 年 1 月 20 日审查终结，并于当日以贺某谋涉嫌聚众扰乱公共场所秩序罪向法院提起公诉。2014 年 2 月 11 日，黎平县人民法院以贺某谋构成聚众扰乱公共场所秩序罪，依法判处有期徒刑 2 年。

这是一起因家属死因及赔偿问题引发的纠纷，是一起严重扰乱医院正常秩序的案件。黎平县人民检察院认为被告人违反社会管理秩序，不能理性处理医患纠纷，公然纠集亲属将贺某某的尸体停放至医院门诊大厅，烧香纸、

---

[1] 全国人大常委会法制工作委员会编：《中华人民共和国刑法释义》，法律出版社 2015 年版，第 486 页。

[2] 吴高盛主编：《〈中华人民共和国侵权责任法〉释义及实用指南》，中国民主法制出版社 2014 年版，第 172 页。

放鞭炮，严重扰乱了整个医院及其周边交通的正常秩序，且在有关部门进行劝阻时拒不撤离，情节严重，影响恶劣，其行为已构成聚众扰乱公共场所秩序罪。据此，黎平县人民检察院改变了公安机关聚众扰乱社会秩序罪的定性，以聚众扰乱公共场所秩序罪向人民法院提起公诉，后黎平县人民法院采纳了检察机关的意见，依法作出判决。

第四十七条　国家完善医疗风险分担机制，鼓励医疗机构参加医疗责任保险或者建立医疗风险基金，鼓励患者参加医疗意外保险。

【条文主旨】医疗风险分担机制

【理解与适用】本条规定了我国关于医疗风险分担机制的基本构成，提倡医疗风险由医患双方和社会共同分担，并为此引入医疗责任保险和医疗风险基金，以及医疗意外保险。这一规定在《医疗纠纷预防和处理条例》第7条中也有所体现，此条规定："国家建立完善医疗风险分担机制，发挥保险机制在医疗纠纷处理中的第三方赔付和医疗风险社会化分担的作用，鼓励医疗机构参加医疗责任保险，鼓励患者参加医疗意外保险。"本法规定较之于《医疗纠纷预防和处理条例》，增加了医疗风险基金的规定。

医疗行业存在着高风险，不仅医务人员依法应承担医疗责任风险，同时患者本人在接受医疗服务时也应承担医疗风险。这是两类性质完全不同的风险，需要通过不同的保险机制予以化解。确切地讲，前者可以通过医疗机构参加医疗责任保险或建立医疗风险基金加以化解，而后一种患者的医疗风险则应由患者通过购买人身保险的方式减轻风险，如手术意外保险、住院意外保险、母子平安保险等。

责任保险，又被称为第三者责任保险，是指以被保险人对第三者依法应负的赔偿责任为保险标的的保险。责任保险在性质上通常被划归为广义的财产保险范畴，可以分为公众责任保险、产品责任保险、雇主责任保险、汽车责任保险、环境责任保险、专家责任保险等。医疗责任保险属于专家责任保险范畴，是指以医疗机构及其医务人员因医疗过失而致患者损害依法应承担的赔偿责任为保险标的的责任保险。医疗责任保险与各国医疗法律制度，尤其是民事赔偿制度的发展与完善具有密切的关系。随着我国医疗侵权责任的不断完善，医疗责任保险作为一种有效的分散医疗责任风险的保险制度，愈来愈引起我国医疗机构及其医务人员的广泛重视。但是，据有关资料显示，截至 2014 年，全国医疗机构的医疗责任保险总体覆盖率仍不足 10%。[1]2019 年 1 月 4 日，国家卫生健康委员会官网发布的一则针对人大代表的回复提出：截至 2017 年底，全国有 11 万余家医疗机构参加了医疗责任保险，并且下一步朝着二级以上公立医院医疗责任保险全覆盖的目标努力。[2]

关于医疗责任保险，有几点需要特别加以注意：一是医疗责任保险不同于人们常常谈到的医疗保险。医疗保险属于社会保险或非商业保险之范畴，而医疗责任保险是保险公司开办的以营利为目的的商业保险。因此，保险公司在确定医疗责任保险合同的保险对象、保险责任范围、保险费率等主要保险条款时，均是以营利为目的而进行的。二是在我国现阶段，医疗责任保险的被保险人是医疗机构而非医务人员。目前在我国，医疗机构与其医务人员是雇主和雇员的雇佣关系，医疗侵权作为一种特殊的侵权形式，替代责任是其承担责任的主要方式。为此，我国《侵权责任法》第 54 条规定，患者在诊疗活动中受到损害，医疗机构及其医务人员有过错的，由医疗机构承担赔偿责任。三是医疗责任保险属于限额保险。医疗责任保险承保的是被保险人医疗机构对第三人患者依法应承担的赔偿责任。被保险人赔偿责任的发生与赔偿数额的大小取决于多种因素，作为保险人事先对上述因素是难以预测的，同时也不能通过支付保险赔偿金填补被保险人的全部损失。在订立医疗责任保险条款时，保险人与被保险人所约定的保险金额，实际上是保险人承担赔偿责任的最高限额，超过最高限额的部分仍由医疗机构承担。在实务中，保险限额通常包括累计最高赔偿限额、每次事故赔偿限额、每次事故每人赔偿限额和被保险人的自负额等。

医疗风险基金，一般是指由医疗卫生机构及其从业人员为分担医疗风险共同缴纳的资金，适用范围为赔（补）偿经医患双方协商、人民调解、行政调解、司法调解、法院判决等认定的医患纠纷费用。[3]除了在单个医院内部设立医疗风险基金之外，还可以跨医疗机构设立，由多家医疗机构按照一定

〔1〕 徐毓才："医疗责任险为何叫好不叫座"，载《医药经济报》2019 年 5 月 2 日，第 F03 版。

〔2〕 参见国家卫生健康委员会官网，http://www.nhc.gov.cn/wjw/jiany/201901/1038e8fb43e94d589818b7fad09f1c26.shtml，最后访问日期：2020 年 4 月 16 日。

〔3〕 参见《徐州市医疗风险互助金管理办法（试行）》第 2 条。

的比例缴纳，并实行统一管理、统筹使用。在这种情况下，医疗风险基金是指为分散医疗机构的医疗责任风险，保障因遭受医疗损害的患者获得及时赔偿（补偿）而建立的互助共济基金。

医疗意外保险，是指可以有效分散患者的医疗意外损害，在保险期内患者在接受诊疗过程中因医疗意外导致死亡、伤残等不良后果的，保险公司按照合同约定给付保险金的一种人身保险。[1]医疗意外险是解决手术意外、不可抗力等因素导致的人身损害纠纷的一项重要措施，有利于第三方调解机制的顺利运行，可以有效缓解患者的经济负担和精神压力，改善当前的医疗保障体系。目前医疗意外保险有两种模式：一是以高危手术、病种治疗为主的单一型医疗意外险；二是附加型医疗意外险（作为医疗责任险的附加险种而存在），其保费由医院全额支付，赔付流程为出险后保险公司将保险金支付给医院，再由医院支付给患者。我国厦门地区即采用后一种形式。

医疗意外险是医疗责任险的必要补充。在医疗过程中，有些医疗行为并不存在过错，此时，患者出现了与治疗预期不符的损害后果时，如手术意外、麻醉意外、不可避免的并发症、无过错输血等，时常因此引发医疗纠纷。虽然医疗责任险可附加医疗意外保险，但部分意外依然被列为除外责任，加之患者自身疾病和身体素质的特殊性，无疑会增加医院成本或保险人赔付，增大医疗责任险的范围，造成收支不平衡。建立医疗意外保险制度，一方面可使医疗机构从繁杂的医疗纠纷中解脱出来，另一方面也可使遭受意外的患者或家属及时得到赔偿，从而有效地缓解医患矛盾。

2015年4月17日，四川省某县人民医院对患者进行剖宫产手术，因疏忽、过失导致患者婴儿羊水吸入引起呼吸衰竭而死亡。事故发生后，医患双方产生争议进入诉讼阶段。接到报案后，保险公司立即启动重大事故应急预案，密切跟踪事故处理过程，积极配合院方进行案件处理，最终及时赔付20万元。

近年来，医疗责任保险已经在全国各级医院开展，逐渐显现出化解医患矛盾、分散医疗责任风险等积极作用。本案中，保险公司提前介入事故处理，

---

〔1〕 碗旭照、肖鹏："我国医疗意外保险的不足及完善对策"，载《中国医学伦理学》2018年第1期。

积极做好案件处理和诉讼支持，充分体现了医疗责任保险有利于缓解医患矛盾，维护社会稳定的重大意义，积极推动了医疗行业职业保障建设。

第四十八条　国家鼓励医疗卫生机构不断改进预防、保健、诊断、治疗、护理和康复的技术、设备与服务，支持开发适合基层和边远地区应用的医疗卫生技术。

【条文主旨】鼓励技术创新和发展适宜技术

【理解与适用】本条是关于国家鼓励医疗卫生技术创新和发展适宜技术的规定。由于我国医疗技术水平发展不均衡，因此，国家在鼓励和支持医疗卫生机构改进技术、设备和服务的基础上，支持开发适合基层和边远地区应用的医疗卫生技术。根据本条的前半段表述，诊疗技术、设备和服务的改进主体是医疗卫生机构，这一点毋庸置疑，国家鼓励医疗卫生机构进行相应的改进。本条后半段规定的主语仍然是国家，国家支持开发适合基层和边远地区应用的医疗卫生技术，与前半段相比，国家鼓励诊疗改进的对象是医疗机构，国家支持开发适宜技术的对象却不明确，此处可作扩大解释，支持开发适宜技术的对象应包括医疗卫生机构在内的社会各界。

本条在《基本医疗卫生与健康促进法》的立法过程中历经了一些变化。《基本医疗卫生与健康促进法（草案）》将该条放置在总则部分，其第 10 条第 2 款规定："国家鼓励医疗卫生机构及其人员不断改进预防、治疗和康复的技术与服务，开发适合基层和边远地区应用的医疗卫生技术。"《基本医疗卫生与健康促进法（草案二次审议稿）》则将其放在了第 4 章"药品供应保障"中，其第 65 条规定："国家鼓励医疗卫生机构、医疗卫生人员不断改进预防、治疗和康复的技术、设备与服务，支持开发适合基层和边远地区应用的医疗卫生技术。"《基本医疗卫生与健康促进法（草案三次审议稿）》则将其放在第 3 章"医疗卫生机构"之中，其第 48 条规定："国家鼓励医疗卫生机构、医疗卫生人员不断改进预防、保健、诊断、治疗、护理和康复的技术、设备与服务，支持开发适合基层和边远地区应用的医疗卫生技术。"最后公布的《基本医疗卫生与健康促进法》则删去了第三次审议稿中的"医疗卫生人员"一词。较最初草案的规定，本条除了从总则部分被移到"医疗卫生机构"章节之下外，内容上也删去了"医疗卫生人员"的表述，增加了"设备"一词。将本条设置在"医疗卫生机构"章节之下，具有一定的合理性，医疗卫生机构作为提供医疗技术、服务和适用医疗设备的主体，其有改进技术、设备和服务的源动力和能动性。

《基本医疗卫生与健康促进法》之功能定位在于整合、规范和系统推进医疗卫生领域的法治化，即对健康领域中现有的法律体系进行高屋建瓴的整合、机制体制构建并整体推进该领域的法治化。[1]故此，该法的很多条文并不具有直接可适用性，还需要有相应的配套法律、法规来予以细化和落实。本条同样也具有这样的特点。但是该法原则性的条文同样具有其存在的价值和重要意义。本条作为宣示性的条款，表明国家对于医疗卫生机构改进医疗技术、设备和服务，对开发适合基层和边远地区医疗技术的支持和鼓励。但是如何支持与鼓励还需要更加详细的法规或卫生政策去执行和落实。

我国长期以来普遍存在医疗资源布局结构不合理的问题，大城市等级高的医院因为拥有较先进的设备、更规范的管理、更优质的医疗服务和技术，除了吸引更多患者之外，也更容易吸纳高素质的医学人才；高素质的医疗卫生人员又反过来给医疗卫生机构带来了更多活力。基层和边远地区的医疗卫生机构因受到设备、人员水平的制约，在医疗技术和医疗服务方面相对薄弱。因此，三甲医院开展的医疗技术在基层和边远地区可能很难得到适用，支持开发适合基层和边远地区的医疗卫生技术至关重要。基层医疗卫生服务是我国医疗卫生服务体系的重点，加强基层医疗卫生服务能力建设是《基本医疗卫生与健康促进法》一个非常重要的内容。[2]该法从医疗卫生资源配置和财政投入、城乡医疗卫生服务体系建设、全科医学人才培养等多方面进行了较为详细的规定。[3]支持开发适合基层和边远地区应用的医疗卫生技术也是加强基层医疗卫生服务能力建设的重要方面。

我国长期以来采取对口支援、资金支持等多种方式支持基层和边远地区

---

〔1〕　王晨光、张怡："《基本医疗卫生与健康促进法》的功能与主要内容"，载《中国卫生法制》2020 年第 28 卷第 2 期。

〔2〕　胡志："我国医疗卫生与健康事业发展的坚强后盾——写在《基本医疗卫生与健康促进法》颁布之际"，载《中国农村卫生事业管理》2020 年第 1 期。

〔3〕　胡志："我国医疗卫生与健康事业发展的坚强后盾——写在《基本医疗卫生与健康促进法》颁布之际"，载《中国农村卫生事业管理》2020 年第 1 期。

医疗卫生技术的发展。例如，在国家卫生健康委员会的指导下，依托国家呼吸临床研究中心·中日医院呼吸专科医联体，2017 年 11 月 15 日，"幸福呼吸"全国慢阻肺分级诊疗推广项目正式启动。该项目创新性地建立了从国家中心到地市级医院牵头、支持基层医疗机构适宜技术落地实施的慢阻肺一体化防治模式。两年来，该项目为试点地区的基层医疗机构配备了简易肺功能仪 1927 台，完成慢阻肺规范管理 7516 人，肺功能检查 15 万人。该项目促进了适宜基层医疗机构开展简易肺功能仪的落地实施，提高了医务人员掌握这一技术的能力，增强了基层医务人员规范诊治慢阻肺患者的意识和水平。截至 2019 年 10 月，项目覆盖全国 19 个地市，受益人群超过 7000 万。[1]根据媒体报道，2018 年 9 月 8 日，湖南基层医疗联盟成立大会暨首场适宜技术推广大会顺利召开，湖南基层医疗联盟的成立，为响应国家号召、顺应国家政策，为基层医疗机构提供了专家资源导入、教育培训、适宜技术推广等六大版块支持；帮助基层医疗机构完善服务体系，提升医疗技能和服务能力，满足百姓健康需求。[2]2019 年成都第一骨科医院推进骨科专科联盟建设工作，推进骨科适宜技术下基层，提高基层医疗机构的诊治服务能力，落实分级诊疗制度，让百姓足不出户解决看病难问题。[3]

另外，因为医疗资源的分布不均衡，我们无法用一个大城市三级医院医生的技术标准要求一个基层医疗卫生机构的医生具有同等的技术水准。在医疗侵权领域，确定医疗机构有无过错，需要考察医务人员是否尽到相应的注意义务。因为医疗资源分布不均衡，所以不同地区、不同等级医院的医疗卫生人员所掌握的技术难以达到一致水平，故而在具体判断医务人员是否违反注意义务时，还应当考虑不同地区医疗水平、不同医疗机构资质、不同医务人员资质等因素。[4]

〔1〕 "世界慢阻肺日的中国行动——《幸福呼吸白皮书》首次发布"，载中日友好医院官网，https://www.zryhyy.com.cn/Html/News/Articles/313386.html，最后访问日期：2020 年 4 月 17 日。

〔2〕 "湖南基层医疗联盟成立大会暨首场适宜技术培训会议圆满召开"，载中国产业信息网，http://www.cinic.org.cn/zgzz/yx/449185.html，最后访问日期：2020 年 4 月 17 日。

〔3〕 "骨科适宜技术下基层 加强技术支持与合作"，载成都市公共企事业单位办事公开网，http://gk.chengdu.gov.cn/enterprise/detail.action?id=290936&tn=0，最后访问日期：2020 年 4 月 17 日。

〔4〕 杨立新：《〈中华人民共和国侵权责任法〉精解》，知识产权出版社 2010 年版，第 244 页。

总之，本条在表明了国家对于医疗卫生机构不断改进技术、设备与服务的支持态度的基础上，重点强调的是支持基层边远地区开展适宜的医疗技术。这与我国加强基层医疗卫生服务能力，医疗卫生资源向基层倾斜的政策导向是一致的。

第四十九条 国家推进全民健康信息化，推动健康医疗大数据、人工智能等的应用发展，加快医疗卫生信息基础设施建设，制定健康医疗数据采集、存储、分析和应用的技术标准，运用信息技术促进优质医疗卫生资源的普及与共享。

县级以上人民政府及其有关部门应当采取措施，推进信息技术在医疗卫生领域和医学教育中的应用，支持探索发展医疗卫生服务新模式、新业态。

国家采取措施，推进医疗卫生机构建立健全医疗卫生信息交流和信息安全制度，应用信息技术开展远程医疗服务，构建线上线下一体化医疗服务模式。

【条文主旨】健康和医疗卫生的信息化建设

【理解与适用】本条是关于推动我国健康和医疗卫生事业信息化发展的规定。共分为三款，其中第1款是关于健康信息化的规定，第2款是关于信息技术在医疗卫生和医学教育中应用的规定，第3款是关于线上线下医疗服务模式构建的规定。

我国医疗卫生信息化的探索和实践源起于20世纪80年代末期，当时主要通过开发和应用以收费、挂号等为核心的信息化系统，缩短人工服务流程，进而实现缓解就诊压力的目的。20世纪90年代，我国开始探索和研究电子病历，2005年，我国《电子签名法》的实施在一定程度上助推了数字化医疗信息资源的应用。2009年，《中共中央 国务院关于深化医药卫生体制改革的意见》（中发〔2009〕6号）对新医改时期数字化医疗的发展提出了新要求，[1]进一步推进了医疗卫生信息化进程。

2014年被业界称为"互联网医疗"元年，BAT等互联网巨头纷纷进军互

---

〔1〕 孟群主编：《"互联网+"医疗健康的应用与发展研究》，人民卫生出版社2015年版，第10~11页。

联网医疗领域。[1]2015 年,《国务院关于积极推进"互联网+"行动的指导意见》(国发〔2015〕40 号)出台,其明确提出,要"发展基于互联网的医疗卫生服务,支持第三方机构构建医学影像、健康档案、检验报告、电子病历等医疗信息共享服务平台,逐步建立跨医院的医疗数据共享交换标准体系"。同时要求依托互联网平台提供人工智能公共创新服务,加快人工智能核心技术突破,促进人工智能在包括医疗卫生在内的各个领域的推广应用。此外,信息技术和医学教育的融合也越来越受到重视,并成为一种发展趋势。与传统的教学方法相比,信息技术可以有效提高学生对课堂教学的参与性,更好地激发和调动学生的学习兴趣,学生的主体意识显著增强,实践中也有不少应用单位已经取得了良好的教学效果。可以说,将信息技术与医学教育进行深度融合,较好地促进了医学教育的改革与发展。

2017 年,国务院印发了《新一代人工智能发展规划》,明确提出要推动人工智能与各行业的融合创新。2018 年,国家卫生健康委员会出台了《国家健康医疗大数据标准、安全和服务管理办法(试行)》,对健康医疗大数据的标准管理、安全管理、服务管理和管理监督进行了较为详细的规定。应当说,标准问题是健康医疗大数据的核心所在,如果不解决标准问题,其仍然是一个个信息"孤岛",难以形成大数据。另外,安全问题是健康医疗大数据的关键,如果缺乏安全防护,其不仅会影响信息安全,也会影响到国家安全。

随着互联网等信息技术在医疗领域中的广泛应用,互联网医疗、互联网医院、远程医疗服务等"互联网+医疗服务"新业态快速发展,其作为新事物,参与主体多,涉及领域广,隐私安全风险高,缺乏相应的界限划分和行业准入规定,为了解决这些问题,国家卫生健康委员会、国家中医药管理局于 2018 年联合发布了《互联网诊疗管理办法(试行)》《互联网医院管理办法(试行)》《远程医疗服务管理规范(试行)》等部门规章,对互联网诊疗、互联网医院和远程医疗作出了较为详细的规定。随后,随着《药品管理法》的修订,打通了"互联网+处方药"销售的通道,再加上医保制度的试点、跟进和变革,我国已经初步形成了一个互联网医药的闭环体系,但也存

---

〔1〕 刘炫麟主编:《互联网医药法律问题研究》,中国政法大学出版社 2017 年版,第 1 页。

在一些需要优化的细节。

　　由此可见，国家的医疗卫生信息化大致经历了三个阶段，即远程医疗阶段、互联网医疗阶段和智慧医疗阶段。《基本医疗卫生与健康促进法》规定医疗卫生健康信息化，不仅可以将医改中的成果予以固化，而且可以大大提升立法层级，为这些法律规范的修正和完善提供上位法依据。党的十九大报告指出，我国社会主要矛盾已经转化为人民日益增长的美好生活需要和不平衡不充分的发展之间的矛盾。在医疗健康领域同样存在这样的矛盾，由于公民对自身健康的日益重视，其对医疗服务的需求也在不断增加。但由于医疗资源，尤其是优质卫生人力资源的不均衡分配，基层或者农村的居民看病就医仍然存在"看病难、看病贵"的问题。远程医疗、互联网诊疗、医学人工智能的深度应用，有利于通过高新技术促进优质医疗资源的"下沉"。国家大力发展互联网医疗等高新技术，既回应了"互联网+"时代的来临、老龄化社会的挑战等外部环境变化，也在很大程度上促进了医疗卫生资源的均衡分配和医生价值的释放、体现，[1]进而有助于形成线上和线下一体化的医疗卫生服务。

　　远程医疗、互联网医疗和医学人工智能不仅可以在常态情况下发挥作用，有时在突发公共卫生事件中也会起到意想不到的独特作用。以新冠肺炎疫情为例，由于新冠肺炎病毒主要通过呼吸道飞沫和密切接触传播，因此如何有效阻断传染，是提高预防和诊疗效用的重要举措。安之卓医疗机器人公司研发的配药机器人就被直接应用于武汉红十字会医院，使用该款机器人调配药物，使得操作人员就不需要直接接触药物，避免了药物的交叉污染和空气污染；赛特智能公司生产的医用智能配送机器人在武汉汉口医院、雷神山医院等得以广泛应用，其承担送药、送餐、回收被服和医疗垃圾等工作，有效避免了相关工作人员感染新冠肺炎病毒的风险；猎户星空公司研发的智能服务机器人在北京大学首钢医院得到应用，其目的是实现无人导诊，自动响应发热问诊、引领患者初步诊疗，在此基础上可以实现医生与患者的远程诊疗，避免医患直接接触而引发交叉感染的可能性。这些事例均是医疗卫生信息化的重要体现和实际应用，代表了未来医疗卫生信息化的发展趋势。

---

　　〔1〕　刘炫麟主编：《互联网医药法律问题研究》，中国政法大学出版社 2017 年版，第 6~10 页。

第五十条　发生自然灾害、事故灾难、公共卫生事件和社会安全事件等严重威胁人民群众生命健康的突发事件时，医疗卫生机构、医疗卫生人员应当服从政府部门的调遣，参与卫生应急处置和医疗救治。对致病、致残、死亡的参与人员，按照规定给予工伤或者抚恤、烈士褒扬等相关待遇。

【条文主旨】医疗卫生服务主体服从突发事件应急调遣

【理解与适用】本条主要规定了发生严重威胁人民群众生命健康的突发事件时，医疗卫生服务主体应当服从调遣以及对致病、致残、死亡的参与人员给予相关待遇。

突发事件，是指突然发生，造成或者可能造成严重社会危害，需要采取应急处置措施予以应对的自然灾害、事故灾难、公共卫生事件和社会安全事件。按照社会危害程度、影响范围等因素，可以将自然灾害、事故灾难、公共卫生事件和社会安全事件分为特别重大、重大、较大和一般四个等级。突发事件发生后，履行统一领导职责或者组织处置突发事件的人民政府应当针对其性质、特点和危害程度，立即组织有关部门，调动应急救援队伍和社会力量，依照有关法律、法规、规章的规定采取应急处置措施。自然灾害、事故灾难或者公共卫生事件、社会安全事件发生后，履行统一领导职责的人民政府可以采取组织营救和救治受害人员，疏散、撤离并妥善安置受到危险的人员以及其他救助措施。《突发公共卫生事件应急条例》第39条第1款规定，医疗卫生机构应当对因突发事件致病的人员提供医疗救护和现场救援，对就诊病人必须接诊治疗，并书写详细、完整的病历记录；对需要转送的病人，应当按照规定将病人及其病历记录的复印件转送至接诊的或者指定的医疗机构。《执业医师法》第28条规定，遇有自然灾害、传染病流行、突发重大伤亡事故及其他严重威胁人民生命健康的紧急情况时，医师应当服从县级以上人民政府卫生行政部门的调遣。新冠肺炎疫情发生后，党中央果断作出支援湖北的重大决策，国家卫生健康委员会党组织迅速落实党中央的决策部署，科学测算、制订方案、有序调集医疗资源，全国各地迅速响应，29个省（区、市）和新疆生产建设兵团火速到达湖北；19个省（区、市）以省包市，对口支援湖北各市、州。在湖北的援鄂医疗队员多达4.26万名，其中护士2.86万名，占援鄂医疗队员总数近70%。发生自然灾害、事故灾难、公共卫生事件和社会安全事件等严重威胁人民群众生命健康的突发事件时，医疗卫生机构、医疗卫生人员应当服从政府部门的调遣，参与卫生应急处置和医疗救治。

《突发事件应对法》第 61 条规定，国务院根据受突发事件影响地区遭受损失的情况，制定扶持该地区有关行业发展的优惠政策。受突发事件影响地区的人民政府应当根据本地区遭受损失的情况，制定救助、补偿、抚慰、抚恤、安置等善后工作计划并组织实施，妥善解决因处置突发事件引发的矛盾和纠纷。公民参加应急救援工作或者协助维护社会秩序期间，其在本单位的工资待遇和福利不变；表现突出、成绩显著的，由县级以上人民政府给予表彰或者奖励。县级以上人民政府对在应急救援工作中伤亡的人员依法给予抚恤。《突发公共卫生事件应急条例》第 9 条规定，县级以上各级人民政府及其卫生行政主管部门，应当对参加突发事件应急处理的医疗卫生人员，给予适当补助和保健津贴；对参加突发事件应急处理做出贡献的人员，给予表彰和奖励；对因参与应急处理工作致病、致残、死亡的人员，按照国家有关规定，给予相应的补助和抚恤。为鼓舞士气，表彰先进，弘扬正气，激励广大卫生健康工作者投入新冠肺炎疫情防控这场严峻的斗争中，国家卫生健康委员会、人力资源社会保障部、国家中医药管理局公布了《关于表彰全国卫生健康系统新冠肺炎疫情防控工作先进集体和先进个人的决定》（国卫人发〔2020〕4号），授予北京大学第一医院重症救治医疗队等 113 个集体 "全国卫生健康系统新冠肺炎疫情防控工作先进集体" 称号，授予丁新民等 472 位同志 "全国卫生健康系统新冠肺炎疫情防控工作先进个人" 称号，追授徐辉等 34 位同志 "全国卫生健康系统新冠肺炎疫情防控工作先进个人" 称号，获奖个人享受省部级表彰奖励获得者待遇。

2020 年 1 月 23 日，人力资源社会保障部、财政部、国家卫生健康委员会联合下发了《关于因履行工作职责感染新型冠状病毒肺炎的医护及相关工作人员有关保障问题的通知》（人社部函〔2020〕11 号），其规定，在新冠肺炎防治工作中，医护及相关工作人员因履行工作职责，感染新冠肺炎或因感染新冠肺炎死亡的，应认定为工伤，依法享受工伤保险待遇。已参加工伤保险的上述工作人员发生的相关费用，由工伤保险基金和单位按工伤保险有关规定支付；未参加工伤保险的，由用人单位按照法定标准支付，财政补助单位因此发生的费用，由同级财政予以补助。《退役军人事务部、中央军委政治工作部关于妥善做好新冠肺炎疫情防控牺牲人员烈士褒扬工作的通知》（退役军人部发〔2020〕6号）规定，为妥善做好疫情防控牺牲人员的烈士褒扬工作，各地要做到：准确把握烈士评定（批准）范围，符合条件的，应予以评定；及时申报受理审核，与应对新冠肺炎疫情联防联控工作机制（领导小组、指挥部）保持密切沟通，充分利用信息技术手段，采取网上办公、视频会议等形式，既保障工作顺利开展，又最大限度降低人员聚集感染风险；全面做好抚恤优待工作，对于被评定（批准）为烈士的，各地要按照有关规定落实好抚恤优待政策，先行垫支烈士褒扬金，及时发放抚恤金，积极开展慰问、悬挂光荣牌等活动，妥善解决烈士遗属的实际困难；要深入挖掘整理烈士在疫情防控工作中的突出事迹，充分发挥报纸、广播、电视、网络等融媒体渠道作用，讲好英烈故事，唱响打赢疫情防控阻击战期间的英烈赞歌。因此，对致病、致残、死亡的参与人员，应按照规定给予工伤或者抚恤、烈士褒扬等相关待遇。

第四章　医疗卫生人员

第五十一条　医疗卫生人员应当弘扬敬佑生命、救死扶伤、甘于奉献、大爱无疆的崇高职业精神，遵守行业规范，恪守医德，努力提高专业水平和服务质量。

医疗卫生行业组织、医疗卫生机构、医学院校应当加强对医疗卫生人员的医德医风教育。

【条文主旨】医疗卫生人员的职业精神

【理解与适用】本条是关于医疗卫生人员职业精神的规定。医学职业精神是医务工作者表现在医学行为中的体现人文精神的主导思想，是其在医学实践中创立和发展并为整个医学界乃至全社会所肯定和倡导的基本从业理念、价值取向、职业人格及其职业准则、职业风尚的总和，即在整个医疗实践过程中，医疗卫生人员应确立的理想和信仰。[1]不管是中国古代传统医学的名医大师，还是西医学专家，他们除了拥有高超的医术外，其思想与言行所散发和折射出的高尚的职业精神更是深深地影响着后世的医务人员。他们的一些重要思想已成为当今医学伦理学核心内容的一部分。以人为本、济世救人、仁爱为怀、淡泊名利、尊重患者、关爱生命、不分贫富、平等医治、谦虚谨慎、博采众长、细辨真伪、精益求精、不畏艰险、全力赴救等医学伦理思想至今仍有重要的现实意义。[2]

2003年的"非典"给人类笼罩上一层死亡的阴影，在这场没有硝烟的战场上，涌现出无数可歌可泣的医务工作者，为抗击"非典"献身的梁世奎，用生命书写"大医精诚"的叶欣，以生命为代价挽救病人的陈洪光，以及无数不知名的医务人员，他们用生命书写了医务人员的职业精神。在2020年的新冠肺炎疫情中，同样是这样一批白衣天使，面对疫情发展的严峻形势，以维护人民群众的健康为使命，用他们的血肉之躯筑起了抗击病毒的钢铁长城。

---

〔1〕郝义彬："医院文化建设与品牌塑造"，载《医院管理论坛》2010年第4期。
〔2〕郭航远："重视医务人员的职业精神培养"，载《医院管理论坛》2012年第7期。

当然，不可否认的是，随着医疗大环境的变化，医生的职业道德也面临着严峻的挑战。例如，浙江某医院违规操作，致患者感染艾滋病病毒等事故。[1]这些事件体现出当前个别医务人员职业道德水准的失格。导致这种情况发生主要有两个方面的原因：一是社会因素的影响。医疗服务供需矛盾日益突出，医疗卫生机构、医务人员本身普遍存在重医术医技、轻医德医风的问题。二是医院管理中指导思想的错位。不少医院过多重视经济效益，而忽视社会效益，医德医风考核多流于形式。在此背景下，提高医护人员的职业精神，是现代医学发展的要求，是医护人员职业发展的需要，也是缓解当前医患关系紧张的有效举措。因此，应当通过立法的形式要求医务人员在努力提高专业水平和服务质量的同时，遵守行业规范、恪守医德、尊重病人的人格和权利、救死扶伤、甘于奉献。

第五十二条　国家制定医疗卫生人员培养规划，建立适应行业特点和社会需求的医疗卫生人员培养机制和供需平衡机制，完善医学院校教育、毕业后教育和继续教育体系，建立健全住院医师、专科医师规范化培训制度，建立规模适宜、结构合理、分布均衡的医疗卫生队伍。

国家加强全科医生的培养和使用。全科医生主要提供常见病、多发病的诊疗和转诊、预防、保健、康复，以及慢性病管理、健康管理等服务。

【条文主旨】医疗卫生队伍建设

【理解与适用】本条规定了医疗卫生队伍的培养规划和建设措施。其中，第1款是关于不同阶段医疗卫生人员培养的规定，第2款是关于全科医生培养的规定。2020年2月，国家统计局发布的《2019年国民经济和社会发展统计公报》数据显示：到2019年末我国卫生技术人员有1010万人，其中执业医师和执业助理医师382万人，注册护士443万人。人口老龄化、国民健康意识的增强、青壮年亚健康问题凸显等多重因素的出现，使我国医疗服务市场快速扩容。2019年末全国共有医疗卫生机构101.4万个，全年总诊疗人次达85.2亿人次。尽管近年来随着医药卫生体制改革的推进，医疗卫生人员紧张的情况逐步得到了缓解，但快速增加的医疗服务需求，使得一定层面的缺

---

〔1〕 张磊、潘荣华："加强青年医务人员医德医风建设的思考"，载《锦州医科大学学报（社会科学版）》2018年第4期。

医少药情况依然存在。据《全国医疗卫生服务体系规划纲要（2015—2020年）》规定，2020年每千常住人口执业（助理）医师数为2.5人，每千常住人口注册护士数为3.14人，每千常住人口公共卫生人员数为0.83人，每千常住人口全科医生数为2人。其中，每千常住人口执业（助理）医师数这一指标与德国的平均数4.98、经合组织（OECD）的平均数3.99仍有较大差距，医疗卫生人员的缺口依旧很大。除存在人员数量上的不足，医疗卫生人员的质量也堪忧，结构也不尽合理。从学历层次来看，有47.4%的执业医师为本科以下学历。从学科角度看，儿科、精神科、妇产科的占比总计不到25%，2017年全科医生的占比仅7.5%，2018年也只有8.6%。尤其是基层医疗卫生队伍整体素质较低，学历层次和执业资质差别大。[1]此外，我国医疗卫生队伍分布极不均衡，经济发达的东部地区和城市集中了我国大部分医疗卫生人员，而城市的医疗卫生人员又主要集中在少数的大医院里。

国家应当如何培养医疗卫生人员，如何强化医疗卫生队伍建设，需要统筹规划，协调部署，分步推进。2009年3月，《中共中央 国务院关于深化医药卫生体制改革的意见》提出建立可持续发展的医药卫生人才保障机制，制定和实施人才队伍建设规划，加强医药卫生人才队伍建设。2011年2月，卫生部印发了《医药卫生中长期人才发展规划（2011—2020年）》（卫人发〔2011〕15号），根据我国医疗卫生事业的发展实际，全面系统地梳理了我国医疗卫生人才队伍的建设思路，明确了主要任务和重大工程，并对医药卫生人才培养的制度机制进行了创新设计，是指导我国医药卫生人才队伍建设的重要纲领性文件。2015年3月，国务院办公厅印发了《全国医疗卫生服务体系规划纲要（2015—2020年）》（国办发〔2015〕14号），专章规划了医疗卫生人才队伍建设，从人员配备、人才培养、人才使用等几个方面进行了细化规定。2017年1月，国务院发布了《"十三五"深化医药卫生体制改革规划》（国发〔2016〕78号），提出创新医疗卫生人才培养和使用机制，完善医学教育质量保障机制，大力推进全科医生制度建设，建立卫生人员荣誉制度等。国家立足于医疗卫生领域对医疗卫生人才的社会需求，结合我国国情和

---

〔1〕 相关数据来源于2019年6月10~12日在山东青岛举办的首届博鳌亚洲论坛全球健康论坛大会。

行业发展实际，制订了医疗卫生人才队伍建设规划，以满足医疗卫生事业发展的需要。从中我们可以看出国家对医疗卫生人才队伍建设的以下方面非常重视。

一是完善医学教育体系，强化规范化培训制度的实施。要求建立院校教育、毕业后教育、继续教育三阶段有机衔接的标准化、规范化临床医学人才培养体系。院校教育要求建立具有中国特色，与国际医学教育实质等效的医学专业认证制度，深化医学教育改革，深入推进卓越医生教育培养计划等。毕业后教育和继续教育主要通过住院医师规范化培训和专科医师规范化培训等相关制度来实现，要求坚持稳妥起步、逐步推开的实施原则，将住院医师规范化培训作为临床医师培养的必经阶段，建立并逐步完善住院医师和专科医师规范化培训制度，对培训对象、培训基地、培训模式、培训内容、培训考核和保障措施等环节实施规范化管理。目前，国家正在推行医教协同深化临床医学人才培养改革，加快构建以"5+3"（5 年临床医学本科教育+3 年住院医师规范化培训或 3 年临床医学硕士专业学位研究生教育）为主体、以"3+2"（3 年临床医学专科教育+2 年助理全科医生培训）为补充的临床医学人才培养体系，组织开展"5+3+X"（X 为专科医师规范化培训或临床医学博士专业学位研究生教育所需年限）临床医学人才培养模式改革，不断完善教育培养体系。

二是加强以全科医生为重点的基层医疗卫生人才队伍建设。医疗卫生人才问题是基层医疗卫生事业发展的瓶颈问题，全科医生是综合程度较高的医学人才，主要在基层提供常见病、多发病的诊疗和转诊、预防、保健、康复，以及慢性病管理、健康管理等服务，被称为居民健康的"守门人"。在国外，全科医生占医生总数 30%~60%以上，其卫生业务量占一半以上；家庭医生基本都是硕士以上学历，独立执业，而且可以服务于多家医疗机构，社会地位很高。目前，我国全科医生的培养和使用尚处于起步阶段，全科医生数量严重不足。建立全科医生制度，逐步形成以全科医生为主体的基层医疗卫生队伍，是医药卫生体制改革的重要内容，对于提高基层医疗卫生服务水平，缓解人民群众"看病难、看病贵"的问题，具有重要意义。2017 年 10 月，习近平同志在党的十九大报告中指出，要加强全科医生队伍建设。《"十三五"深化医药卫生体制改革规划》提出，到 2020 年，初步建立起充满生机和活力的全科医生制度，基本形成统一规范的全科医生培养模式，城乡每万名居民有 2~3 名合格的全科医生，全科医生总数达到 30 万人以上。对全科医生主要通过规范化培训、助理全科医生培训、转岗培训等多种途径进行培养，与此同时，需制定政策，完善全科医师任职资格制度，推动医药卫生人才向基层流动，持续开展农村订单定向医学生免费培养，研究实施基层医疗卫生机构全科医生特岗计划，对长期在城乡基层工作的全科医生等卫生技术人员在其职称晋升、业务培训、待遇等方面给予适当倾斜，尽快实现基层医疗卫生机构都有合格的全科医生。

三是创新医疗卫生人才使用机制。健全以聘用制度和岗位管理制度为主要内容的事业单位用人机制，完善岗位设置管理，推行公开招聘和竞聘上岗，实行全员聘用制度，实现人员分类管理；健全以岗位职责要求为基础，以品德、能力、业绩为导向，符合卫生人才特点的科学化、社会化人才评价机制；完善专业技术职称评定制度，促进人才成长发展和合理流动，增加医疗卫生机构中高级岗位比例并向基层倾斜，拓宽医务人员职业发展空间；深化收入分配制度改革，建立以服务质量、服务数量和服务对象满意度为核心、以岗位职责和绩效为基础的考核和激励机制，坚持多劳多得、优绩优酬，人员收入分配重点向关键岗位、业务骨干和作出突出成绩的医药卫生人才倾斜等。

第五十三条　国家对医师、护士等医疗卫生人员依法实行执业注册制度。医疗卫生人员应当依法取得相应的职业资格。

【条文主旨】医疗卫生人员资格准入与执业注册制度

【理解与适用】本条是关于医师、护士等医疗卫生人员资格准入与执业注册制度的法律规定。健康所系，性命相托。医疗卫生事业与人的生命健康密切相关，医疗行为具有较高的专业性和较强的侵袭性。因此，对医疗卫生人员实施严格的资格准入与执业注册制度对确保人民生命健康权非常必要。

我国已先后制定了《执业医师法》《乡村医生从业管理条例》《护士条例》《护士执业资格考试办法》《医师执业注册管理办法》等法律法规以及《执业药师资格制度暂行规定》《执业药师注册管理暂行办法》等规范性文件，具体规定了医师、护士、药剂师以及乡村医生等的资格准入与执业注册制度，对于保障医疗卫生人员规范执业、维护人民生命健康权发挥了重要作用。[1]以执业医师和执业助理医师的资格准入与执业注册制度为例，自 1999 年 5 月 1 日起施行的《执业医师法》第 8 条第 1 款规定，国家实行医师资格考试制度。医师资格考试分为执业医师资格考试和执业助理医师资格考试。该法第 12 条规定，医师资格考试成绩合格的，取得执业医师资格或者执业助理医师资格。该法第 13 条第 1 款规定，国家实行医师执业注册制度。该法第 14 条第 1 款规定，医师经注册后，可以在医疗、预防、保健机构中按照注册的执业地点、执业类别、执业范围执业，从事相应的医疗、预防、保健业务。该条第 2 款继而规定，未经医师注册取得执业证书，不得从事医师执业活动。《执业医师法》第 39 条还规定了非医师行医的法律责任："……由县级以上人民政府卫生行政部门予以取缔，没收其违法所得及其药品、器械，并处十万元以下的罚款；对医师吊销其执业证书；给患者造成损害的，依法承担赔偿责任；构成犯罪的，依法追究刑事责任。"为规范医师执业活动，自 1999 年 7 月 16 日起，卫生部颁布实施《医师执业注册暂行办法》（卫生部令第 5 号），对医师执业注册条件、注册程序、注销与变更注册等作出了明确规定，对于规范医师准入管理发挥了重要作用。2017 年 2 月 28 日，国家卫生和计划生育委员会发布了《医师执业注册管理办法》（国家卫生和计划生育委员会令第 13 号），对《医师执业注册暂行办法》进行了全面修改，对医师执业实行区域注册制度。

但是，《基本医疗卫生与健康促进法》第 107 条第 5 项规定，医疗卫生人员，是指执业医师、执业助理医师、注册护士、药师（士）、检验技师（士）、影像技师（士）和乡村医生等卫生专业人员。在《基本医疗卫生与健康促进法》颁布之前，我国尚未实现以法律形式规范所有职业类别的医疗卫生人员的资格准入与执业注册制度。以执业药师为例，尽管 2000 年 4 月 14 日，国家药品监督管理局重新修订了《执业药师注册管理暂行办法》，明确规定我国执业药师实行注册制度，持有《执业药师资格证书》的人员，经向注册机构申请注册并取得《执业药师注册证》后，方可以执业药师身份执业，

---

[1] 此外，《中医药法》第 35 条还规定，国家发展中医药师承教育，支持有丰富临床经验和技术专长的中医医师、中药专业技术人员在执业、业务活动中带徒授业，传授中医药理论和技术方法，培养中医药专业技术人员。

执业药师按照执业类别、执业范围、执业地区注册，等等。但由于《执业药师注册管理暂行办法》仅为规范性文件，并不具有《立法法》上的法律效力。而且，实践中还存在职称药师与执业药师双轨并行、队伍管理混乱的问题。我国药师队伍主要分为两类：一是国家卫生健康主管部门管理的医院药师体系，实行专业技术职务任职资格制度，并衍化出临床药师制度；二是国家药品监督管理部门管理的执业药师体系，实行职业资格准入制度，并推行从业药师的过渡性政策。两类药师队伍在管理主体、资格准入、职责权限、人员配备、继续教育等诸多方面存在区别。由于《药品管理法》《药品管理法实施细则》等上位法并未就两类药师的配备、执业标准等进行明确规定，我国药师管理法形成"上位法模糊、下位法冲突"的局面，影响了这一职业的健康发展。[1]在缺失规范医疗卫生人员执业活动的单行法的情况下，《基本医疗卫生与健康促进法》统一规定"国家对医师、护士等医疗卫生人员依法实行执业注册制度"以及"医疗卫生人员应当依法取得相应的职业资格"具有重要意义，我国应尽快依据《基本医疗卫生与健康促进法》的规定，健全不同类别的医疗卫生人员执业的相关法律。

第五十四条　医疗卫生人员应当遵循医学科学规律，遵守有关临床诊疗技术规范和各项操作规范以及医学伦理规范，使用适宜技术和药物，合理诊疗，因病施治，不得对患者实施过度医疗。

医疗卫生人员不得利用职务之便索要、非法收受财物或者牟取其他不正当利益。

【条文主旨】医疗卫生人员行为规范

【理解与适用】本条是关于医疗卫生人员行为规范的规定，其中，第1款属于管理性规范，第2款属于禁止性规范。

医学是一门严谨的科学，医疗卫生人员需要有专业的医疗卫生知识和基本的医学人文素养。医疗卫生人员应当遵循医学科学规律，不断更新医学理念和知识，保证医疗技术应用的科学性、合理性；规范行医，严格遵循临床诊疗和技术规范，使用适宜诊疗技术和药物，因病施治，合理医疗；不隐瞒、

〔1〕　冯丹龙："《药师法》应尽快出台"，载《新京报》2019年3月4日。

误导或夸大病情，不过度医疗。这是医疗卫生人员实施医疗行为需遵守的最基本的规范。如果医疗卫生人员在医疗活动中没有遵守相应的临床诊疗技术规范，未尽到与当时医疗水平相应的诊疗义务，造成患者人身损害的，则应当承担相应的损害赔偿责任。

临床诊疗规范和常规，通常是指卫生行政部门以及全国性行业协（学）会制定的各种标准、规程、规范和制度的总称。医疗卫生人员在执业过程中，除严格遵守相关法律、法规、规章的规定之外，根据医学科学技术性的特点，还应当遵循相关诊疗规范和常规。自 2001 年开始，根据原卫生部的委托，中华医学会牵头组织了中华口腔医学会、中华护理学会和中华医学会中 50 多个与临床专业密切相关的专科分会的数千名专家，编写了《临床技术操作规范》系列丛书，还编写出版了与其配套的《临床诊疗指南》，旨在对临床医务人员的医疗、护理及其操作行为提出具体要求，使临床诊断、治疗、护理做到科学化、规范化、标准化，提高医疗服务质量。

医学伦理规范，是指医疗卫生人员在诊疗活动中应当遵循的基本伦理原则或准则。如果医疗卫生人员违反了医学伦理规范，则需要承担相应的伦理损害责任。医疗伦理损害责任，是指医疗卫生人员因违背医疗良知和医疗伦理的要求，违背医疗卫生人员的告知或者保密义务，具有医疗伦理过失，造成患者人身损害或其他合法权益的损害，应当承担侵权损害赔偿的医疗损害赔偿责任。[1]与医疗技术损害责任不同的是，对于医疗伦理损害责任，医疗卫生人员并没有违反相应的诊疗技术法律、法规和常规，而是违反了与医疗良知和医疗伦理有关的说明义务、保密义务、不过度诊疗义务，等等，并且使患者遭受了人身、财产和精神方面的损害。

过度医疗，是指在医疗过程中，医疗卫生人员对患者的疾病实施了不必要的诊疗措施，致使患者的医疗费用明显超过疾病诊疗实际需求的医疗行为或医疗过程。[2]我国《侵权责任法》第 63 条明确规定，医疗机构及其医务人员不得违反诊疗规范实施不必要的检查。但是，前述法律规定并未完全遏制现实中存在的过度医疗现象。从法律意义上讲，过度医疗是一种发生在医疗

---

〔1〕 杨立新："《最高人民法院关于审理医疗损害责任纠纷案件适用法律若干问题的解释》条文释评"，载《法律适用》2018 年第 1 期。

〔2〕 王安富："论过度医疗侵权行为及其法律规制"，载《法学论坛》2012 年第 4 期。

过程中的特殊民事侵权行为，是指医疗卫生机构及其医疗卫生人员在医疗活动中，以获取一定经济利益为目的，违法实施不必要的诊疗从而造成患者明显遭受人身、财产损害并应承担相应法律责任的行为。为此，本法再次明确规定，医疗卫生人员应当使用适宜技术和药物，合理诊疗，因病施治，不得对患者实施过度医疗。

本条第 2 款要求医疗卫生人员不得利用职务之便索要、非法收受财物或者牟取其他不正当利益。这既是对于医疗卫生人员的禁止性行为规定，也是对医疗卫生人员的职业道德的要求。索要行为，是指以明示或者暗示的方式，向患者或家属等人索要红包等财物。非法收受财物，是指在合理的收入之外，收取他人送的红包、回扣等。牟取其他不正当利益，主要是指违反公平原则等，牟取一定的优势地位，从而方便牟取利益。正当利益是指合理合法的利益，反之则为不正当利益。[1] 利用职务之便，是指医疗卫生人员在其执业活动中，利用其诊疗、药品采购、经手、保管等便利，还包括利用主管、负责等职权便利，以及利用职务上的隶属、制约关系等。如果医疗卫生人员有此类违法行为，则需承担相应的法律责任，包括民事、行政甚至刑事责任。例如，2011 年至 2017 年 2 月，被告人华某在某医院工作期间，负责办理《出生医学证明》。2013 年 7 月至 2016 年 8 月，华某应他人请托，采取伪造分娩信息等方式，为没有在该医院出生的新生儿套取了《出生医学证明》20 份。2019 年 1 月 29 日，法院经审理认为，被告人华某利用职务上的便利，明知他人不符合取得出生医学证明的条件，而将虚假信息打印到真实的出生医学证明上，判决被告人华某犯伪造身份证件罪。

第五十五条　国家建立健全符合医疗卫生行业特点的人事、薪酬、奖励制度，体现医疗卫生人员职业特点和技术劳动价值。

对从事传染病防治、放射医学和精神卫生工作以及其他在特殊岗位工作的医疗卫生人员，应当按照国家规定给予适当的津贴。津贴标准应当定期调整。

【条文主旨】医疗卫生人员待遇与特殊津贴

【理解与适用】本条是关于国家保障医疗卫生人员待遇和津贴的规定。国

---

〔1〕 陈建财："监察视角下'为谋取不正当利益'的理解与适用"，载《广西政法管理干部学院学报》2019 年第 4 期。

家应建立与医疗卫生人员职业特点和特殊劳动价值相一致的待遇制度，并对医疗卫生领域的特殊岗位采用特殊津贴制度。

本条第 1 款是关于建立医疗卫生人员人事、薪酬、奖励制度的规定。广义上，医疗卫生机构服务人员包括公共卫生服务机构人员和医疗服务机构人员。医疗卫生人员的待遇主要包括职级评价、薪酬模式。职级评价与医疗卫生人员的职业追求、职业认同感和自我价值感密切相关。习近平总书记针对医疗卫生人员的待遇，做出了"两个允许"的重要指示，即允许医疗卫生机构突破现行事业单位的工资调控水平，允许医疗服务收入扣除成本并按规定提取各项基金后主要用于人员奖励。但现在的职级评价以科研为中心，临床技术评价所占权重偏低，临床医生的职级论文造假事件频发，显示出评价机制亟须改变。医疗卫生人员薪酬模式包括薪酬支付和绩效管理，薪酬主要包括岗位工资、薪级工资、绩效构成，但薪资过分强调职位与职称，对一线医务人员关注不足，无法实现工作与收入之间的正向关系，现有的薪资体系促成和加强了"注重科学与论文，忽视临床与服务"的导向。我国医务人员的薪酬待遇受到编制员额影响，普遍具有同一性。医疗卫生机构中存在临床医生、护理人员、药师、医学技术人员和管理服务人员等各类医疗卫生服务人员，但在同一机构内的待遇差别不大。应对从事不同职能的医疗卫生人员采取不同的职级评价和薪酬模式，建立以临床医师为核心的评价机制和奖励机制，突出临床医师在医疗卫生机构中的核心作用，以职级和薪酬作正向引导，对医疗卫生人员给予正向积极评价。经合组织（OECD）国家医生的薪酬水平普遍是社会平均工资的 2.5~4 倍，我国医师薪酬水平远远未能达到这种水平。我国公立医院不具有营利性，但需要自负盈亏，因此，政府应适当加大医疗投入，促进医疗机构公益性的实现。我国医疗分级体系未能建立，导致大医院医疗资源集中、患者集中，医务人员负担压力很大，无法获得充足假期，且医疗卫生人员的精神奖励机制亦未能得到完善。我国已经开始改革医疗机构工作人员的待遇模式。2019 年 11 月，国务院深化医药卫生体制改革领导小组印发了《关于进一步推广福建省和三明市深化医药卫生体制改革经验的通知》，推广福建省和三明市的医改经验，并明确提出要创新医疗卫生人员薪酬分配激励机制。三明市实行院长年薪制和全员目标年薪制、年薪计算工分制，以医疗服务收入为基数核定公立医院的薪酬总量，并考虑每年适当提高医疗服务收入的增长幅度。三明市医院院长薪酬由财政支出，提高并保障了基层和一线医务人员的薪酬，二级及以上公立医院人员支出占业务支出的 46.5%。三明市医改经验的推广有利于全国医疗卫生服务人员薪资水平和待遇的提高，并创新薪酬激励机制。上海市申康医院的医疗卫生人员薪酬制度更为灵活，实行管理薪酬总额增长率制度，院长根据规定的年增长率，结合市场供需状况和需要自主确定薪酬水平。[1]这些有益经验均值得借鉴。

本条第 2 款是关于特殊岗位医疗卫生人员津贴待遇的规定。我国从 1979 年起就对从事传染病防治、放射医学和精神卫生等专业的医疗卫生人员实行特殊津贴制度。1979 年，卫生部、财政部、国家劳动总局发布的《关于卫生防疫人员实行卫生防疫津贴的通知》规定，卫生防疫津贴的对象是"接触有毒、有害传染危险和长年外勤的现场卫生防疫人员"。2004 年，人事部、财政部、卫生部印发的《关于调整卫生防疫津贴标准的通知》规定，卫生防疫津贴的对象是"在麻风病院及专职从事传染病、结核病、血吸虫等寄生虫病防治的卫生工作人员"。2003 年，中组部、人事部、卫生部发布的《关于深化卫生事业单位人事制度改革的实施意见》规定，2015 年，国务院办公厅印发的《关于加强传染病防治人员安全防护的意见》，对专职从事或接触有毒、有害、有传染危险的人员实行特殊津贴，分为一、二、三、四类，发放医疗卫生津贴。

新冠肺炎疫情暴发后，国家卫生健康委员会、财政部于 2020 年 1 月 30 日下发《关于新型冠状病毒感染肺炎疫情防控有关经费保障政策的通知》，规定直接接触待排查病例或确诊病例，诊断、治疗、护理、医院感染控制、病例标本采集和病原检测等工作的相关人员，中央财政按照每人每天 300 元的标准予以补助；对于参加疫情防控的其他医务人员和防疫工作者，中央财政按照每人每天 200 元的标准予以补助。对直接从事传染病防疫工作的医疗人员给予特殊津贴有相关法律依据。

第五十六条 国家建立医疗卫生人员定期到基层和艰苦边远地区从事医疗卫生工作制度。

国家采取定向免费培养、对口支援、退休返聘等措施，加强基层和艰苦

---

〔1〕 俞卫、陈玉倩："美国联邦公立医院医生薪酬制度及其对我国启示"，载《中国卫生政策研究》2019 年第 3 期。

边远地区医疗卫生队伍建设。

执业医师晋升为副高级技术职称的，应当有累计一年以上在县级以下或者对口支援的医疗卫生机构提供医疗卫生服务的经历。

对在基层和艰苦边远地区工作的医疗卫生人员，在薪酬津贴、职称评定、职业发展、教育培训和表彰奖励等方面实行优惠待遇。

国家加强乡村医疗卫生队伍建设，建立县乡村上下贯通的职业发展机制，完善对乡村医疗卫生人员的服务收入多渠道补助机制和养老政策。

【条文主旨】基层和边远地区医疗卫生人才队伍建设

【理解与适用】本条是关于基层和边远地区医疗卫生人员的薪酬待遇政策以及国家建立基层和边远地区对口支援的制度的规定。2009 年 3 月 17 日发布的《中共中央　国务院关于深化医药卫生体制改革的意见》明确指出，我国医药卫生事业发展水平与经济社会协调发展要求和人民群众的健康需求不适应的矛盾还比较突出。城乡和区域医疗卫生事业发展不平衡，资源配置不合理，公共卫生和农村、社区医疗卫生工作比较薄弱，医疗保障制度不健全，药品生产流通秩序不规范，医院管理体制和运行机制不完善，政府卫生投入不足，医药费用上涨过快，人民群众反应比较强烈。为实现新一轮医改所确定的"人人享有基本医疗卫生服务"的奋斗目标，新医改方案提出，健全基层医疗卫生服务体系，进一步健全以县级医院为龙头、乡镇卫生院为枢纽和村卫生室为"网底"的农村医疗卫生服务网络。加强基层医疗卫生人才队伍建设，着力提高基层医疗卫生机构服务水平和质量。逐步建立分级诊疗和双向转诊制度，为群众提供便捷、低成本的基本医疗卫生服务。

李克强总理在 2010 年新医改启动一年之时，强调应把保基本、强基层、建机制作为医改工作的重心。他指出，基层医疗卫生机构是基本医疗和公共卫生服务的重要载体，也是我国医疗卫生服务体系的薄弱环节。基层医疗卫生机构的服务能力不强、质量不高，在很大程度上导致了小病也到大医院看，大医院人满为患等情况发生，从而加重了"看病难、看病贵"问题。提高基层服务能力，是联结五项重点改革的重要纽带；做好基层医疗卫生工作，有利于促进各项改革早见成效。强基层，就是要把工作的重心下移，把更多的财力、物力投向基层，把更多的人才、技术引向基层，切实增强基层的服务能力。强基层，硬件是基础，软件是关键。要在软件建设上下更大功夫，当务之急是要解决人才短缺、技术薄弱这一突出问题。[1]时任原国家卫生和计划生育委员会副主任马晓伟在 2016 年第十二届全国人民代表大会第四次会议的记者会上也明确指出，这一轮医改最重大的举措就是分级诊疗制度的提出，并强调分级诊疗的关键是基层首诊，而解决基层首诊问题的关键是人才问题。[2]

　　基层医疗卫生人才承担着居民生命健康的"守门人"、国家医疗服务网络的"守门人"和国家医保经费的"守门人"等重要使命。基层医疗卫生人员数量不足、医疗服务能力薄弱是制约分级诊疗制度和新医改往纵深推进的瓶颈。强化艰苦边远地区的医疗卫生人才队伍建设，事关当地居民享有基本医疗服务的公平性、可及性和便利性，事关人人享有基本公共卫生和基本医疗服务这一新医改目标的如期实现。为此，新医改启动以来，各地陆续探索出多种充实基层及艰苦边远地区医疗卫生人才队伍的有效举措，如福建省三明市围绕解决"医生上转容易下沉难"的问题，借鉴干部驻村的做法，在医联体内开展医生驻乡驻村活动，以工分制为导向，把医生到基层服务的时间和成效与其收入挂钩，并作为年度考核、职称评定的重要条件，让老百姓在家门口"支付一级医院的费用、享受二级医院的服务"。[3]为充实农村卫生室中从事全科医疗的卫生人才，实现城乡医疗卫生服务的统筹协调发展，山东省青岛市崂山区推出了"农村订单定向医学生免费培养"计划，规定在崂山区招录的青岛籍 2016~2018 年临床医学应届毕业生、免费培养的农村订单定向医学生签订定向就业协议的，可享受"两免一补"，即免学费、免住宿费、补助生活费，并发放定额交通补贴。志愿并获准接受免费培养的学生必须承诺完成学校临床医学专业专科及以上高等医学教育，取得毕业资格，且在定

〔1〕 李克强："把保基本强基层建机制作为医改工作的重心"，载 http://www.china.com.cn/policy/txt/2010-09/27/content_21016523_2.htm，最后访问日期：2020 年 4 月 12 日。

〔2〕 马晓伟："分级诊疗的关键是基层首诊，基层人才需解决"，载 https://health.huanqiu.com/article/9CaKrnJUo7n，最后访问日期：2020 年 4 月 12 日。

〔3〕 陈亮："三明医改，改出三方共赢"，载 http://news.sina.com.cn/c/2017-08-26/doc-ifykiqfe1736794.shtml，最后访问日期：2020 年 4 月 15 日。

向服务单位——农村一体化卫生室连续工作至少 6 年，承担基本医疗、基本公共卫生和健康教育等工作职能。[1]

本条将新医改中充实基层医疗卫生人员的数量、提升基层医疗卫生服务能力的有效举措上升为法律，多措并举强化基层和艰苦边远地区的医疗卫生队伍人才建设，规定了加强基层和艰苦边远地区医疗卫生人才队伍建设的"一项制度"和"四项政策"。本条第 1 款规定了国家建立医疗卫生人员定期到基层和艰苦边远地区从事医疗卫生工作的制度。第 2 款至第 5 款规定了"四项政策"：一是加强基层卫生人才队伍建设的特殊政策，国家采取定向免费培养、对口支援、退休返聘等措施，加强基层和艰苦边远地区医疗卫生队伍建设；二是对口支援与职称评定挂钩的政策，执业医师晋升为副高级技术职称的，应当有累计一年以上在县级以下或者对口支援的医疗卫生机构提供医疗卫生服务的经历；三是对基层和艰苦边远地区工作的医疗卫生人员的优惠待遇政策，对此类人员在薪酬津贴、职称评定、职业发展、教育培训和表彰奖励等方面实行优惠待遇；四是对乡村医疗卫生人员的补助与养老政策，国家加强乡村医疗卫生队伍建设，建立县乡村上下贯通的职业发展机制，完善对乡村医疗卫生人员的服务收入多渠道补助机制和养老政策。

第五十七条　全社会应当关心、尊重医疗卫生人员，维护良好安全的医疗卫生服务秩序，共同构建和谐医患关系。

医疗卫生人员的人身安全、人格尊严不受侵犯，其合法权益受法律保护。禁止任何组织或者个人威胁、危害医疗卫生人员人身安全，侵犯医疗卫生人员人格尊严。

国家采取措施，保障医疗卫生人员执业环境。

【条文主旨】医疗卫生人员权益保护

【理解与适用】本条针对医疗卫生人员的权益保护问题作出了全面规定。医务人员是卫生健康事业发展的基础，是保障人民健康、建设"健康中国"的重要力量。"维护良好安全的医疗卫生服务秩序，共同构建和谐医患关系"是本条的立法目的，全社会和个人、国家三维主体，通过共同关心、不得侵

---

〔1〕刘艳杰、郭鹏："对'乡村医生'实行订单式免费培养"，载《光明日报》2016 年 1 月 23 日，第 8 版。

犯、采取措施三维义务，相互配合，全面维护医疗卫生人员的权益。本条既是保护医疗卫生人员权益的理论依据，又回应了打击"医闹"等危害医疗卫生人员权益行为的现实需求。通过《基本医疗卫生与健康促进法》的三次修改稿，我们能清楚地认识到立法目的的逻辑演进：一稿第五章内容主要涉及医疗卫生人员的义务；三稿在二稿的基础上，将第47条、第48条合成一条，并增加了"关心"二字；三次草稿的修改，体现了社会对医疗卫生人员从强调义务到积极保护，直至人文关怀的态度转换。

随着医改的进一步深化，医疗卫生人员权益的保护不仅成为法律上亟待解决的问题，也成为一道社会难题。应然方面，法理学和伦理学两方面反映了医疗卫生人员权益保护的必要性。在法治视角方面，加强医疗卫生人员的权益保护不仅是建设法治国家的内在要求，还是实现实质平等的题中之义，契合现代社会"权利本位与法理中心并轨"的特有属性。在伦理道德方面，医疗卫生人员面对的是患者的生命健康，保护医疗卫生人员的合法权益才能使其更好地执业，从而才能维护患者的生命健康。医患纠纷在伦理上看，是医患双方不尊重对方权益而产生的道德价值观冲突，以及由其所导致的交往理性和公共理性的缺失与空场。

实然方面，我国医疗卫生人员的权益保护面临重重困难。较典型的是，医疗资源分配的不平衡，医疗卫生人员的职业具有高风险、高压性的职业特点，医院、社会缺少对医疗卫生人员的人文关怀，因此医患关系紧张且进一步激化，加上法律法规的缺陷和制度的不完善，医疗卫生人员的权利保护更是难上加难。其中，比较突出的问题是法律法规尚不完善。2010年实施的《侵权责任法》对医疗损害责任作出了明确的规定，但是出于对患者权利的保护，从举证到责任认定均使医方处于被动位置。对于非由医务人员过错而产生的医疗损害，我国至今仍未出台相关的法律法规予以规则，缺少医疗风险的补偿制度。《执业医师法》强调医生的义务与责任，对医疗卫生人员权利的规定则仅限于行医权。[1]同时，对医疗卫生人员的保护，只是零散分布于相关法律法规中，例如，《工会法》《职业病防治法》《侵权责任法》《传染病防

---

〔1〕　王琼、魏洋、黎志敏："我国医生保护制度的现状及改进"，载《医学与法学》2014年第1期。

治法》《精神卫生法》《执业医师法》《护士条例》等。[1]《刑法修正案（九）》第一次将情节严重、造成严重损失的"医闹"行为入刑。

本条契合国家理念。习近平总书记在第一次全国卫生与健康大会上指出，"要着力发挥广大医务人员积极性，从提升薪酬待遇、发展空间、执业环境、社会地位等方面入手，关心爱护医务人员身心健康，通过多种形式增强医务人员职业荣誉感，营造全社会尊医重卫的良好风气"。[2]2019年4月21日下午，国务院关于医师队伍管理情况和执业医师法实施情况的报告提请第十三届全国人民代表大会常务委员会第十次会议审议。针对未来的工作安排，该报告指出，要努力完善医务人员的激励保障机制，从执业环境等方面入手，调动广大医师的积极性，持续构建和谐医患关系、营造尊医重卫的良好风尚。依法严厉查处打击涉医违法犯罪，对各类伤害医务人员人身安全、扰乱医疗秩序等违法犯罪行为"零容忍"。此外，为营造尊医重卫的良好风尚，报告提出要关心爱护医务人员，通过多种方式改变或者缓解医务人员工作负荷大的状况。该报告不仅体现了对"医闹"现象的重视，也反映出对医疗卫生人员的权益提供更全面、体系化的保护的追求。

本条回应了现实需求。2019年12月24日，在北京民航总医院发生的"医闹"案件，引起了社会各界的广泛关注。北京民航总医院急诊科杨文副主任医师在正常诊疗中，遭到一位患者家属的恶性伤害，致杨文医生颈部严重损伤。虽经全力救治但杨文医生终因伤势过重于12月25日去世。12月27日，北京市人民检察院第三分院经依法审查，对犯罪嫌疑人孙某某以涉嫌故意杀人罪批准逮捕。12月26日，国家卫生健康委员会举行例行发布会，相关人员表示，这不是医患纠纷问题，而是非常严重的刑事犯罪，这种伤害医生的严重刑事犯罪行为必将受到法律严惩。对暴力伤医行为，严惩是必要的，但仅有严惩是不够的，应通过更有效的预防措施避免犯罪发生。

几乎每一次类似悲剧发生后，医院的安检、保安等话题都会被提及，但随着时间的推移，对于解决这些问题的必要性、迫切性也少有人再提及。医

---

〔1〕张敏："关于完善《中华人民共和国基本医疗卫生与健康促进法（草案三次审议稿）》的思考与建议：基于劳动力健康视角"，载《中国安全生产科学技术》2019年第10期。

〔2〕"全国卫生与健康大会19日至20日在京召开"，载新华社官网，http://www.gov.cn/xinwen/2016-08/20/content-5101024.htm，最后访问日期：2020年4月12日。

院人流量大，全部实行安检或许有困难，但重点区域、重点科室是否可能实现安检？目前的医院保安力量，是否足以应对突发事件的发生？这些问题均需考虑。因此，本条对于医疗卫生人员权益保护的重要性不言而喻。

针对"医闹"行为，我国早已发布相关文件。2012年4月30日，卫生部、公安部联合发出《关于维护医疗机构秩序的通告》，明确规定公安机关将依据《治安管理处罚法》对"医闹"人员予以处罚，乃至追究刑事责任。[1] 2016年3月，国家卫生和计划生育委员会、中央综治办、公安部、司法部四部委下发《关于进一步做好维护医疗秩序工作的通知》，明确规定医疗纠纷责任未被认定之前，医疗机构不得赔钱息事；对多次到医疗机构无理纠缠或扬言报复医务人员的患者及家属群体，要列出清单，重点关注，向公安机关报告；严格落实实名制预约挂号制度，加强号源、床位等医疗资源管理，维护公平就医秩序。此项通知对于管控"医闹"具有一定的作用。2018年10月实施的《医疗纠纷预防和处理条例》，亦着重加大了对涉医违法犯罪行为的震慑力度，完善了医疗风险分担机制，鼓励参加医疗责任险和医疗意外险。2018年10月16日，多部门联合印发《关于对严重危害正常医疗秩序的失信行为责任人实施联合惩戒合作备忘录》的通知，规定对惩治涉医违法犯罪实施最严、最实的"精准打击"。在上述文件的基础上，本条第3款规定，"国家采取措施，保障医疗卫生人员执业环境"，从法律层面对国家作出了纲领性要求，为国家今后采取具体保护医疗卫生人员权益的措施提供了规范基础。

---

〔1〕 闫英："医疗改革中医生权利的保护"，载《长白学刊》2014年第1期。

第五章　药品供应保障

第五十八条　国家完善药品供应保障制度，建立工作协调机制，保障药品的安全、有效、可及。

【条文主旨】药品供应保障

【理解与适用】本条是关于药品供应保障的规定。药品，是指用于预防、治疗、诊断人的疾病，有目的地调节人的生理机能并规定有适应征或者功能主治、用法和用量的物质，包括中药、化学药和生物制品等。为了加强药品管理，保证药品质量，保障公众用药安全和合法权益，保护和促进公众健康，1984 年 9 月 20 日，第六届全国人民代表大会常务委员会第七次会议审议通过了《药品管理法》，并于 2001 年、2019 年进行了两次修订，2013 年、2015 年进行了两次修正。目前我国已经建立健全一个相互配合、相互补充、相互协调的药品管理法律规范体系。依据调整对象的不同，药品管理法律规范体系主要包括：药品注册管理、药品生产管理、药品经营管理、医疗机构药事管理、药品上市后安全监管、特殊管理药品、中药管理、药品监督管理等法律规范；依据法律位阶的不同，药品管理法律规范体系主要包括：《基本医疗卫生与健康促进法》《药品管理法》《疫苗管理法》《中医药法》等法律，《药品管理法实施条例》《中药品种保护条例》《野生药材资源保护条例》《麻醉药品和精神药品管理条例》《放射性药品管理办法》《医疗用毒性药品管理办法》等行政法规，《药物临床试验质量管理规范》《药品注册管理办法》《药品生产质量管理规范》《药品经营质量管理规范》《医疗机构药事管理规定》《药品不良反应报告和监测管理办法》《药品召回管理办法》《药品流通监督管理办法》等部门规章。

药品作为一种特殊商品，其安全、有效、可及直接关系着人民的健康，关系着社会的和谐稳定。2016 年 8 月，习近平总书记在全国卫生与健康大会上强调，要推进基本医疗卫生制度建设，在药品供应保障制度等建设上取得突破。《基本医疗卫生与健康促进法》在立法过程中，吸收完善了《药品管理法》《疫苗管理法》等法律规范的相关规定，坚持以人民健康为中心，坚持风险管理、全程管控、社会共治的原则，建立科学、严格的监督管理制度，以全面提升药品质量，保障药品的安全、有效、可及。其中：（1）药品的安全，是指按药品说明书规定的适应征和用法、用量使用药品后，人体产生毒副反应的程度。药品安全是通过临床试验后的"相对安全"，药品在上市前的研究过程中，出于多种原因无法对其各方面的安全性进行完全充分的证明。基于药品"是药三分毒"的两重性，药品安全风险具有不可避免性，药品安全具有相对性，因此并不存在绝对的药品安全，药品安全监管并非要达到"零风险"的监管水平和监管目标。[1]（2）药品的有效，是指在规定的适应征、用法和用量下，药品能满足预防、治疗、诊断人的疾病，有目的地调节人的生理机能的要求。有效性是药品安全前提下的固有特性，无法达到规定的适应征或者功能主治的则不能成为药品。有效性的表示方式，在我国采用"痊愈""显效""有效"来区别，在国外有的采用"完全缓解""部分缓解""稳定"来区分。（3）药品的可及，是指能够以可承担的价格，安全地、实际地获得适当、高质量以及文化上可接受的药品，并方便地获得合理使用药品的相关信息。药品的可及包括可获得性和可负担性。影响一国药品可及的因素包括药品上市情况，即可不可以获得的问题；药品供应情况，即能不能拿到的问题；药品价格情况，即能不能负担得起的问题。

药品的安全是药品管理的首要目标，药品的有效是安全前提下的有效，一切药品离开了安全和有效的保障，则毫无意义。例如20世纪最大的药物灾难"反应停"事件。"反应停"又名"沙利度胺"，1956年原联邦德国格仑南苏制药厂生产了该药，用于治疗妊娠反应，并先后被原联邦德国、澳大利亚、加拿大等46个国家广泛使用。1960年左右，上述国家突然发现许多新生儿的上肢、下肢特别短小，甚至没有臂部和腿部，手脚直接连在身体上，其形状酷似"海豹"，最终确认均由"反应停"所引起的。因此为了确保药品最大程度的安全性，需要对药品研发、注册、生产、经营、使用等全环节进行监管。然而，不管药品安全、有效的程度有多高，只有公众用得上，药品管理的意义才能得以体现，才能保证和促进公众健康，因此，药品的可及既是药品管理不可缺少的一部分，又是前两个目标的共同"终点"。为保障药品的安

---

〔1〕　邵蓉、柯蓉："浅析对药品'安全'的社会认识误区"，载《中国药物评价》2012年第1期。

全、有效、可及，需要国家建立工作协调机制，不断完善药品供应保障制度，围绕加快短缺药品供应保障体系建设、全面实施国家基本药物制度、全面落实药品采购"两票制"、提高药品供应保障能力、开展药品临床综合评价、增强医疗机构药学服务能力、推进国家药物政策体系和协调机制建设等方面狠抓落实。

第五十九条　国家实施基本药物制度，遴选适当数量的基本药物品种，满足疾病防治基本用药需求。

国家公布基本药物目录，根据药品临床应用实践、药品标准变化、药品新上市情况等，对基本药物目录进行动态调整。

基本药物按照规定优先纳入基本医疗保险药品目录。

国家提高基本药物的供给能力，强化基本药物质量监管，确保基本药物公平可及、合理使用。

【条文主旨】　国家基本药物制度

【理解与适用】　本条是关于国家基本药物制度的规定。本条分为四款，第1款是制度性规定，第2款至第4款是基本药物制度下的具体政策和规定。基本药物源于 WHO 为改善世界各国用药现状所提出的建议，是能满足人群卫生保健优先需要，在适当考虑疾病谱和药品的有效性、安全性以及成本效益比的基础上遴选出来的，并在有效运行的卫生系统中，任何时间都具有足够数量、适宜剂型和质量保证，同时个人和社会支付得起的药物。[1]为响应 WHO 的号召，众多发展中国家相继以维护人民健康权益为出发点，以基本药物目录为基础，以制度形式规范提供基本药物，以保证药品的公平可及、安全可靠。

我国于 1979 年开始引入基本药物的概念。2009 年 8 月，卫生部等部门印发《关于建立国家基本药物制度的实施意见》（卫药政发〔2009〕78 号），该意见指出基本药物是适应基本医疗卫生需求，剂型适宜，价格合理，能够保障供应，公众可公平获得的药品。政府举办的基层医疗卫生机构全部配备和使用基本药物，其他各类医疗机构也都必须按规定使用基本药物。国家基本

---

〔1〕　汪建荣：《让人人享有基本医疗卫生服务：我国基本医疗卫生立法研究》，法律出版社 2014 年版，第 100~101 页。

药物制度是对基本药物的遴选、生产、流通、使用、定价、报销、监测评价等环节实施有效管理的制度，与公共卫生、医疗服务、医疗保障体系相衔接。该实施意见的发布标志着我国基本药物制度的正式实施。2018 年 9 月，国务院办公厅发布《关于完善国家基本药物制度的意见》（国办发〔2018〕88 号），对基本药物的动态调整优化目录、切实保障生产供应、全面配备优先使用、降低群众药费负担、提升质量安全水平等作出了明确规定。此外，2019 年 1 月，国家卫生健康委员会、国家中医药管理局还发布了《关于进一步加强公立医疗机构基本药物配备使用管理的通知》（国卫药政发〔2019〕1 号）。国家基本药物制度是药品供应保障体系的基础，是医疗卫生领域基本公共服务的重要内容。《基本医疗卫生与健康促进法》明确了国家实施基本药物制度，通过建立基本药物目录、建立基本药物和基本医保联动机制，确保基本药物公平可及与合理使用。这体现出基本药物实现了其作为一种公共产品维护社会秩序和正义的社会价值，并从侧面体现出基本药物的公平获得是公民健康权的重要影响因素。[1]

基本药物目录是基本药物制度的龙头和实施载体，基本药物的品种数量、类别结构与基本药物制度的实施效果密切相关。《国家基本药物目录管理办法》规定，国家基本药物遴选应当按照防治必需、安全有效、价格合理、使用方便、中西药并重、基本保障、临床首选和基层能够配备的原则，结合我国用药特点，参照国际经验，合理确定品种（剂型）和数量。2018 年 9 月，国家卫生健康委员会、国家中医药管理局发布《国家基本药物目录（2018 年版）》，目录中的药品包括化学药品和生物制品、中成药、中药饮片三部分。化学药品和生物制品主要依据临床药理学分类，共 417 个品种；中成药主要依据功能分类，共 268 个品种；中药饮片不列具体品种，用文字表述。国家基本药物品种数量不仅满足常见病、慢性病、应急抢救等主要临床需求，还聚焦癌症、儿童、丙肝等病种，为不同疾病患者提供了多种用药选择。

为建立基本药物、基本医保联动等可持续机制，应将基本药物按照规定优先纳入基本医疗保险药品目录，即对于基本药物目录内的治疗性药品，医

---

〔1〕 田侃、余同笑、毛心仪："公民健康权视域下我国基本药物制度探析——兼论《基本医疗卫生与健康促进法（草案）》之'药物保障'"，载《中国卫生法制》2018 年第 3 期。

保部门在调整医保目录时，按程序将符合条件的基本药物优先纳入目录范围或调整甲乙分类。基本药物与医保药品既有共性，也存在差异。两者在安全有效、成本效益比方面无明显差别，基本药物在"防治必需、保障供应、优先使用"方面属性更强。一是基本药物不仅兼顾临床必需，还会考虑公共卫生必需，包括免疫规划疫苗、抗艾滋病和结核病等药品；二是基本药物需采取多种方式保障有效供给，并确保不断供，政府通过定点、储备等方式保障生产供应，并通过财政专项经费或纳入医保基金等方式予以高水平保障，提高患者对基本药物的可负担性；三是基本药物是临床首选、优先使用的一线药品，随着按病种付费、总额预付等医保支付方式的改革不断深入，从保证供应、指导临床合理用药角度来看，基本药物目录的指导性作用只会加强、不会被淡化。此外，在新冠肺炎疫情防治过程中，考虑到患者和临床需要，对属于卫生健康部门制定的新冠肺炎诊疗方案范围内的药品和诊疗服务项目，无论其之前是否在医保目录中或是否有限定支付范围，均临时纳入医保基金支付范围。

全面配备优先使用基本药物，确保基本药物公平可及、合理使用。基本药物的可及性已被认为是基本人权和健康权的一部分，扩大基本药物的可及性是国际社会已经承诺的与卫生有关的千年发展目标之一。[1]2019 年 10 月，国务院办公厅发布的《关于进一步做好短缺药品保供稳价工作的意见》（国办发〔2019〕47 号）指出，逐步实现政府办基层医疗卫生机构、二级公立医院、三级公立医院基本药物配备品种数量占比原则上分别不低于 90%、80%、60%，推动各级医疗机构形成以基本药物为主导的"1+X"（"1"为国家基本药物目录；"X"为非基本药物，由各地根据实际确定）用药模式，优化和规范用药结构。加强医疗机构用药目录遴选、采购、使用等全流程管理，推动落实"能口服不肌注、能肌注不输液"等要求，促进科学合理用药。

第六十条　国家建立健全以临床需求为导向的药品审评审批制度，支持临床急需药品、儿童用药和防治罕见病、重大疾病等药品的研制、生产，满足疾病防治需求。

【条文主旨】药品审评审批

【理解与适用】本条是关于药品审评审批的规定。药品审评审批，是指药

---

〔1〕胡善联、张崔冰、叶露："国家基本药物制度研究"，载《卫生经济研究》2007 年第 10 期。

品注册申请人依照法定程序和相关要求提出药物临床试验、药品上市许可、再注册等申请以及补充申请，药品监督管理部门基于法律法规和现有科学认知进行安全性、有效性和质量可控性等审查，决定是否同意其申请的活动。为规范药品审评审批行为，我国已基本建立健全以《药品管理法》《行政许可法》《基本医疗卫生与健康促进法》《药品管理法实施条例》等为上位法，以《药品注册管理办法》《药物非临床研究质量管理规范》《药物临床试验质量管理规范》《药品注册现场核查管理规定》《中药注册管理补充规定》《新药注册特殊审批管理规定》《药品技术转让注册管理规定》等为下位法的法律规范体系。然而，随着我国医药产业快速发展，药品审评审批中存在的问题也日益突出，如注册申请资料质量不高，审评过程中需要多次补充完善等，严重影响了审评审批效率；仿制药重复建设、重复申请，市场恶性竞争，部分仿制药质量与国际先进水平存在较大差距；临床急需新药的上市审批时间过长，药品研发机构和科研人员不能申请药品注册，影响药品创新的积极性等。以药品审评积压为例，我国共出现过三次药品审评积压高峰，其中 2005 年第一次积压高峰达 17 000 件，2007 年、2008 年第二次积压高峰达 27 000 件，2015 年 8 月第三次积压高峰达 21 000 件。超负荷的审评工作量导致我国药品审评完成的速度和程度大打折扣，最为严重的结果就是审评排队时间过长。[1]

为解决药品审评审批领域存在的诸多问题，2015 年 8 月，国务院印发《关于改革药品医疗器械审评审批制度的意见》（国发〔2015〕44 号），对提高审评审批质量、解决注册申请积压、提高仿制药质量、鼓励研究和创制新药、提高审评审批透明度等方面作出了一系列战略部署。此外，2016 年 2 月，国务院办公厅发布了《关于开展仿制药质量和疗效一致性评价的意见》（国办发〔2016〕8 号）；2016 年 2 月，国家食品药品监管总局发布了《关于解决药品注册申请积压实行优先审评审批的意见》（食药监药化管〔2016〕19 号）；2017 年 10 月，中共中央办公厅、国务院办公厅发布了《关于深化审评审批制度改革鼓励药品医疗器械创新的意见》（厅字〔2017〕42 号）；2018 年 12 月，国家药品监督管理局发布了《关于仿制药质量和疗效一致性评价有关事项的

---

〔1〕 李天泉、曾亚、曹洁：“提速中的中国药品审评审批——药审中心化药各审评序列排队时长分析”，载《中国食品药品监管》2018 年第 3 期。

公告》（2018 年第 102 号）等。为规范药品注册行为，保证药品的安全、有效和质量可控，2020 年 1 月 15 日，国家市场监督管理总局第一次局务会议审议通过了《药品注册管理办法》，自 2020 年 7 月 1 日起施行。该办法对药品注册的基本制度和要求、药品上市注册、药品加快上市注册程序、药品上市后的变更和再注册制度等提出了全新要求，其中不乏突破性治疗药物程序、附条件批准程序、特别审批程序、关联审评审批等制度创新。通过上述一系列措施，我国基本解决了药品注册申请积压的问题，一批临床急需新药优先获准上市，仿制药质量和疗效一致性评价稳步推进，药品上市许可持有人制度试点成效明显，医药产业创新活力不断增强，人民群众用得上、用得起新药好药的获得感不断提升。

《基本医疗卫生与健康促进法》在立法过程中吸收了与药品审评审批相关的法律规范的基本精神以及药品审评审批改革的相关意见，提出建立健全以临床需求为导向的药品审评审批制度，支持临床急需药品、儿童用药品和防治罕见病、重大疾病等药品的研制、生产，满足疾病防治需求。上述支持措施具体体现在：（1）临床急需药品方面。目前境外新药在国内上市存在"时差"问题，一些疗效显著的药品无法及时惠及国内患者。2018 年 11 月和2019 年 5 月，国家药品审评中心分别发布《关于发布第一批临床急需境外新药名单的通知》和《关于发布第二批临床急需境外新药名单的通知》，明确规定了列入该临床急需境外新药名单的品种，可按照《临床急需境外新药审评审批工作程序》直接提出上市申请，国家药品审评中心将建立专门通道加快审评。以依库珠单抗注射液（Eculizumab Injection）进口注册申请为例，该药用于治疗成人和儿童阵发性睡眠性血红蛋白尿症（PNH）和非典型溶血性尿毒症综合征（aHUS），PNH 和 aHUS 均属于全球罕见疾病，且依库珠单抗注射液属于临床急需新药品种，因此国家药品审评中心将其纳入优先审评程序进行审评。同时基于该产品已在国外获批上市，疗效明确、风险可控，便豁免了注册临床试验，最终实施了药品的附条件上市。（2）儿童用药品方面。2014 年 5 月，国家卫生和计划生育委员会等部门发布《关于保障儿童用药的若干意见》（国卫药政发〔2014〕29 号），分别于 2016 年 5 月、2017 年 5 月和 2019 年 7 月印发了共计三批鼓励研发申报儿童药品清单，并分别将 32 个、39 个和 34 个品种列入其中。国家还明确针对在国外已上市使用但国内缺乏且临床急需的儿童用药，在保证其安全性的前提下建立申报审评专门通道。[1]
（3）罕见病方面。目前我国尚未对罕见病作出明确界定，罕用药也往往处于
国内市场没有供应、国外市场药品引进困难的尴尬境地。[2]据推测，我国罕
见病患者约为 1860 万人。[3]2018 年 5 月，国家卫生健康委员会等部门发布
《关于公布第一批罕见病目录的通知》，涉及血友病、戈谢病等 121 种罕见病。
此后，国家卫生健康委员会还发布了《罕见病目录制订工作程序》《罕见病诊
疗指南（2019 年版）》等文件。为推进罕见病药品快速上市，国家每年都对
多件罕见病药品注册申请实行优先审评审批，如 2018 年"快速特立氟胺片"
被纳入加快审评的重点品种，其原因在于快速特立氟胺片为抑制 T 细胞增殖
的新型口服免疫调节剂，适用于治疗复发型多发性硬化症。而多发性硬化症
是一种终身、慢性、进展性的自身免疫性罕见病，将导致中枢神经系统的功
能性障碍。（4）重大疾病方面。以突发公共卫生事件期间的重大疾病特殊审
批为例，《药品注册管理办法》规定，药物临床试验期间，用于防治严重危及
生命或者严重影响生存质量的疾病，且尚无有效防治手段或者与现有治疗手
段相比有足够证据表明具有明显临床优势的创新药或者改良型新药等，申请
人可以申请适用突破性治疗药物程序。例如面对新冠肺炎，可将瑞德西韦等
正在进行临床试验的有潜力的药物拓展性使用于无法参加临床试验的新冠肺
炎患者。[4]

**第六十一条　国家建立健全药品研制、生产、流通、使用全过程追溯制
度，加强药品管理，保证药品质量。**

【条文主旨】药品全过程追溯

【理解与适用】本条是关于药品全过程追溯的规定。药品全过程追溯体

〔1〕闵晓青等："美国儿童用药立法保障评析及对我国的启示"，载《中国药房》2017 年第
13 期。

〔2〕贺云龙、田侃："欧美经验对我国孤儿药研发的借鉴意义刍议"，载《中国药业》2014 年第
24 期。

〔3〕臧运森、田侃、喻小勇："世界孤儿药界定政策对我国的启示"，载《中国新药与临床杂志》
2015 年第 1 期。

〔4〕李艳蓉："美国突发公共卫生事件医疗对策对我国药品审评审批和监管的启示"，载《中
国临床药理学杂志》2020 年第 7 期。

系，是指药品上市许可持有人、生产企业、经营企业、使用单位通过信息化手段建立药品追溯系统，及时准确记录、保存药品追溯数据，形成互联互通的药品追溯数据链，实现药品生产、流通和使用全过程来源可查、去向可追；有效防范非法药品进入合法渠道；确保发生质量安全风险的药品可召回、责任可追究。药品全过程追溯体系的前身是 2006~2016 年国家推行的药品电子监管码。2006 年，为实现药品全品种、全过程监管，国家食品药品监督管理总局开始实施药品电子监管工作，通过将药品赋码后上传药品信息至数据库，以此搭建以"赋码—上传—查询"为关键部分的中国药品电子监管网。[1] 自 2007 年 11 月 1 日起，麻醉药品、第一类精神药品制剂、小包装原料药被全部纳入电子监管体系。2015 年 1 月，国家食品药品监督管理总局发布《关于药品生产经营企业全面实施药品电子监管有关事宜的公告》（2015 年第 1 号），要求于 2015 年 12 月 31 日前将境内药品制剂生产企业、进口药品制药厂商全部纳入中国药品电子监管网；同时，所有药品批发、零售企业也必须全部入网。至此，我国所有药品全部被纳入电子监管范围。2016 年 2 月，由于药品电子监管涉嫌行政垄断以及存在监管成本投入高、技术上有缺陷、安全性和透明性存疑等问题，国家食品药品监督管理总局宣布暂停执行药品电子监管。[2] 2016 年 9 月，国家食品药品监督管理总局发布的《关于推动食品药品生产经营者完善追溯体系的意见》（食药监科〔2016〕122 号）指出，药品追溯体系是药品生产经营者质量安全管理体系的重要组成部分，我国以药品追溯体系替代之前的药品电子监管码制度。

药品信息化追溯体系的建设，有利于强化追溯信息互通共享，实现药品全品种、全过程追溯，最终实现药品最小包装单元的可追溯、可核查。我国已围绕药品追溯制度，建立健全《基本医疗卫生与健康促进法》《药品管理法》《疫苗管理法》等在内的法律制度体系。其中，《基本医疗卫生与健康促进法》规定，国家建立健全药品研制、生产、流通、使用全过程的追溯制度，加强药品管理，保证药品质量。《药品管理法》（2019 年修订版）提出，国家建立健全药品追溯制度。国务院药品监督管理部门应当制定统一的药品追溯

---

〔1〕 余同笑、田侃、周城义："反垄断视阈下的药品追溯体系研究"，载《卫生经济研究》2017 年第 7 期。

〔2〕 刘琼等："国际化趋势下中国药品追溯性发展分析与展望"，载《今日药学》2019 年第 4 期。

标准和规范，推进药品追溯信息互通互享，实现药品可追溯。药品上市许可持有人、药品生产企业、药品经营企业和医疗机构应当建立并实施药品追溯制度，按照规定提供追溯信息，保证药品可追溯。中药饮片生产企业履行药品上市许可持有人的相关义务，对中药饮片生产、销售实行全过程管理，建立中药饮片追溯体系，保证中药饮片安全、有效、可追溯。需要指出的是，与电子监管码制度不同，国务院药品监管部门的职责是建立药品追溯标准和规范，药品上市许可持有人、药品生产企业、药品经营企业和医疗机构则是追溯责任方。此外，2019 年 12 月正式实施的《疫苗管理法》亦规定，国家实行疫苗全程电子追溯制度。

此外，为指导各方主体积极开展药品信息化追溯体系建设，国家药品监督管理局还颁布了具体的技术标准，主要包括三类标准：第一类是药品追溯基础通用标准，包括《药品信息化追溯体系建设导则》《药品追溯码编码要求》《药品追溯系统基本技术要求》3 个标准；第二类是疫苗追溯数据及交换标准，包括《疫苗追溯基本数据集》《疫苗追溯数据交换基本技术要求》2 个标准，考虑到疫苗单独立法的情况及其管理的特殊性，对从疫苗生产、流通到接种等环节，提出了追溯数据采集、存储及交换的具体要求；第三类是药品（不含疫苗）追溯数据及交换标准，包括《药品上市许可持有人和生产企业追溯基本数据集》《药品经营企业追溯基本数据集》《药品使用单位追溯基本数据集》《药品追溯消费者查询基本数据集》《药品追溯数据交换基本技术要求》5 个标准。上述 10 个标准既相互协调，又各有侧重，有效解决了药品追溯过程中不同环节、不同系统的数据共享难题。这些标准和规范从技术上保证了药品可追溯制度的实现。

第六十二条　**国家建立健全药品价格监测体系，开展成本价格调查，加强药品价格监督检查，依法查处价格垄断、价格欺诈、不正当竞争等违法行为，维护药品价格秩序。**

国家加强药品分类采购管理和指导。参加药品采购投标的投标人不得以低于成本的报价竞标，不得以欺诈、串通投标、滥用市场支配地位等方式竞标。

【条文主旨】药品价格管理

【理解与适用】本条是关于药品价格管理的规定。价格机制是市场机制的核心，市场决定价格是市场在资源配置中起决定性作用的关键。有效的药品价格管理体系是实现药品可及的重要保证，也是一个国家药物政策的重要组成部分。目前世界各国普遍面临医药费用上涨过快的问题，药品价格远远高于一般商品的上涨速度，给政府财政和医疗保险基金支出、民众医疗费用负担等带来了较大压力。因此各国普遍采取不同程度的药品价格管理措施，通过直接或间接的方式来合理控制药品费用的增长。[1] 我国药品价格管理政策，从政府对药品进行统一定价，到引入竞争机制、逐步放开部分药品的价格，再到限制一些药品的出厂价格及零售价格，政府正逐步减少对药品价格的管控。我国药品价格管理政策大致经过了以下三个阶段：（1）国家全面管控阶段（1996~2000年）。《药品价格管理暂行办法》《药品价格管理暂行办法的补充规定》《国家计委关于完善药品价格政策改进药品价格管理的通知》等法律规定对部分垄断性药品和临床应用量大、面广的少数最基本治疗药物实行政府定价。（2）管控松绑阶段（2000~2015年）。2000年7月，国家计委印发《关于改革药品价格管理的意见》（计价格〔2000〕961号），对药品价格管理进行了改革，标志着我国药品价格改革向市场化发展。（3）全面放开阶段（2015年至今）。2015年5月，国家发展改革委员会等七部委印发《关于推进药品价格改革意见的通知》（发改价格〔2015〕904号），决定从2015年6月1日起，除麻醉药品和第一类精神药品外，对市场上绝大多数药品正式取消政府定价。2015年10月，中共中央、国务院发布《关于推进价格机制改革的若干意见》，要求进一步完善药品采购机制，发挥医保控费作用，药品实际交易价格主要由市场竞争形成。目前我国已围绕药品价格管理，逐步建立健全《药品管理法》《基本医疗卫生与健康促进法》《药品价格监测办法》等法律制度体系。其中，《基本医疗卫生与健康促进法》在制定过程中充分吸收了《药品管理法》等法律法规的内容，从建立健全药品价格监测体系、加强药品分类采购管理和指导等方面对药品价格管理提出了明确要求。

建立健全药品价格监测体系。药品是一种特殊商品，既具有普通商品规模效应的特点，又具有供需双方信息严重不对称的特点。目前国际上比较成

---

[1] 宋燕等："基于国际比较视角的我国药品价格管理改革方向探讨"，载《中国医药导报》2018年第3期。

熟的药品价格监测模式主要包括：基于居民消费价格指数（CPI）的监测模式、基于价差法的监测模式、基于国际价格的监测模式和基于市场份额的监测模式。[1]目前我国主要通过各省依据《药品价格监测办法》建立的药品价格监测报告制度来监测药品价格。现有药品价格监测形式多局限于定点采集数据、分析走势的探索阶段，尚不存在一套完备有效的监测体系。这就需要国家建立健全全国药品价格监测预警体系，加强国内采购价格动态监测和国外药品价格追踪，采集进口药品的国际价格，作为进入我国药品公共采购市场的参考。综合运用函询约谈、成本调查、信用评价、信息披露等手段，建立健全药品价格常态化监管机制。强化药品价格行为监管，依法严厉查处价格违法和垄断行为，通过"12315"热线接收举报线索，切实维护药品市场价格秩序。

加强药品分类采购管理和指导。这主要体现在：（1）药品集中采购。2015年2月，国务院办公厅发布《关于完善公立医院药品集中采购工作的指导意见》（国办发〔2015〕7号），对实行药品分类采购、改进药款结算方式、加强药品配送管理、规范采购平台建设等作出了明确要求，明确了公立医院所有药品都需要通过省级平台予以集中采购，提出运用"招采合一、量价挂钩、分类采购"等市场化手段来使虚高药价回归合理本位。[2]例如2019年12月，国家医保药品谈判将治疗糖尿病的药品达格列净片的价格从"5.62元"降至全球最低价"4.36元"，被无数网友称赞。医保药品集中采购之所以能有这么大的降幅，是因为集中采购属于"团购"的性质，将以前分散采购需要多次重复的协商费用一次性解决，大大减少了交易费用。[3]（2）抗癌药品谈判。2018年6月，国家医疗保障局等部门启动目录外抗癌药医保准入专项谈判工作。经谈判有17种药品谈判成功，与平均零售价相比，谈判药品支付标准的平均降幅高达56.7%。[4]（3）"4+7带量采购"。2018年11月，

---

〔1〕　常峰、阚玉玲："境外药品价格监测模式及对我国的启示"，载《中国卫生经济》2015年第12期。

〔2〕　李琛等："我国药品集中采购工作回顾与展望"，载《中国医院管理》2018年第9期。

〔3〕　黄素芹等："带量采购政策对我国药品价格影响研究"，载《价格理论与实践》2019年第5期。

〔4〕　许光建、苏泠然："新时代药价形成机制研究"，载《价格理论与实践》2019年第11期。

经中央全面深化改革委员会同意，国家组织了药品集中采购试点，试点地区范围为北京、天津、上海、重庆、沈阳、大连、厦门、广州、深圳、成都、西安等 11 个城市，其中，25 种中标药品平均降价五成左右。例如 2019 年 3 月，某市民分别以 17.36 元和 310 元的价格在复旦大学附属中山医院和江苏省东台市人民医院购买了同一厂家生产的恩替卡韦分散片，两者价格差距悬殊。究其原因，东台市采用的是江苏省统一集中招标采购方式，恩替卡韦的中标价格在 300 元左右，而反观上海，恩替卡韦是上海市"4+7 带量采购"的中标品种，药品价格降价幅度大。（4）防止不正当方式参与竞标。在集中采购、药品谈判、带量代购等政策的实施过程中，通过以量换价保障患者用药可及性和安全性的前提下，还应防止药品质量和供应保障问题，消除潜在的风险隐患。因此，参加药品采购投标的投标人不得以低于成本的报价竞标，不得以欺诈、串通投标、滥用市场支配地位等方式竞标。

第六十三条　国家建立中央与地方两级医药储备，用于保障重大灾情、疫情及其他突发事件等应急需要。

【条文主旨】医药储备制度

【理解与适用】本条是关于医药储备制度的规定。医药储备，是指国家为确保在发生重大灾情、疫情及其他突发事件时药品、医疗器械等能够及时有效供应以及为维护社会稳定所进行的医药物资储备。工业和信息化部是我国医药储备工作的主管部门。近年来，我国医药储备在"非典"疫情、汶川大地震、甲型 H1N1 流感疫情、新冠肺炎疫情等突发事件中发挥了重要作用，有力地保障了医疗救援的开展，维护了公众健康和生命安全。我国医药储备始于 20 世纪 70 年代，当时为适应战备需要，全国修建了 13 个药品储备库，其特点是中央一级储备、静态管理。[1] 随后，医药储备的作用由单纯的战备，逐步扩大到战备、外援、救灾、防疫和应对突发事故等。1997 年 7 月，国务院发布了《关于改革和加强医药储备管理工作的通知》（国发〔1997〕23 号），建立了中央与地方两级医药储备制度，实行动态储备、有偿调用。1997 年 11 月，财政部发布了《国家医药储备资金财务管理办法》（财工字〔1997

---

〔1〕　邵蓉等："我国目前突发灾害药品应急体系存在的问题和建议"，载《中国药房》2012 年第 41 期。

448 号），加强了国家医药储备资金管理。1999 年，国家经贸委制定了《国家医药储备管理办法》，要求进一步建立中央与地方两级医药储备制度，实行统一领导、分级负责的管理体制。除此之外，《药品管理法》《突发事件应对法》《突发公共卫生事件应急条例》《国家突发公共事件总体应急预案》等法律规范均提出要完善医药储备制度。

医药储备是政府职能。《基本医疗卫生与健康促进法》在立法过程中，进一步明确了政府在医药储备中的职责，规定国家建立中央与地方两级医药储备制度，用于保障重大灾情、疫情及其他突发事件等的应急需要。其中，两级医药储备，是指中央和地方分别建立医药储备制度，根据灾情、疫情及突发公共事件的级别进行分级管理。中央医药储备主要负责储备重大灾情、疫情及重大突发事件和战略储备所需的特种、专项药品及医疗器械；地方医药储备主要负责储备地区性或一般灾情、疫情及突发事件和地方常见病、多发病防治所需的药品和医疗器械。当需要紧急调用国家储备的药品和医疗器械时，原则上由地方医药储备负责供应，中央医药储备负责补充供应。在一个省、自治区、直辖市区域范围内发生了一般灾情、疫情及突发公共事件需紧急动用医药储备的，由本省、自治区、直辖市储备负责供应；在若干省、自治区、直辖市发生了较大灾情、疫情及突发公共事件需紧急动用医药储备的，首先由本省、自治区、直辖市储备负责供应，不足部分可按有关部门制定的办法，向相邻地区请求调用其医药储备予以支援，若地方储备仍难以满足供应，可申请调用中央储备予以支持；发生重大灾情、疫情及重大突发公共事件，地方储备难以满足供应的，可按有关部门制定的办法，申请调用中央医药储备。我国医药储备实行品种控制、总量平衡、动态管理制度。中央医药储备的物资品种和数量，由工业和信息化部消费品工业司确定；地方医药储备的物资品种和数量，由省级药品生产经营行业主管部门参照中央医药储备的物资品种、数量，结合当地具体情况和有关单位确定，并报国务院医药储备主管部门备案。承担医药储备职能的企业依照目录储备相关医药物资，此类物资可以按规定的比例在市场上流动、更新库存，其他医药企业要优先满足承担储备任务的企业对储备医药物资的收购需要。

我国的两级医药储备制度，为确保发生灾情、疫情及突发公共事件时药品、医疗器械等及时有效供应，为维护社会稳定发挥了重要的作用。以医用防护服为例，在新冠肺炎疫情暴发初期，患者数量短期内急剧增加，湖北省医用防护服储备不足，导致供需矛盾激烈，武汉市多家医院的防护服库存为零。2020 年 1 月，湖北省向工业和信息化部提交医疗物资清单，请求中央医药储备紧急支援，清单包含四大类 20 多个品种，其中包括每天 10 万套医用防护服。随后工业和信息化部通过中央医药储备向武汉市紧急调配医用防护服 1.4 万套，落实了武汉所请求的医用防护服货源 10 万套并从周边省市持续调运医疗物资发往武汉。除此之外，各地方医药储备也紧急调配医用防护服驰援湖北。与中国两级医药储备制度不同，美国医药储备制度分为实物储备和订单储备两种形式，由美国"国家战略储备"（Strategic National Stockpile，SNS）直接管理。实物储备由专人负责，调用贮存在固定地点的医药用品，随时准备在接到指令后的 12 小时内分发到指定地点。订单储备是利用商业运作模式，由生产或经营企业管理和维持，需要调用时以电子订单的方式通知固定或不固定企业，一般要求企业在 24 小时或 36 小时内送达指定地点。[1]

第六十四条　国家建立健全药品供求监测体系，及时收集和汇总分析药品供求信息，定期公布药品生产、流通、使用等情况。

【条文主旨】药品供求监测体系

【理解与适用】本条是关于药品供求监测体系的规定。国家建立健全药品供求监测体系，其目的在于及时收集和汇总分析短缺药品供求信息，对短缺药品实行预警，并通过采取应对措施以保障药品的可及。为了实现药品供求监测，我国已建立健全《药品管理法》《基本医疗卫生与健康促进法》等在内的法律制度体系。此外，关于药品供求监测、药品短缺的规制更多体现在国家的相关政策文件中。其中，2017 年 1 月，国务院办公厅印发《关于进一步改革完善药品生产流通使用政策的若干意见》（国办发〔2017〕13 号），提出要"健全短缺药品、低价药品监测预警和分级应对机制，建立完善短缺药品信息采集、报送、分析、会商制度，动态掌握重点企业生产情况"。2017 年 6 月，国家卫生和计划生育委员会等部门发布《关于改革完善短缺药品供应保障机制的实施意见》（国卫药政发〔2017〕37 号），提出"到 2020 年，实

---

〔1〕 邵蓉等："我国医药储备形式的完善"，载《中国医药工业杂志》2018 年第 6 期。

现药品供应保障综合管理和短缺监测预警信息资源的共享共用，建立成熟稳定的短缺药品实时监测预警和分级应对体系，构建短缺药品信息收集、汇总分析、部门协调、分级应对、行业引导'五位一体'工作格局；遍布全国、合理布局短缺药品监测哨点，制定监测程序、范围、时限等工作方案，实行监测信息每月零报告制度。建立国家、省、地市、县四级监测网络体系和预警机制"。2019 年 9 月，国务院办公厅发布《关于进一步做好短缺药品保供稳价工作的意见》（国办发〔2019〕47 号），对短缺药品的保供应方面提出了搭建国家短缺药品多源信息采集平台，加强协同监测；做好短缺药品清单管理，对清单中的药品重点监测、动态跟踪；实施短缺药品停产报告；落实直接挂网和自主备案采购政策；建立健全短缺药品常态储备机制等建议。对稳定价格方面提出了加强药品价格异常情况监测预警等建议。

《基本医疗卫生与健康促进法》在立法过程中，将国家关于药品供求监测、药品供应短缺等法律政策文件的精神以立法的形式予以明确。建立健全我国药品供求监测体系，针对信息的收集、分析及处理等进行优化，能够加强相关单位应对药品短缺的反应能力和处理能力，同时可以改变我国目前以应急措施为主的短缺药处理方式，对于完善我国短缺药供应保障机制意义重大。有研究指出，2016~2018 年，我国平均每个省（市）基本药物短缺占比在 50% 以上，低价药短缺占比从 2016 年的 19% 增长到 2018 年的 46%，对比各省（市）短缺药品目录发现，80% 的省（市）短缺的药品品规既是基本药物又是低价药品。[1]总结各省市采取的应对措施，可以发现通常采取的应对措施一般包括依托省级药品集中采购平台，设立医疗机构作为监测哨点，进行信息上报，建立省级短缺药品储备管理制度，多形式采购短缺药品，制定特色性举措等手段。以江苏省为例，2016 年江苏省遴选了 15 家医疗机构作为国家级短缺药品直接监测哨点，将 35 家药品经营企业作为监测哨点，双月报送短缺药品信息。2017 年 7 月，江苏省建立短缺药品信息"每月零报告"制度，每月通过省级药品集中采购平台对收集到的药品短缺信息进行汇总分析，根据不同的短缺原因实施分类应对，如寻求替代产品或者进行区域内协商调剂解决局部性短缺品种；通过省公共资源交易中心开展询价采购解决因

---

〔1〕　任亚男等："我国部分省市药品短缺现状研究及相关建议"，载《中国药事》2020 年第 3 期。

价格倒挂不能正常供应的药品；通过目录管理，进行分级、定点储备来解决成因复杂、临床必需的短缺药品，同时建立省、市、县三级联动的药品购销监管体系，实时监控药品生产经营企业和医疗机构日常药品购销全过程。〔1〕

　　由于药品短缺成因涉及药品研发、生产、流通、使用等环节，这就需要建立药品管理相关部门建议协作机制。其中，国家卫生健康委员会通过联合其他有关部门，对药品短缺、药品价格及垄断等方面开展了调研，摸清了短缺药品的发展现状；国家药品监督管理局对具有临床价值的新药和临床急需仿制药进行优先审评审批，同时建立了短缺药品报告制度；国家医疗保障局通过加强对短缺药品集中采购和使用工作的指导，推动了短缺药品直接挂网。商务部通过构建遍及城乡的药品流通网络，改善了药品流通行业的发展环境。工业和信息化部会同有关部门评审认定小品种药集中生产基地，保障了小品种药的稳定生产供应。国家市场监督管理总局严厉地打击原料药市场的垄断行为。各部门通过联合行动不断建立完善药品供求监测体系，对生产、流通、使用等各个环节进行监督管理。同样，药品短缺是世界各国普遍面临的一个难题，许多国家也已经建立了相应的处理机制。以美国为例，早在 1999 年，美国食品药品监管局（FDA）就在其管辖内的美国药品评价和研究中心（Center for Drug Evaluation and Research，CDER）制订了药物短缺计划，并开始监测和减轻药物短缺所造成的影响。同时 CDER 也通过 FDA 法规事务办公室（Office of Regulatory Affairs，ORA）进行部门内部协同合作，并与相关的制药企业、审评部门、投诉部门对药物短缺的情况进行及时的沟通、协商。目前，FDA 积极采取措施应对当前出现的药物短缺问题并相继出台了致力于减少药物短缺问题的相关政策和战略计划，如《食品、药品和化妆品法案》《食品药物监督管理局安全和创新法案》《防止和缓解药物短缺战略计划》《优先考虑新药审批申请报表的修正和补充评估》等。FDA 应对药物短缺的措施与药品的一般流通环节相连接，保证在药物原料供应、药物生产商生产、药物使用和替代、新药快速开发等环节都进行法律规定与战略计划安排，这为

---

〔1〕 何青、崔林、李昆："江苏'组合拳'保障'救命药'供应"，载《中国卫生》2018 年第 1 期。

FDA 实施短缺药物监管提供了强有力的法律依据。[1]

第六十五条 国家加强对医疗器械的管理，完善医疗器械的标准和规范，提高医疗器械的安全有效水平。

国务院卫生健康主管部门和省、自治区、直辖市人民政府卫生健康主管部门应当根据技术的先进性、适宜性和可及性，编制大型医用设备配置规划，促进区域内医用设备合理配置、充分共享。

【条文主旨】 医疗器械管理

【理解与适用】 本条是关于医疗器械管理的规定。医疗器械，是指直接或者间接用于人体的仪器、设备、器具、体外诊断试剂及校准物、材料以及其他类似或者相关的物品，包括所需要的计算机软件；其效用主要通过物理等方式获得，不是通过药理学、免疫学或者代谢的方式获得，或者虽然有这些方式的参与，但是这些方式只起辅助作用。作为与民众生命健康密切相关的产业领域，医疗器械涉及范围广泛，既包含压舌板、纱布等低值易耗产品，也包含多层 CT、PET-CT、超导磁共振、质子加速器等高技术、高价格的设备。目前我国医疗器械行业规模以上生产企业主营收入复合增速在 20% 左右，明显高于国际医疗器械行业 3% 的增速，也明显高于同期国民经济发展的增幅。[2]大型医用设备属于医疗器械的范畴，是指列入国务院卫生行政部门管理品目的医用设备以及尚未列入管理品目、省级区域内首次配置的整套单价在 500 万元人民币以上的医用设备。目前我国已经形成由《基本医疗卫生与健康促进法》《医疗器械监督管理条例》《医疗器械分类目录》《医疗器械生产监督管理办法》《医疗器械经营监督管理办法》《医疗器械不良事件监测和再评价管理办法》《医疗器械标准管理办法》《医疗器械标准制修订工作管理规范》等组成的法律制度体系。其中，《基本医疗卫生与健康促进法》在立法过程中，吸收了相关法律的立法精神，从医疗器械和大型医用设备管理两个角度，对保证医疗器械的安全、有效以及合理配置使用提出了明确的要求。

---

[1] 王志刚、田侃、喻小勇："美国 FDA 药物短缺应对策略及其对我国的启示"，载《医学争鸣》2016 年第 3 期。

[2] 周莹莹、苑云："我国医疗器械产业发展现状、问题及对策"，载《世界最新医学信息文摘》2018 年第 70 期。

　　医疗器械的标准和规范直接关系医疗器械的安全有效。医疗器械标准，是指由国家药品监督管理局依据职责组织制修订，依法按程序发布，在医疗器械研制、生产、经营、使用、监督管理等活动中遵循的统一的技术要求。医疗器械标准包括国家标准、行业标准，按照效力又分为强制性标准、推荐性标准。其中，强制性标准是涉及人身健康和生命安全的技术要求，医疗器械的强制性标准包括强制性国家标准和强制性行业标准。推荐性标准是为满足基础通用、与强制性标准配套、对医疗器械产业起引领作用等需要的技术要求。医疗器械的推荐性标准包括医疗器械推荐性国家标准和推荐性行业标准。随着《医疗器械标准管理办法》《医疗器械标准制修订工作管理规范》等的修订，标准化在医疗器械科学监管中的作用得到进一步强化。例如，实践中常见的医用防护口罩、医用外科口罩、一次性使用医用口罩、防护服、防护眼镜等均属于医疗器械。在新冠肺炎疫情期间，部分不法分子生产或销售不符合保障人体健康的国家标准、行业标准的口罩、医用酒精、消毒液等产品，牟取非法利益，危及了广大人民群众的生命安全和身体健康。国家药品监督管理局和各省级药品监督管理局对此类医疗器械进行了注册管理，旨在严厉打击制售假劣药品医疗器械违法行为。

　　医疗器械中的大型医用设备直接关系医疗质量安全、医疗费用和人民群众的健康权益。有限的医疗资源和大型医用设备较高成本之间存在矛盾，如何促进大型医用设备科学配置和合理使用成为卫生健康主管部门工作的重点。为优化医疗资源配置，遏制医疗机构盲目购置趋势，控制医疗费用过快增长，国家卫生健康委员会、国家药品监督管理局颁布了《大型医用设备配置与使用管理办法（试行）》。国家卫生健康委员会根据医疗服务需求和医疗器械发展状况，结合多方因素制定了《大型医用设备配置许可管理目录（2018年）》，将大型医用设备分为甲、乙两类，分别由中央和省级相关部门负责配置管理。大型医用设备固有的技术壁垒高、资金投入高、运行维护成本高等特点，决定了其购置前的论证评价和购置后的使用规划与普通医疗器材存在根本性差异，因此国家根据技术的先进性、适宜性和可及性，编制配置规划，以求实现行政区域内或医联体内的资源共享。其中，先进性是指技术水平相对较高，起着领先作用；适宜性是指技术应用和选择上遵循"最优化原则"；可及性是指技术可以涵盖的范围和达到的效果。依据这三大原则规划大型医用设备，有利于科学推进"健康中国"建设，深化医药卫生体制改革，提升医疗资源供给效率，满足人民群众不断增长的医疗服务需求。

第六十六条　**国家加强中药的保护与发展，充分体现中药的特色和优势，发挥其在预防、保健、医疗、康复中的作用。**

【条文主旨】　中药保护与发展

【理解与适用】　本条是关于中药保护与发展的规定。中药，是指在中医药理论指导下，运用传统的独特方法进行加工炮制并用于疾病的预防、诊断和治疗，有明确适应征和用法、用量的植物、动物和矿物质及其天然加工品等，包括中药材、中药饮片和中成药。[1]作为我国独特的卫生资源，中医药以其"辨证论治""整体治疗"的特色，疗效确切、组方灵活、"治未病"和成本低廉等优势，在预防、保健、医疗和康复中发挥着重要作用。中华人民共和国成立以来，我国高度重视和大力支持中医药发展。中医药与西医药优势互补，相互促进，共同维护和增进民众健康，已经成为中国特色医药卫生与健康事业的重要特征和显著优势。然而，目前我国中医药发展也面临一些问题。以中药资源为例，据第三次中药资源普查相关数据显示，我国中药资源有12 807种，其中药用植物11 146种，药用动物1581种，药用矿物80种。但由于自然和人为的原因，中药物种数量急剧减少。《中国植物红皮书》收载的398种濒危植物中，药用植物达168种，占42%；列入国家重点保护动物名录的药用动物有162种。优质中药资源蕴含量急剧下降，人参、石斛、杜仲、天麻、雪莲等野生植物濒临灭绝，入药的野生动物物种数量也急剧下降，中药资源的合理开发和保护已成为一个政策性问题，引起广泛的关注，中药资源外源性污染问题成为制约我国中药可持续发展的瓶颈。[2][3]此外，我国购进中药材或炮制后产品的含量检测问题突出，染色、增重问题时有发生，不合格中药材（药材及其饮片）占不合格药品的比例较高。[4]加强中药保护和

〔1〕　田侃、冯秀云主编：《卫生法学》，中国中医药出版社2017年版，第73~74页。

〔2〕　臧运森、田侃、喻小勇："现阶段我国中药资源保护政策刍议"，载《时珍国医国药》2015年第2期。

〔3〕　杨毅、田侃、田虹："循环经济视角下中药资源外源性污染问题研究"，载《中国中药杂志》2016年第15期。

〔4〕　吴颖雄等："我国中药饮片安全社会共治的困境与改革"，载《中草药》2019年第4期。

发展是当前中医药领域迫切需要解决的重要问题。

为了继承和弘扬中医药事业，保障和促进中医药事业发展，保护人民健康，2016 年 12 月 25 日，第十二届全国人民代表大会常务委员会第二十五次会议通过了《中医药法》，该法自 2017 年 7 月 1 日起施行。这是我国第一部全面、系统体现中医药特点的综合性法律，作为一部行业发展促进法，为我国中医药行业未来的发展奠定了法制基础。[1]目前我国围绕中药保护和发展问题已经建立了一整套包括专门规范和相关规范在内的法律体系。主要包括《中医药法》《药品管理法》《基本医疗卫生与健康促进法》《种子法》《野生动物保护法》等法律，《中药品种保护条例》《野生药材资源保护条例》《药品管理法实施条例》等行政法规，《中药材生产质量管理规范（试行）》《进口药材管理办法（试行）》《医院中药饮片管理规范》《中成药通用名称命名技术指导原则》《古代经典名方中药复方制剂简化注册审批管理规定》等部门规章。此外，党中央和国务院发布了一系列关于中医药发展的战略规划、纲要，如 2016 年 2 月国务院发布的《中医药发展战略规划纲要（2016—2030年）》等。

《基本医疗卫生与健康促进法》在制定过程中充分吸收了以《中医药法》为核心的相关法律法规的内容，明确提出国家要加强中医药的保护与发展，充分体现中医药的特色和优势，发挥其在预防、保健、医疗、康复中的作用。中医药注重整体观念，把人看成一个有机的整体，采用中医药治疗帮助患者提高自身免疫力，从而阻断病情发展，通过"辨证论治"的诊疗方式结合患者体质差异开具"一人一方"，且可随时根据患者的临床具体表现进行随症加减，用药灵活。

以新冠肺炎疫情防治为例，国家卫生健康委员会、国家中医药管理局组织专家在总结分析全国各地中医诊疗方案、梳理筛选各地中医治疗经验和有效方药的基础上，先后发表了《新型冠状病毒肺炎诊疗方案》第三版至第七版。从第三版提出湿邪郁肺、邪热壅肺、邪毒闭肺、内闭外脱四个中医"辨证论治"方案至《新型冠状病毒肺炎诊疗方案（试行第七版）》，不断对方

---

〔1〕 田侃："《中医药法》立法创新之评价"，载《南京中医药大学学报（社会科学版）》2017年第 1 期。

案中的中医诊疗部分进行修改和增加。早在第六版诊疗方案中有关专家便开始对疾病全过程进行分期，将中医治疗分为医学观察期和临床治疗期（确诊病例），其中临床治疗期又分为轻型、普通型、重型、危重型、恢复期。针对与传染源有直接或间接接触的医学观察期人员推荐使用中成药，根据临床表现，对症治疗：对乏力伴胃肠不适的医学观察期人员，可给予藿香正气胶囊（丸、水、口服液）；对乏力伴发热的医学观察期人员，可给予金花清感颗粒、连花清瘟胶囊（颗粒）、疏风解毒胶囊（颗粒）。针对临床治疗期（确诊病例）人员推荐使用通用方剂"清肺排毒汤"，并分别对轻型、普通型、重型、危重型和恢复期等不同临床治疗期从临床表现、推荐处方及剂量、服用方法三个方面予以说明。同时，在方案中还明确了适用于重型、危重型的中成药（包括中药注射剂）的具体用法。截至 2020 年 2 月 1 日，全国已有 17 个地区参照《新型冠状病毒肺炎诊疗方案》，因地制宜地制订了本地区的中医药防治方案。

第六章　健康促进

第六十七条　各级人民政府应当加强健康教育工作及其专业人才培养，建立健康知识和技能核心信息发布制度，普及健康科学知识，向公众提供科学、准确的健康信息。

医疗卫生、教育、体育、宣传等机构、基层群众性自治组织和社会组织应当开展健康知识的宣传和普及。医疗卫生人员在提供医疗卫生服务时，应当对患者开展健康教育。新闻媒体应当开展健康知识的公益宣传。健康知识的宣传应当科学、准确。

【条文主旨】健康教育制度

【理解与适用】本条是关于政府及各部门、机构在健康教育与健康促进方面的责任规定。

健康促进与健康教育已引起世界各国的高度重视。健康促进是指运用行政或组织手段，广泛协调社会各相关部门以及社区、家庭和个人，使其履行各自对健康的责任，共同维护和促进健康的一种社会行为和社会战略。健康教育是指通过有计划、有组织、有系统的社会教育活动，使人们自觉地采纳有益于健康的行为和生活方式，消除或减轻影响健康的危险因素，预防疾病，促进健康，提高生活质量，并对教育效果作出评价。健康促进的含义较健康教育更为广泛，它包括健康教育及能够促进行为、环境改变的组织、政策、经济支持等各项策略，其宗旨是改善社区、家庭及个人的健康状态，提高整个人群的健康水平。健康促进是健康教育发展的结果，健康教育是健康促进的基础。[1]健康促进成为公共卫生策略始于 20 世纪 70 年代，美国政府认识到吸烟、酗酒、缺少体育锻炼、不良的饮食习惯等不健康的生活行为是死亡率占较高比例的冠心病、恶性肿瘤的主要健康影响因素，由此，开始重视健康教育。1974 年加拿大政府发表了《加拿大人民健康的新前景》，首先提出

---

〔1〕　姜玉华："健康、健康教育与健康促进之研究"，载《南京体育学院学报（社会科学版）》2007年第 5 期。

卫生政策重点由疾病治疗转到疾病预防和健康促进上。美国国会也在同年通过了《健康信息和健康促进法》和《国家健康教育规划和资源发展法案》，明确规定健康教育为国家优先发展的卫生项目之一，并成立了健康教育促进中心。1975 年世界卫生组织（WHO）提出了"2000 年人人享有卫生保健"的目标，1978 年《阿拉木图宣言》提出健康教育是初级卫生保健的前提，是所有卫生问题、预防方法及控制措施中最为重要的内容，是完成初级卫生保健任务的基础。1986 年第一届国际健康促进大会发布的《渥太华宪章》继承并深化了《阿拉木图宣言》，提出并阐述了健康促进的相关内容，它涵盖了一系列范围广泛的社会和环境干预方法，这些方法意在通过解决和预防不良健康的根源，并侧重于治疗和治愈方面，使每个人的健康和生活质量获益并受到保护。[1]

我国健康促进和健康教育的起步比较晚，但很早就有相关实践。1988 年卫生部发出了《加强营养工作的通知》，1990 年经国务院批准，由国家教育委员会、卫生部发布了《学校卫生工作条例》，从行政法规的角度对健康教育提出了明确的具体要求。2007 年卫生部等部门联合发起了《全民健康生活方式行动倡议书》，使健康知识与技能不断得到普及，不断推广健康活动与实践。2008 年卫生部发布了《中国公民健康素养——基本知识与技能（试行）》，普及了"健康 66 条"。2016 年国家颁布《"十三五"卫生与健康规划》，指出要普及健康教育，实施健康行动计划；同年颁布的"健康中国"战略指出，医疗卫生机构及机关、学校、社区、企业等要大力开展健康教育，充分利用各种媒体，加强健康、医药卫生知识的传播，倡导健康文明的生活方式，促进公众合理营养，提高群众的健康意识和自我保健能力。2019 年国务院发布的《健康中国行动（2019—2030 年）》明确提出要加强健康教育，提高人民的健康水平。这些规范性文件为我国健康促进和健康教育提供了有力的政策支持。

实践中，随着我国人口老龄化进程的加快，疾病谱系和死亡谱系向慢性非传染性疾病的方向转变，死亡率占比高达 88%，[2]其主要影响因素是不良

---

〔1〕　任洁："健康治理视域下提升老年人口生命质量的路径探析"，载《行政科学论坛》2017 年第 8 期。

〔2〕　"国务院关于实施健康中国行动的意见"，载《人民日报》2019 年 7 月 16 日，第 7 版。

生活方式。而与之形成鲜明对比的是，公众健康知识缺乏和健康知晓率偏低，生活方式严重欠缺科学性与合理性，吸烟、过量饮酒、缺乏锻炼或不科学锻炼、不合理膳食等问题比较普遍。所以通过健康教育普及卫生知识，提醒民众改变不良行为方式，建立良好的生活方式和习惯，有效预防和控制疾病已经迫在眉睫，这是维护和促进健康，贯彻预防为主观念最经济、最有效的措施，也是从疾病治疗到健康预防观念转变的直接体现。那么，由谁来负责实施健康教育呢？

首先，各级政府是加强健康教育工作的主体，负责培养从事健康教育的专业人才。目前健康教育的责任主要由社区工作人员和基层医务人员承担，但由于重医疗轻预防的观念，健康教育的人才还有很大的缺口，迫切需要加强专业人才的培养。同时，各级政府要建立健康知识和技能核心信息发布制度，普及健康科学知识，向公众提供科学、准确的健康信息。如在这次新冠肺炎疫情防控工作中，各级政府及时公布了新冠肺炎的防控指南，对公众进行了基础医学知识、防护知识的健康教育，使公众可以做好自我隔离、采取预防措施、避免感染，这对控制疫情起到了重要的作用。其次，医疗卫生机构是进行健康教育的义务主体。虽然以往的相关法规和规章也要求医疗机构卫生人员应当对患者开展健康教育，但实践中医务人员的看病任务非常重，往往只能进行诊断和治疗，对患者的健康教育却心有余而力不足。这次在基本法律层面规定了医疗机构卫生人员的健康教育义务，要求医疗机构采取相应的措施或设置专门的健康教育部门，对所有患者开展健康知识的宣传和普及教育。最后，教育、体育、宣传等机构，基层群众性自治组织、社会组织和新闻媒体也被要求积极实施健康教育，开展健康知识的公益宣传，同时保证所宣传的健康知识科学、准确。

第六十八条 国家将健康教育纳入国民教育体系。学校应当利用多种形式实施健康教育，普及健康知识、科学健身知识、急救知识和技能，提高学生主动防病的意识，培养学生良好的卫生习惯和健康的行为习惯，减少、改善学生近视、肥胖等不良健康状况。

学校应当按照规定开设体育与健康课程，组织学生开展广播体操、眼保健操、体能锻炼等活动。

学校按照规定配备校医，建立和完善卫生室、保健室等。

县级以上人民政府教育主管部门应当按照规定将学生体质健康水平纳入学校考核体系。

【条文主旨】学校健康教育制度

【理解与适用】本条规定是关于将健康教育纳入国民教育体系的内容。健康的生活方式和对健康的正确认知是保持健康的根本途径。未成年人具有极强的可塑性，从小培养健康理念可为其个人的健康发展打下良好基础。实施学校健康教育制度是推进"健康中国"行动、落实"健康中国"战略的重要任务，是建设教育强国的必然要求，而将健康教育纳入国民教育体系也将浇灌出苗壮成长的"健康中国"。

早在2016年，"将健康教育纳入国民教育体系"便出现在《"健康中国2030"规划纲要》之中，[1] 而本法将该内容以立法的方式确立下来，确保其得到有效落实。《"健康中国2030"规划纲要》强调，以中小学为重点，建立学校健康教育推进机制。本法作出的规定未区分学校阶段，是为了将健康教育贯穿始终。特别是在前三次审议稿中，着重强调了幼儿园应当注重培养幼儿良好的卫生习惯，同时将幼儿园独立于学校之外，强调学校和幼儿园应当按照有关规定配备校医或者保健教师。这种表述的目的在于使幼儿园的健康教育得到重视。最后合二为一的规定，一来使得语言简练，二来也表明了健康教育始终重要的立场。

作为纲领性文件，本条规定在言明健康教育地位的基础上，列明了健康教育的具体内容，包括健康知识、科学健身知识以及急救知识和技能。对于不同年龄阶段的青少年儿童，应当普及不同的健康知识，如学龄前侧重良好卫生习惯的养成，小学阶段侧重合理膳食、运动锻炼的习惯，中学阶段侧重预防疾病的知识及性知识等。这种以学生年龄段划分健康教育内容的做法也为其他国家所采纳，例如日本的学校保健教育就包括小学、初中、高中三个阶段，小学的保健教育主要包括学生身体发育与心理发展介绍、各种伤害的

---

〔1〕《"健康中国2030"规划纲要》第二篇第四章第二节规定："将健康教育纳入国民教育体系，把健康教育作为所有教育阶段素质教育的重要内容。以中小学为重点，建立学校健康教育推进机制。构建相关学科教学与教育活动相结合、课堂教育与课外实践相结合、经常性宣传教育与集中式宣传教育相结合的健康教育模式。培养健康教育师资，将健康教育纳入体育教师职前教育和职后培训内容。"

预防等方面的内容。国家科学健身知识包括运动项目、运动强度、运动频率、运动时间等，科学健身可以促进健康生活方式的形成，有益身心健康，降低疾病风险。急救知识和技能包括心肺复苏急救知识、气道异物窒息急救处理等，通过普及使个人能够得到及时、有效的现场自救和互救，提高抢救成功率。

学校健康教育的目的在于提高学生主动防病的意识，培养学生良好的卫生习惯和健康的行为习惯，减少、改善学生近视、肥胖等不良健康状况。该目的体现了"健康中国"建设以预防为主的重要方针，而且养成良好的卫生习惯和健康的行为习惯将使个人终身受益。而提出减少、改善学生近视、肥胖等不良健康状况，是基于近年来我国儿童、青少年近视率、肥胖率居高不下、不断攀升的现状。2018 年 8 月 30 日，教育部、国家卫生健康委员会等八部门联合印发了《综合防控儿童青少年近视实施方案》，提出到 2023 年，实现全国儿童青少年总体近视率在 2018 年的基础上每年降低 0.5 个百分点以上，近视高发省份每年降低 1 个百分点以上；到 2030 年，6 岁儿童近视率控制在 3%左右，小学生近视率下降到 38%以下，初中生近视率下降到 60%以下，高中阶段学生近视率下降到 70%以下的目标。[1]2018 年 11 月，教育部基础教育质量检测中心发布了《2018 年国家义务教育质量监测——体育与健康监测结果报告》，结果显示四年级、八年级学生的肥胖率为 8.8%和 9.7%，比 2015 年分别上升了 1.9 个和 2.2 个百分点。前三次审议稿只强调了减少学生近视、肥胖等不良健康状况，并未提及"改善"，而在近视、肥胖学生人数基数较大的现在，如何改善学生近视、肥胖等不良健康状况也应成为重点思考的问题。

学校健康教育的具体实施方案为学校应当按照规定开设体育与健康课程，组织学生开展广播体操、眼保健操、体能锻炼等活动。该规定在前三次审议稿中并未出现。但是针对学习体育与健康课程不受重视、形同虚设的现状，

---

〔1〕《综合防控儿童青少年近视实施方案》第 1 条规定："到 2023 年，力争实现全国儿童青少年总体近视率在 2018 年的基础上每年降低 0.5 个百分点以上，近视高发省份每年降低 1 个百分点以上。到 2030 年，实现全国儿童青少年新发近视率明显下降，儿童青少年视力健康整体水平显著提升，6 岁儿童近视率控制在 3%左右，小学生近视率下降到 38%以下，初中生近视率下降到 60%以下，高中阶段学生近视率下降到 70%以下，国家学生体质健康标准达标优秀率达 25%以上。"

最终定稿将上述具体内容写入了纲领性文件从立法层面强调了其重要性。广播体操、眼保健操、体能锻炼等活动适合学生进行，也适宜学校组织，是学校开展体育与健康活动的重要方式。

学校健康教育的实施人员是学校的校医，实施场所为卫生室、保健室。该规定在前三次审议稿中的修改较大。第一次审议稿的内容为"幼儿园和学校要依照有关规定建立和完善卫生室"；第二次审议稿的内容为"学校和幼儿园应当依照有关规定配备校医或者保健教师，建立和完善卫生室、保健室等"；第三次审议稿的内容为"学校和幼儿园应当按照有关规定配备校医或者保健教师，建立和完善卫生室、保健室等"。主要的修改争议点有二：一是配备人员是否包括保健教师；二是配备场所是否包括保健室。配备人员与配备场所具有直接联系。根据《国家学校体育卫生条件试行基本标准》的规定，卫生室是指取得《医疗机构执业许可证》的学校卫生机构，承担学校预防保健、健康教育、常见病和传染病预防与控制、学校卫生日常检查并为师生提供必要的医疗服务。保健室是指未取得《医疗机构执业许可证》的学校卫生机构，在卫生专业人员指导下开展学校预防保健、健康教育、常见病和传染病预防与控制、学校卫生日常检查。其中，寄宿制学校必须设立卫生室，非寄宿制学校可视学校规模设立卫生室或保健室。[1]我国《学校卫生工作条例》还规定："城市普通中小学、农村中心小学和普通中学设卫生室，按学生人数六百比一的比例配备专职卫生技术人员……学生人数不足六百人的学校，可以配备专职或者兼职保健教师，开展学校卫生工作。"[2]对于设置卫生室的学校，因为卫生室属于医疗机构，所以其管理参照《医疗机构管理条例实施细则》的规定，法律责任的承担可参照《侵权责任法》中关于医疗损

〔1〕《国家学校体育卫生条件试行基本标准》第5条（一）规定："1. 卫生室是指取得《医疗机构执业许可证》的学校卫生机构，承担学校预防保健、健康教育、常见病和传染病预防与控制、学校卫生日常检查并为师生提供必要的医疗服务。2. 保健室是指未取得《医疗机构执业许可证》的学校卫生机构，在卫生专业人员指导下开展学校预防保健、健康教育、常见病和传染病预防与控制、学校卫生日常检查。3. 寄宿制学校必须设立卫生室，非寄宿制学校可视学校规模设立卫生室或保健室。"

〔2〕《学校卫生工作条例》第20条规定："普通高等学校设校医院或者卫生科。校医院应当设保健科（室），负责师生的卫生保健工作。城市普通中小学、农村中心小学和普通中学设卫生室，按学生人数六百比一的比例配备专职卫生技术人员。中等专业学校、技工学校、农业中学、职业中学，可以根据需要，配备专职卫生技术人员。学生人数不足六百人的学校，可以配备专职或者兼职保健教师，开展学校卫生工作。"

害责任的规定；对于因学校原因产生损害的，学校也应承担相应的责任。而对于设置保健室的学校，学校为主要管理人，学校也应成为责任的主要承担者。

学校长期以来"重文轻体"的现状需一步步改善。为避免学校健康教育制度难以贯彻落实，本条在最终定稿时新加入了具体的考核标准：县级以上人民政府教育主管部门应当按照规定将学生体质健康水平纳入学校考核体系。其中，考核部门为县级以上人民政府教育主管部门，教育主管部门的主要职能是对教育事业的领导与管理，在监管过程中，可联合卫生部门或引入卫生、医学领域人才。而对于具体的考核体系，有待各部门及地方主管部门进一步制定实施细则。

第六十九条　公民是自己健康的第一责任人，树立和践行对自己健康负责的健康管理理念，主动学习健康知识，提高健康素养，加强健康管理。倡导家庭成员相互关爱，形成符合自身和家庭特点的健康生活方式。

公民应当尊重他人的健康权利和利益，不得损害他人健康和社会公共利益。

【条文主旨】公民健康责任

【理解与适用】本条是关于健康责任、健康素养、健康生活方式的规定。健康权是人权体系中的一项重要内容。健康是人全面发展的基础，是社会的第一资源，是社会文明最重要的标志之一。我国宪法对健康权保障作出了原则性规定：如第33条第3款对健康权保障作出了总体性规定；第45条第1款规定了公民健康权救济制度；第26条第1款规定了国家环境健康权保障义务；第42条规定了国家劳动者健康权的保障制度；第49条第3款规定了特殊群体健康权的保障义务。《国务院关于实施健康中国行动的意见》将"健康知识普及行动"作为专项行动，明确了提升健康素养是增进全民健康的前提，要让健康知识、行为和技能成为全民普遍具备的素质和能力。健康素养和科学生活方式，对个人生命健康至关重要。因此，我们要充分认识到提高个人健康素养不只关乎自身，而应把个人健康素养同家庭幸福、全民健康紧密联系在一起，树立正确的健康观，增强科学辨别力，培养健康生活方式，当好自身健康的"第一责任人"。[1]

健康不仅是国家责任，而且是每个公民的责任。公民应树立和践行对自己健康负责的健康理念，主动学习健康知识，提高健康素养，加强健康管理。健康管理是指对个体或者是群体的健康进行全面的分析、评估及监测，并提供相应的健康指导和健康咨询，进而对影响健康的危险因素进行进一步的干预和预防的一个过程。[2]近年来，我国在全面建设小康社会和构建社会主义和谐社会的进程中，在培养公民健康素养方面取得了积极成效。国家重视提高全民健康素质，坚持以人为本和为人民健康服务的根本宗旨，大力开展健康教育与健康促进工作，在传播健康知识的同时，更加关注人民群众维护健康的内在动力和基本能力，注重发挥人民群众促进健康的潜能，引进健康素养的概念。围绕当前主要的健康问题，积极研究探索健康素养对相关健康知识、态度和生活方式的影响，努力提高人民群众应对健康问题的能力，并开始以健康素养监测和评价个体、群体的健康状况。我国政府于 2008 年在全球范围内公布了第一份国家层面上的健康素养政府公告，即《中国公民健康素养——基本知识与技能（试行）》。[3]

公民的健康责任还在于发挥公民的健康能动性，通过公民个人健康生活的选择与互动来引导家庭这个社会最小的组成细胞，形成符合自身和家庭特点的健康生活方式。家庭的健康生活方式影响深远，许多慢性病都有家庭生活的群居影响，家庭健康生活方式的选择，不仅有助于现有家庭成员本人健康水平的提升，也会通过家庭教育的代际影响，影响后代子女，从而提升整个民族的健康素养。

国外很多国家非常重视个人健康管理及健康素养。澳大利亚学者罗斯·霍恩（Ross Home）认为健康是人与生俱来的权利，强调个人能力对于健康的重要性，鼓励每个人对自己的健康与享有健康的权利负责。[4]美国著名哲学

---

〔1〕 何东平："当好健康'第一责任人'"，载《江西日报》2020 年 2 月 27 日，第 10 版。

〔2〕 刘春梅："健康管理中心提高体检者满意度的做法与探讨"，载《中国医药指南》2019 年第 16 期。

〔3〕 "中国公民健康素养——基本知识与技能（试行）"，载《中国健康教育》2008 年第 1 期。

〔4〕 ［澳］罗斯·霍恩：《现代医疗批判——21 世纪的健康与生存》，姜学清译，上海三联书店 2005 年版，第 1 页。

家、法学家德沃金认为，"就健康而言，个人责任意味着选择过一个健康的生活方式，意味着在个人能够合理控制的范围内减少健康风险因素。健康长寿与一个人的生活方式密切相关，这激励人们要照顾自己的身体、关心自己的健康、过一种审慎的健康生活。这首先要理解个人行为和健康之间的因果关联，然后接受这个观念，在一定程度内能够控制我们自身的健康状况"。[1]在美国，健康管理人人参与，覆盖面广，突出了健康预防和健康维护的重要性，提倡早期发现和早期治疗，有效控制了医疗费用，同时也提高了服务质量和效率。[2]美国卫生福利部通过"Healthy People"和"健康公民 2010"计划，提倡优质生活、健康发展，被 WHO 称赞为健康计划的样本。[3]日本为贯彻落实"健康日本 21"颁布了健康增进法；2015 年，日本政府颁布"健康日本2035"，旨在推动每个社会个体发挥自身潜能。[4][5][6]英国实施减盐干预项目。新加坡是世界上第一个通过立法禁烟的国家。随后，挪威、以色列、法国等国家和地区也相继出台了无烟立法。[7]

公民享有自己的健康权利，不得损害他人健康和社会公共利益。《欧洲人权公约》一方面规定了保护健康权以及具有一定的健康因素的生命权、免受酷刑权、私人和家庭生活受尊重权等权利；另一方面，还规定了公共健康例外条款。《乌克兰宪法》强调"每个人有保护自己的生命与健康，保护他人的生命与健康免受非法侵害的权利"。[8]以英国思想家洛克为代表的自然法学派认为，健康权是一种天赋人权，是一种不可转让和不可剥夺的自然权利，每一个人应该遵守理性，不得侵害他人的健康。[9]

---

〔1〕 李红文："可控制性责任观视阈下的健康责任分析"，载《医学与社会》2015 年第 7 期。

〔2〕 符美玲、冯泽永、陈少春："发达国家健康管理经验对我们的启示"，载《中国卫生事业管理》2011 年第 3 期。

〔3〕 代涛、吴富起、朱坤："美国健康战略及启示"，载《医学与哲学（人文社会医学版）》2008 年第 11 期。

〔4〕 王继伟等："日本生活方式疾病防治策略及启示"，载《中国健康教育》2012 年第 9 期。

〔5〕 郑全美、刘毅："'健康日本 21'的基本战略方针、目标设定和评价"，载《中国公共卫生》2002 年第 5 期。

〔6〕 刘扬等："'健康日本 21'产生的背景及其意义"，载《中国公共卫生》2002 年第 4 期。

〔7〕 FJ H. , GA M. , "A Comprehensive Review on Salt and Health and Current Experience of Worldwide Salt Reduction Programmes", 2009（6）, pp. 363-384.

〔8〕 路艳娥："健康权：法伦理视野的解读"，载《河北法学》2011 年第 3 期。

〔9〕 ［英］约翰·洛克：《政府论》（二），杨思派译，九州出版社 2007 年版，第 307 页。

健康既包括个人健康，也包括公共健康，在健康权的实现过程中如何协调两者之间的关系是一个关键命题。通常认为，公共利益优于个人利益，以谋求社会全体成员共同福祉为目的的公共健康在健康权保护过程中也应优先得到实现。也就是说，公民个人即使是为了维护自己的健康权，也不得损害公共健康权益。如在新冠肺炎疫情防控中，个人的健康权的维护不得有损于公共健康利益，个人的自由权、自主权、隐私权等权利将受到限制；公共健康利益优先就体现在传染病防治过程中的强制治疗、强制隔离、信息公开等方面，公民不遵守相关预防、控制措施及实施其他违法犯罪行为，如故意传播传染病病毒，隐瞒相关个人信息，拒绝接受检疫、强制隔离或治疗等，将被追究法律责任，受到法律的制裁。例如，据北京市警方 2020 年 3 月 7 日通报：3 月 4 日，自意大利乘机抵达北京首都国际机场的廖某君、廖某海隐瞒其发热、干咳等症状，在登机前使用药物退烧降温，不如实填写《中华人民共和国出/入境健康申明卡》，给同机人员造成了传染风险。6 日，顺义区公安分局以廖某君等人涉嫌妨害传染病防治罪为由，依法开展立案侦查。依据《刑法》等相关法律法规的规定，妨害传染病防治罪可处 3 年以下有期徒刑或拘役；后果特别严重的，处 3 年以上 7 年以下有期徒刑。

第七十条 国家组织居民健康状况调查和统计，开展体质监测，对健康绩效进行评估，并根据评估结果制定、完善与健康相关的法律、法规、政策和规划。

【条文主旨】健康调查、体质监测与评估

【理解与适用】本条是关于国家通过对居民进行健康信息调查和统计，开展体质检测，绩效评估，制定法律法规等来完善健康促进的规定。国民健康状况是反映一个国家或地区经济与社会发展、卫生保健水平和人口素质的重要指标。良好的健康状况既是社会经济发展的基础，也是社会经济发展的重要目标。进入 21 世纪以来，健康指标被联合国纳入千年发展计划，成为各国共同的奋斗目标。世界上许多国家均定期开展国民健康状况调查，并根据调查结果制定和评价相应的法律和政策，以改善和提高国民健康水平。随着"健康中国"国家战略的实施，我国确定了健康优先、预防为主的原则，改变了重医疗轻预防的观念，并以人民健康为中心、以提高人民健康水平为目的。

而这一切的实施都需要进行健康调查以获取公民健康状况的各项指标数据为基础，进而分析我国居民多层次的健康需求，为卫生服务供给提供对照，同时储备健康大数据，为国家制定各项与健康相关的法律法规提供科学基础和现实依据。

我国于1959年进行了全国第一次营养调查和高血压流行病学调查，在1979~1984年间又进行了多次健康调查，这些调查对于了解我国城乡居民膳食结构、营养水平及相关慢性疾病的流行病学特点及变化规律，评价城乡居民营养与健康水平，制定相关政策和疾病防治措施发挥了积极的作用。1992年卫生部发布了《全国卫生统计工作管理办法》（已失效），规定依照国家有关法律政策对居民健康水平等进行调查统计，提供数据统计资料和统计分析，实行统计咨询与统计监督。从1993年开始，我国每隔五年进行一次国家卫生服务调查，2018年启动了第六次国家卫生服务调查，主要以家庭健康询问调查为主，以医务人员、医疗机构调查为辅，调查内容主要包括：城乡居民健康状况、慢性病状况、生活方式、就医习惯、用药习惯以及卫生服务需求与利用情况、医疗保障情况、重点人群卫生服务利用情况等，并建立居民健康卡。这些调查为制定各项健康政策及法律法规提供了数据支撑和实证依据。随着社会经济的快速发展和老龄化进程的加快，对居民健康调查的侧重点也发生了变化：从重传染病的调查到对慢性疾病的关切；从重疾病治疗到重视预防的调查；从重致病因素到影响健康因素的调查；从重发病机制到生活方式习惯的调查等。随着信息化、人工智能、物联网、互联网医疗和大数据的快速发展，新时期的健康调查呈现出了新的模式和方法，从原来的纸质调查逐步过渡到移动电子调查，并且给居民建立了电子健康档案。2015年国务院印发了《促进大数据发展行动纲要》，其中"建设医疗健康服务大数据"的关键是构建全国范围的电子健康档案数据库。它的建设是实现"健康中国2030"的基础性工程。2016年8月，习近平主席在全国卫生与健康大会上指出："要完善人口健康信息服务体系建设，推进健康医疗大数据应用。"[1]2018年国务院发布《关于促进"互联网+医疗健康"发展的意见》，要求将电

---

〔1〕 孙慧："大数据时代构建微信个人电子健康档案的优化策略"，载《档案天地》2019年第2期。

子健康档案与居民健康卡深度融合，通过网络平台、手机 App 等，发挥健康档案在居民健康管理中的作用。2019 年，国家卫生健康委员会、财政部、国家中医药管理局三部门发布了《关于做好 2019 年基本公共卫生服务项目工作的通知》，进一步明确了电子健康档案向个人开放的内容，包括个人基本信息、健康体检信息、重点人群健康管理记录和其他医疗卫生服务记录等应当在本人或者其监护人知情同意的基础上依法依规向个人开放。这些关于健康档案规范性文件的系列发布无疑为我国未来健康调查的趋势、方法指明了新的方向，对掌握城乡居民的健康状况及其影响因素和了解居民医疗卫生服务需要、需求变化的规律，推动卫生改革与发展具有积极的作用。

开展体质监测首次出现在我国基本医疗卫生法中。国民体质监测是国家为系统掌握国民体质状况，以抽样调查的方式，按照国家颁布的国民体质监测指标，在全国范围内定期对监测对象进行统一测试和对监测数据进行分析研究的工作。一个国家国民的体质状况是其潜在综合国力的重要组成部分，国民体质的改善和增强是社会发展的动力。我国对幼儿、中小学生、大学生、成年人和老年人等不同人群都进行体质监测。体质是指在遗传性和获得性基础上表现出来的人体形态结构、生理机能和身体素质的综合特征，比如身高、体重、血压、脉搏、肺活量等指标。体质监测不是为人们检查和诊断疾病，它的目的在于帮助人们了解自己的身体素质状况和总体评价，为开展体育运动、组织锻炼提供科学的依据。我国在 1975 年首次开展全国儿童、青少年的体质调查研究，当年的检测指标有 6 项，集中在形态指标上，没有机能、素质检测指标。1991 年确定了中学生的监测指标体系；1996 年制定了《中国成年人体质测定标准手册》；1997 年开始在全国部分省、市、自治区进行成年人体质监测工作。根据相关统计显示，近年来我国很多居民的体质测试不合格，而平时不注重身体锻炼，是导致亚健康的主要因素之一，另外，对 70 岁以上的老年人群体质的测试指标还有待进一步完善和研究。

对健康绩效考核评估并且将其与健康促进机制予以结合作为政府的责任目标是本法的亮点之一。健康绩效考核评估制度从以往的注重过程考核转向了注重结果考核，以改善公民健康指标状况来进行评估，同时突出了居民的感受度和获得感，充分发挥绩效考核导向作用，强调各级政府积极履行健康促进义务，改善和提升人民健康。

以上各种调查、检测及评估结果被广泛应用于各级卫生行政部门的科学管理和决策之中，对政府制定与健康相关的法律、法规、规章，有效调控卫生服务供求关系，促进我国卫生改革与发展产生了重要影响。

第七十一条　国家建立疾病和健康危险因素监测、调查和风险评估制度。县级以上人民政府及其有关部门针对影响健康的主要问题，组织开展健康危险因素研究，制定综合防治措施。

国家加强影响健康的环境问题预防和治理，组织开展环境质量对健康影响的研究，采取措施预防和控制与环境问题有关的疾病。

【条文主旨】　健康危险因素风险评估与防控

【理解与适用】　本条是关于健康危险因素风险评估与防控的法律规定。这是我国首次以立法的形式设立了健康影响评估制度，将公民主要健康指标的改善情况纳入了政府目标责任考核。这意味着从此以后，对各项经济社会发展规划、政策、工程项目进行系统的健康影响评估有了法律依据。从国际经验来看，要实现健康融入所有政策，没有健康影响评估制度是做不到的。

什么是健康危险因素呢？在 2002 年世界卫生组织（WHO）发布的《2002 年世界卫生报告：减少危险，延长健康寿命》中，WHO 将"health risks"与"risks to health"予以换用，因此从字面上理解，健康危险因素就是危害健康的因素。2009 年，WHO 发布《全球健康危险因素——主要健康危险因素导致的死亡率和疾病负担统计报告》，明确将健康危险因素定义为：一种增加不良健康后果发生概率的因素。国内有学者将健康危险因素定义为：健康危险因素是指能够增加个体患病或死亡概率的因素。[1]

健康风险评估（Health Risk Appraisal, HRA）是一种方法或工具，用于描述和评估某一个体未来发生某种特定疾病或因为某种特定疾病导致死亡的可能性。疾病风险评估作为健康风险评估的一个主要类型，与健康管理措施有着密切的联系。从某种程度上说，疾病风险评估起着监看管理分流器的作用，通过疾病风险评估可以对人群进行分类，对处于不同类型和等级的个人或人群实施不同的健康管理策略，从而实现有效的全人群健康管理。健康风险评

---

〔1〕　曹文君等："健康危险因素对健康状况影响效应分析"，载《中国公共卫生》2015 年第 9 期。

估是一种针对个人及人群的健康危险因素进行全面评估的服务过程，也是进行健康教育的前提。通过风险评估实施健康教育，是帮助被评估人了解个人对生活方式与健康行为进行选择的重要途径。选择与保持健康的生活方式与行为，是提高个人健康水平与改进生活质量的基本保证。健康风险评估可以帮助被评估人进行科学的健康定位，更好地了解自己，在可以自我控制的健康危险因素方面，坚持正确的健康行为，改进不健康的生活方式，目标明确、有的放矢、力所能及、全力以赴，由此把健康风险降到最低。因此，参加健康风险评估的个人，需要有"健康觉悟"，意识到个人应为自己的健康负责。[1]

随着我国经济的迅猛发展，人们的生活水平日益提高，生活方式和环境也发生了很大的变化。由于不科学的生活方式和激烈的社会竞争所带来的各方面的影响，使得慢性疾病已经由老年性疾病转变为年轻化的流行疾病，高血压、中风、冠心病、糖尿病等慢性疾病流行蔓延已经成为现代社会中一个严重的公共卫生问题，人类健康受到越来越多的危险因素的影响。

党的十九大报告将"实施'健康中国'战略"作为国家发展基本方略的重要内容，回应了人民的健康需要和对疾病医疗、食品安全、环境污染等方面的关切。将"健康中国"建设提升至国家战略地位是国家治理理念与国家发展目标的升华，有助于使关注健康、促进健康成为国家、社会、个人及家庭的共同责任与行动。当前"健康中国"建设面临着人口老龄化加速和疾病谱变化、三医联动改革滞后、健康领域投入不足、环境污染和食品安全问题形势仍然严峻等挑战，因此需要综合治理，特别是要抓住优化全民医疗保障制度、推进健康老龄化、重视疾病预防和健康管理、运用技术手段推进健康治理现代化等关键点。在联合国健康可持续性目标中，全民健康不只着重于医疗卫生方面，更应该同时兼顾"经济""社会"和"环境"三大面向，包括 13 项细项目标及 26 项对应的指标，具体从孕产妇、新生儿和儿童健康，传染病，慢性非传染性疾病，健康危险因素，以及卫生系统和卫生费用等五个方面进行评估。[2]

---

〔1〕 鲍勇、马骏主编：《健康管理学教程》，上海交通大学出版社 2015 年版，第 56 页。
〔2〕 叶玲珑、朱建平、谢邦昌："国内外健康综合评价指标体系及预警监测系统构建瞭望"，载《中国统计》2019 年第 11 期。

我国健康战略起步较晚，2008 年首次提出"健康中国"战略，2016 年由"健康中国 2020"战略深化为"健康中国 2030"战略，颁布了《"健康中国 2030"规划纲要》，2019 年 7 月颁布了具体行动指南。"健康中国"从健康知识普及，合理膳食，全民健身，控烟，心理健康促进，健康环境促进，妇幼健康促进，中小学健康促进，职业健康保护，老年健康促进，心脑血管疾病、癌症、慢性呼吸系统疾病和糖尿病防治，传染病及地方病防控等 15 个领域以及健康水平方面开展行动，共纳入了 124 个具体指标。

《"健康中国 2030"规划纲要》明确指出到 2030 年实现：主要健康危险因素得到有效控制。全民健康素养大幅提高，健康生活方式得到全面普及，有利于健康的生产生活环境基本形成，食品药品安全得到有效保障，消除一批重大疾病危害。随着社会经济的发展，也相应地促进了我国城市化的进程，在人们不断地享受物质文明成果的时候，也同时担忧着环境问题对健康的危害。30 年来，作为经济增长最快的发展中国家，我国面临着环境与健康问题的重大挑战。

我国经济的高速发展带来了环境污染，各种污染物可通过呼吸、饮食等途径进入人体，对健康造成危害。但由于环境污染对健康的损害具有滞后性，污染物从排放到进入人体，最后造成健康危害，可能需要几年、十几年甚至更长时间，很多时候人们无法直观感受到。然而，一旦造成健康危害，后果却不可逆转，如血铅对儿童的危害，一旦造成智力损伤，将很难恢复。过去基于发展经济等诸多因素的考虑，我国法律对于保障公众环境健康的认识不够，缺乏环境与健康保护的基本制度。另外，环境污染对健康的影响往往呈现多源头排放、多介质污染、多途径暴露和多受体危害的特征。这意味着环境与健康问题涉及的社会关系极其复杂，牵扯的利益关系非常多元，同时环境与健康风险的社会心理扩散效应可能远远超过环境污染造成的健康效应本身。所以，法律必须把这种社会恐慌控制在一定程度之内，让人们感到安全。

《"健康中国 2030"规划纲要》遵循健康优先原则，把健康摆在优先发展的战略地位，立足国情，将促进健康的理念融入公共政策制定与实施的全过程，加快形成有利于健康的生活方式、生态环境和经济社会发展模式，实现健康与经济社会的良性协调发展。2019 年国务院印发《国务院关于实施健康中国行动的意见》，并出台了《健康中国行动（2019—2030 年）》，围绕疾病预防和健康促进两大核心，提出将开展 15 个重大专项行动，促进以治病为中心向以人民健康为中心的转变，努力使群众不生病、少生病。其中，"健康环境促进行动"主要针对影响健康的空气、水、土壤等自然环境问题，室内污染等家居环境风险，道路交通伤害等社会环境危险因素，分别给出了健康防护和应对建议，并提出了政府和社会应采取的主要举措。

国家建立、健全环境与健康监测、调查和风险评估制度；鼓励和组织开展环境质量对公众健康影响的研究，采取措施预防和控制与环境污染有关的疾病。《环境保护法》在第 4 章"防治污染和其他公害"中规定了"资源循环利用""三同时""环保责任制""排污费征收"等制度，致力于保障公众健康。[1]

第七十二条　国家大力开展爱国卫生运动，鼓励和支持开展爱国卫生月等群众性卫生与健康活动，依靠和动员群众控制和消除健康危险因素，改善环境卫生状况，建设健康城市、健康村镇、健康社区。

【条文主旨】开展全民群众性健康活动

【理解与适用】本条是关于全社会参与健康促进主题活动的规定，这契合了公共卫生社会共治、人人参与的特点。爱国卫生运动在我国有较长的发展历史并取得过良好的效果。我国政府有一个许多国家都没有设立的议事机构——爱国卫生运动委员会。爱国卫生运动起源于中华人民共和国成立之初，

---

〔1〕《环境保护法》第 40 条规定，国家促进清洁生产和资源循环利用。国务院有关部门和地方各级人民政府应当采取措施，推广清洁能源的生产和使用。企业应当优先使用清洁能源，采用资源利用率高、污染物排放量少的工艺、设备以及废弃物综合利用技术和污染物无害化处理技术，减少污染物的产生。第 41 条规定，建设项目中防治污染的设施，应当与主体工程同时设计、同时施工、同时投产使用。防治污染的设施应当符合经批准的环境影响评价文件的要求，不得擅自拆除或者闲置。第 42 条规定，排放污染物的企业事业单位和其他生产经营者，应当采取措施，防治在生产建设或者其他活动中产生的废气、废水、废渣、医疗废物、粉尘、恶臭气体、放射性物质以及噪声、振动、光辐射、电磁辐射等对环境的污染和危害。排放污染物的企业事业单位，应当建立环境保护责任制度，明确单位负责人和相关人员的责任。重点排污单位应当按照国家有关规定和监测规范安装使用监测设备，保证监测设备正常运行，保存原始监测记录。严禁通过暗管、渗井、渗坑、灌注或者篡改、伪造监测数据，或者不正常运行防治污染设施等逃避监管的方式违法排放污染物。第 43 条规定，排放污染物的企业事业单位和其他生产经营者，应当按照国家有关规定缴纳排污费。排污费应当全部专项用于环境污染防治，任何单位和个人不得截留、挤占或者挪作他用。依照法律规定征收环境保护税的，不再征收排污费。

开展爱国卫生运动是公共卫生工作领域中的中国特色，是中国特色社会主义政治优势、组织优势、文化优势的体现。爱国卫生运动带有强烈的时代印记和时代使命。在朝鲜战争中美军对中国东北等地实施"细菌战"，对此中央政府号召：动员起来，讲究卫生，粉碎敌人的"细菌战"，这也成为爱国卫生运动的缘起。1952 年 12 月，中共中央把这场群众性反美"细菌战"运动定名为爱国卫生运动，并将中央防疫委员会统一改为中央爱国卫生运动委员会，从此，爱国卫生运动的重点也转向了日常化、制度化的工作，并内化为群众生产、生活的一部分。[1][2]2013 年调整后的全国爱国卫生运动委员会由原国家卫生计生委、发展改革委、住房城乡建设部、农业部、环境保护部、中宣部、总后勤部等 32 个部门组成，全国爱国卫生运动委员会办公室设在卫生行政部门。爱国卫生运动的内容包括整治环境卫生，除四害，调查研究地方病，改水改厕，中草药防治传染病，健康教育，健康体检等。2018 年《国务院办公厅关于调整全国爱国卫生运动委员会组成人员的通知》(国办发〔2018〕102 号) 对全国爱国卫生运动委员会组成人员进行了调整。

党的十八大以来，在习近平总书记的高度重视和关心推动下，我国进一步加强爱国卫生运动的开展，习近平总书记亲自倡导了"厕所革命"，并把它作为乡村振兴战略的一项具体工作来抓。2015 年，国务院印发了《关于进一步加强新时期爱国卫生工作的意见》，不仅指出新形势下爱国卫生运动应配合国家"健康中国"及"美丽中国"的战略部署，同时继续关注对个体健康文明生活方式的倡导和促进。特别是党的十九大报告，提出实施"健康中国"战略，将爱国卫生运动看作其中重要一环，以全民健康带动全面小康，实现健康强国的目标。

国家鼓励和支持开展爱国卫生月等群众性卫生与健康活动。1989 年国务院发布了《关于加强爱国卫生工作的决定》，要求各级政府要把爱国卫生工作纳入社会发展规划，切实加强领导，使卫生条件的改善及卫生水平的提高与四化建设同步发展。全国爱国卫生运动委员会第八次扩大会议确定，自 1989 年起，每年 4 月为"爱国卫生月"。

---

〔1〕 李萍："1950 年代爱国卫生运动中的社会动员对健康中国战略的启示"，南方医科大学 2019 年硕士学位论文。

〔2〕 李自典："近年来关于爱国卫生运动研究综述"，载《北京党史》2010 年第 3 期。

　　我国爱国卫生运动取得了举世瞩目的成就，不仅显著提高了人民群众的健康水平，明显改善了城乡环境的卫生面貌，而且还有力提升了全民族文明卫生素质，有效促进了经济社会协调发展。特别是通过开展国家卫生城市创建，居民对市容环境的满意度、对食品安全的满意度、对生活状况的满意度大为提高，取得了良好的社会效益。爱国卫生运动把公共卫生事业和移风易俗、社会管理结合起来，是党的群众路线在医疗卫生领域中的成功应用。通过强大的政治动员能力、严密有效的社会组织，做到了以较低的成本实现较高的健康绩效。[1]

　　国家大力开展建设健康城市、健康村镇、健康社区。近年来，人口持续增长和城市高度发展，带来了环境恶化的一系列问题，严重威胁着人类身体健康。城市作为一种生活环境，已成为国际社会的焦点，而社区作为城市的基本单元，是改善人居环境的重要组成部分。

　　健康城市是WHO倡导的健康场所运动中最著名和最大的场所健康促进方法。健康场所的概念起源于1980年WHO倡导的"人人享有卫生保健"运动。此运动重点关注物质环境、社会、经济和政策等如何影响人群健康和福祉。健康城市首先在发达国家（加拿大、美国、澳大利亚和许多欧洲国家）启动了第一个健康城市建设规划。1994年，WHO提出健康城市的概念，即"健康城市应该是一个不断开发、发展自然和社会环境，并不断扩大社会资源，使人们在享受生命和充分发挥潜能方面能够互相支持的城市"。我国的健康城市是指从城市规划、建设到管理各个方面都以人的健康为中心，保障广大市民健康生活和工作，成为人类社会发展所需求的健康人群、健康环境和健康社会有机结合的发展整体。[2]健康城市的原则是坚持以人为本，健康优先；党委、政府主导，共建共享；同时坚持城乡统筹，典型示范；针对各个地方突出的健康问题，以问题为导向，创新发展。[3]

　　近些年来，国家将卫生城市创建作为重点工作，并将卫生城市的创建列

---

〔1〕　江宇："党的领导：引领卫生健康中国道路"，载《中国卫生》2019年第10期。

〔2〕　秦芊芊、张宏、何志辉："健康城市与卫生城市关系分析"，载《华南预防医学》2019年第5期。

〔3〕　毛群安："从卫生城市到健康城市的创建进程"，载《中国城市报》2019年12月2日，第12版。

入《"健康中国 2030"规划纲要》和《"十三五"卫生与健康规划》中。卫生城市的创建通过围绕影响人群健康的因素开展社会的综合治理，奠定了环境卫生基础、卫生服务基础、组织管理基础和群众参与基础。随着国家"健康中国"战略的提出，原来的卫生城市已经出现升级版——健康城市。简单来讲，卫生城市更重视硬件设施、基础设施的条件，包括污水处理，垃圾处理，等等，而健康城市的标准更高，包含人群的健康状况、健康的服务、健康的膳食习惯，以及为了促进人群健康的一些支持性环境，如人们要运动就要有运动健身的场所。

健康村镇建设是为适应新时代需求而提出的，健康村镇在卫生村镇建设的基础上，通过完善村镇基础设施条件，改善人居环境卫生面貌，健全健康服务体系，提升群众文明卫生素质，实现村镇群众生产、生活环境与人的健康协调发展。[1]我国乡村在地域、文化、产业结构和经济发展等多方面具有明显内在差异，同时，与城市相比，还存在显著的城乡差异，尚未建立一套系统化和标准化的健康乡镇建设和评价指南。WHO 认为，尽管很难制定一个精确、统一的健康村镇评价指标和标准，但可从六个方面制定各地的健康村镇指标，包括：（1）环境健康促进；（2）适宜卫生服务的提供；（3）知识知晓率和健康行为形成率；（4）健康促进和技能发展；（5）妇女健康和儿童发育指标；（6）贫困减少指标。[2]

健康社区需要有安全舒适的住宅环境和社会环境、洁净的物质和生活环境，它强调对健康的全方位认识，而不仅仅是卫生保障系统。[3][4]2016 年 6 月 15 日，中国医师协会、中国社区卫生协会和中国医疗保健国际交流促进会等共同在京启动"健康社区"项目，通过加强社区卫生服务能力建设，探索社区慢性病管理，助力分级诊疗体系的构建。健康社区是一个包括健康人群、健康环境和健康社会在内的有机结合的整体。"健康社区"项目着力推动心脑血管疾病、糖尿病、中枢神经系统疾病等慢性病领域的知识与经验在社区的

---

〔1〕 王志中、魏江巍、宁茜："社会工作参与健康村镇建设的机遇与方向"，载《山西高等学校社会科学学报》2018 年第 4 期。

〔2〕 李洪兴等："我国健康村镇建设和评价指南研究"，载《中国健康教育》2018 年第 12 期。

〔3〕 鲍勇等："健康城市和健康社区的建设"，载《中国全科医学》2005 年第 23 期。

〔4〕 李鲁主编：《社会医学》，人民卫生出版社 2007 年版，第 204 页。

普及，提升社区基层医务工作者的临床实践技能，改善慢性病患者的疾病管理能力，从而使更多的患者能受益于更好的社区卫生服务。我国健康社区项目计划至 2020 年覆盖全国 42 个城市的 8500 家社区卫生服务中心及服务站，预计将培训约 30 000 名社区医生，惠及 2300 万名患者。[1]

第七十三条　国家建立科学、严格的食品、饮用水安全监督管理制度，提高安全水平。

【条文主旨】食品、饮用水安全监管

【理解与适用】本条是关于国家保障食品及饮用水安全的规定。食品、饮用水是人类赖以生存和发展的物质基础，其安全关系国计民生，其中若含有危害人体的物质，将会对人的健康甚至生命构成严重威胁。重视食品和饮用水安全，已经成为衡量人民生活质量、社会管理水平和国家法制建设的一个重要方面。"健康中国"的国家战略明确提出了"以人民健康为中心，全方位、全人群、全过程、全生命周期保障和促进人民健康的要求"，因此加强食品、饮用水的安全监督管理也是"健康中国"行动中的一个重要组成部分。

世界各国政府都非常重视食品安全，纷纷进行立法予以监督。英国关于食品安全的立法可追溯到 19 世纪中期。当时食品掺假是英国面临的最主要的食品安全问题，重大食品安全事件的频繁发生推动了英国食品安全立法的发展。1860 年英国颁布法令授权地方当局打击各地的食品掺假和掺毒行为，但该法令并不是真正意义上的法律，不具有强制性。1872 年颁布的禁止食品、饮料与药品掺假法可以被视为近代英国的食品安全立法趋向强制性的过渡法令。1875 年的食品与药品销售法成为英国第一部食品安全方面的法律，是现代英国食品安全立法的先驱。[2]1938 年英国颁布了食品与药品法，第一次把食品卫生立法与当时的食品掺假立法有机结合，成了一部名副其实的食品安全法。[3]德国素来具有法治传统，对于涉及公民健康与安全的食品问题，德国早在 1879 年就进行了立法，制定了食品法，可见其对食品安全的

〔1〕 "我国探索加强社区卫生服务能力建设助力分级诊疗"，载 http://www.xinhuanet.com//politics/2016-06/15/c_ 1119050686.htm，最后访问日期：2020 年 4 月 12 日。
〔2〕 李佳洁等："英国对食品安全责任主体法律责任立法的借鉴研究"，载《食品科学》2014 年第 9 期。
〔3〕 Fallows S. J., *Food Legislative System of the UK*, London：Butterworth-Heinemann，1988，p. 33.

重视。[1]

我国实行食品安全监督制度。食品安全监督制度是指卫生行政部门为保护消费者的健康，根据食品安全法等法律法规的规定，对食品生产经营活动进行强制性食品安全管理，对食品生产经营者遵守执行食品安全法律法规情况进行监督，并对其违法行为依法追究行政法律责任的过程。食品安全监督制度具有强制性、规范性、权威性、技术性、普遍性等特点。我国食品安全监督的法律依据曾经有：1982 年全国人民代表大会通过的《食品卫生法（试行）》（已失效）、1993 年颁布的《产品质量法》（已被修改）、1995 年正式出台的《食品卫生法》（已失效）、1997 年颁布的《食品卫生监督程序》（已失效）等。不可否认，这些法律在保证食品卫生、防止食品污染和有害因素对人体的危害、保障人民身体健康、增强人民体质等方面均起到了巨大的作用，但由于对违法生产经营者的惩罚力度不够，现实中损害人民健康的食品安全事件常有发生，如 2004 年上半年安徽阜阳奶粉导致婴儿"大头娃娃"死亡及伤害事件、2008 年受三聚氰胺污染的三鹿牌婴幼儿配方奶粉导致多省市婴幼儿泌尿系统患结石事件等，足以证明需要进一步加强对食品安全的法制化管理。2007 年第十届全国人民代表大会常务委员会首次审议了《食品安全法（草案）》，2009 年第十一届全国人民代表大会常务委员会第七次会议正式通过了《食品安全法》，并于 2015 年、2018 年分别经过了修正。食品卫生从试行到正式立法，再到食品安全的立法及修正，体现了我国政府正在不断提高对食品安全和人民身体健康的重视程度，政府依据《食品安全法》也加强了对食品的监督管理。如 2019 年 1 月，海口市食品药品监督管理局认为海南某公司生产的视风友叶黄素酯液饮品外包装标注有预防疾病的内容，不符合食品安全标准，于是作出了没收全部违法产品和 11.11 万元违法所得的行政处罚。2019 年 5 月 13 日，湘潭市市场监督管理局执法人员发现某酒店存在用超保质期食品原料生产食品、经营标签不符合规定的影响食品安全的行为，且造成了较大的社会影响，遂依照《食品安全法》对当事人作出了没收扣押在案食品并罚款人民币 150 000 元的行政处罚。另外，《食品安全法》还确立

---

[1] 刘亚平、杨美芬："德国食品安全监管体制的建构及其启示"，载《德国研究》2014 年第 1 期。

了食品召回制度、食品可追溯制度、食品风险评估制度等一系列食品安全监督制度。

　　"水是生命之源"，水对于维持人体的生命健康起着至关重要的作用。目前，我国的饮用水安全形势也非常严峻，越来越受到人们的关注，成为影响人们健康的重要因素之一。根据世界水理事会的统计，全球有 14 亿人无法获得安全的饮用水，每年有 700 万人因饮用不洁水而死亡。[1] 因此，建立严格、科学的饮用水安全监督制度对促进公民健康的意义不言而喻。我国目前有关水安全的法律规定主要散见于环境、水利、建设与卫生等法律法规中。如《传染病防治法》第 29 条第 1 款规定，"用于传染病防治的消毒产品、饮用水供水单位供应的饮用水和涉及饮用水卫生安全的产品，应当符合国家卫生标准和卫生规范"。《生活饮用水卫生监督管理办法》第 6 条规定，"供水单位供应的饮用水必须符合国家生活饮用水卫生标准"。其他还有《传染病防治法实施办法》《水法》《水污染防治法》《水污染防治法实施细则》《固体废物污染环境防治法》《城市供水条例》《饮用水水源保护区污染防治管理规定》等。生活饮用水卫生标准是从保护人群身体健康和保证人类生活质量出发，对饮用水中与人群健康相关的各种因素（物理、化学和生物）以法律形式作的量值规定，以及为实现量值所作的有关行为规范的规定，经国家有关部门批准，以一定形式发布的法定卫生标准。1985 年卫生部颁布了《生活饮用水卫生标准》，1996 年建设部、卫生部颁布了《生活饮用水卫生监督管理办法》，2006 年底，卫生部会同各有关部门颁布了新版《生活饮用水卫生标准》。这些法规都加强了对集中式供水、二次供水和涉及饮用水卫生安全产品的卫生监督管理，对保护人民健康起到了一定作用，但很难对生活饮用水安全做到全面、有效的监管，因此，需要进一步立法规范影响生活饮用水安全的各个环节以及影响因素。本条关于饮用水安全监督的规定为下一步制定关于饮用水的政策，甚至进行专门立法都提供了基本的法律依据。

　　第七十四条　国家建立营养状况监测制度，实施经济欠发达地区、重点人群营养干预计划，开展未成年人和老年人营养改善行动，倡导健康饮食习惯，减少不健康饮食引起的疾病风险。

---

　　〔1〕 "世界水论坛关注地球环境"，载《参考消息》2003 年 3 月 27 日，第 7 版。

【条文主旨】 营养监测与干预

【理解与适用】 本条是关于营养监测与干预的法律规定。营养监测是公共营养工作的主要组成部分，主要根据人体测量、生化检查和膳食调查对测量对象进行全面分析和综合评定，对下一步营养治疗方案起到指导作用。营养干预是指对人们营养上存在的问题进行相应改进的对策。

为促进营养改善工作，提高居民营养质量与健康水平，2010 年 8 月 3 日，卫生部公布了《营养改善工作管理办法》，规定国家建立营养监测制度，对居民膳食状况、营养改善效果以及营养相关疾病进行监测；卫生部根据公共卫生问题、人群营养状况和经济社会发展水平，制订全国营养改善工作计划、营养标准和指南，并定期发布我国居民营养状况报告。该办法还规定，县级以上人民政府卫生行政部门应当把营养改善工作纳入公共卫生范围，采取综合措施，普及营养知识，倡导营养理念，改善营养状况；根据全国营养改善工作计划，结合本行政区域的实际情况，制订相关营养改善工作方案并组织实施。[1]

《“健康中国 2030”规划纲要》在“塑造自主自律的健康行为”一章中规定制定实施国民营养计划，深入开展食物（农产品、食品）营养功能评价研究，全面普及膳食营养知识，发布适合不同人群特点的膳食指南，引导居民形成科学的膳食习惯，推进健康饮食文化建设；建立健全居民营养监测制度，对重点区域、重点人群实施营养干预，重点解决微量营养素缺乏、部分人群油脂等高热能食物摄入过多等问题，逐步解决居民营养不足与过剩并存问题；实施临床营养干预；加强对学校、幼儿园、养老机构等营养健康工作的指导；开展示范健康食堂和健康餐厅建设。到 2030 年，要实现居民营养知识素养明显提高，营养缺乏疾病发生率显著下降，全国人均每日食盐摄入量降低 20%，超重、肥胖人口增长速度明显放缓。

我国自实行改革开放政策以来，人民生活水平有了大幅度提高，然而当前正承受着大众营养摄入不足和营养结构失衡两类营养不良带来的双重负担。中国是世界上营养不良人口绝对数量最多的国家之一，农村贫困人口和城市中的弱势群体仍然存在着明显的营养摄入不足问题，经济欠发达地区的营养

---

〔1〕 郑灵巧："我国将建立营养监测制度"，载《中国食品学报》2010 年第 4 期。

素摄入不足型（宏量、微量营养素均缺乏）营养不良现象还很严重。如贫困地区的学生同时存在营养不良和超重肥胖问题，在对其进行营养不良改善的同时，还应注意超重肥胖的防控。[1]对于经济欠发达地区、重点人群实施营养干预计划，包括根据中国疾病预防控制中心营养与健康所制定的对农村基层卫生服务机构老年人营养支持能力建设项目健康手册；对中小学生进行每年一度的健康监测与健康干预；对村委会不同类型的居家老年人的餐食供给、营养状况进行调查，并提出营养干预措施。[2]

儿童时期是体格生长和神经心理发育的关键时期。儿童期合理的膳食营养是儿童生长发育的保障，可降低感染性疾病和成年后慢性病的发生率。在2016年8月19日召开的全国卫生与健康大会上，习近平总书记强调要把人民健康放在优先发展的战略地位，强调重视少年儿童健康，保障儿童生长发育。《中国儿童发展纲要（2011—2020年）》和《中国食物与营养发展纲要（2014—2020年）》都明确提出了改善儿童营养状况的目标。同时指出，培养健康饮食行为也将使儿童终身受益。针对我国未成年人营养检测与改善问题，中国疾病预防控制中心营养与健康所制定了《中国0～18岁儿童营养与健康系统调查与应用工作手册（2017—2021年）》，全国共设28个调查点，对0～18岁儿童营养健康状况进行监测调查。"十三五"时期是我国全面建成小康社会的决胜阶段。2015年习近平总书记代表中国政府在联合国可持续发展峰会上签署了全球2030年可持续发展目标，消除儿童营养不良状况是全球可持续发展的目标之一。

老龄化趋势严重是我国面临的一大考验，据《2014年国民经济和社会发展统计公报》的数据显示及预测，到2025年全国老年人口规模将突破3亿，到2034年将突破4亿。如此证明，对于老年人群的营养健康问题不得忽视。2017年中国疾病预防控制中心营养与健康所制定了对农村基层卫生服务机构老年人营养支持能力建设项目健康手册，对老年人营养健康状况进行监测。对重点人群实施营养干预，如《营养改善工作管理办法》第30条第1款规定对灾区居民进行营养干预应当优先照顾儿童、孕产妇、老年人等；第27条第1款规定疾病预防控制机构应当加强对中小学校学生食堂和学生营养配餐单位的指导。

---

〔1〕　胡小琪等："中国贫困地区学生营养状况分析"，载《中国学校卫生》2014年第12期。
〔2〕　详可参见《农村义务教育学生营养改善计划营养健康状况监测评估技术方案》（2019年修订版）。

为适应居民营养健康的需要，提高居民健康意识，帮助居民合理选择食物，减少或预防慢性病的发生，我国于 1989 年首次发布了《中国居民膳食指南》，为使其真正切合居民营养健康需求，1997 年、2007 年和 2014 年先后对其进行了修订。目前使用的《中国居民膳食指南（2016）》，针对我国居民的营养现况问题，提出了解决方案和建议。培养公民的健康饮食习惯可以减少不健康饮食引起的疾病风险。中国营养协会编著的《中国居民膳食指南（2016）》明确了中国居民的平衡膳食宝塔和平衡膳食餐盘。对包括婴幼儿（0~24 月龄）、儿童少年（2~6 岁、7~17 岁）、老年人群（≥65 岁）等在内的特定人群，根据其不同年龄阶段的生理和行为特点，在一般人群膳食指南的基础上进行了补充。

第七十五条 国家发展全民健身事业，完善覆盖城乡的全民健身公共服务体系，加强公共体育设施建设，组织开展和支持全民健身活动，加强全民健身指导服务，普及科学健身知识和方法。

国家鼓励单位的体育场地设施向公众开放。

【条文主旨】全民健身制度

【理解与适用】本条是关于国家发展全民健身事业、完善全民健身公共服务体系、加强公共体育设施、组织开展全民健身活动、加强全民健身指导、普及科学健身知识和方法的规定。中华人民共和国成立 70 多年以来，体育日益成为人民群众生活的一部分，全民健身工作取得了显著成效，初步建立了政府主导、部门协同、社会共同参与、覆盖城乡的全民健身公共服务体系。早在 1952 年，毛泽东同志就高瞻远瞩地提出了中华人民共和国的全民健身指导方针，即"发展体育运动，增强人民体质"；1995 年国务院为更广泛地开展群众性体育活动，增强人民体质，制定了《全民健身计划纲要》，全民健身被越来越多的人接受，成为社会普及的概念；2009 年国务院颁布的《全民健身条例》首次在法律文本中将全民健身归于公共产品，规定向城乡居民提供全民健身的公共服务是政府的责任，建立全民健身公共服务体系是政府责无旁贷的义务，该条例的颁布标志着全民健身在法治化道路上迈出了重要的一步；2011 年国务院发布《全民健身计划（2011—2015 年）》（已失效）；2014年，《国务院关于加快发展体育产业促进体育消费的若干意见》发布，首次提出将全民健身上升为国家战略；2015 年，党的十八届五中全会审议通过《中共中央关于制定国民经济和社会发展第十三个五年规划的建议》，将建设 "健康中国" 正式上升为国家战略，特别提出要 "发展体育事业，推广全民健身，增强人民体质"；2016 年国务院印发《全民健身计划（2016—2020 年）》，全民健身进入了一个黄金发展时期，国家体育总局以蓝皮书的形式，出版了《中国群众体育发展报告（2014）》，标志着中国群众健身运动正式迈向科学化阶段。同年，我国颁布的《"健康中国 2030" 规划纲要》明确提出：没有全民健康，就没有全民小康。要树立 "大健康" 的理念，推动全民健身和全民健康深度融合，落实全民健身国家战略，普及全民健身运动，促进健康中国建设。这将全民健身和健康中国两个国家战略紧密地联系了起来。2019 年国务院发布了《健康中国行动（2019—2030 年）》，明确指出要推行健康知识普及和全民健身运动，提高健康水平。由此，全民健身已经成为关乎国家兴旺、经济发展和全民健康的一项事业。政府对全民健身的责任主要体现在以下几个方面：

首先，政府有责任出台相关法律法规，制定全民健身健康指标体系，完善覆盖城乡的全民健身公共服务体系，加强公共体育设施建设，对全民健康效果实施评估等。根据国务院颁布的全面健身计划，国家体育总局印发了《〈全民健身计划（2011—2015 年）〉实施情况评估标准（试行）》和《国家体育总局办公厅关于开展〈全民健身计划（2016—2020 年）〉实施效果评估的通知》，各级政府也颁布了《全民健身计划实施计划》，制定了全民健身的健康指标体系，从此来推进全民健身运动的实施。公共设施是全民健身的载体，为全民提供较好的物质基础是推行全民健身的必要条件。《"健康中国 2030" 规划纲要》明确规定："统筹建设全民健身公共设施，加强健身步道、骑行道、全民健身中心、体育公园、社区多功能运动场等场地设施建设。到 2030 年，基本建成县乡村三级公共体育设施网络，人均体育场地面积不低于 2.3 平方米，在城镇社区实现 15 分钟健身圈全覆盖。"山东省在公共设施建设方面就取得了很好的进展，从 2006 年到 2010 年重点实施了农民体育健身工程（在全省 8 万多个行政村配建体育健身设施）和 "1 点 3 线" 重点工程（以济南市为中心，在济南规划建设全民健身中心和一批社区体育设施，以淄博、潍坊、青岛、烟台、威海、日照为一线，建设东部沿海全民健身景观线；

以泰安、济宁、枣庄、莱芜、临沂为一线，建设南部历史文化名城全民健身景观线；以东营、滨州、德州、聊城、菏泽为一线，建设黄河沿岸地区全民健身景观线），"1点3线"工程加快了全民健身需求的公共体育基础设施建设的速度，推动了市、县、镇、村四级全民健身工程建设的快速发展和全民健身公共服务体系的完善。[1]

其次，政府要加强全民健身指导，普及科学健身知识和方法。健身运动能促进健康提升，但运动需要科学和正确的指导，这样才能达到预防疾病、促进健康的目的。如科学的身体活动有助于预防和改善超重和肥胖及高血压、心脏病、卒中、糖尿病等慢性病。根据国家体育总局2014年全民健身活动状况调查，我国城乡居民经常参加体育锻炼的比例为33.9%，其中20~69岁居民经常锻炼率仅为14.7%，成人经常锻炼率处于较低水平，缺乏身体活动、参加体育活动时的盲目性成为多种慢性病发生的重要原因，因此非常需要普及健康知识和进行科学的健身指导。

最后，全民健身运动也是对"健康中国"战略中的"全人群、全过程、全方位、全生命周期"理念的具体贯彻实施。当然，除了强调国家政府的职责、推动和引领作用之外，形成政府主导、部门协作、全社会参与、人人参与的合力是非常重要的。同时还要发展各种社会组织，积极进行全民健身运动，鼓励单位的健身设施向社会开放。总之，全民健身归根结底就是要人人健康，还要充分调动和发挥个人的积极性，明确自己是健康第一责任人的观念，主动进行太极拳、跑步、健身操等各种喜闻乐见的健身活动来维护和促进自己的健康，通过共同努力，奔向全民健康。

第七十六条 国家制定并实施未成年人、妇女、老年人、残疾人等的健康工作计划，加强重点人群健康服务。

国家推动长期护理保障工作，鼓励发展长期护理保险。

【条文主旨】特殊人群健康与长期护理保障

【理解与适用】本条是关于特殊人群健康服务和长期护理保障的规定。

本条第1款是关于重点人群健康服务的规定。特殊人群是指未成年人、

---

〔1〕 邱建国等："山东省全民健身公共服务体系构建现状与发展策略研究"，载《中国体育科技》2014年第4期。

妇女、老年人、残疾人，他们的健康需要社会给予特别关注。老年人、残疾人和妇女健康在前面被逐条提出，未成年人健康则未被单列条款。2011 年，国务院颁布了《中国儿童发展纲要（2011—2020 年）》，从儿童健康、教育、法律保护和环境四个领域着手，提出了儿童发展的主要目标和策略措施，但还需要通过法律予以落实完善。

本条第 2 款是关于长期护理制度的规定。我国老年人口增加、独生子女和少子化、妇女更多从事社会工作、家庭护理能力降低等情况，使高龄、失去自理能力的老年人更难以获取照护。现有医疗保障和养老保障体系难以承受丧失自理能力老人的护理需求，机构护理成本高昂，建立以护理服务为主要内容的单独保障体系显得十分重要。除了老年人，失去全部或部分自理能力的精神障碍者、残障者等群体也存在特殊的护理需求。大部分丧失自理能力者的护理需求很难自主负担，因此需要建立分担与保障机制。最早建立长期护理保障制度的是荷兰，于 1967 年制定了特殊医疗支出法案，随后以色列于 1986 年制定了社区长期护理保险法，德国、卢森堡分别于 1994 年、1998 年制定了长期护理保险法。亚洲相关制度较为完善的是日本和韩国，分别于 1999 年、2007 年制定了老年介护保险法以及老年长期疗养保险法。

我国推行长期护理保险的国家层面规定是 2016 年国家人力资源社会保障部出台的《关于开展长期护理保险制度试点的指导意见》，以吉林和山东为重点联系省份，在 15 个城市先行试点推行。山东青岛是最早试行长期医疗护理保险的地方城市，如 2012 年青岛市人力资源和社会保障局等部门出台的《关于建立长期医疗护理保险制度的意见（试行）》，2014 年青岛市人民政府颁布的《青岛市社会医疗保险办法》将农村人口纳入长期医疗护理保险中。2015 年山东省发布《关于开展职工长期护理保险试点工作的指导意见》，在聊城、东营、日照、潍坊等地市推行青岛长期护理保险模式。上海市自 2013 年、吉林长春和江苏南通自 2015 年分别启动失能人员医疗长期照护保险试点，直到 2016 年才获得国家层面的认可。这项制度至今仍处于试行阶段，尚需要从筹资方式、保障对象、给付方式和内容等方面进行完善。

关于筹资方式。多元筹资渠道是其特征，各国筹资方式或依托医疗保险基金，或建立独立的长期护理保险模式，但多为混合模式。各国多通过国家财政补贴（调剂金）、雇主雇员缴费建立长期护理保险基金。日本护理保险支付资金包括保险费、政府财政税金、个人自付三部分，个人自付 10%，其余由保险费和政府财政税金各负 50%。我国除了江苏南通建立了医保基金、政府、个人的三方缴费机制外，其他城市均依托于医保基金筹资。

关于保障对象。日本的长期护理保险保障对象为第一号被保险人（65 岁以上需护理和需要支援的痴呆患者或卧床不起、虚弱的人）和第二号被保险人（40~65 岁由于疾病或衰老需要护理的人）。[1] 我国南通、长春、青岛均将保障对象设定为长期卧床的重度失能人群或癌症晚期患者。上海则对轻、中、重度失能人群都提供照护，并建立了统一需求评估体系。对长期护理人群范围严格限定在现阶段有其现实原因，未来应建立详细的失能等级评定标准，与照护服务给付连接，给予不同类型人群以不同的照护服务。

关于给付方式和内容。长期医疗护理给付方式包括服务给付、现金给付和混合给付，其中以给付护理服务为主。给付护理服务包括机构护理服务（专护、院护）和居家护理服务（家护、巡护），多为混合护理模式，居家护理与社区护理在各国长期护理服务提供体系中都受到很大重视。现在长春仅提供机构护理服务，上海仅提供居家护理服务。长期护理大多以医疗护理为主，除了医疗护理是否还包括生活护理，各地规定亦不一致。现江苏南通、湖北荆门等地除了提供护理服务外，还提供现金给付，对于居家失能老人给付现金，由其自主聘请有护理服务资质的人员为其提供护理服务。我国还需要进行护理等级分类，建立护理服务规范，对于专护、院护、家护、巡护设定医学条件和标准，为不同的需求者提供不同的护理服务。

对贫困者和低收入者实行长期护理保险费减免政策是各国通行做法，不仅如此，法国还会减免失能者的所得税，并减免照料家庭成员者的所得税。德国和日本还为护理家庭成员达到一定时间影响工作的人发放护理津贴。对于认为提供家庭成员照护是一种无偿劳动的中国家庭来说，护理家庭成员会增加家庭成员的负担，因此应当承认家庭照护劳动的社会价值，并予以适当量化，以提高家庭成员之间相互照护的意愿。

长期护理保障制度会因筹资增加个人及企业负担从而引发一定的问题和

---

〔1〕 赵斌、陈曼莉："社会长期护理保险制度：国际经验和中国模式"，载《四川理工学院学报（社会科学版）》2017 年第 5 期。

争议，但也会催生老年人护理的新兴产业，增加就业岗位和机会。对于逐渐步入老年化的国家来说，长期护理保障制度是需要进一步予以完善的重要制度。

第七十七条 **国家完善公共场所卫生管理制度。县级以上人民政府卫生健康等主管部门应当加强对公共场所的卫生监督。公共场所卫生监督信息应当依法向社会公开。**

公共场所经营单位应当建立健全并严格实施卫生管理制度，保证其经营活动持续符合国家对公共场所的卫生要求。

【条文主旨】公共场所卫生管理制度

【理解与适用】本条是关于公共场所卫生管理的基本规定，是《公共场所卫生管理条例》的指导和依据。公共场所是指人们进行社会活动的各种场所，它包含工作、学习、文化、娱乐、休息等方面，同时公共场所是反映一个国家、民族经济发展状况和精神文明的窗口。[1]其有共同的卫生学特点：人口相对集中，相互接触频繁，流动性大；设备物品供公众重复使用，易污染；健康与非健康个体混杂，易造成疾病，特别是传染病的传播；从业人员素质参差不齐、流动性大。[2]公共场所平时会聚集大量的流动人口，在人们的生产、生活过程中发挥了重要的作用，代表着一个城市的精神文明。公共场所的种类有很多，有供人们休闲娱乐的广场，买东西的购物场所，住宿的酒店场所等，对人们生活的方方面面都发挥着作用。这些公共场所的环境卫生质量与整体人群的健康水平关系极其密切。所以，公共场所卫生管理工作，是保障人们健康生活的基础。

本条第1款规定了国家完善公共场所卫生管理和卫生监督制度，强调了国家在促进公共场所卫生管理方面的职责。为创造良好的公共场所卫生条件，预防疾病，保障人体健康，1987年4月1日国务院发布《公共场所卫生管理条例》，确定了需要进行卫生监督的公共场所共7类28种，2016年2月和2019年4月两次对部分条款予以修改。《公共场所卫生管理条例》及《公共

---

〔1〕 宫景波："浅谈公共场所卫生监督管理工作中存在的问题及应对策略"，载《中国卫生产业》2019年第27期。

〔2〕 杨克敌主编：《环境卫生学》，人民卫生出版社2017年版，第301~302页。

场所卫生管理条例实施细则》确立了以下公共场所卫生管理制度：公共场所经营者卫生安全的第一责任人制度；公共场所从业人员健康检查制度；从业人员卫生知识培训制度；从业人员个人卫生制度；公共场所室内要求制度；公共用品用具消毒制度；公共场所设施设备符合要求制度；公共场所有效预防控制蚊、蝇、蟑螂、鼠和其他病媒生物的设施设备及废弃物污染制度；公共场所经营者采购制度；危害健康事故的应急处置制度；公共场所危害事故应急预案（方案）及报告制度；公共场所控烟制度；公共场所卫生监督制度。

国家确立了公共场所卫生监督制度。公共场所是人群经常聚集、供公众使用或服务于人民大众的活动场所，易造成疾病，特别是传染病的传播。因此，加强对公共场所的卫生监督管理工作就显得十分重要。公共场所卫生标准是关于公共场所卫生监督的重要科学依据。为切实履行公共场所卫生监督职责，不断提高公共场所卫生监督管理水平，卫生部于 2009 年制定了《公共场所卫生监督量化分级管理指南》，这是公共场所卫生监督管理模式向风险管理模式转变的重要标志。国家市场监督管理总局、中国国家标准化管理委员会于 2019 年 4 月 4 日发布了《公共场所卫生管理规范》（GB 37487—2019），进一步明确了对于公共场所卫生监督的内容和要求。此外，公共场所卫生监督依据的标准还有国家市场监督管理总局和国家标准委于 2019 年联合发布的《公共场所卫生指标及限值要求》（GB 37488—2019）（规定了公共场所物理因素、室内空气质量、生活饮用水、游泳池水、沐浴用水、集中空调通风系统和公共用品用具的卫生要求）、世界卫生组织（WHO）于 1995 年颁布的《室内空气质量新修订指南》以及 2005 年发布的《关于颗粒物、臭氧、二氧化氮和二氧化硫的空气质量准则：2005 年全球更新版》等文件。

公共场所的卫生监督信息应当依法向社会公开。卫生监督公开行为也是行政执法公开行为，它是卫生行政主体或卫生监督机构根据法律的规定或者出于社会公益目的的需要，主动或依申请以一定的方式，在一定范围内披露有关卫生执法管理信息资料的行为。它并不为行政相对方直接设定某种权利或义务，其主要目的在于将有关的卫生监督管理信息资料公布于众，以满足公民的知情权、了解权。[1]《政府信息公开条例》自 2008 年实施以来，把"以公开为原则、不公开为例外"作为政府信息公开的一项基本原则。信息公开不仅是社会民主法制化进程中不可或缺的一项重要制度，也是全面推进依法行政、建设法治政府的一项重要措施，更是推进社会信用体系建设的重要组成部分。卫生监督信息是《政府信息公开条例》中明确规定的重点公开的政府信息之一，在推进"健康中国"进程中尤为重要。[2]

　　本条第 2 款规定了公共场所经营者的主体责任。公共场所经营者在经营活动中，应当遵守有关卫生法律、行政法规和部门规章以及相关的卫生标准、规范；应开展公共场所卫生知识宣传，预防传染病和保障公众健康，为顾客提供良好的卫生环境，尤其在突发传染病疫情期间，更要保障人员健康和安全，如在新冠肺炎疫情期间，对公共场所和有关单位的卫生条件与传染病预防、控制措施进行监督检查，进一步加强对公共场所卫生状况的管理：对公共场所卫生应急预案情况的管理，对地铁站、大型商场、超市、宾馆、写字楼等公共场所的卫生消毒措施提出更严格的要求，对公共物品集中消毒，对安全佩戴口罩开展监督指导，监测公共场所的空气质量、卫生设施和顾客用具是否符合国家卫生标准以及疫情期间的要求。公共场所经营单位应当建立健全并严格实施如下卫生管理制度与措施：公共场所的法人代表（负责人）是其经营场所卫生安全的第一责任人；公共场所从业人员须进行健康检查（每年一次）、接受卫生知识培训，取得健康合格证明且培训考核合格后方可上岗；要保持良好的个人卫生，操作时穿戴整洁的工作衣帽；公共场所的室内空气质量、微小气候、水质、采光、照明、顾客用品用具及集中空调通风系统等须符合国家卫生标准、要求；对反复使用的公共用品用具须做到一客一换一消毒；公共场所经营者须根据规模、项目设置清洁、消毒、保洁、盥洗等设施设备和公共卫生间，并保持其正常运行；公共场所消毒间须独立密闭设置，要配备足够数量的消毒设施和消毒设备，且保障其运转正常；消毒程序符合要求，消毒记录及时规范；公共场所须配备安全、有效的预防控制蚊、蝇、蟑螂、鼠和其他病媒生物的设施设备及废弃物存放专用设施设备；

---

　　[1]　褚庆岱："试论卫生监督公开行为"，载《中国公共卫生管理》2003 年第 5 期。
　　[2]　何艳、郁家良、夏美华："论卫生计生监督信息公开的社会需求与信息类型"，载《中国卫生监督杂志》2018 年第 2 期。

公共场所经营者采购洗化用品、消毒产品等公共卫生用品时须索取检验合格证明和其他相关资料，并建立台账；公共场所经营者须制定公共场所危害事故应急预案（方案），发生危害健康事故时应当立即予以处置，并及时向卫生行政部门报告；室内公共场所禁止吸烟，室内须有醒目的禁止吸烟警语和标志，有专（兼）职人员对吸烟者进行劝阻；公共场所经营者须在经营场所的醒目位置公示公共场所卫生许可证、公共场所信誉度等级及卫生检测结果等。

第七十八条　国家采取措施，减少吸烟对公民健康的危害。

公共场所控制吸烟，强化监督执法。

烟草制品包装应当印制带有说明吸烟危害的警示。

禁止向未成年人出售烟酒。

【条文主旨】控烟与禁止烟酒销售

【理解与适用】本条是关于对最为具有广泛影响的不健康生活行为进行法律控制的规定。对吸烟行为进行控制，体现了作为健康基本法的本法的态度与决心，也有效提升了我国有关控烟的法律规定的层级与效力。

首先，明确了对吸烟行为进行控制的态度。要求国家采取措施减少吸烟对公民健康的危害，明确公共场所采取控烟措施。据世界卫生组织（WHO）统计，全世界每年约有 300 万人因抽烟而死，我国公共场所吸烟群体和被动吸烟群体庞大，烟草暴露问题十分严重。我国吸烟人群占全国总人数的 1/4，吸烟人口居世界第一位。同时，我国有 1/2 的人口可能遭受被动吸烟的危害，被动吸烟率将近 80%。[1]烟草使用对健康和社会发展构成了重大威胁，也是造成非传染性疾病广泛流行的主要危险因素之一。心脏病、癌症、糖尿病、肺部疾病和其他非传染性疾病目前已成为世界头号杀手。烟草使用危害家庭幸福，导致社区贫困，加剧不平等性，损害经济和社会发展。

烟雾烟草的危害作为全球最突出的公共卫生问题之一，已经受到人们的广泛关注，世界各国（地区）积极响应世界卫生组织的号召，陆续出台了符合自身情况的控烟法律法规。截至 2016 年底，全球已有 125 个缔约方制定并实施了具有不同法律效力的公共场所禁烟规定，99 个缔约方建立了相应的执

---

〔1〕　工信部、卫生部等八部门联合编制：《中国烟草控制规划（2012—2015）》。

法机制。世界卫生组织带头发起了《烟草控制框架公约》，它是第一个具有法律约束力的、国际性的公共卫生条约，该公约规定缔约国家要依照公约履行职责，逐步加强本国公共场所的控烟立法，提高烟草制品的价格，扩大和完善禁止吸烟的范围，大力提高民众的控烟意识。随着各国积极履约的深入推进，全球控烟运动得以迅速发展。中国于 2003 年 11 月 10 日正式签署《烟草控制框架公约》。中国在签署公约时承诺：五年之内做到，在室内公共场所和工作场所，采取积极有效的控烟政策，防止公民接触烟草烟雾。但是我国目前的控烟形势不容乐观，控烟效果如大家所见，收效甚微。

我国"十二五"规划纲要明确提出，全面推进公共场所禁烟。"十三五"规划纲要指出：大力推进公共场所禁烟。《"健康中国 2030"规划纲要》明确指出：全面推进控烟履约，加大控烟力度，运用价格、税收、法律等手段提高控烟成效；深入开展控烟宣传教育；积极推进无烟环境建设，强化公共场所控烟监督执法；推进公共场所禁烟工作，逐步实现室内公共场所全面禁烟；领导干部要带头在公共场所禁烟，把党政机关建成无烟机关；到 2030 年，15岁以上人群的吸烟率降低到 20%。[1]因此，控烟是"健康中国"建设的重要组成部分，中央和地方政府高度重视控烟履约工作，不断推进控烟立法工作，用实际行动推动"健康中国"目标的实现。

其次，本条明确烟草制品包装应当印制带有说明吸烟危害的警示，给现有关于控烟的法规以更强的法律依据。2011 年 5 月 1 日起施行的《公共场所卫生管理条例实施细则》（已被修改）明确规定，全国室内公共场所禁止吸烟。2014 年 11 月 24 日，国家卫生和计划生育委员会起草了《公共场所控制吸烟条例（送审稿）》并向社会公开征求意见。《公共场所控制吸烟条例》主要有以下几个方面内容：一是明确界定禁止吸烟场所的范围。规定室内公共场所全面禁止吸烟，并明确了室外全面禁止吸烟的公共场所。二是宣传教育和戒烟服务。其中，特别提出，国家机关的工作人员、教师和医务人员，要带头控烟。本条例最大的亮点在于香烟的警示图形应标注在香烟的外包装上，卷烟包装上的图形警示是向公众宣传烟草危害最直接、最经济、最有效的手段之一。三是预防未成年人吸烟。

---

〔1〕　王陇德："室内公共场所应全面禁烟"，载《人民政协报》2019 年 3 月 7 日，第 14 版。

《基本医疗卫生与健康促进法》明确了"烟草制品包装应当印制带有说明吸烟危害的警示"。同时，各省相继出台了控烟地方立法，如杭州市于2010年颁布了控烟条例。为了进一步减少吸烟造成的危害、保障公民健康、维护公共场所卫生环境，杭州市对控烟条例进行了修订，新版控烟条例中禁烟范围由室内扩大到室外，控烟执法机构由卫生行政部门取证处罚扩大到现在教育、文化广电新闻出版、交通运输、旅游、体育、公安、城市管理、民航、铁路等控烟监管部门，都可以对公共场所吸烟进行处罚，并且处罚力度有所加大。

最后，本条从健康促进角度规定了禁止向未成年人出售烟酒，拓展了以往法律规定的立法角度，不仅仅局限于未成年人保护，而是涉及了所有公民健康行为的选择，有助于达成社会更广泛的共识，辅以罚则，更有利于强化禁止向未成年人出售烟酒的规定落地。我国早有明文规定，禁止向未成年人出售烟酒。1991年出台的《烟草专卖法》规定，禁止中小学生吸烟。1999年颁布的《预防未成年人犯罪法》（已被修改）第15条规定，任何经营场所不得向未成年人出售烟酒。《未成年人保护法》（2012年10月26日修正，2013年1月1日起施行）第37条第1款规定，禁止向未成年人出售烟酒，经营者应当在显著位置设置不向未成年人出售烟酒的标志；对难以判明是否已成年的，应当要求其出示身份证件。《公共场所控制吸烟条例（送审稿）》规定了禁止向未成年人销售烟草制品，学校有义务对学生进行烟草危害的宣传，预防未成年人吸烟。近年来，全国近20个城市出台了地方性控烟法规，对向未成年人售烟作出了更具体的限制，并明确了处罚细则。

2018年6月27日，执法人员和记者对深圳市坪山区某中学周边售烟场所的控烟情况进行了一次暗访。只见当天中午放学后，一名男学生来到学校附近的百货烟酒摊位，熟练地向店员购买烟草，整个过程只持续了几秒钟。而当时售货员并没有劝阻，也没有查验学生的身份证来判断其是否成年。因此，7月4日，坪山区马峦市场监管所以涉嫌非法向未成年人出售香烟为由向该名商家出具了询问通知书，7月16日，通过半个多月的立案查处和整改，曾向学生售烟的百货店主朱女士向该区市场监督管理局缴纳了3万元的罚款，并主动提出了一系列的整改措施。至此，全国首宗商家向未成年人非法售烟案正式结案。这是全国首张针对非法向未成年人售烟开具的罚单。本案启示，禁止向未成年人出售烟草，不能只寄希望于商家的道德自觉，如深圳市对非法向未成年人售卖烟草的商家进行立案查处和罚款，就是保证法律具有足够威慑力的必要做法。中国疾控中心控烟办公室研究员认为，在现阶段仅仅依靠宣传教育让销售商自觉地不把烟草售卖给未成年人不太现实，应该加大执法力度；相关烟草管理部门应给予足够的重视，灵活运用违法证据采集的手段，对违法行为予以强烈打击。

第七十九条　用人单位应当为职工创造有益于健康的环境和条件，严格执行劳动安全卫生等相关规定，积极组织职工开展健身活动，保护职工健康。

国家鼓励用人单位开展职工健康指导工作。

国家提倡用人单位为职工定期开展健康检查。法律、法规对健康检查有规定的，依照其规定。

【条文主旨】用人单位职工的健康保护

【理解与适用】本条规定了用人单位对其职工应当承担的健康保护的职责。此项规定是《宪法》规定的延伸，也升华了《职业病防治法》的相关规定，构建了职工健康保护的核心精神。国家尊重和保障人权，劳动者的人权受到法律保护。《宪法》第42条规定了国家"加强劳动保护，改善劳动条件"的义务；第43条也规定国家为了保障劳动者健康而发展休息和休养的设施，规定职工的工作时间和休假制度。这有助于保障劳动者恢复体力和精力，保持身体健康。[1]

本条第1款明确了用人单位保护其职工健康的责任。劳动者的健康一直受到关注，《职业病防治法》第4条第2款规定，"用人单位应当为劳动者创造符合国家职业卫生标准和卫生要求的工作环境和条件，并采取措施保障劳动者获得职业卫生保护"。第23条规定，"用人单位应当优先采用有利于防治职业病和保护劳动者健康的新技术、新工艺、新材料，逐步替代职业病危害严重的技术、工艺、设备、材料"。以此对劳动者的健康提供保障。《职业安全和卫生及工作环境公约》第16条第3项指出，"应要求雇主在必要时提供适当的保护服装和保护用品，以便在合理可行的范围内，预防事故危险或对

---

[1]　张博源："《基本医疗卫生与健康促进法》立法原则的人权价值"，载《人权》2019年第2期。

健康的不利影响"，该规范同样对劳动者的健康保护作出了规定。

2020 年新冠肺炎疫情给我们的生活和工作带来了极大的影响，外出时佩戴口罩能够极大地减少感染风险，那么，疫情期间获得口罩是否包含在"获得劳动安全卫生权利""获得安全生产保障的权利"的范围内呢？口罩是否为劳动防护用品呢？劳动防护用品，是指保护劳动者在生产过程中的人身安全与健康所必备的一种防御性装备。对一般经营性企业而言，在正常情况下，口罩并不是单位必须要提供的劳动防护用品，但部分生产型企业因粉尘等特殊作业环境，符合标准的口罩应当为劳动防护用品。目前，新冠病毒仍处于尚未得到有效控制的状态下，佩戴口罩能有效防止疫情扩散，口罩是保障劳动者安全与健康所必备的一种防御性装备。2020 年 1 月，人力资源社会保障部、财政部、国家卫生健康委员会发布了《关于因履行工作职责感染新型冠状病毒肺炎的医护及相关工作人员有关保障问题的通知》（人社部函〔2020〕11 号），规定在新冠肺炎预防和救治工作中，医护及相关工作人员因履行工作职责，感染新冠肺炎或因感染新冠肺炎死亡的，应认定为工伤，依法享受工伤保险待遇。同时，根据《工伤保险条例》第 14 条规定，在工作时间和工作场所内，因工作原因受到事故伤害的可以认定为工伤。因此，在因疫情春节假期延期和复工延期期间，用人单位在未保障有效卫生安全的工作环境的条件下，要求员工上班，员工有权拒绝，因此导致的病毒感染，应当视为工伤。

在世界发达国家中，美国的职业安全与健康监察体系是比较完善和规范的。美国较早就制定了职业安全与健康法和矿山安全与健康法，相关的职业安全与健康标准也门类齐全，可操作性强。职业安全与健康法是美国第一部全国性的职业安全与健康领域的法律，旨在确保为每位劳动者提供安全与健康的工作条件，减少工作场所的工伤事故及职业病的数量。[1]英国议会在1802 年通过了一部限制纺织厂童工工作时间的法规——学徒健康与道德法。这是英国，也可以说是世界上第一部重要的保护职工健康的法规。

本条第 2 款规定了国家鼓励用人单位开展职工健康指导工作。明确指出

---

〔1〕 丁雯雯："美国职业安全与健康规制的正当化基础及启示"，载《江西社会科学》2016 年第3 期。

在保护劳动者健康的同时，应当加强对劳动者的健康教育并定期开展健康检查，多方向一同努力，才能最大程度对劳动者进行保护。《职业病防治法》第34条第2款提出"用人单位应当对劳动者进行上岗前的职业卫生培训和在岗期间的定期职业卫生培训，普及职业卫生知识"。《"健康中国2030"规划纲要》第16章第1节指出"强化职业病报告制度，开展用人单位职业健康促进工作，预防和控制工伤事故及职业病发生"。2014年10月，国务院下发了《关于加快发展体育产业促进体育消费的若干意见》（国发〔2014〕46号），文件明确要求"政府机关、企事业单位、社会团体、学校等都应实行工间、课间健身制度等，倡导每天健身一小时。鼓励单位为职工健身创造条件"。这在法律法规层面上规定了企事业单位人力资源管理工作必须注重职工的工间健身活动，必须为职工健身创造条件，必须全力做好工间健身工作。[1]《安全生产法》第25条第1款规定，"生产经营单位应当对从业人员进行安全生产教育和培训，保证从业人员具备必要的安全生产知识，熟悉有关的安全生产规章制度和安全操作规程，掌握本岗位的安全操作技能。未经安全生产教育和培训合格的从业人员，不得上岗作业"；第55条规定，"从业人员应当接受安全生产教育和培训，掌握本职工作所需的安全生产知识，提高安全生产技能，增强事故预防和应急处理能力"。美国职业安全与健康法第21节"培训和雇员教育"规定：卫生、教育与福利部长，在同部长及其他有关联邦部和机构磋商后，应直接实施或授权或签订合同实施教育计划，并根据教育计划建立并监督执行计划以教育和培训雇主和雇员。[2]加拿大各级政府、各类行业机构和专业团体组织，开发了大量职业卫生与安全信息和培训资源，指导工人的安全操作行为。

本条第3款规定了国家提倡用人单位为职工定期开展健康检查。我国劳动法规定，用人单位必须为劳动者提供符合国家规定的劳动安全卫生条件和必要的劳动防护用品，对从事有职业危害作业的劳动者应当定期进行健康检查；用人单位应当对未成年工定期进行健康检查。对于一般的员工，劳动法没有规定必须对其进行健康检查。为员工提供每年免费身体健康检查只是企

---

〔1〕　郝永泽："浅谈企事业单位人力资源管理中工间健身原则"，载《中国国际财经（中英文）》2017年第3期。

〔2〕　任国友："中美职业安全健康法对比"，载《中国安全科学学报》2009年第7期。

业的一种福利，国家没有强制一般行业做到这样，特殊工作岗位除外。健康体检对企业和员工都有很大价值：对于员工来说，定期的体检能够帮助员工发现自身潜伏的疾病，可以及时就医；对于企业来说，这不仅是员工看重的一项福利，还能帮助企业发现员工的健康隐患，针对性管控健康风险。

广大职工是推动我国社会主义现代化建设的中坚力量，大力发展职工体育，不断提高广大职工的体育意识和健康水平，对建立一支体魄强健、充满活力的高素质职工队伍，促进我国经济社会可持续发展具有重要的现实意义和深远的意义。[1]

---

〔1〕 吴大成、彭慧、王锋："浅谈构建'俱乐部'模式企业职工健身体系的意义"，载《科教文汇（下旬刊）》2019年第3期。

第七章　资金保障

第八十条　各级人民政府应当切实履行发展医疗卫生与健康事业的职责，建立与经济社会发展、财政状况和健康指标相适应的医疗卫生与健康事业投入机制，将医疗卫生与健康促进经费纳入本级政府预算，按照规定主要用于保障基本医疗服务、公共卫生服务、基本医疗保障和政府举办的医疗卫生机构建设和运行发展。

【条文主旨】政府投入保障

【理解与适用】本条系承续本法第 4 条、第 5 条、第 6 条等诸条而细化的内容。发展医疗卫生与健康事业的法律职责须由各级人民政府切实履行，则必须确保应有的投入机制。政府预算是政府的基本财政收支计划，是投入的起点。预算的投入导向，明确为主要用于保障基本医疗服务、公共卫生服务、基本医疗保障和政府举办的医疗卫生机构建设和运行发展。

据新华社 2018 年 12 月 24 日报道，受国务院委托，财政部部长刘昆于 2018 年 12 月 24 日向全国人民代表大会常务委员会作国务院关于财政医疗卫生资金分配和使用情况的报告时指出，财政部将会同国家卫生健康委员会等有关部门，进一步加大投入力度，优化支出结构，全面实施绩效管理，提高资金使用效益，推动建立适合我国国情的、可持续的医疗卫生投入长效保障机制。国家正在进一步加大各级财政对基本医疗卫生的投入力度，并把基本医疗卫生制度作为公共产品向全民提供。与此同时，完善与公立医院发展相适应的政府投入办法，全面落实政府对符合区域卫生规划的公立医院投入政策，指导地方在清理甄别的基础上稳妥化解符合条件的公立医院长期债务。政府投入保障的源头之水，在于政府主导的医疗卫生多元筹资机制的持续作用。同时，严格执行预算法等法律法规，加强制度建设，提高资金使用管理的科学性和规范性；继续优化整合医疗卫生项目，避免财政资金的重复投入和低效使用；全面推进预算绩效管理，加强对重大医疗卫生投入政策的绩效评估，加快完善覆盖预算编制、执行全过程的绩效管理机制，将绩效评价结果与项目资金分配挂钩。国家卫生健康委员会官网于 2019 年 5 月 22 日公布的《2018 年我国卫生健康事业发展统计公报》显示，2018 年全国卫生总费用预计达 57 998.3 亿元，其中，政府卫生支出 16 390.7 亿元（占 28.3%），社会卫生支出 24 944.7 亿元（占 43.0%），个人卫生支出 16 662.9 亿元（占 28.7%）。人均卫生总费用 4148.1 元，卫生总费用占 GDP 百分比为 6.4%。疾病防控和医疗服务能力持续增强，人口发展、妇幼卫生与健康老龄化工作稳步推进，居民人均预期寿命由 2017 年的 76.7 岁提高到 2018 年的 77.0 岁，孕产妇死亡率从 19.6/10 万下降到 18.3/10 万，婴儿死亡率从 6.8‰下降到 6.1‰。我国卫生健康事业取得了举世瞩目的成就，为本法的实施，奠定了坚实基础。[1]

　　本法作为基本医疗卫生与健康促进领域的母法，其立法的主旨即在于具化《宪法》有关公民基本权利的规定。生存权是最重要的人权，生存权不仅仅指生命权本身，还包括维持生命健康的各种必须的条件，因此，由生存权必然导出生命健康权，也就意味着必然要求政府确保"基本医疗卫生服务保障权"。[2]政府必须承担起保障责任，我国政府有足够的经济实力在公民的基本医疗保障上有更大的作为。[3]我国《宪法》明文规定，国家尊重和保障人权（第 33 条）；国家保护人民健康（第 21 条）；我国公民在年老、疾病或者丧失劳动能力的情况下，有从国家和社会获得物质帮助的权利；国家发展为公民享受这些权利所需要的社会保险、社会救济和医疗卫生事业（第 45 条）。学术界和实务界多年来并不偏好于直接用人权理论来驾驭和阐述围绕健康权的实现机制的医药卫生体制改革与卫生法学研究，也不注重以此指导和统御卫生立法，而通过司法实现这些社会权是国家不可推卸的责任和保障社会权最有效的方式。[4]在本法颁布之前，2017 年 12 月 22 日第十二届全国人民代表大会常务委员会第三十一次会议审议了本法草案，其"最为精彩的是第 3 条首次在法律层面上直接提出健康是人的基本权益"。申卫星教授认为，"健

---

〔1〕 "2018 年我国卫生健康事业发展统计公报"，载 http://www.nhc.gov.cn/guihuaxxs/s10748/201905/9b8d52727cf346049de8acce25ffcbd0.shtml，最后访问日期：2020 年 4 月 5 日。

〔2〕 胡晓翔："医改指归——有关医改若干基础问题的思考"，载倪正茂、李惠主编：《中国生命法学评论》（第一卷），上海社会科学院出版社 2015 年版，第 172 页。

〔3〕 胡晓翔、姜柏生编著：《冷眼观潮——卫生法学争鸣问题探究》，东南大学出版社 2001 年版，第 24 页。

〔4〕 龚向和：《社会权的可诉性及其程度研究》，法律出版社 2012 年版，第 4 页。

康权"的概念将是这部法律的灵魂和最大亮点，"'健康权'入法，就可强化政府对医疗卫生的投入和保障"。[1]本法第4条第1款规定："国家和社会尊重、保护公民的健康权。"首次在法律层面上直接提出健康是人的基本权益，以法律的形式激活了宪法中公民基本权利中的健康权。继之，就当然有了第5条规定："公民依法享有从国家和社会获得基本医疗卫生服务的权利。国家建立基本医疗卫生制度，建立健全医疗卫生服务体系，保护和实现公民获得基本医疗卫生服务的权利。"第6条规定："各级人民政府应当把人民健康放在优先发展的战略地位，将健康理念融入各项政策，坚持预防为主，完善健康促进工作体系，组织实施健康促进的规划和行动，推进全民健身，建立健康影响评估制度，将公民主要健康指标改善情况纳入政府目标责任考核。全社会应当共同关心和支持医疗卫生与健康事业的发展。"这些内容明显渊源于《宪法》有关条款。同时，也在法律层面首次明确了"公民健康权"的积极人权属性及国家、各级政府对此的实现职责。要切实履行发展医疗卫生与健康事业的职责，单有伦理认知下的法律赋权和赋责还不够，还明确要建立适度的医疗卫生与健康事业投入机制，主要落实在本条，因而本条成为本法的支柱性内容。要求各级人民政府应当切实履行发展医疗卫生与健康事业的宪法职责，坚持保基本、强基层、建机制和全覆盖、多层次、可持续方针，坚持统筹安排、突出重点、循序渐进的路径，并随经济社会发展、财政状况和健康指标的发展而与时俱进，以公立医疗卫生服务体系为主，保障基本医疗服务、公共卫生服务、基本医疗保障的建设和运行发展，不断满足人民群众日益增长的美好生活和健康维持需要。本条较好地体现了健康权的积极人权定位，明确了国家实现的责任与途径。上述内容也是《宪法》关于公民基本权利条款的细化与激活，具有司法层面的效力。因此，出台本法直接的便利之处就是服务于司法层面的救济。[2]作为第4条、第5条、第6条目标落实的措施，本条是本法的关键所在，使得公民的宪法权利成为可通过司

---

〔1〕吴斌："'健康权'入法，就可强化政府对医疗卫生的投入和保障"，载《南方都市报》2018年2月23日，第AA08版。

〔2〕胡晓翔："健康权利保障的法律体系——从医患纠纷民事赔偿法律规制到基本医疗卫生立法的思考"，载倪正茂、李惠主编：《中国生命法学评论》（第二卷），中国法制出版社2016年版，第246页。

法救济的法律权利。

此外，本条也是促进基本公共服务均等化国家实践的法治化样本。2012年7月，《国家基本公共服务体系"十二五"规划》正式颁布实施，这是我国第一部国家基本公共服务总体性规划，各地也陆续颁行了促进基本公共服务均等化的综合性或医疗卫生等专门性的地方性政策规范。"基本公共服务均等化"源自"十一五"规划纲要，经过十六届六中全会《中共中央关于构建社会主义和谐社会若干重大问题的决定》的阐述、十七大报告的强调、"十二五"规划纲要的细化、十八大报告的推进，以及十八届三中全会《中共中央关于全面深化改革若干重大问题的决定》的重申，已成为我国针对改革发展过程中在区域、城乡、群体之间出现的基本公共服务供给失衡问题而采取的一项有针对性的中国特色政策措施。[1]十九届四中全会公报明确提出，要坚持和完善统筹城乡的民生保障制度，满足人民日益增长的美好生活需要。同时，针对"幼有所育、学有所教、劳有所得、病有所医、老有所养、住有所居、弱有所扶"等提出健全国家基本公共服务制度体系，本条实为促进基本公共卫生服务均等化政策的法治化规制样本。

唯有在法治的保障下，全体公民依法享有均等化的基本公共服务是其基本权利得以实现的反映，政府依法促进基本公共服务均等化是其宪法责任得以实现的反映。[2]在社会权利的保护上，国内当下可能确实只有行政救济程序而没有司法救济程序。公民的社会权利，以及国家的责任，除在已为全国人民代表大会常务委员会批准签署的《经济、社会及文化权利国际公约》里有涉及外，只在《宪法》里有比较简洁的表述。在司法化的层面，民生保障领域细化立法不足，尤其是健康权保障方面，本法之外迄今并无一部规制性母法用于明确各级政府、各个部门和公民的义务与权利，以及用于司法救济。早在1955年，最高人民法院就在判决中可否援引宪法这一问题出台一个司法解释，不同意在审判中直接引用宪法条文，各级法院至今仍在遵循这个原则。[3]

---

〔1〕 黄茂钦：《基本公共服务均等化法治保障研究——基于"事实"与"规范"的展开》，法律出版社2014年版，第1页、第24页。

〔2〕 黄茂钦：《基本公共服务均等化法治保障研究——基于"事实"与"规范"的展开》，法律出版社2014年版，第36页。

〔3〕 高娣："舆论监督　宪法撑腰"，载《法制日报》2000年4月17日，第5版。

第二次世界大战以来，"宪法基本权利的直接效力"已成为世界性的一项惯例，而我国宪法基本权利尚无直接法律适用的效力，即公民不能依据基本权利提起诉讼，所以，国家机关履行义务的动力不足，进而导致基本权利实际上只是国家的"恩惠"。[1]在我国实现宪法基本权利的直接效力之前，推动宪法基本权利法律化（如在《执业医师法》中明确"待遇、教育"等方面的权利规定），使基本权利经立法后取得司法效力，公民的基本权利才能真正有法律上的保障。而各级政府、各个部门和公民的义务与权利不明确的话，2017年《行政诉讼法》第12条第1款第10项确立的行政给付诉讼制度也会是无源之水，无法实质启动。因此，要可靠推进实质性医改，我国亟待出台规制各级政府、各个部门和公民的健康义务与权利，以及用于健康权司法救济的基本医疗卫生母法。[2]本法的出台与施行，尤其是本条赋予国家和政府及各关联主体的责任与义务，为司法化保护健康权奠定了基础。

第八十一条　县级以上人民政府通过预算、审计、监督执法、社会监督等方式，加强资金的监督管理。

【条文主旨】政府的资金监管

【理解与适用】本条明确了各级政府监管投入资金的方式和手段有预算、审计、监督执法、社会监督等。

本法第80条要求政府的投入"主要用于保障基本医疗服务、公共卫生服务、基本医疗保障和政府举办的医疗卫生机构建设和运行发展"。如此额度巨大的款项，必须科学使用和严加监管，而其基点，是政府预算。政府预算是经法定程序批准的各级政府年度财政收支计划，反映政府的施政方针和社会经济政策，规定政府活动的范围和方向，也是政府投入科学性、合理性的保证与后续监管的依据。社会保障预算是政府介入社会保障活动，加强社会保障资金管理的重要手段和工具，它可以全面、准确地反映政府财力支持社会保障的总体情况，便于人民监督和体现政府的实际努力。社会保障资金管理

---

〔1〕　周永坤："论宪法基本权利的直接效力"，载《中国法学》1997年第1期。

〔2〕　胡晓翔："健康权利保障的法律体系——从医患纠纷民事赔偿法律规制到基本医疗卫生立法的思考"，载倪正茂、李惠主编：《中国生命法学评论》（第二卷），中国法制出版社2016年版，第245页。

是社会保障制度安全有效、可持续运行的物质前提，主要内容包括筹集社会保障资金，资金来源一般为单位和个人缴费、国家财政支持、私人和社会团体捐助等；给付社会保障待遇；管理运用社会保障资金，即妥善地保管和安全可靠地运用资金；建立社会保障预算，即国家用来反映各项社会保障资金，包括政府一般性税收收入安排的各项社会保障资金和养老、失业、医疗、工伤、生育保险及住房等各项基金收支活动的计划。[1]

国家实行审计监督制度。国务院和县级以上地方人民政府设立审计机关。为了强化国家的审计监督，维护国家财政经济秩序，提高财政资金使用效益，促进廉政建设，保障国民经济和社会健康发展，1994 年 8 月 31 日第八届全国人民代表大会常务委员会第九次会议通过了《审计法》，2006 年 2 月 28 日对其进行了修正。国务院各部门和地方各级人民政府及其各部门的财政收支，国有的金融机构和企业事业组织的财务收支，以及其他应当接受审计的财政收支、财务收支，均依照《审计法》的规定接受审计监督。审计机关对前款所列财政收支或者财务收支的真实、合法和效益，依法进行审计监督。与此配套的，有审计署规章《审计署关于内部审计工作的规定》。内部审计是独立监督和评价本单位及所属单位财政收支、财务收支、经济活动的真实、合法和效益的行为，以加强经济管理和实现经济目标。

国家或有关部门或上级部门下拨的具有专门指定用途或特殊用途的资金，这种资金都会被要求进行单独核算，专款专用，不能挪作他用。各地各级财政部门均有关于财政专项资金使用和监督的规制。自 2012 年 5 月 1 日起施行的《财政部门监督办法》（财政部令第 69 号）规定，财政部门依法对财税法规、政策的执行情况；预算编制、执行、调整和决算情况；税收收入、政府非税收入等政府性资金的征收、管理情况；政府采购法规、政策的执行情况；行政、事业单位国有资产，金融类、文化企业等国有资产的管理情况；财务会计制度的执行情况等事项实施监督。该办法还规定，财政部门实施监督，可以依法采取下列措施：要求监督对象按照要求提供与监督事项有关的资料；调取、查阅、复制监督对象有关预算编制、执行、调整和决算资料，会计凭证和账簿、财务会计报告、审计报告、账户信息、电子信息管理系统情况，

---

〔1〕 孙光德、董克用主编：《社会保障概论》，中国人民大学出版社 2019 年版，第 49 页、第 56 页。

以及其他有关资料；经县级以上人民政府财政部门负责人批准，向与被监督单位有经济业务往来的单位查询有关情况，向金融机构查询被监督单位的存款；在证据可能灭失或者以后难以取得的情况下，经县级以上人民政府财政部门负责人批准，先行登记保存证据，并在 7 日内及时作出处理决定；对正在进行的财政违法行为，责令停止；拒不执行的，暂停财政拨款或者停止拨付与财政违法行为直接有关的款项；已经拨付的，责令暂停使用；法律法规规定的其他措施。财政部门实施监督，应当依法对财政违法行为作出处理处罚；对不属于本部门职权范围的事项，应当按照规定程序移送有权机关处理。财政部门实施监督，应当加强与监察、审计等有关机关的沟通和协作。有关机关已经作出的调查、检查、审计结论能够满足本部门履行职责需要的，应当加以利用。财政部门履行监督职责，可以提请有关机关予以协助。

政府投入资金的监督管理，有法定的预算管理、审计、监督执法等固有途径，也少不了社会监督。尤其是舆论监督，其具有全时段、无死角的特点，可以配合、协同审计、监督执法等监管手段，相互弥补不足，发挥协同作用，是强化监管必不可少的手段。

第八十二条　基本医疗服务费用主要由基本医疗保险基金和个人支付。国家依法多渠道筹集基本医疗保险基金，逐步完善基本医疗保险可持续筹资和保障水平调整机制。

公民有依法参加基本医疗保险的权利和义务。用人单位和职工按照国家规定缴纳职工基本医疗保险费。城乡居民按照规定缴纳城乡居民基本医疗保险费。

【条文主旨】基本医疗保险费用的筹集

【理解与适用】本条规定基本医疗服务费用主要由基本医疗保险基金和个人支付，决定了现阶段的基本医疗保险费用由国家、社会、个人分担的机制。"十三五"期间，基本医保面临"降费率"和"防赤字"的双重压力。为使医保制度主动适应经济发展的新常态，必须健全稳定可持续的筹资机制和待遇调整机制，故本条也规定了国家依法多渠道筹集基本医疗保险基金，逐步完善基本医疗保险可持续筹资和保障水平调整机制，为逐步持续减轻个人就医经济负担奠定了可预期的愿景。本条同时明确提出，公民参加基本医保，既是权利，也是义务。并明确了用人单位和职工、城乡居民缴纳相应的基本医疗保险费的义务。

基本医疗保险制度是社会保障体系的重要组成部分，是由政府制定、用人单位和职工共同参加的一种社会保险制度。它按照财政、用人单位和职工的承受能力来确定职工的基本医疗保障水平，具有广泛性、共济性、强制性的特点。2007年4月4日，时任国务院总理温家宝主持召开国务院常务会议，启动了城镇居民医疗保险制度的建设。2016年1月，国务院发布的《关于整合城乡居民基本医疗保险制度的意见》指出，整合城镇居民基本医疗保险和新型农村合作医疗两项制度，建立统一的城乡居民基本医疗保险制度，是推进医药卫生体制改革、实现城乡居民公平享有基本医疗保险权益、促进社会公平正义、增进人民福祉的重大举措，对促进城乡经济社会协调发展、全面建成小康社会具有重要意义。

医疗权作为一项基本人权已为越来越多的国家所认同和关注。尽管学术界对它的内涵有不同的界定，但有如下共识：医疗权是公民应该享有的权利，而且还必须体现公平性，即其权利主体是全体公民；医疗权的义务主体必须是国家和政府。全民医疗保障制度的建立既体现了政府责任，也体现了全民性，是对医疗权这一基本人权的有效保障。[1]

2019年10月31日，中国共产党第十九届中央委员会第四次全体会议公报发布，对统筹城乡民生保障制度提出了明确要求。公报指出，坚持和完善统筹城乡的民生保障制度，满足人民日益增长的美好生活需要。增进人民福祉、促进人的全面发展是我们党立党为公、执政为民的本质要求。必须健全幼有所育、学有所教、劳有所得、病有所医、老有所养、住有所居、弱有所扶等方面国家基本公共服务制度体系，注重加强普惠性、基础性、兜底性民生建设，保障群众基本生活。[2]本条的"国家依法多渠道筹集基本医疗保险基金，逐步完善基本医疗保险可持续筹资和保障水平调整机制"，正是政府为

---

〔1〕 张奇林、杨红燕：《中国医疗保障制度改革研究——以美国为借鉴》，武汉大学出版社2007年版，第71页。

〔2〕 陈洁："十九届四中全会：完善统筹城乡民生保障制度 健全基本公共服务制度体系"，载《21世纪经济报》2019年11月1日。

了保障公民健康权益所实施的积极行动。

我国此次新冠肺炎疫情的应对方案，就很好地实现了国家保障义务。新冠肺炎患者一旦出现重症，危及生命，则其临床救治费用往往需耗费巨额资金。2020年1月22日，国家医疗保障局、财政部发布的《关于做好新型冠状病毒感染的肺炎疫情医疗保障的通知》明确指出，"二、确保患者不因费用问题影响就医。一是对于确诊新型冠状病毒感染的肺炎患者发生的医疗费用，在基本医保、大病保险、医疗救助等按规定支付后，个人负担部分由财政给予补助，实施综合保障。二是对于确诊新型冠状病毒感染的肺炎的异地就医患者，先救治后结算，报销不执行异地转外就医支付比例调减规定。三是确诊新型冠状病毒感染的肺炎患者使用的药品和医疗服务项目，符合卫生健康部门制定的新型冠状病毒感染的肺炎诊疗方案的，可临时性纳入医保基金支付范围。三、确保收治医院不因支付政策影响救治。对收治患者较多的医疗机构，医保经办机构可预付部分资金，减轻医疗机构垫付压力。医保经办机构应及时调整有关医疗机构的总额预算指标，对新型冠状病毒感染的肺炎患者医疗费用单列预算。各级医保经办机构要确保与医疗机构及时结算，保证救治工作顺利进行"。这体现了国家的担当和对人民生命健康权的重视。

需要明确的是，即便是基本医疗保障，我国实行的也并非全免费享有制度。本法第69条第1款明确规定"公民是自己健康的第一责任人"，要求公民"树立和践行对自己健康负责的健康管理理念""加强健康管理"，这些规定都含有依法参加有关保险的义务。因此，本条规定国家依法多渠道筹集基本医疗保险基金，逐步完善基本医疗保险可持续筹资和保障水平调整机制。在此前提下，阐明基本医疗服务费用主要由基本医疗保险基金和个人支付。因此，公民既有依法参加基本医疗保险的权利，也不可忽视主动参加基本医疗保险的义务。同时，该条规定，用人单位和职工按照国家规定缴纳职工基本医疗保险费，城乡居民按照规定缴纳城乡居民基本医疗保险费。这些都是强制性的规则，不可偏废。

第八十三条　国家建立以基本医疗保险为主体，商业健康保险、医疗救助、职工互助医疗和医疗慈善服务等为补充的、多层次的医疗保障体系。

国家鼓励发展商业健康保险，满足人民群众多样化健康保障需求。

国家完善医疗救助制度，保障符合条件的困难群众获得基本医疗服务。

【条文主旨】 建立多层次医疗保障体系

【理解与适用】 本条对我国多层次医疗保障体系中的各项制度作出了说明，并重点阐述了国家鼓励发展商业健康保险，完善医疗救助制度。2009 年 3 月，《中共中央 国务院关于深化医药卫生体制改革的意见》提出，加快建立和完善以基本医疗保障为主体，其他多种形式补充医疗保险和商业健康保险为补充，覆盖城乡居民的多层次医疗保障体系。2020 年 2 月，《中共中央 国务院关于深化医疗保障制度改革的意见》提出，医疗保障制度改革的目标是到 2030 年，全面建成以基本医疗保险为主体，医疗救助为托底，补充医疗保险、商业健康保险、慈善捐赠、医疗互助共同发展的医疗保障制度体系，待遇保障公平适度，基金运行稳健持续，管理服务优化便捷，医保治理现代化水平显著提升，实现更好保障"病有所医"的目标。

在我国多层次的医疗保障体系中，基本医疗保险是主体，为参保人员提供基本的医疗保障；商业健康保险是市场化的医疗保障方式，近年来国家通过税收优惠等政策鼓励和引导公众参加商业健康保险；民政部门统筹社会救助体系建设，医疗救助在医疗保障体系中起到托底保障的功能，努力防范和化解因病致贫返贫。此外，职工互助医疗和医疗慈善服务等也都在医疗保障体系中发挥各自的作用。

1. 基本医疗保险

在多层次医疗保障体系中，基本医疗保险是主体。我国《社会保险法》规定，国家建立基本医疗保险制度，保障公民在患病时依法从国家和社会获得物质帮助的权利。实践中，当参保人员在医疗机构发生医疗服务费用后，由基本医疗保险经办机构按照支付结算管理办法，给予一定比例的待遇补偿，以缓解参保人员的医疗费用负担。我国目前的基本医疗保险体系主要包括城镇职工基本医疗保险、城乡居民基本医疗保险和城乡居民大病保险。其中，城乡居民基本医疗保险由新型农村合作医疗和城镇居民基本医疗保险整合而成。[1]城乡居民大病保险于 2012 年依据国家发展改革委员会等六部门联合发布的《关于开展城乡居民大病保险工作的指导意见》开始实施。

---

〔1〕 参见《国务院关于整合城乡居民基本医疗保险制度的意见》（国发〔2016〕3 号）。

2. 商业健康保险

商业健康保险是指由保险公司对被保险人因健康原因或者医疗行为的发生给付保险金的保险，主要包括医疗保险、疾病保险、失能收入损失保险、护理保险以及医疗意外保险等。自 2009 年"新医改"启动以来，我国保险业积极发挥市场机制优势，服务多层次医疗保障体系建设，不断改进健康保险服务，扩大健康保险覆盖面。为促进健康保险发展，规范健康保险经营行为，中国保监会于 2006 年颁布了《健康保险管理办法》（已失效），2019 年中国银保监会颁布了新的《健康保险管理办法》。目前，国内保险市场上有人保健康险、平安健康险、太保安联健康险、昆仑健康险等七家专业的健康险公司，各家寿险公司均可以经营健康险业务，财产保险公司经过监管机构批准也可以经营短期健康险业务。各家公司提供的医疗保险、重大疾病保险产品等，都为基本医疗保险提供了有益的补充。保险公司还参与基本医保经办工作，太平洋保险"江阴模式"、中国人寿保险"洛阳模式"等得到了社会各界的好评。近年来，保险公司通过投资健康产业，构建涵盖了健康保障、健康服务、医疗护理、养老社区等的"大健康"产业链、服务链和生态圈，有效延伸了健康险的保障空间和服务空间。

3. 医疗救助

医疗救助是指帮助困难群众获得基本医疗保险服务并减轻其医疗费用负担的制度安排。民政部等部门发布的《关于进一步完善城乡医疗救助制度的意见》（民发〔2009〕81 号）规定，在切实将城乡低保家庭成员和五保户纳入医疗救助范围的基础上，逐步将其他经济困难家庭人员纳入医疗救助范围。2014 年 2 月，国务院颁布《社会救助暂行办法》（2019 年已被修订），规定国家建立健全医疗救助制度，保障医疗救助对象获得基本医疗卫生服务。全国社会救助体系建设由国务院民政部门统筹。医疗救助采取下列方式：（1）对救助对象参加城镇居民基本医疗保险或者新型农村合作医疗的个人缴费部分，给予补贴；（2）对救助对象经基本医疗保险、大病保险和其他补充医疗保险支付后，个人及其家庭难以承担的符合规定的基本医疗自负费用，给予补助。

4. 职工互助医疗

职工互助医疗是中华全国总工会组织开展的职工互助保障业务之一。1993 年，中华全国总工会创办中国职工保险互助会，在民政部批准范围内开展与职工生、老、病、死、伤残或发生意外灾害、伤害等有关的互助保障业务，与社会保险、商业保险共同构成我国的社会保障体系。目前，中国职工互助保障活动基本涵盖了职工对住院医疗、大病医疗、意外伤害等日常风险保障需求。会员权益主要包括：重大疾病保障，在职职工住院津贴互助保障，女职工特殊疾病保障，补充医疗保障等。

5. 医疗慈善服务

慈善服务是指慈善组织和其他组织以及个人基于慈善目的，向社会或者他人提供的志愿无偿服务以及其他非营利服务。2009 年，《中共中央　国务院关于深化医药卫生体制改革的意见》提出，大力发展医疗慈善事业。制定相关的优惠政策，鼓励社会力量兴办慈善医疗机构，或向医疗救助、医疗机构等慈善捐赠。

2013 年，《民政部关于加强医疗救助与慈善事业衔接的指导意见》提出，各地要根据城镇居民基本医疗保险（新型农村合作医疗）、大病保险以及医疗救助和慈善事业的发展状况，认真研究设计慈善事业在医疗保障体系中的功能定位，使慈善资源作为医疗救助的重要补充，帮助困难群众解决个人自付医疗费用。2016 年我国《慈善法》颁布，规定民政部门作为慈善组织登记管理机关，可以鼓励、引导慈善组织设立医疗救助方面的捐赠项目。2020 年 2月，《中共中央　国务院关于深化医疗保障制度改革的意见》提出，鼓励社会慈善捐赠，统筹调动慈善医疗救助力量，支持医疗互助有序发展。

尽管基本医疗保险覆盖的人群广泛，但对报销项目、报销金额的限制也较多。对于个体和家庭来说，在基本医疗保险保障覆盖之外，往往还要承担超出其保障限额或不包含在基本医疗保险承保范围内的医疗费用。因此，为满足人民群众多样化的健康保障需求，还需要商业健康保险来进行补充。

国家鼓励发展商业健康保险。2006 年，国务院颁布的《国务院关于保险业改革发展的若干意见》指出，鼓励和引导人民群众参加商业健康保险，要大力推动健康保险发展，支持相关保险机构投资医疗机构。努力发展适合农民的商业健康保险。2014 年，国务院印发《关于加快发展现代保险服务业的若干意见》（国发〔2014〕29 号），提出把商业保险建成社会保障体系的重要支柱，充分发挥商业保险对基本医疗保险的补充作用；发展多样化的健康保险服务，鼓励保险公司大力开发各类医疗、疾病保险和失能收入损失保险等商业健康保险产品，并与基本医疗保险相衔接，发展商业性长期护理保险。

2013年，国务院《关于促进健康服务业发展的若干意见》（国发〔2013〕40号）提出，在完善基本医疗保障制度、稳步提高基本医疗保障水平的基础上，鼓励商业保险公司提供多样化、多层次、规范化的产品和服务。鼓励发展与基本医疗保险相衔接的商业健康保险，推进商业保险公司承办城乡居民大病保险，扩大人群覆盖面。积极开发长期护理商业险以及与健康管理、养老等服务相关的商业健康保险产品。2014年，国务院办公厅发布《关于加快发展商业健康保险的若干意见》（国办发〔2014〕50号），提出大力发展与基本医疗保险有机衔接的商业健康保险。鼓励企业和个人通过参加商业保险及多种形式的补充保险解决基本医保之外的需求。

近年来，我国健康保险发展的内外部环境发生了深刻变化。从外部环境来看，我国经济社会有了长足发展，医药卫生体制改革全面深化，全民医保体系基本建成；从行业内部来看，城乡居民大病保险实现全覆盖、个人税收优惠型健康保险全面推开，健康保险市场快速发展。2019年，我国健康险业务保费收入7065.98亿元，在人身险保费总收入中的占比为22.8%，健康保险的产品结构、服务内涵、保障人群都发生了巨大变化。从发挥功能和作用方面来看，健康保险已成为国家多层次医疗保障体系的重要组成部分，也是保险业服务民生的重要领域。

近年来，我国医疗救助体系不断得到完善。2015年，民政部等部委发布《关于进一步完善医疗救助制度全面开展重特大疾病医疗救助工作的意见》；2017年，民政部等部委发布《关于进一步加强医疗救助与城乡居民大病保险有效衔接的通知》；此外，《城乡医疗救助基金管理办法》（财社〔2013〕217号）对医疗救助资金管理工作进行了规范，从基金筹集、使用、支出、管理等方面提出了明确要求。国家医疗保障局发布的《2019年医疗保障事业发展统计快报》显示，2019年中央财政投入医疗救助补助资金245亿元，安排40亿元补助资金专项用于支持深度贫困地区提高贫困人口医疗保障水平。2019年全年资助7782万人参加基本医疗保险，直接救助6180万人次。

2020年2月，《中共中央 国务院关于深化医疗保障制度改革的意见》提出，健全统一规范的医疗救助制度。建立救助对象及时精准识别机制，科学确定救助范围。全面落实资助重点救助对象参保缴费政策，健全重点救助对象医疗费用救助机制。建立防范和化解因病致贫返贫的长效机制。增强医疗救助托底保障功能，通过明确诊疗方案、规范转诊等措施降低医疗成本，提高年度医疗救助限额，合理控制贫困群众政策范围内自付费用比例。

第八十四条　国家建立健全基本医疗保险经办机构与协议定点医疗卫生机构之间的协商谈判机制，科学合理确定基本医疗保险基金支付标准和支付方式，引导医疗卫生机构合理诊疗，促进患者有序流动，提高基本医疗保险基金使用效益。

【条文主旨】规范基本医疗保险基金使用

【理解与适用】本条从建立健全协商谈判机制，科学合理确定医保支付方式、支付标准，引导医疗卫生机构合理诊疗等方面，对基本医疗保险经办机构提高医保基金使用效益作出了规定。

我国《社会保险法》第29条规定，参保人员医疗费用中应当由基本医疗保险基金支付的部分，由社会保险经办机构与医疗机构、药品经营单位直接结算。该法第31条规定，社会保险经办机构根据管理服务的需要，可以与医疗机构、药品经营单位签订服务协议，规范医疗服务行为。医疗机构应当为参保人员提供合理、必要的医疗服务。

近年来，随着社会医疗保险覆盖率的不断上升，医保支付费用占总收入的比重也在不断上升。从医疗机构的角度来说，争取更多的社会医疗保险基金成为其筹资的重要渠道之一；从社会医疗保险经办机构的角度来说，介入医疗服务质量是满足参保人健康需求、提高基金使用效能的需要，同时也是经办机构实现社会化管理，转变代理人角色的关键；从政府的角度来说，高效利用有限的卫生资源，促进国民健康是其社会管理职责所在。[1]

目前，基本医疗保险主要有三种付费方式：起付线、共同分担支付和最高限额。参保人发生医疗费用后，首先自付一定额度的医疗费用，超过此额度标准的医疗费用才由医疗保险经办机构支付，这个自付额度标准被称为"起付线"。按比例分担是指无论发生多少医疗费用，参保人和医疗保险经办

[1] 谢文媛、巢健茜："关于医保经办机构与定点医疗机构之间建立谈判机制的探讨"，载《中国医院管理》2011年第10期。

机构各自按一定比例共同负担费用，分担比例可以恒定，也可以随医疗费用递减或递增。最高保险限额是指医疗保险经办机构为参保人支付医疗费用达到一个规定额度就不再支付。医保支付是基本医保管理和深化医改的重要环节，是调节医疗服务行为、引导医疗资源配置的重要杠杆。新一轮医改以来，各地积极探索医保支付方式改革，在保障参保人员权益、控制医保基金不合理支出等方面取得了积极成效，但医保对医疗服务供需双方，特别是对供方的引导制约作用尚未得到有效发挥。2017 年国务院办公厅发布的《关于进一步深化基本医疗保险支付方式改革的指导意见》也对完善医保支付方式提出了具体措施。

基于提高医疗服务质量和确保医保基金合理支付的目的，医保经办机构与定点医疗机构之间谈判机制的建立在我国新医改进程中成为社会关注的焦点之一。医保经办机构与定点医疗机构之间谈判机制的建立，对于激励医疗机构医疗质量的提高、促进支付制度的完善有重要意义。2009 年，《中共中央国务院关于深化医药卫生体制改革的意见》提出，积极探索建立医疗保险经办机构与医疗机构、药品供应商的谈判机制，发挥医疗保障对医疗服务和药品费用的制约作用。医疗保险机构和定点医疗机构之间谈判内容的重点是卫生服务质量和支付方式，通过两者的有效结合达到以合理的支付方式规范医疗行为、促进卫生服务质量提高的目的。2020 年 2 月，《中共中央　国务院关于深化医疗保障制度改革的意见》再次提出，完善基本医疗保险协议管理，简化优化医药机构定点申请、专业评估、协商谈判程序。将符合条件的医药机构纳入医保协议管理范围。建立健全跨区域就医协议管理机制。制定定点医药机构履行协议考核办法，突出行为规范、服务质量和费用控制考核评价，完善定点医药机构退出机制。

医疗质量直接关系到人民群众的健康权益和对医疗服务的切身感受。近年来，部分医疗卫生机构对医疗质量管理不严、其医疗服务行为不规范，出现了少数医疗卫生机构通过虚开检查项目、处方、病历文书资料，降低入院标准，虚列服务项目，采取挂床住院等方式套取国家专项资金的不法行为，严重扰乱了正常医疗秩序。因此，本条规定要引导医疗卫生机构合理诊疗。各地也出台了相应的规范，如湖北省卫生计生委综合监督局于 2017 年发布了《办理医疗卫生机构不合理诊疗案件适用罚则指导意见（试行）》等。

2016 年，财政部等部委联合发布《关于加强基本医疗保险基金预算管理发挥医疗保险基金控费作用的意见》（财社〔2016〕242 号），提出建立质量控制机制。完善服务协议管理和定点医疗机构考核办法，包括专科医院的疗效评估、全科医疗服务的健康管理评估等；在全面改革支付方式的同时，建立健全对定点医疗机构服务数量及质量的考核评价机制。适应不同支付方式的特点，完善考核办法，将考核结果与基金支付挂钩，避免医疗机构为控制成本推诿病人、减少必要服务或降低服务质量，从而建立激励约束机制。建立"结余留用、合理超支分担"的激励约束机制，通过绩效评估来界定合理超支，激励医疗机构提高服务效率和质量。

实践中，要完善医疗保险信息系统，重点对药品、高值医用耗材使用情况及大型医用设备检查等医疗行为进行跟踪监测评估，及时发现违规行为，并依据《社会保险法》《执业医师法》《医疗机构管理条例》等有关法律法规和定点协议对相关医疗机构及医务人员作出相应处罚，促进诊疗行为规范，防止发生不合理医疗费用支出。[1]

目前，我国优质医疗资源比较紧缺，很多病人"小病大看"，导致一些真正需要技术、经验的疑难重病患者挂不上号。为使有限的医疗资源能有更高的利用率，国家推进分级诊疗制度，促进患者有序流动。

建立分级诊疗制度是合理配置医疗资源、促进基本医疗卫生服务均等化的重要举措。2015 年，《国务院办公厅关于推进分级诊疗制度建设的指导意见》（国办发〔2015〕70 号）明确了各级各类医疗机构诊疗服务功能定位。城市三级医院主要提供急危重症和疑难复杂疾病的诊疗服务。城市三级中医医院充分利用中医药（含民族医药）技术方法和现代科学技术，提供急危重症和疑难复杂疾病的中医诊疗服务和中医优势病种的中医门诊诊疗服务。城市二级医院主要接收三级医院转诊的急性病恢复期患者、术后恢复期患者及危重症稳定期患者。县级医院主要提供县域内常见病、多发病诊疗，以及急危重症患者抢救和疑难复杂疾病向上转诊服务。基层医疗卫生机构和康复医院、护理院等（以下统称慢性病医疗机构）为诊断明确、病情稳定的慢性病

---

〔1〕 杨燕绥："医疗保险基金预算管理与合理控费机制"，载《中国人力资源社会保障》2017 年第 5 期。

患者、康复期患者、老年病患者、晚期肿瘤患者等提供治疗、康复、护理服务。

财政部等部委发布的《关于加强基本医疗保险基金预算管理发挥医疗保险基金控费作用的意见》提出，结合推进分级诊疗制度建设，完善参保人员在不同层级医疗机构就医的差别化支付政策，充分发挥基本医疗保险支付政策的引导约束作用，促进患者有序流动。适当提高基层医疗卫生机构政策范围内医疗费用报销比例，合理拉开基层、县级和城市大医院间的报销水平差距，引导参保患者有序就诊，减少无序就医造成的不必要支出。[1]

实践中，推进医保支付制度改革，完善居民医保门诊统筹和不同级别医疗机构的医保差异化支付政策，适当提高基层医疗卫生机构医保支付比例，将符合条件的基层医疗卫生机构和慢性病医疗机构纳入基本医疗保险定点范围，是促进患者有序流动，并进一步推进分级诊疗实施的重要举措。在这一背景下，各地社保和卫生部门也陆续出台政策，进一步发挥医保调节作用。如北京市人力社保局发布的《关于发挥医保调节作用推进本市分级诊疗制度建设有关问题的通知》规定，扩大社区等基层定点医疗机构药品报销范围，加强不同医疗机构用药报销对接，支持医联体建设，促进社区卫生机构发展等内容。四川省《关于巩固完善分级诊疗制度建设的实施意见》也明确提出，完善不同级别医疗机构的医保差异化支付政策，进一步拉大不同等级医疗机构起付线差距，适当提高基层医疗卫生机构医保支付比例，对符合规定的转诊住院患者可以连续计算起付线，提高补偿比例，扩大患者就医选择面，方便患者就近诊疗。

本条规定科学合理地确定了基本医疗保险基金的支付标准和支付方式，引导医疗卫生机构合理诊疗，促进患者有序流动，旨在提高基本医疗保险基金使用效益。医保基金是维系人民群众健康的资金基础，在医保制度建设中处于基础地位，通过协商谈判等机制，力争让参保人获得更好、更多的医疗服务，同时也让医疗服务提供者获得良好的资金支持，实现兼具质量和效益的医疗保障服务全覆盖。

---

〔1〕杨燕绥："医疗保险基金预算管理与合理控费机制"，载《中国人力资源社会保障》2017年第5期。

第八十五条　基本医疗保险基金支付范围由国务院医疗保障主管部门组织制定，并应当听取国务院卫生健康主管部门、中医药主管部门、药品监督管理部门、财政部门等的意见。

省、自治区、直辖市人民政府可以按照国家有关规定，补充确定本行政区域基本医疗保险基金支付的具体项目和标准，并报国务院医疗保障主管部门备案。

国务院医疗保障主管部门应当对纳入支付范围的基本医疗保险药品目录、诊疗项目、医疗服务设施标准等组织开展循证医学和经济性评价，并应当听取国务院卫生健康主管部门、中医药主管部门、药品监督管理部门、财政部门等有关方面的意见。评价结果应当作为调整基本医疗保险基金支付范围的依据。

【条文主旨】基本医疗保险基金支付范围、项目和标准

【理解与适用】本条从划分国家医保部门和地方政府在制定基本医疗保险基金支付范围上的职权、组织开展循证医学和经济性评价等方面，对医保部门制定和调整基本医疗保险基金支付范围作出了规定。

按照我国《社会保险法》的规定，基本医疗保险基金支付的范围通常包括参保人员治病所需要的基本用药、基本诊疗项目、医疗服务设施以及急诊、抢救的医疗费用。这些费用只有纳入基本医疗保险药品目录、诊疗项目目录的范围，符合医疗服务设施标准，才能由统筹基金予以支付。同时，下列医疗费用不纳入基本医疗保险基金支付范围：（1）应当从工伤保险基金中支付的；（2）应当由第三人负担的；（3）应当由公共卫生负担的；（4）在境外就医的。

本条第 1 款和第 2 款划分了国家医保部门和地方政府在制定支付范围上的职权。2019 年国家医疗保障局就《关于建立医疗保障待遇清单管理制度的意见（征求意见稿）》公开征求意见，规定医疗保障的基本制度依法设立。国务院医疗保障行政部门会同有关部门，依据国家法律法规和党中央、国务院决策部署，拟定基本制度的相关法律法规、制定相关政策并组织实施。各省、自治区、直辖市可在国家规定范围内制定具体筹资及待遇政策并根据国家有关要求动态调整。关于基金支付的项目和标准，包括以准入法和排除法

确定的药品目录、医疗服务项目和设施范围以及支付标准。其中，药品目录是基本医疗保险支付的药品范围。国家统一制定国家基本医疗保险药品目录，各地严格按照国家基本医疗保险药品目录执行，原则上不得自行制定目录或用变通的方法增加目录内药品。医疗服务项目和设施范围，是指基本医疗保险支付的医疗技术劳务项目以及采用医疗仪器、设备与医用材料进行的诊断、治疗项目和医疗服务设施。国家统一制定基本医疗保险医疗服务项目和设施范围，各省可在国家规定范围内适当调整。关于支付标准，即对于定点医疗机构提供的医保药品、医疗服务项目和设施等，基本医疗保险支付的基准，各统筹地区可按照国家规定，制定药品、医疗服务项目和设施以及适应各种支付方式的医保支付标准。国家统一制定支付标准的，按国家规定执行。

2019 年，国家医疗保障局、人力资源社会保障部按照《2019 年国家医保药品目录调整工作方案》，组织专家调整制定了《国家基本医疗保险、工伤保险和生育保险药品目录》（医保发〔2019〕46 号），其中在明确地方权限部分要求，各地应严格执行药品目录，不得自行制定目录或用变通的方法增加目录内药品，也不得自行调整目录内药品的限定支付范围。对于原省级药品目录内按规定调增的乙类药品，应在 3 年内逐步消化。在消化过程中，各省应优先将纳入国家重点监控范围的药品调整出支付范围。2020 年，《中共中央 国务院关于深化医疗保障制度改革的意见》提出，完善医保目录动态调整机制。合理划分中央与地方目录调整职责和权限，各地区不得自行制定目录或调整医保用药限定支付范围，逐步实现全国医保用药范围基本统一。建立医保药品、诊疗项目、医用耗材评价规则和指标体系，健全退出机制。

随着医保筹资支付比例的提升，在医药卫生支出用于医院的费用中，医保的占比逐年上升。因此选择哪些药品进入医保目录，已不再只是医院和患者关注的事，也是医保基金不得不面对的问题。在医保基金筹资增速放缓而支出增长持续扩大的情况下，科学地规划医保基金支出的方向与领域，是医保管理部门必须思考的问题。

本条第 3 款规定可对基本医疗保险基金支付范围组织开展循证医学和经济性评价。其中，循证医学是指从临床问题出发，将临床技能与当前可得最佳证据结合，同时考虑患者价值观、意愿及临床环境后作出最佳决策。循证医学强调临床实践需结合临床医生个人经验、患者意愿和来自系统化评价与合成的研究证据。[1]药物经济性评价则是针对不同药物或者不同治疗方案，从治疗效果和所耗成本角度进行比对和分析，以确定哪种药物或者治疗方案更加具有经济性，进而对合理分配和使用医疗卫生资源提供支持。[2]2017年国家医保药品目录修订开展了对44种创新药物或贵重药品的国家谈判，在此过程中，如何衡量药品的价格与价值，需要有科学的判断方法及决策依据，药物经济性评价在此过程中扮演了重要角色。

2009年3月，《中共中央 国务院关于深化医药卫生体制改革的意见》提出，改革药品价格形成机制。对新药和专利药品逐步实行定价前药物经济性评价制度。对仿制药品实行后上市价格从低定价制度，抑制低水平重复建设。严格控制药品流通环节差价率。对医院销售药品开展差别加价、收取药事服务费等试点，引导医院合理用药。《国家基本药物目录管理办法（暂行）》提出，咨询专家组根据循证医学、药物经济学对纳入遴选范围的药品进行技术评价；《2009年国家基本医疗保险、工伤保险和生育保险药品目录调整工作方案》指出，在药品的调入和调出时，需考虑按照药物经济学原则进行疗效价格比较的结果。

另外，国务院医疗保障主管部门在决定纳入支付范围的基本医疗保险药品目录、诊疗项目、医疗服务设施标准等时，还应当听取国务院卫生健康主管部门、中医药主管部门、药品监督管理部门、财政部门等有关方面的意见。2019年4月，国家医疗保障局发布的《医疗保障基金使用监管条例（征求意见稿）》也提出，国务院医疗保障行政部门主管全国的医疗保障基金监管工作，国务院其他有关部门在各自的职责范围内负责有关的医疗保障基金监管工作。这也表明，各部门之间的沟通协调，对于保障医疗保险基金的使用质量和效益，具有重要意义。

〔1〕 李幼平等："循证医学在中国的起源与发展：献给中国循证医学20周年"，载《中国循证医学杂志》2016年第1期。
〔2〕 参见耿向楠等："我国基本药物经济性评价方法初探"，载《中国药学杂志》2011年第12期。

第八章　监督管理

第八十六条　国家建立健全机构自治、行业自律、政府监管、社会监督相结合的医疗卫生综合监督管理体系。

县级以上人民政府卫生健康主管部门对医疗卫生行业实行属地化、全行业监督管理。

【条文主旨】　医疗卫生综合监督管理

【理解与适用】本条是关于卫生健康综合监管体系的规定。"加强卫生行业管理"的概念最早源自于 1997 年《中共中央　国务院关于卫生改革与发展的决定》，近些年来这一概念的表达方式和内涵不断得到调整和拓展。2003 年有学者对"卫生监督"的内涵进行了探讨，主张"卫生监督（或称为卫生行政执法）是国家管理社会卫生事务这一政府职能的特定称谓，系指卫生行政主体依据法定职权，将卫生法律规范适用于现实的社会关系的活动，依法处理具体卫生行政事务的活动的总称"。[1]不过，长期以来，医疗卫生监督管理制度中存在着不少问题，如监管依据上，卫生法律标准严重滞后；监管效能上，全行业管理的合力未能有效形成；监管方式上，医疗机构分类管理未能落到实处；监管实施上，卫生部门内部职责交叉权责不清。[2]在"全面推进依法治国，建设社会主义法治国家"的新时期，党和国家对医疗卫生综合监督执法提出了更高的要求。国家卫生计生委《关于全面加强卫生计生法治建设的指导意见》也提出，"完善卫生计生综合监督执法体系。加强综合监督执法机构和队伍建设，不断提高行政执法能力"。2018 年 8 月 3 日，国务院办公厅发布的《关于改革完善医疗卫生行业综合监管制度的指导意见》（国办发〔2018〕63 号）提出，到 2020 年，建立职责明确、分工协作、科学有效的综合监管制度，健全机构自治、行业自律、政府监管、社会监督相结合的多元

---

〔1〕　达庆东、戴金增主编：《卫生监督》，复旦大学出版社 2003 年版，第 2 页。
〔2〕　李力达等："充分发挥卫生监督在医疗卫生全行业管理中的作用"，载《管理科学文摘》2011年第 26 期。

化综合监管体系，形成专业高效、统一规范、文明公正的卫生健康执法监督队伍，实现医疗卫生行业综合监管法治化、规范化、常态化。

本条第 1 款规定的"机构自治、行业自律、政府监管、社会监督相结合的医疗卫生综合监督管理体系"，就从机构、行业、政府、社会四个方面，要求相关主体各负其责、各司其职，充分发挥卫生监督在医疗卫生全行业管理中的作用。第一，能够进一步完善卫生法律标准。卫生法律法规和标准、技术规范是卫生监督机构履行执法职能的基本依据，也对提供行业咨询服务、培训质量监控、加强行业管理具有重大作用。所以，一方面，要填补法律空白，为医疗全行业管理中发现的新问题寻求解决方案；另一方面，要对现有的法律法规标准中的内容进行清晰的界定，以便于卫生监督部门执行。第二，能够发挥行业管理作用，形成监管合力。行业协会应当制定行业执业准则、规范，并承担法律咨询、指导培训、质控监测、质量认证、资质认定等行业管理的作用，同时加强行业信息整合、传递，开展行业评估。第三，能够理顺行政运行机制，提高行政效能。进一步细化准入标准和处罚案件自由裁量标准，使行政许可和行政处罚更公开透明；进一步调整和完善执法流程、执法机构和队伍，分解职权，明确各部门、各环节的工作职责，按照法定期限公正、高效地行使卫生行政执法职能，全面提高依法行政水平。[1]

其实，早在 2006 年，《中共中央关于构建社会主义和谐社会若干重大问题的决定》就明确提出要"推进医疗机构属地化和全行业管理"，此次立法对该问题进行了再次确定。医疗机构属地化和全行业管理是指在一定的规划区域内，所有的医疗卫生资源不论其隶属关系、性质和类别，均由属地政府部门统一规划、统一准入、统一监督和管理。长期以来，我国医疗机构由各级政府、有关部门、行业、企业分别举办，职责不清，责任不明，管理体制和运行机制不合理，医疗卫生全行业和属地化管理难以落实。医疗卫生全行业管理的主体众多，政府层面涉及卫生、药监、发改委、工商、医保、质监、环保、安监、财政、税务等多个部门，行业内部包括医院上级主管部门、行业协会等。对于医疗机构的管理往往出现"多头管理"或"多头不管"的情

---

〔1〕 李力达等："充分发挥卫生监督在医疗卫生全行业管理中的作用"，载《管理科学文摘》2011年第 26 期。

况。属地化、全行业的统一管理将有利于我国有限的医疗资源的优化配置，从而提高医疗资源的使用效率。国务院办公厅发布的《关于改革完善医疗卫生行业综合监管制度的指导意见》也要求，从重点监管公立医疗卫生机构转向全行业监管，从注重事前审批转向注重事中事后全流程监管，从单项监管转向综合协同监管，从主要运用行政手段转向统筹运用行政、法律、经济和信息等多种手段，提高监管能力和水平，为实施"健康中国"战略、全方位全周期保障人民健康提供有力支撑。同时指出，要着力加强三方面的政策：一是明确监管主体和责任。加强党的领导、强化政府主导责任、落实医疗卫生机构自我管理的主体责任、发挥行业组织自律作用、加强社会监督，推动形成机构自治、行业自律、政府监管、社会监督相结合的多元治理格局。二是加强全过程监管。优化医疗卫生服务要素准入，加快行政审批制度改革；加强医疗服务质量和安全监管，严格落实质量和安全管理核心制度；加强医疗卫生机构运行监管，严格执行医疗机构分类管理要求；加强公共卫生服务监管，提升服务水平；加强从业人员监管，严肃查处违法违规行为；加强行业秩序监管，建立健全联防联控机制；加强健康产业监管，建立健全包容、审慎、有效的监管机制。三是创新监管机制。完善规范化行政执法机制，确保严格规范、公正文明执法；全面推行"双随机、一公开"抽查机制，对重点机构加大抽查力度；建立健全医疗卫生行业信用机制，加强信用记录应用；健全信息公开机制，定期公开相关信息；建立风险预警和评估机制，运用信息技术提高发现问题和防范化解重大风险的能力；形成网格化管理机制，建立健全线上线下一体化的监管方式；建立综合监管结果协同运用机制，统筹运用监管结果。另外，《关于改革完善医疗卫生行业综合监管制度的指导意见》强调，加强综合监管制度建设的保障落实。要落实部门责任，加大责任追究力度，建立权威有效的督察机制。要完善法律法规和标准体系，提升信息化水平，加强队伍和能力建设，加强宣传引导，动员社会各方共同推进综合监管制度建设。

同时，《医疗卫生行业综合监管部门职责分工》作为《关于改革完善医疗卫生行业综合监管制度的指导意见》的附件二予以发布，对各部门在卫生综合监管中发挥的具体作用进行了规定，即"卫生健康行政部门依法负责医疗机构和医疗服务全行业监管，加强医疗服务质量、安全和行为监管，建立完善医疗质量管理与控制体系、医疗安全与风险管理体系，负责职责范围内的公共卫生管理和执法监督，负责医疗卫生机构、医务人员、医疗技术、大型医用设备的行政审批和监管，牵头开展对医疗卫生机构的运行监管和绩效考核。发展改革部门会同人民银行负责完善社会信用体系。公安部门负责依法查处打击各类扰乱医院秩序、伤害医务人员等违法犯罪行为，打击非法行医犯罪活动，配合加强平安医院建设。民政部门负责医疗卫生行业民办非企业单位和医疗卫生行业组织登记管理工作。司法行政部门负责指导医疗纠纷人民调解工作，会同卫生健康行政部门加强医疗纠纷人民调解组织、队伍和专家库建设。财政部门会同有关部门开展财务和专项资金监管。人力资源社会保障部门负责医疗卫生行业有关从业人员资格认定的监管。商务主管部门负责外商投资医疗卫生机构设立及变更事项的审批和监管。审计部门依法对医疗卫生机构开展审计监督。税务部门负责医疗卫生行业税收管理。市场监管部门负责医疗卫生行业价格监督检查。医疗保障部门负责组织制定和调整药品、医疗服务价格和收费标准，制定药品和医用耗材的招标采购政策并监督实施，会同银行保险监管部门按照职责监督管理纳入医保范围内医疗机构相关服务行为和医疗费用。中医药管理部门负责中医医疗机构、中医医师、中医医疗卫生服务监管。药品监管部门负责药品、医疗器械的行政审批和监管，负责执业药师的管理。军队卫生部门负责军队医疗卫生机构和服务监管。教育、生态环境、住房城乡建设、水利等部门依职责承担相关公共卫生服务监管。民政、司法行政、教育、国资、海关、中医药管理、军队卫生等部门依照职责负责所办医疗机构日常监管工作，加强信息共享和联合惩戒。其他相关部门按照职责做好医疗卫生行业综合监管工作"。

目前，苏州市已经探索构建了以专业化队伍、规范化执法、联动化管控、信息化监测、社会化评价为主要特征的多元化医疗卫生行业综合监管体系。其主要内容包括：一是打造专业化队伍。加快建设以卫生监督员为主力、监督协管员为补充、医疗专家为技术支撑的专业化监管队伍。二是推进规范化执法。联合公安、市场监管等部门建立综合监管协调机制，形成违法线索互查、处理结果互认、执法联动响应的综合监管新局面。建立数字计算模式自由裁量制度，统一行政处罚裁量基准。三是强化联动化管控。依托社区卫生服务中心（站）、村卫生室等基层医疗机构，实施"双随机一公开+风险分类监管"定向抽查，切实提高监管针对性。定期开展医疗机构自查，提高医疗服务质量和技术服务水平。四是完善信息化监测。实施"互联网+"医疗废物规范化管理项目，对医疗废物实施全过程、全方位、全天候卫生监管。建立综合监管信息平台，对内积极整合资源、共享互通信息，对外有序向社会开放，实现交互式公众服务。五是加强信用化评价。开展基层医疗机构信用等级评价、医疗机构和医师不良执业行为记分管理，推行医疗机构信用承诺制。开展涉审中介信用评价，探索建立末位退出机制。建立民营医疗机构信用报告制度。[1]

第八十七条　县级以上人民政府医疗保障主管部门应当提高医疗保障监管能力和水平，对纳入基本医疗保险基金支付范围的医疗服务行为和医疗费用加强监督管理，确保基本医疗保险基金合理使用、安全可控。

【条文主旨】基本医疗保险基金监管

【理解与适用】基本医疗保险基金的平稳运行是医疗保障工作的重要基础，高质量、可持续的医保基金监管则是防范医保基金系统性风险的重要途径。2009年7月24日，人力资源社会保障部与财政部两部门联合发布了《关于进一步加强基本医疗保险基金管理的指导意见》（人社部发〔2009〕67号），要求各省、自治区、直辖市人力资源和社会保障（劳动保障）厅（局）、财政厅（局），新疆生产建设兵团劳动保障局、财政局，充分认识加强基本医疗保险基金管理的重要性和紧迫性，增强基本医疗保险基金的供给和保障能力，强化基本医疗保险基金管理和加强基本医疗保险支付管理。同时，特别指出要强化基本医疗保险基金监管。完善基本医疗保险基金管理内控制度，形成部门之间、岗位之间和业务之间相互制衡、相互监督的内控机制；加强行政监管，建立基本医疗保险基金欺诈防范机制，杜绝骗保等欺诈行为的发生；建立和完善基本医疗保险基金内部审计制度，及时整改审计发现的问题；定期向社会公布基本医疗保险基金收支情况和参保人员医疗保险待遇的享受情况，接受社会各界的监管。不过该指导意见并未规定如何处理违反基本医疗保险基金使用规定的情形。2014年8月18日，人力资源社会保障部发布了

〔1〕"苏州'五化'联动构建医疗卫生综合监管体系"，载 https://www.jiangsu.gov.cn/art/2018/9/10/art_7376_7811048.html，2018-09-10，最后访问日期：2020年4月17日。

《关于进一步加强基本医疗保险医疗服务监管的意见》（人社部发〔2014〕54号），提出强化医疗保险医疗服务监管，将监管对象延伸到医务人员；优化信息化监控手段，建立医疗保险费用监控预警和数据分析平台；明确医疗保险基金监管职责，充分发挥各方面的监督作用；分类处理监管发现的问题，妥善解决争议；加强配合，协同做好工作等。

随着医保制度快速建设、待遇水平不断提高、服务能力显著提升，一些深层次的矛盾也逐渐暴露出来，特别是违规行为多样化与监管机制手段不足之间的冲突、服务内容不断增加与经办力量有限之间的冲突日益明显。然而，我国目前尚未建立专门的医保监管法律法规，导致监管工作中的政府职能缺失，行政监管机构职能交叉等问题出现，以致对基本医疗保险基金的监管流于形式。因此，在现有的医疗保险基金管理体制下，我国医疗保险基金存在许多突出问题，如医疗保险基金欺诈问题突出，医疗保险基金支付方式不合理等。部分参保人员利用医保的优惠政策和社会保障卡方便、快捷的就医结算方式，超正常地频繁刷卡、倒药套现。例如，南京某医院在 2017 年 4 月病房装修期间，通过空挂床住院的方式骗取医保基金；同时存在违规滞留参保职工社保卡 110 张，以门统、门慢、门特或住院病种套取费用，串换成其他药品、物品（保健品、器械、牙膏）等违规行为。根据我国《社会保险法》，国务院《行政执法机关移送涉嫌犯罪案件的规定》以及人力资源社会保障部、公安部《关于加强社会保险欺诈案件查处和移送工作的通知》的规定，经办机构暂停了该院的医保服务及医保支付，同时，移交公安机关依法追究其相关责任。[1]

2018 年下半年，国家医疗保障局会同国家卫生健康委员会、公安部、国家药监局联合启动了全国首次打击欺诈骗取医疗保障基金专项行动。专项行动通过压实各级责任、出台举报奖励办法、狠抓定点协议管理、组织开展"飞行检查"等措施，对有组织的蓄意骗保行为"零容忍"，严肃查处问题，公开曝光典型案例。专项行动期间，各地共查处违法违规定点医药机构 6.6万多家，解除协议 1284 家，移交司法机关 127 家；查处违法违规参保人员

---

〔1〕 "关于欺诈骗取医保基金典型案例的通报"，载 http://ybj.nanjing.gov.cn/gzdt/201905/t20190506_1528984.html，2019-05-06，最后访问日期：2020 年 4 月 17 日。

2.4 万人，移交司法机关 487 人，追回大量医保基金，初步构建了打击欺诈骗
保行为的高压态势，对定点医疗机构，特别是基层和社会办医疗机构的服务
行为有所规范。

2019 年 2 月，国家医疗保障局印发了《关于做好 2019 年医疗保障基金监
管工作的通知》，明确规定了当年基金监管的 27 项重点任务。首先，持续巩
固打击高压态势。加大对定点机构的监管检查力度，实现对全国定点医疗机
构和零售药店的监督检查全覆盖。加大查处力度，在全国范围内开展专项治
理。对部分性质恶劣的重要线索，国家和省级医保部门直接开展"飞行检
查"。加大曝光力度，公开曝光欺诈骗保典型案例，巩固震慑效果。其次，加
快构建长效监管机制。国家医疗保障局于 2019 年 4 月 11 日发布的《医疗
保障基金使用监督管理条例（征求意见稿）》提出，要推动医保基金监管有法
可依、依法行政。积极会同有关部门总结推广天津、上海等地设立专职机构
的经验，健全监管行政执法队伍。积极引入第三方力量，补充壮大监管队伍。
开展医保监管诚信体系建设试点、监管方式创新试点和医保智能监控示范点
建设，建立和完善社会广泛深度参与、部门综合监管机制。统筹推进职工医
保个人账户、医保支付方式等改革，引导定点医疗机构主动规范医疗服务行
为。再次，国家医疗保障局办公室印发了《关于开展医保基金监管"两试点
一示范"工作的通知》，将利用 2 年左右的时间，在全国开展包括基金监管信
用体系建设试点在内的试点示范点建设工作。试点工作的重要任务是探索建
立基金监管信用评价指标体系，明确信用体系建设，建立相关标准、规范和
指标体系及信息采集、评价和结果应用等。同时，探索建立定点医药机构动
态管理机制，推进定点医药机构综合绩效考评、末位淘汰等管理机制，把建
立健全管理制度和机制、履行服务协议、规范合理使用医保基金、绩效考核
等情况，作为对定点医药机构考核评价的重要依据，考核结果将与预算管理、
检查稽核、费用结算、协议管理等相挂钩。此外，还要推进行业自律，促进
行业规范和自我约束。推动将欺诈骗保行为纳入当地信用管理系统，发挥联
合惩戒的威慑力。[1] 然后，县级以上人民政府医疗保障主管部门应当加强对

---

〔1〕 "基金监管：由遭遇战转入阵地战、持久战——国家医疗保障局基金监管司司长黄华波专
访"，载搜狐网，https://www.sohu.com/a/322666167_ 120047499，2019 - 06 - 24，最后访问日期：
2020 年 4 月 17 日。

国家现有相关政策法规的研究和落实，努力创造良好的执法环境，并在此基础上，针对本行政区域内基本医疗保险基金运行的实际情况，分析其中的风险和可能出现的问题，出台与之相对应的具体管理办法。另外，完善信息披露制度，提高基本医疗保险基金运营的透明度，保证基金审核、审批的公平公正。完善和优化审核程序，搜集和整理各环节产生的数据信息，并建立电子档案予以保存，一旦保险基金运营出现问题，及时通过电子信息档案追溯其产生的根源，并逐一进行解决，最大程度地发挥基本医疗保险基金的监管实效性，以确保基本医疗保险的合理使用、安全可控。

第八十八条 **县级以上人民政府应当组织卫生健康、医疗保障、药品监督管理、发展改革、财政等部门建立沟通协商机制，加强制度衔接和工作配合，提高医疗卫生资源使用效率和保障水平。**

【条文主旨】提高医疗卫生资源使用效率和保障水平

【理解与适用】本条明确和强化了新一轮医改由政府主导，以医疗、医保、医药三医联动为着力点，构建顶层设计明确、各部门通力合作协调配合的工作机制和制度，以此提高医疗资源的使用效率和保障水平，推进"健康中国"战略，保障人民健康。2019年5月，国务院办公厅印发的《深化医药卫生体制改革2019年重点工作任务》（国办发〔2019〕28号）要求："坚持以人民健康为中心，坚持保基本、强基层、建机制，紧紧围绕把以治病为中心转变为以人民健康为中心，落实预防为主，加强疾病预防和健康促进，紧紧围绕解决看病难、看病贵问题，深化医疗、医保、医药联动改革，坚定不移推动医改落地见效、惠及人民群众。"

医疗卫生资源的合理、优化、公平、有效率的配置和使用是对完善国家治国理念和提升治理能力的基本要求。而资源尤其是民生领域的医疗卫生资源的有限性与人民日益增长的对美好生活的向往和追求之间的矛盾是当今世界面临的普遍性问题。不论是美国奥巴马政府的医改和特朗普对奥巴马政府医改方案的废除，还是英国国民卫生健康体系和其他国家医疗卫生服务体系的不断改革，或是中国20世纪80年代和90年代的医疗卫生服务体系改革以及新一轮医改进入深水区，无不是对资源的有限性与对资源分配的公平、正义、效率与价值权衡之间的矛盾进行协调平衡的过程。中华人民共和国成立后至改革开放初期，我国医疗卫生服务资源配置主要由政府负责，建立了基本覆盖全民的公费医疗、劳保医疗和合作医疗三项医疗保障制度，解决了经济不发达、人口众多的国家的公共卫生和基本医疗难题。2009 年医改以来，我国卫生资源总量增长、结构优化、制度创新和服务模式创新等良好势头不断涌现，但是，医疗卫生资源的要素配置和供给能力仍有待优化，政府医疗卫生投入占财政支出比重持续下降，医疗卫生事业发展不平衡、不充分的结构性矛盾突出，优质医疗资源集中在发达地区、大城市、大医院；医疗机构的劳动、技术、管理等生产要素的活力未得到充分释放，有限的医疗资源未发挥最大的社会效益，突出反映在看病难、看病贵、报销困难、报销额度低等方面，老百姓获得感降低，以医患纠纷为外在表现形式的社会关系紧张、社会矛盾突出。解决看病难问题的主阵地在卫生健康系统，解决报销困难、报销额度低的问题，需要医保部门的通力协作；高药费、大检查、滥耗材等问题集中出现在医疗机构，问题的实质也在于卫生投入不足，因此医疗机构要考虑通过营收维持运转和实现设备升级换代；医生的合法薪酬没有体现其劳动价值，需要财政加大投入以体现公立医疗机构的公益性。因此，新一轮医改不再属于卫生健康系统内部的单打独斗，而属于以成立国家医疗保障局等机构改革为先导，以医疗、医保、医药联动为主战场的全方位、全领域、全链条的改革。新医改不仅涉及医疗问题，还要做到医保报销、财政投入、药品生产、质量、流通、价格、监管等齐头并进，并且必须由相应各级政府组织卫生健康、医疗保障、药品监督管理、发展改革、财政等部门建立沟通协商机制，加强制度衔接和工作配合。比如，国务院医改领导小组秘书组要制定以药品集中采购和使用为突破口的进一步的深化医改的政策；国家卫生健康委员会要牵头研究制定关于"健康中国"行动、促进社会办医、鼓励仿制药品目录、规范医用耗材、建立完善老年健康服务体系的政策文件，以及公立医疗机构绩效考核、医疗机构用药管理、医生队伍管理、医疗联合体管理等办法；国家医疗保障局要制定互联网诊疗收费和医保支付、改进职工医保个人账户、医疗保障基金使用监管等政策或条例草案；人力资源社会保障部要制定社会化卫生专业技术人员职称制度改革、公立医院薪酬制度改革的指导性文件。

第八十九条　县级以上人民政府应当定期向本级人民代表大会或者其常务委员会报告基本医疗卫生与健康促进工作，依法接受监督。

【条文主旨】政府定期报告制度

【理解与适用】本条规定了政府报告基本医疗卫生与健康促进工作的相关要求。人大监督制度是人民代表大会制度的重要组成部分，根据宪法法律的规定，对"一府一委两院"等国家机关进行监督是全国各级人民代表大会及其常务委员会的重要职责。在全面依法治国的大背景下，切实用好宪法法律赋予的监督权，是推动全面建设依法治国的题中应有之义和重要举措。[1]根据《宪法》第99条和第104条之规定，县级以上的地方各级人民代表大会及其常务委员会，需保证宪法、法律、行政法规在本行政区域内的遵守和执行，有权依照法律规定监督本级人民政府、监察委员会、人民法院和人民检察院的工作，撤销本级人民政府不适当的决定和命令等。基本医疗卫生与健康促进工作是政府工作的重要组成部分，人民代表大会依法接受并审议政府相关工作报告是履行监督职责的重要形式。

根据《宪法》第107条和第110条之规定，地方各级人民政府依法管理本行政区域内的经济、教育、科学、文化、卫生、体育事业、城乡建设事业和财政、民政、公安、民族事务、司法行政、计划生育等行政工作，对本级人民代表大会负责并报告工作，在本级人民代表大会闭会期间，对本级人民代表大会常务委员会负责并报告工作。据此，基本医疗卫生与健康促进工作是指县级以上人民政府管理行政区域内的行政工作，并且应当对本级人民代表大会或者其常务委员会负责并报告工作。报告的主体是县级以上人民政府，接受报告的主体是本级人民代表大会或者其常务委员会。

在基本医疗卫生与健康促进领域，虽然《传染病防治法》《食品安全法》《突发公共卫生事件应急条例》等法律法规中有对传染病疫情、食品安全事故等突发公共卫生事件进行报告的规定，但此处的"报告"主要是指各相关主体向各级政府报告，与本法规定的政府向人民代表大会进行工作报告有本质区别。本法确立了全新的政府定期报告制度，对于进一步强化基本医疗卫生

---

〔1〕 简小文："习近平关于人大监督的重要论述研究——兼论我国宪法法律监督权与人大监督制度的完善"，载《经济社会体制比较》2020年第1期。

与健康促进工作具有重要意义。

关于报告的周期，本条规定为"定期"。在立法过程中，曾有立法草案规定应当"每年"报告，后修改为应当"定期"报告，修改的主要原因可能在于：若规定"每年"报告，则报告的时间和次数限定，且对各级政府有"一刀切"之嫌，而"定期"可以是一个季度、半年，也可以是一年或其他固定周期，更有弹性，也更能满足各种客观实际的需要。但同时也存在各级政府如何确定报告时间等问题，需进一步明确相关要求。2017 年 12 月，为贯彻落实党的十八届三中全会关于加强人民代表大会国有资产监督职能的部署要求，加强国有资产管理和治理，根据宪法和法律有关规定，中共中央发布了《关于建立国务院向全国人大常委会报告国有资产管理情况制度的意见》，对报告时间、报告内容、报告方式、报告质量和审议程序等均进行了明确规定，值得参考借鉴。

第九十条 县级以上人民政府有关部门未履行医疗卫生与健康促进工作相关职责的，本级人民政府或者上级人民政府有关部门应当对其主要负责人进行约谈。

地方人民政府未履行医疗卫生与健康促进工作相关职责的，上级人民政府应当对其主要负责人进行约谈。

被约谈的部门和地方人民政府应当立即采取措施，进行整改。

约谈情况和整改情况应当纳入有关部门和地方人民政府工作评议、考核记录。

【条文主旨】政府及部门的履职责任

【理解与适用】本条共分为四款，承续了本法第 80 条"政府投入保障责任"的内容。为政府在基本医疗与健康促进投入保障的法定职责方面设置了"履职不能"的惩戒措施，在我国现行法上属于首创。

本条第 1 款，针对县级以上人民政府有关部门的履职不到位，规定了本级人民政府或者上级人民政府有关部门"应当"对其主要负责人进行约谈，赋予"本级人民政府或者上级人民政府有关部门"对本级政府有关部门或下级政府有关部门在"履行医疗卫生与健康促进工作相关职责"方面的专项督察之责。因此，监督检查和评估有关部门履行医疗卫生与健康促进工作相关职责情况，对于履职不恪尽职守的部门，约谈其主要负责人，是各级人民政府及其有关部门必须积极履行的职责。

本条第 2 款，针对地方人民政府履职欠缺，规定了上级人民政府"应当"对其主要负责人进行约谈，即赋予上级人民政府对下级政府"履行医疗卫生与健康促进工作相关职责"方面的专项督察之责。即，监督检查和评估下级人民政府履行医疗卫生与健康促进工作相关职责的情况，对于履职不恪尽职守的部门，对其主要负责人进行约谈，是各级人民政府必须积极履行的职责。

上述"约谈"，是指拥有具体行政职权的机关，通过约谈沟通、学习政策法规、分析讲评等方式，对下级组织运行中存在的问题、履职尽责中存在的欠缺，予以点明、纠正并规范的准具体行政行为。"约谈"，相较更为强硬直接的行政处罚、行政强制或行政处分等制度而言，具有更多柔性，但显然也带有刚性。纪检监察机关针对领导干部在党风廉政建设方面存在的问题和群众反映的问题，采取正式谈话的方式予以调查核实或者进行警示提醒并督促纠正，即是一种刚性监督措施。

因此，该条有了第 3 款的规定，明确要求被约谈者"应当立即采取措施，进行整改"。自 2018 年 10 月 1 日起施行的《中国共产党纪律处分条例》第 5 条提出，运用监督执纪"四种形态"，经常开展批评和自我批评、"约谈"函询，让"红红脸、出出汗"成为常态；党纪轻处分、组织调整成为违纪处理的大多数；党纪重处分、重大职务调整的成为违纪处理的少数；严重违纪涉嫌违法立案审查的成为违纪处理极少数。自 2019 年 1 月 1 日起施行的《中国共产党纪律检查机关监督执纪工作规则》第 15 条指出，纪检监察机关应当结合被监督对象的职责，加强对行使权力情况的日常监督，通过多种方式了解被监督对象的思想、工作、作风、生活情况，发现苗头性、倾向性问题或者轻微违纪问题的，应当及时"约谈"提醒、批评教育、责令检查、诫勉谈话，提高监督的针对性和实效性。第 26 条指出，各级党委（党组）和纪检监察机关应当推动加强和规范党内政治生活，经常拿起批评和自我批评的武器，及时开展谈话提醒、"约谈"函询，促使党员、干部以及监察对象增强党的观念和纪律意识。各地各级党组织均有关于纪检监察机关对领导干部进行约谈的具体规范。2018 年 3 月 20 日施行的《监察法》第 19 条规定，对可能发生职务违法的监察对象，监察机关按照管理权限，可以直接或者委托有关机关、人员进行"谈话"或者要求说明情况。《监察法》第 45 条第 1 款规定："监察机关根据监督、调查结果，依法做出如下处置：（一）对有职务违法行为但情节较轻的公职人员，按照管理权限，直接或者委托有关机关、人员，进行谈话提醒、批评教育、责令检查，或者予以诫勉……"这里的"谈话"，就是指"约谈"，因此可以说明"约谈"极具刚性。被约谈者如果不加整改，根据危害后果和情节，可能受到政务处分、问责决定，若涉嫌职务犯罪的，会被移送人民检察院依法审查、提起公诉。

依法行政，也依赖质量控制方法。该条第 4 款规定的约谈情况和整改情况应当纳入有关部门和地方人民政府的工作评议、考核记录，这既是 PDCA 循环的有效质控方法的运用，也是一种鞭策与警示，对于公职人员中的领导者（政府、有关部门主要负责人）而言，同样不可或缺。

据东北网报道，2020 年 4 月 15 日下午，黑龙江省相关负责人就哈尔滨市防控工作不力，出现聚集性病例反弹，约谈了哈尔滨市应对新冠肺炎疫情工作指挥部主要负责人，严肃指出存在的问题，提出严厉批评。同时指出，哈尔滨要坚决堵住小区、村屯管控漏洞，切实管住小区门、村屯门，增强市民"少出门、不聚集、戴口罩、勤洗手"的常态化防控意识，纠正小区、村屯管理形同虚设问题，特别要管住聚集聚餐等行为。要填补发热门诊、诊所药店管理漏洞，真正发挥"哨点"作用。要做好医院防护，防止院内交叉感染。要启动问责机制，依法追究相关单位和责任人的责任。要及时公开相关疫情信息，回应社会关切。对于明显属于"医疗卫生与健康促进工作相关职责"履行不力的行为，可以依据本条予以惩戒。[1]

本法是基本医疗卫生与健康促进领域的基本法，内容宜相对宏观和具有方向性、目标性，宜原则性地阐明基本准则和基本要求，点明重要的核心性基本制度。本法重在明确国民健康权利和国家及各级政府的实现义务，及其他各类主体的责权利，循此主纲，明确兑现的大政方针即可。过于细节性的内容，尤其是针对具体违规事务的罚则，一般宜放在本法授权制定的配套专门法律法规里。但是，针对各级政府及其部门的未履行医疗卫生与健康促进

---

〔1〕　王坤："针对哈尔滨出现聚集性疫情反弹 省疫情防控指挥部约谈哈尔滨市指挥部"，载 https://baijiahao.baidu.com/s? id=1664054713609896294&wfr=spider&for=pc，最后访问日期：2020 年 4 月 16 日。

工作相关职责的惩戒性条款，则必须在本法予以明确。因此，本条内容十分必要和重要，舍此别无可替代者，因此本条是本法的"精华条款"。

第九十一条　县级以上地方人民政府卫生健康主管部门应当建立医疗卫生机构绩效评估制度，组织对医疗卫生机构的服务质量、医疗技术、药品和医用设备使用等情况进行评估。评估应当吸收行业组织和公众参与。评估结果应当以适当方式向社会公开，作为评价医疗卫生机构和卫生监管的重要依据。

【条文主旨】医疗卫生机构绩效评估

【理解与适用】本条是关于医疗卫生机构绩效评估制度的规定，其适用范围不仅仅限于公立医院，还应包括所有基层医疗卫生机构、医院和专业公共卫生机构等。根据本法规定，非营利性医疗卫生机构和营利性医疗卫生机构都是医疗卫生服务体系的组成部分，国家支持和规范社会力量举办的医疗卫生机构与政府举办的医疗卫生机构开展多种类型的医疗业务、学科建设、人才培养等合作，社会力量举办的医疗卫生机构在基本医疗保险定点、重点专科建设、科研教学、等级评审、特定医疗技术准入、医疗卫生人员职称评定等方面享有与政府举办的医疗卫生机构同等的权利，社会力量举办的非营利性医疗卫生机构按照规定享受与政府举办的医疗卫生机构同等的税收、财政补助、用地、用水、用电、用气、用热等政策，并依法接受监督。所以，医疗卫生机构绩效评估制度将涵盖所有医疗机构。但各级各类医疗卫生机构绩效评估的目标、原则应该各有侧重。

开展医疗卫生机构绩效评估是落实政府职责，转变政府职能、创新政府治理方式，注重放管结合，完善和优化医疗卫生资源配置，提高医疗卫生服务能力和质量，提高医疗卫生资源使用效率和保障水平，保障人民健康的重要举措。党的十九大以来，医疗卫生行业从高速发展向高质量发展转型，更加重视公立医院的公益性、改善医疗服务以及职工和患者的满意度，通过制定临床路径加强对医疗服务的监管，通过取消药品加成、控制医药费用过快增长以减轻患者费用；加强对医院的营运和财务监管，完善人事收入分配制度以调动积极性。这也是世界各国通行的做法。以英国为代表的国家卫生服务体系，以德国、日本等国家为代表的社会保险模式，以美国为代表的商业保险模式，都要通过一定的考核评价体系对医疗机构进行卫生技术、卫生经济学及绩效评估，并以此作为支付方投入或者购买服务的依据。基于我国新一轮医改所面临的"政府要公益，患者要满意，医保要控制，医务人员要待遇，医院要效益，药械供应商要货币，用人缴费单位要降费率"的多方博弈，绩效评估及其所反映的价值追求是卫生服务责权利相关方的共同诉求。本法要求医疗卫生机构建立健全内部质量管理和控制制度，开展医疗卫生技术临床运用应当与其功能任务相适应并符合伦理，医院应当建立和完善法人治理结构，提高医疗卫生服务能力和运行效率。

2015 年，国家卫生和计划生育委员会、人力资源社会保障部、财政部、国家中医药管理局联合发布了《关于加强公立医疗卫生机构绩效评价的指导意见》（国卫人发〔2015〕94 号），其目标是建立健全公立医疗卫生机构绩效评价机制，指导公立医疗卫生机构完善对工作人员的绩效评价，规范各级各类公立医疗卫生机构绩效评价工作，推动医疗卫生机构改进服务质量，落实分级诊疗，规范服务行为，加强标准化、专业化和精细化管理，维护公益性、调动积极性、保障可持续性，向群众提供安全、有效、方便、价廉的医疗卫生服务。

2019 年 1 月 16 日，《国务院办公厅关于加强三级公立医院绩效考核工作的意见》（国办发〔2019〕4 号）提出在全国启动三级公立医院绩效考核工作。该意见明确了绩效考核主要的考核指标体系、考核支撑体系和考核程序。考核指标体系包括医疗质量、运营效率、持续发展、满意度评价四个方面共 55 个具体指标，其中 26 个指标为国家监测指标。考核支撑体系则包括提高病案首页质量，统一疾病分类编码、手术操作编码、医学名词术语集，完善满意度调查平台和建立考核信息系统等内容。考核程序包括医院自查自评、省级年度考核、国家监测分析三个步骤，并明确了时间节点和责任主体。根据该意见精神，四川省于 2019 年 2 月全面启动三级公立医院绩效考核工作，建立部门联动机制，成立绩效考核领导小组和多部门多专业组成的专家组，推动病案首页、疾病分类编码等"四统一"、电子病历、绩效考核平台建设等重点工作。先后多次组织召开工作培训和电视电话会议，对全省三级公立医院绩效考核相关工作进行了动员部署、组织和培训。对标国家要求，确定了省级考核指标，在国家 55 个绩效考核指标的基础上，增设"全面完成政府指令性任务"，其内容涉及对口支援、援外医疗、卫生应急处置、公立医院综合改革、医联体建设、医学中心创建等九个方面。组织多部门、多学科专家对考核指标进行分析解读、集中讨论，从数据源、指标结果等多层面开展质控，对存疑指标进行驳回。参照国家评分办法，结合全省实际，科学制定绩效考核指标权重、绩效考核评分办法。

目前，国内医疗机构绩效评估在公立医疗机构开展，以卫生健康系统组织的专家为评估主体。根据本法要求，今后将在所有医疗机构开展医疗机构绩效评估，并且将吸纳更多的行业组织和公众参与。比如，其他国家往往有医生组织、律师、患者代表参加。建立公开公平公正的评价规则体系，大力发展卫生经济学和卫生技术评估，完善国家的卫生健康体系，保障公民的健康权益。患者或者患者家属代表等公众，是医疗健康服务的对象和体验者，能直接表达愿望和诉求，将有效改变医疗机构的服务质量和社会满意度；卫生技术评估机构将从更专业的角度公平、公正、权威地判断医疗服务行为是否合法、合规、符合绩效原则，有助于提升卫生健康服务水平和质量；律师等专业机构人士将有助于维持医患之间信息、知识、资金等各方面的平等和对等，保障医疗机构和医务人员依法执业并维护其合法权益，同时也能保障患者的合法权益，维护社会公平正义。

2019 年，四川省在全国率先成立四川省药械临床使用监测与评价中心，其是隶属四川省卫生健康委员会的公益一类事业单位，主要职能职责包括：组织协调全省医疗机构药械使用监测、分析、现场核查及评价，促进药械临床规范使用；参与全省医疗机构药械临床使用相关政策研究、拟定技术标准、推广评价结果应用；编制全省药械临床使用监测、分析、评价等报告；参与医疗"三监管"，强化药械临床使用的安全性、有效性、合理性；开展药物政策相关研究，提出药品管理政策建议等。因此，可以搭建平台整合行业内外各方面的资源、力量，有助于医疗机构绩效评估的开展。

第九十二条　国家保护公民个人健康信息，确保公民个人健康信息安全。任何组织或者个人不得非法收集、使用、加工、传输公民个人健康信息，不得非法买卖、提供或者公开公民个人健康信息。

【条文主旨】公民健康信息安全保护

【理解与适用】本条是关于对个人健康信息保护的规定，这与我国《民法总则》第 111 条的规定相一致。

个人健康信息包括与个体生理、心理和社会适应状态相关的一系列指标。这些指标既有包括个人性别、年龄、职业、联系方式等在内的基本信息，也有包括体检、诊断、治疗、疾病控制、医学研究过程中涉及的个人机体特征、健康状况、人际接触、遗传基因、病史病历等方面的信息。[1]个人健康信息是个人信息的一部分，包括一个人从出生到死亡的健康发展变化情况和所接受的各种医疗服务记录。而且，随着技术的进步，个人健康信息所包含的范围也在逐步扩大。对这些信息的非法利用，不仅可能对信息所有者的隐私造成泄露，还可能对其生命财产安全造成损失。

早在 2009 年，《中共中央　国务院关于深化医药卫生体制改革的意见》就提出建立实用共享的医药卫生信息系统，通过整合资源，加强信息标准化和公共服务信息平台建设，从而实现统一高效、互联互通；在建设与发展过程中，推行电子病历和建立居民健康档案是重点。如今，我国已经将健康医疗大数据当作国家重要的基础性战略资源，为释放数据红利，探索"互联网+健康医疗"服务新模式，2016 年国务院办公厅颁布了《关于促进和规范健康医疗大数据应用发展的指导意见》，但其内容更多指向的是信息开发利用，对于信息的保护力度似有不足。同年 8 月，《"健康中国 2030"规划纲要》审议通过，主要包括：加强健康医疗大数据应用体系建设，推进基于区域人口健康信息平台的医疗健康大数据开放共享、深度挖掘和广泛应用；加强健康医疗大数据相关法规和标准体系建设；强化健康信息工程技术能力，制定分级分类分域的数据应用政策规范；推进网络可信体系建设，注重内容安全、数据安全和技术安全，加强健康医疗数据安全保障和患者隐私保护；加强互联网健康服务监管。

针对个人信息的法律保护问题，2009 年 2 月 28 日发布并施行的《刑法修正案（七）》首次将非法获取和提供个人信息入罪，2015 年 8 月 29 日颁布的《刑法修正案（九）》明确放宽了侵犯公民个人信息罪的主体范围。2016年 11 月 7 日发布、2017 年 6 月 1 日起施行的《网络安全法》也从综合法的层

---

〔1〕　汤啸天："个人健康医疗信息和隐私权保护"，载《同济大学学报（社会科学版）》2006年第 3 期。

面，相对全面地规定了个人信息的法律内涵及保护规范，明确了侵犯公民个人信息罪的定罪量刑标准。尽管 2017 年 3 月 15 日，我国出台的《民法总则》第 111 条首次从民事基本法层面确立了个人信息权，但尚未制定完整的个人信息保护法，个人信息的价值仍未得到充分体现。[1]例如以下案例就很好地反映了对公民健康信息保护不足的问题。2015 年以来，李某通过技术手段非法获取多家医院聊天软件的账号、密码，并告知韩某。韩某利用这些账号、密码登录聊天软件，搜集公民男科、妇科、整形美容等方面的个人信息共计 3 万余条，贩卖给庞某。庞某再将信息转售给孙某。孙某将非法获取的公民个人信息进行筛选并录入"万行网"，组织他人利用信息中记载的电话向客户推荐其他美容、医疗机构并收取返利。除了庞某和孙某这组下线，韩某还有另一组下线，即郑某、张某等人，他们同样通过网络向韩某购买了含有通讯方式的公民个人健康生理信息共计 1 万余条，用于任职所在的上海某男科医院、杭州某男科医院的商业营销。2017 年 7 月，苏州市人民检察院分别以涉嫌侵犯公民个人信息罪依法批准逮捕李某、韩某、孙某和张某、郑某。[2]这是全国首例侵犯公民个人健康信息案，对于保护公民个人健康信息安全具有示范性意义。

关于个人健康信息保护，我国《执业医师法》《医疗机构病历管理规定》《电子病历基本规范（试行）》《艾滋病检测管理的若干规定》等法律法规对患者隐私加以法律保护。2014 年 8 月 21 日颁布的《最高人民法院关于审理利用信息网络侵害人身权益民事纠纷案件适用法律若干问题的规定》（法释〔2014〕11 号）第 12 条，虽然将"自然人基因信息、病历资料、健康检查资料、犯罪记录、家庭住址、私人活动"明确为"个人隐私和其他个人信息"，但是依然没有具体区分"隐私"和"个人信息"。不过，2017 年 6 月 1 日起施行的《最高人民法院、最高人民检察院关于办理侵犯公民个人信息刑事案件适用法律若干问题的解释》第 5 条将"健康生理信息"纳入"个人信息"的范畴中。

---

〔1〕 张新宝："从隐私到个人信息：利益再衡量的理论与制度安排"，载《中国法学》2015 年第 3 期。

〔2〕 "全国首例侵犯公民个人健康信息案 5 名嫌犯被批捕"，载 http://szks.jsjc.gov.cn/fabu/ 201707/t20170713_ 156861.shtml，2017-07-13，最后访问日期：2020 年 4 月 17 日。

　　事实上，全球已有近 30 多个国家和地区在健康医疗信息安全保护方面制定了法律。从立法模式上来看，健康医疗信息安全保护立法模式共有分散立法和统一立法两种模式，分别以美国和欧盟为代表。美国关于隐私安全的立法较早，1974 年即通过了隐私权法，以保护公民个人信息的隐私权。1996 年，美国通过健康保险携带与责任法（HIPAA），2003 年 HIPAA 中的隐私规则和安全规则生效。在随后几年，HIPAA 的相关补充法案进一步发布，美国形成了一整套针对个人健康信息的隐私安全法律保护体系。欧盟的统一立法模式对于个人健康医疗信息起到了更好的保护作用，其优势在于：首先，将健康医疗信息作为公民基本权利的一部分，并在此基础上明确信息主体对于信息的决定、变更、删除等方面的相关权利，有利于个人健康医疗信息的保护；其次，统一立法可避免制度泛化，并通过设立统一的个人健康信息保护标准，建立信息共享与保障机制，促进信息的互联互通；最后，统一立法具有较强的执行性，相关政策的执行可由国家强制力保障实施，更容易得到普遍的遵从。虽然统一立法模式在某种程度上可能影响信息技术的应用，但从全球范围来看部分国家已选择此种模式开展个人健康信息保护。[1]

　　目前，我国的个人健康信息管理的隐患主要表现在以下三个方面：（1）技术层面，攻击者利用"木马"等信息攻击技术导致的医疗信息被窃取、篡改、丢失等问题；（2）操作层面，用户在访问、传输、存储和利用健康信息过程中由于行为不当导致的健康信息泄露、失真等问题；（3）体制层面，健康信息在管理上存在的相关法律法规不完善、责权机制不明确、信息安全意识不强、信息安全保障能力不足等隐患。[2]因此，要进一步加强对个人健康信息的保护可以借鉴个人信息保护中的"OECD 劝告"原则（Organization for Economic Co-operation and Development），即收集限制原则、信息内容原则、目的明确化原则、利用限制原则、安全保护原则、公开原则、个人参与原则和责任原则，[3]对个人健康信息进行征集、管理和使用全过程的保护。

---

〔1〕　"国外健康医疗信息安全立法的经验与启示"，载搜狐网，https://www.sohu.com/a/2098069 19_ 378413，2017-12-12，最后访问日期：2020 年 4 月 17 日。

〔2〕　杨媛媛、王力、李晋芳："浅谈居民健康档案管理工作中存在的问题及对策"，载《甘肃科技》2012 年第 18 期。

〔3〕　吕艳滨："个人信息保护法制管窥"，载《行政法学研究》2006 年第 1 期。

第九十三条 县级以上人民政府卫生健康主管部门、医疗保障主管部门应当建立医疗卫生机构、人员等信用记录制度，纳入全国信用信息共享平台，按照国家规定实施联合惩戒。

【条文主旨】信用记录制度与联合惩戒

【理解与适用】本条规定了县级以上人民政府卫生健康主管部门、医疗保障主管部门应当建立医疗卫生机构、人员等信用记录制度，并对其医疗失信行为按照国家规定实施联合惩戒，这是信用制度在卫生健康领域中的具体应用。

诚实信用既是我国的传统道德要求，也是贯穿公法和私法的重要法律原则。落实到制度层面，信用须通过客观信息来表征体现，进而成为相关主体认知选择的信号。党的十八大、十八届三中全会、十八届四中全会、十八届五中全会和"十三五"规划纲要均强调了"社会信用体系建设"。《社会信用体系建设规划纲要（2014—2020年）》（国发〔2014〕21号）和《国务院关于建立完善守信联合激励和失信联合惩戒制度加快推进社会诚信建设的指导意见》（国发〔2016〕33号）对构建"以信用为核心"的市场经济体制和社会治理体制进行了详细阐述。我国社会信用体系建设已进入全方位、多行业、快速发展的阶段，各行各业正稳定、有序地推动行业信用体系建设。近年来，在行政管理过程中，行政主体越发倚重其所掌握的公共信用信息，将信用分类监管和联合奖惩作为市场监管和社会治理的重要手段。[1]

医疗领域中的社会信用体系建设是我国社会信用体系建设的重要组成部分，医疗信用体系建设的深化对医疗失信联合惩戒法治化提出了现实需求，医疗失信联合惩戒法治化是医疗信用体系建设的基本走向。所谓医疗失信联合惩戒是指在依据原有法律规定对医疗失信者进行法律制裁的前提下，对医疗失信者随后的经济、社会活动再次设置障碍或进行限制的信用制度安排，是对医疗失信者的二次约束。[2]作为医疗信用信息集成机制，医疗失信联合惩戒可以将零星性、碎片化、日常化的医疗信用信息进行集成化的体系处置，取得医疗信用信息整合的"模块化"与传递的"规模化""精细化"效果，

---

〔1〕 王瑞雪："政府规制中的信用工具研究"，载《中国法学》2017年第4期。

〔2〕 沈毅龙："论失信的行政联合惩戒及其法律控制"，载《法学家》2019年第4期。

简化了医疗信用信息流通模式。作为医疗信用信息公开机制，医疗失信联合惩戒的建立和实施，有利于促进卫生监管信息资源交流共享，打破相关医疗信用监管信息壁垒，提升相关监管部门的医疗信息监管能力。作为医疗信用约束机制，医疗失信联合惩戒可对医疗机构及其医务人员发挥极大地约束作用，反向倒逼其遵纪守法、行为自律，起到事先风险预防的作用。作为医疗信用法律责任机制，医疗失信联合惩戒体现了赋予当事人的一种额外惩罚性法律责任，即这种法律责任具有附加效应，容易形成连锁责任效应。[1]总而言之，医疗失信联合惩戒是集采集、记录、披露、公示、惩处于一体的综合性医疗失信惩戒规则，具有独特的信用制度价值。

政府可以充分利用医疗失信联合惩戒以实现对医疗领域的信用监督与管理，对医疗失信信息归集整理分析不仅可以降低医疗卫生市场中的信息不对称程度，而且还可以方便卫生行政部门"对症下药"实行精细化管理，发挥医疗信用法治的动能。《民法总则》把诚实守信作为民法的帝王条款原则，充分体现了诚实守信在民事法律关系中的重要性，医疗失信联合惩戒正是诚实守信原则在医疗领域中的具体应用和体现。依照卫生行政法治精神，系统而规范地在卫生行政监管领域中引入医疗失信联合惩戒，需将医疗信用从道德维度和法律原则维度具体落实到制度建构层面。县级以上人民政府卫生健康主管部门会同医疗保障主管部门将医疗卫生机构和机构工作人员的违法不良行为纳入全国信用信息共享平台，建立医疗卫生行业信用记录数据库，计入信用系统，监管结果与医疗卫生机构等级评审、重点专科评估、机构校验、财政拨款、医疗保险定点医疗机构等挂钩，与医疗卫生人员的评先评优、职务晋升、职称聘任、绩效分配、医保处方权等挂钩，将综合监督的结果与机构和个人的切身利益相关联，促使依法依规开展工作变成医疗卫生机构和个人的主动自觉行为，推动医疗卫生机构和个人履行好自我监管的责任，夯实医疗卫生行业的基础质量。[2]此外，还可以根据现有不良执业记分（"黑名单"）进行逆向思维，建立医疗机构信用积分制度（"红名单"）的激励机

---

〔1〕 徐晓明："行政黑名单制度：性质定位、缺陷反思与法律规制"，载《浙江学刊》2018年第6期。

〔2〕 方鹏骞、杜亚玲："破解我国医疗卫生行业综合监管难题"，载《中国党政干部论坛》2018年第10期。

制，积极探索卫生监督执法的规制激励机制。[1]

2005 年，山东省开始推行医师信用管理制度，建立医保定点医疗机构医师信用档案，记载医保医师失信情况。国务院办公厅印发的《关于改革完善医疗卫生行业综合监管制度的指导意见》（国办发〔2018〕63 号）明确提出："将医疗卫生行业行政许可、行政处罚等信用信息纳入全国信用信息共享平台。其中涉及企业的行政许可、行政处罚、抽查检查结果等信息，通过国家企业信用信息公示系统统一归集于企业名下并依法公示。建立医疗卫生机构和医务人员不良执业行为记分制度。完善以执业准入注册、不良执业行为记录为基础的医疗卫生行业信用记录数据库。建立医疗卫生行业黑名单制度，加强对失信行为的记录、公示和预警。"《国家医疗保障局关于做好 2019 年医疗保障基金监管工作的通知》明确规定，将探索建立严重违规定点医药机构、医保医师和参保人员"黑名单"制度。建立"黑名单"制度是为了积极推动将医疗保障领域欺诈骗保行为纳入国家信用管理体系，建立失信惩戒制度，发挥联合惩戒威慑力。国家医疗保障局将结合诚信体系建设试点，探索建立严重违规定点医药机构、医保医师和参保人员"黑名单"制度以及"黑名单"向社会公开的方式方法。医保"黑名单"制度有迹可循，2016 年底，福建全省医保系统已经执行"黑名单"制度。此后，甘肃省、河北省、辽宁省等多个省份相继探索"黑名单"制度的建立。随着国家医疗保障局上述通知的下发，医保"黑名单"制度将被推向全国。"黑名单"制度作为行政机关对医疗失信行为人采取其他惩戒措施的基础，以"信用惩戒"设计为前提，将医疗失信行为人列入"黑名单"，在出行消费、工作任职、保险费率、投资优惠、补贴优惠等方面对医疗失信行为人带来潜在的不利影响，有利于形成"医疗失信联合惩戒"的威慑力。

第九十四条　县级以上地方人民政府卫生健康主管部门及其委托的卫生健康监督机构，依法开展本行政区域医疗卫生等行政执法工作。

【条文主旨】卫生健康行政执法

【理解与适用】本条是关于卫生健康行政执法的规定。综合监管制度作为

---

〔1〕王月强等："行政法律行为视角下的卫生监督体系建设"，载《上海预防医学》2019 年第 7 期。

一项基本医疗卫生制度，是保障居民健康权和推进"健康中国"建设的重要环节。2018 年 7 月国务院办公厅印发《关于改革完善医疗卫生行业综合监管制度的指导意见》，对我国医疗卫生行业综合监管作出了纲领性意见。监管主体作为监管活动的执行者是医疗卫生行业监管的核心要素之一，厘清谁来监管以及监管主体的职责，是监管有效发挥作用的前提。

医疗卫生行业监管执法体制的发展过程可划分为三大发展阶段，即初创时期、改革时期以及建设完善时期。其中，初创时期为 1949 年至 20 世纪 70 年代，该阶段主要颁布的法律法规包括《中共中央关于加强卫生防疫和医疗工作的指示》《卫生防疫站暂行办法》等。这一时期并未对卫生监督执法与疾病防疫问题、医疗问题作出明确区分。改革时期为 20 世纪 80 年代至 2002 年，该阶段先后颁布的法律法规包括《食品卫生法》《传染病防治法》《母婴保健法》《执业医师法》《职业病防治法》等，由此逐渐建立起独具中国特色的卫生监督执法法律体系。从 1996 年开始，国家逐步对卫生监督执法机构的职责进行规范，提出卫生监督执法在卫生监督司建设的前提下开展执法工作。2000 年 1 月卫生部印发《关于卫生监督体制改革的意见》的通知，我国各地开始组建统一的卫生监督机构行使卫生监督职能。建设完善时期为 2003 年"非典"疫情暴发后至今，该阶段在确立卫生监督执法体系的基础上，进一步落实了一系列突发公共卫生事件应急机制，构建了属地管理原则，加强了卫生监督执法队伍建设等，以此不断促进卫生监督执法体系的健康稳定发展。2013 年 12 月国家卫生和计划生育委员会发布《关于切实加强综合监督执法工作的指导意见》，明确了综合监督执法工作的基本原则和主要任务，组建了卫生和计划生育委员会综合监督执法局，作为行使卫生计生行政部门综合监督执法职权的执行机构。2015 年 11 月国家卫生和计划生育委员会等部门发布了《关于进一步加强卫生计生综合监督行政执法工作的意见》，提出强化卫生计生综合监管职能，完善和健全综合监督行政执法体系。2018 年 8 月国务院办公厅发布的《关于改革完善医疗卫生行业综合监管制度的指导意见》（国办发〔2018〕63 号）明确提出："充实医疗卫生行业综合监管力量，加强业务培训，推进综合监管队伍专业化、规范化、职业化。加强卫生健康执法监督体系建设，加强卫生健康监督机构的资源配置及规范化建设，完善依法履职所需的业务用房、设备购置以及执法经费等保障政策，逐步实行卫生健康执法人员职位分级管理制度。"在深化行政管理体制改革和创新监管机制的背景下，目前我国各地所开展的卫生健康综合监督执法改革的模式主要有组建与卫生健康行政部门相独立的综合监督执法机构，成立一支队伍综合执法，或是在卫生健康行政部门内设综合监督执法机构实行一支队伍综合执法。

医疗卫生行业的监管体系在组织机构、人员队伍建设、设备设施配备等方面已具备一定规模。卫生监督综合执法要求高、工作难度大、任务重。[1]各级卫生监督机构依法承担着监督监管食源性疾病、食品安全监测、公共场所卫生、生活饮用水卫生、职业卫生、放射卫生、学校卫生、传染病防治、医疗机构和采供血机构及其执业人员的执业活动等任务。卫生监督机构的职责就是执行卫生健康法律法规，作为卫生执法机构，单位性质不统一，在综合监督执法中的地位和作用就无法达到法律赋予的水平。同时随着国家法治建设的趋于完善，相关法律明确了行政机关行政执法的职能，国家行政法律明确规定行政机关开展行政强制、行政许可工作时，行政机关可以委托其他行政机关实施行政许可。《基本医疗卫生与健康促进法》第 94 条并未赋予卫生健康监督机构行政处罚权，行政处罚的主体仍然是卫生主管部门，最终确定了卫生健康监督机构的受委托行政执法职能地位，各地政府也应在机构改革过程中，严格按照法律规定对卫生健康监督机构予以定性定位。切实贯彻落实《关于深化行政管理体制改革的意见》，推动卫生健康监督机构从事业单位向行政执法机构的转变，将卫生监督人员统一纳入公务员管理，逐步探索实行与公务员职位分类制度相适应的等级卫生监督员管理制度。[2]

第九十五条　县级以上人民政府卫生健康主管部门应当积极培育医疗卫生行业组织，发挥其在医疗卫生与健康促进工作中的作用，支持其参与行业管理规范、技术标准制定和医疗卫生评价、评估、评审等工作。

【条文主旨】培育医疗卫生行业组织

【理解与适用】本条规定了县级以上人民政府卫生健康主管部门应当积极

---

〔1〕　方鹏骞、杜亚玲："破解我国医疗卫生行业综合监管难题"，载《中国党政干部论坛》2018年第 10 期。

〔2〕　陶思羽、乐虹、方鹏骞："新形势下卫生计生综合监督制度建设的对策研究"，载《中国医院管理》2018 年第 4 期。

培育医疗卫生行业组织，发挥其在医疗卫生与健康促进工作中的作用，并明确了医疗卫生行业组织的角色定位和职能分工。

卫生行业组织是卫生领域一支重要的社会力量，是连接政府与社会、行业主管部门执业人员的重要桥梁，在卫生治理中发挥着越来越重要的作用。我国的卫生行业组织主要是在 20 世纪 90 年代伴随经济转型和政府职能转变而兴起建立的。其中，许多卫生行业组织是在政府的推动和指导下组建的，是政府机构改革中的过渡性安排。在这种情况下，政府往往将卫生行业组织视为其延伸机构，强调行业组织对政府工作的辅助性。如国家卫生和计划生育委员会科教司在 2014 年将住院医师规范化培训和专科医师培训工作交由中国医师协会承担，但是工作内容主要局限在培训指导和辅助性工作方面，协会并无医师资格认定和注册等实质性管理职能；中国医院协会在承担医院评审工作中，也主要是为医政医管部门提供技术支持，如组织专家制定评审标准供政府部门参考，在评审过程中作组织协调工作等。而评审标准确定、评审团队的组成、评审结果的确认发布等实质性权力都还在政府部门的掌握之中。[1]《关于改革完善医疗卫生行业综合监管制度的指导意见》（国办发〔2018〕63 号）明确提出："积极培育医疗卫生行业组织，引导和支持其提升专业化水平和公信力，在制定行业管理规范和技术标准、规范执业行为和经营管理、维护行业信誉、调解处理服务纠纷等方面更好发挥作用。探索通过法律授权等方式，利用行业组织的专业力量，完善行业准入和退出管理机制，健全医疗卫生质量、技术、安全、服务评估机制和专家支持体系。"目前，我国政府对卫生行业组织实施双重管理，卫生行业组织需接受民政部作为登记管理机关和国家卫生健康委员会作为业务主管部门的双重管理，且具有科技社团属性的卫生行业组织，还要接受中国科学技术协会的业务指导与监督（如中华医学会）。

我国现阶段的卫生治理模式是一种政府主导下的合作治理模式，即政府在医疗卫生制度安排和选择上发挥主导作用，主要负责医疗卫生行业的宏观

---

〔1〕 刘晓宁等："我国医疗卫生领域行业组织的现状、问题及政策建议"，载《中国卫生政策研究》2016 年第 12 期。

调控；行业组织发挥桥梁纽带作用，对行业进行中观管理。[1]在这种治理模式下，行业组织应兼具政府行业管理职能的代理者、行业自律的实施主体以及医疗卫生行业利益的代表者三重角色。医疗卫生行业组织可参与：行业管理规范和技术标准制定；医疗卫生评价、评估和评审；医疗机构服务质量、技术、药品和医用设备使用情况评估等工作。[2]各协会中，仅中华医学会获得了法律授权可以进行医疗事故的技术鉴定。2002年国务院颁布的《医疗事故处理条例》规定，对需要进行医疗事故技术鉴定的，应当交由负责医疗事故技术鉴定工作的医学会组织鉴定。随着2018年《医疗纠纷预防和处理条例》及其他相关规范性文件的相继颁布和实施，我国医疗纠纷人民调解制度逐步建立并走向成熟。《医疗纠纷预防和处理条例》对人民调解机构的组织建立、人员资质、调解流程均进行了详细规定，这有利于确立人民调解在医疗纠纷解决中的权威性、合法性和有效性。依法构建和完善我国医疗纠纷人民调解制度，对及时化解医疗纠纷、保障医患双方合法权益、维护医疗秩序以及增进医患和谐关系等都具有不可替代的作用。[3]

医疗卫生领域以公共服务为主，专业性很强，界定行业组织在卫生治理中的职能定位原则应是政府将部分行业管理权让渡给医疗卫生行业组织，由其承担服务性、技术性、社会性、认证性等事务，积极发挥行业组织在自律、协调、行业发展方面的作用。政府主要承担医疗卫生资源规划、审批、行政命令、安全监管、行政处罚等职能。政府应积极转变观念，坚持"少而精、专业、管用"的原则，理顺职能定位，明确业务范围，充分发挥行业组织在业务监管、技术监管方面所具有的专业优势，依照法律规范或政府授权委托，更好地承接起本应由行业组织承担的行业自我管理与自律、维权职责，使行业组织成为政府履行主导责任的关键倚重力量，医疗卫生机构履行主体责任的重要支撑力量。[4]卫生及相关部门应针对行业组织的职能范围、行使方式、

---

〔1〕 胡琳琳等："我国卫生治理中行业组织的角色定位与职能分析"，载《中国卫生政策研究》2016年第12期。

〔2〕 王晨光、张怡："《基本医疗卫生与健康促进法》的功能与主要内容"，载《中国卫生法制》2020年第2期。

〔3〕 杜仪方："人民调解制度在医疗纠纷领域的适用与完善"，载《求是学刊》2020年第1期。

〔4〕 付强："创新政府医疗服务质量及安全监管：动因与路径"，载《中国行政管理》2018年第10期。

权责关系等，制定详细的清单目录。需要经过法律授权的，通过法定程序，在法律法规的制定或修订中予以体现；需要经过行政授权的，也要通过部门规章、文件等形式，确定授权依据，将职能按程序移交行业组织承担。在卫生健康行政部门的全行业"大监管"体制下，建立横向协调沟通机制，与行业协会等建立专业性技术合作；委托有能力、符合资质的社会组织对医疗卫生服务行为与质量、医疗卫生技术、医疗卫生机构绩效等进行评估与监测。评估与监测结果可以作为卫生健康行政部门制定相关政策制度和开展监督管理的依据。[1]

第九十六条　国家建立医疗纠纷预防和处理机制，妥善处理医疗纠纷，维护医疗秩序。

【条文主旨】医疗纠纷预防和处理

【理解与适用】本条规定明确了国家建立医疗纠纷预防和处理机制。进入21世纪以来，随着物质生活水平逐步提高、生活质量普遍提升、健康期待不断加大，国民对国家医疗水平的期望逐渐超过了医学科学的正常发展规律，甚至在对医疗服务质量的过高要求中衍生了"人权"概念的滥用，"救治权"与"治愈权"的混淆使得过度维权事件屡见不鲜，医疗纠纷数量大幅提升，造成了不良的社会影响。加之我国医疗卫生总体资源不足、配置结构不佳，以及国家为缓解政府财政压力而鼓励医院创收的相关政策导致医疗服务市场化，更是加速了医患关系的恶化。部分医患矛盾激化引起冲突，演变为严重的暴力伤医事件，十分不利于和谐社会的建设与发展。

2002年国务院出台《医疗事故处理条例》，主要针对能够被确定为医疗事故的部分医疗纠纷案件的处理，条例内容也多为处理过程的指导和规定，并无与医疗纠纷预防机制相关的内容。现今医患纠纷诱因具有多元化特点，其预防和处理涉及多方因素，仅考虑确定发生医疗事故这一类案件远不足以概括医疗纠纷的表现形式，显现了当时对医疗纠纷处理深入研究的空缺。

2013年中国医院协会公布了一份覆盖全国30个省份316家医院的医院暴

──────────

〔1〕　乐虹等："健康中国背景下构建医药卫生综合监管制度的思考"，载《中国医院管理》2016年第11期。

力伤医调查报告，结果显示中国每所医院平均每年发生的暴力伤医事件高达27次。[1]此后，我国出台了一系列关于化解医疗纠纷、维护医疗秩序的文件及措施，各地方政府也相继开启了医疗纠纷的预防及处理工作，除了完善各医院医疗服务质量管理、医患沟通等建制之外，还积极建立医疗纠纷人民调解委员会，旨在从源头上控制纠纷发生，把矛盾化解在基层，减少司法诉讼压力，促进社会和谐发展。在之后的5年里，我国医疗纠纷数量实现了小幅递减，但案件总量整体居高不下，仅2014年总计发生医患纠纷11.5万起。[2]至此，围绕医患对立的话题愈演愈烈，严重威胁到我国公共卫生事业的稳步发展，国家急需建立一套完善的医疗纠纷预防和处理机制。

《基本医疗卫生与健康促进法（草案）》中并无与医疗纠纷预防和处理有关的规定，其第8章"综合监督管理"中的规定主要针对政府对医疗卫生机构的监管和评估。有关医患关系的描述，仅在总则第8条中有所强调：医疗卫生人员在公民健康建设中扮演着重要角色，应得到全社会尊重，呼吁维护良好的医疗卫生服务秩序，共同构建和谐医患关系。此处的规定更多表现为与"国家和社会依法实现保护和尊重公民的健康权"相对应的公民的义务。

2018年6月20日国务院第13次常务会议通过《医疗纠纷预防和处理条例》，并于2018年10月1日起施行之后，2018年10月22~26日审议的《基本医疗卫生与健康促进法（草案二次审议稿）》中增加了维护医疗秩序、完善医疗纠纷的预防和处理机制的规定，在同一章节中既与前文政府对医疗卫生机构进行评估相呼应，又体现了政府管理、全民监督的基本原则。医患和谐关系的建设是基本医疗卫生与健康促进的基石之一，加上《医疗纠纷预防和处理条例》的应运而生，更使得在此次草案的修改过程中部分常务委员会组成人员、部门认为构建和谐医患关系、维护医疗秩序，依照《医疗纠纷预防和处理条例》完善医疗纠纷预防和处理机制的举措应提升至法律高度，并与加强医疗卫生机构管理和医德医风建设相关联，形成完整的纠纷预防处理体系。于是《基本医疗卫生与健康促进法（草案三次审议稿）》及2019年

---

〔1〕 张广有："医院暴力伤医事件年均27次"，载《中华医学信息导报》2013年第16期。
〔2〕 王书悦等："医务人员遭受医院暴力及对媒体作用的认知研究"，载《中国医院管理》2017年第10期。

12 月 28 日通过的最终版本的法案中，对医疗纠纷预防和处理的相关规定未再做改动，法成令修。

本法明确了国家建立医疗纠纷预防和处理两类机制。其中关于医疗纠纷预防机制部分，规定了加强医疗质量安全管理，提高医疗服务水平，强化技术领域风险防控，注重专业评估和伦理审查与技术创新并行，重视诊疗过程中的医患沟通，旨在关口前移、从源头上预防和减少医疗纠纷；而关于医疗纠纷处理机制部分，通过第 96 条的规定可以看出，"妥善处理医疗纠纷"是"维护医疗秩序"的前提，也是"国家建立医疗纠纷预防和处理机制"的目的。其具体操作便是把握《医疗纠纷预防和处理条例》的主要思路：平衡医患权利义务、维护双方合法权益，同时充分发挥人民调解在解决医疗纠纷中的主渠道作用，柔性化解医患矛盾，改善医患关系。从近几年的医疗纠纷处理实践经验中可以看出，人民调解是医患间定分止争、化解矛盾的一个有效途径。以大连市医疗纠纷人民调解委员会为例，2014 年共受理 454 件医疗纠纷，其中调成 369 件，总请求额为 103 997 600 元，总赔偿额为 31 122 978 元；2015 年共受理 424 件医疗纠纷，其中调成 323 件，总请求额为 135 049 204 元，总赔偿额为 33 143 028 元；2016 年共受理 530 件，其中调成 386 件，总请求额为 96 611 668. 86 元，总赔偿额为 29 449 795. 96 元。2017 年共受理 560 件医疗纠纷，2018 年共受理 553 件医疗纠纷，2019 年共受理 630 件医疗纠纷……可见，人民调解在医疗纠纷案件中的运用极大地分担了司法压力，保障了医患权益。

毋庸置疑，中国传统社会"厌讼"的文化价值为具有中国特色的人民调解制度打下了坚实的基础，但出人意料的是，注重人权、重视诉讼的美、日、德等发达国家在医疗纠纷的处理中亦十分重视第三方的调和功能。医疗纠纷是一个世界性问题，各个国家都在设法维护本国卫生事业的健康推进，其中不乏借鉴宝贵的"东方经验"的国家。目前，美国在医疗纠纷的解决上最为推崇诉讼外纠纷解决（ADR）方式，具体包括医患双方自行协商、第三方调解、仲裁委员会仲裁、审前委员会筛查等途径，美国仲裁协会、律师协会及医师协会联合成立的国家医疗纠纷解决委员会（NCHCDR）积极推进 ADR 在医疗纠纷中的广泛应用，不少相关社会组织和州法院亦在积极倡导将 ADR 作为处理医疗纠纷的主要手段，以克服美国法庭诉讼制度在医疗纠纷解决中表现出的局限性问题。美国的调解员多为执业律师、退休法官或相关社会工作者，选任对象的专业性考量与中国的人民调解员的选任条件相类似。

除此之外，作为对《医疗事故处理条例》中未涉及的、非医疗事故因素引起的医疗纠纷处理机制的补充和完善，以及对《侵权责任法》中医疗侵权、医患权益救济等相关规定的继承和运用，《医疗纠纷预防和处理条例》中还明确了处理医疗纠纷的公平、公正、及时原则，以及自行协商、行政调解、司法诉讼等其他解决途径，并且细化了解决程序，还对专家咨询、鉴定等制度加以指导和规定，表明了医疗纠纷处理过程中证据固定的重要性，并将医疗纠纷的预防和处理与司法诉讼、民事裁定作了有效衔接。同时，还对破坏医疗秩序的违法犯罪行为作了处置规定，为《基本医疗卫生与健康促进法》的实行和实现提供了保障。

第九十七条　国家鼓励公民、法人和其他组织对医疗卫生与健康促进工作进行社会监督。

任何组织和个人对违反本法规定的行为，有权向县级以上人民政府卫生健康主管部门和其他有关部门投诉、举报。

【条文主旨】社会监督

【理解与适用】本条规定了医疗卫生和健康促进工作的社会监督。社会监督是宪法和法律赋予的权利，是指不具有国家权力的公民、法人和其他组织，对执政党和政府及其工作人员遵守和执行国家宪法和法律、贯彻落实各项方针以及工作作风等各个方面实施的监督，[1]监督形式包括公民个人监督、民间组织监督、利益集团监督和社会舆论监督等。

中华人民共和国成立后，政府十分重视社会监督制度化的立法和政策制定工作。1954年《宪法》第97条明确规定，我国公民对于任何违法失职的国家机关工作人员，有向各级国家机关提出书面控告或者口头控告的权利。为鼓励广大群众对党和政府实行舆论监督，中共中央于1950年作出《关于在报纸刊物上开展批评与自我批评的决定》，这是当代以中共中央的名义发出的

---

〔1〕 毛宏升主编：《当代中国监督学》，中国人民公安大学出版社2003年版，第166页。

首个也是迄今为止唯一的关于舆论监督的专门文件。1954 年《中共中央关于改进报纸工作的决议》也强调了在批评与自我批评中，报纸的舆论监督是尖锐的武器。早期的立法与政策就已经关注到了舆论监督的重要性，为社会监督制度的发展起到了至关重要的作用。1988 年中共中央发布的《关于党和国家机关必须保持廉洁的通知》规定，要建立并逐步健全人民检举制度，在各级监察机关和检察机关设立举报中心，以及时揭露党和国家机关工作人员利用职务之便进行贿赂、贪污、偷税、抗税、挪用公款、出卖国家秘密以及其他违法违纪行为。立案、受理和销案，都要有明确的法定程序。1991 年最高人民检察院发布的《关于保护公民举报权利的规定》和 1995 年国务院颁布的《信访条例》也都对公民的监督权作出了进一步规定，明确了公民个人可以以信访、检举、举报等方式对行政机关及其工作人员进行监督。1989 年中共中央发布的《关于加强和改善党对工会、共青团、妇联工作领导的通知》保护了群众自治组织的民主监督权利，各级政府要支持工会、共青团、妇联充分发挥民主监督的作用，经常听取其对政府工作的意见和建议，认真处理他们对国家机关及其工作人员违法乱纪、以权谋私和严重官僚主义等行为的举报。一系列文件、政策、法规的发布与实施，为社会监督的制度化和法制化提供了保障。我国《基本医疗卫生与健康促进法》也强调了社会监督的重要意义，鼓励公民、法人和其他组织进行社会监督。

社会监督是人民群众自下而上的监督，属于权力系统外部的监督，[1]其主要特点如下：第一，广泛性。社会监督的广泛性，是指监督主体、监督对象和监督内容的广泛性。监督主体是不具有国家权力的人民群众、法人和其他组织，从种类上和数量上都具有广泛性；监督对象是执政党和政府及其工作人员，包括党的各级机关和各级政府，以及其他的所有公职人员；监督内容是行使公共权力的行为，包括遵守和执行国家宪法和法律、贯彻落实各项方针以及工作作风等各个方面。[2]第二，灵活性。与其他监督方式相比，社会监督的方式灵活多样。国家权力系统内部的监督必须按照规定的方式与程序进行监督，而社会监督比较灵活，可以根据监督主体的主观意愿采

---

〔1〕 宋惠昌："论社会监督"，载《理论视野》2011 年第 8 期。
〔2〕 毛宏升主编：《当代中国监督学》，中国人民公安大学出版社 2003 年版，第 166 页。

取适当的手段，可以直接向监督对象或相关信访部门进行投诉、举报或信访，也可以利用新闻媒体的舆论进行监督，甚至还可以提起行政诉讼。这就使得社会监督避免了程序的制约，具有较强的灵活性。第三，制约性。社会监督是人民群众通过批评、建议、控告、申诉等方式对党和政府行使权力的行为进行制约，但不具有国家强制力，也不具备对监督对象的直接惩治力。社会监督的制约性体现在需要结合国家权力系统内部的监督，才能发挥出真正的作用。

社会监督需要全民参与，由此可以提高政府及国家工作人员在行使权力过程中的透明度，加快行政工作的效率，增强政府的公信力。在如今的信息化时代，社会舆论监督起到了重要的作用，社会舆论监督是人民群众通过新闻媒体形成舆论，对权力运行中存在的问题进行监督。在这其中，虽然新闻媒体发挥了关键性的披露作用，但社会舆论监督的主体仍然是人民群众，新闻媒体只是代表人民群众反映问题。舆论监督的媒介，主要包括广播、电视、报刊等传统媒介和信息化时代的网络新兴媒介。"孙志刚事件"是大众借助网络媒介进行舆论监督的典型成功事件。孙志刚大学毕业后在广州工作，2003年3月，由于其没有携带证件上街，因此被送进广州收容遣送站，两天后死亡，经法医鉴定为毒打致死。2003年4月25日，《南方都市报》对此事进行了独家报道，其头版标题为"被收容者孙志刚之死"。随后中央电视台、《人民日报》、新华社等中央新闻媒体都加入互动，形成了全国性的舆论关注，最终涉嫌故意伤害罪的人员被判处刑罚，各部门对"孙志刚事件"中有关责任人员进行了处分。之后中央政府便废止了《城市流浪乞讨人员收容遣送办法》。

在新冠肺炎疫情期间，社会各界捐款捐物，奉献爱心，守望相助。但在捐赠物资的接受和分配中，也存在着信息不公开、账目不透明甚至违规操作的行为，社会各界存在质疑并持续监督，最终湖北省红十字会三名相关负责人也因此被问责。这让人看到了舆论所形成的良性闭环：不作为、被曝光、被问责，社会监督在疫情防控期间起到了重要的作用，并且结合纪检监察机关，切实为疫情防控工作提供了纪律保障。

第九章　法律责任

第九十八条　违反本法规定，地方各级人民政府、县级以上人民政府卫生健康主管部门和其他有关部门，滥用职权、玩忽职守、徇私舞弊的，对直接负责的主管人员和其他直接责任人员依法给予处分。

【条文主旨】政府及相关部门直接负责人员的违法责任

【理解与适用】本条是关于政府卫生健康部门及相关部门直接负责人员存在违法行为时应承担的法律责任的规定。相较于本法第 90 条主要针对政府或者部门履职不到位，本条则针对的是具体公务人员的不法作为，即政府卫生健康部门或其有关部门直接负责的主管人员涉嫌滥用职权、玩忽职守、徇私舞弊的，必须对其依法问责。

十八届四中全会提出依法治国战略方针后，建设法治政府、依法行政、依法履职，已成为各级政府的重要施政原则，也成为社会监督的主要内容。于党员干部而言，在工作中首先要注意的是违反工作纪律的问题，可能涉及违反政治纪律、组织纪律、群众纪律等问题。自 2018 年 10 月 1 日起施行的《中国共产党纪律处分条例》，对这些问题有详实的规制。例如，自新冠肺炎疫情防控以来，就出现了多起被查处的案例。在疫情防控工作中，容易触犯的违纪行为是违反工作纪律行为，如有的人不及时准确报送疫情防控工作信息，有的人擅离职守、不到岗到位，有的人工作流于形式、作风不实、履责不力，等等。具体规定见《中国共产党纪律处分条例》第 121 条，工作失职行为；第 122 条，形式主义、官僚主义行为；第 125 条，不报告、不如实报告工作情况以及强迫下级说假话行为，以及作为兜底条款的第 133 条。此外，《中国共产党纪律处分条例》第 112 条规定："有下列行为之一，对直接责任者和领导责任者，情节较轻的，给予警告或者严重警告处分；情节较重的，给予撤销党内职务或者留党察看处分；情节严重的，给予开除党籍处分：……（二）违反有关规定扣留、收缴群众款物或者处罚群众的；（三）克扣群众财物，或者违反有关规定拖欠群众钱款的……"党员干部在工作中若存在截留群众防疫、救济物资等行为的，则可能构成违反群众纪律错误。此外，《行政机关公务员处分条例》则面向全体行政机关公务员，若违反法律、法规、规章以及行政机关的决定和命令，应当承担纪律责任的，规定了处分细则。该处分条例要求公务员必须坚决执行中央确定的路线、方针和政策，严格履行宪法和法律赋予的神圣职责，有利于进一步增强公务员的忧患意识、公仆意识和节俭意识，对于建设一支政治坚定、业务精湛、作风过硬、人民满意的公务员队伍，具有积极的促进作用。《中国纪检监察》杂志对 2020 年 1 月 21 日至 3 月 7 日，中央纪委国家监委和各省区市纪委监委网站发布的通报进行了分析，共发现疫情防控不力通报案例 899 个，涉及湖北、浙江、广西、内蒙古等 27 个省区的各级干部和国家工作人员，具有一定的代表性。通过分析案例发现，从查处问题的种类上看，防疫不力被查处问责主要有六种典型行为，其中约一半为作风漂浮、防控不力，此外还有隐瞒疫情、谎报信息、擅离职守、严重渎职，行为不当、造成影响，道听途说、造谣生事，优亲厚友、占用物资等行为。从处置方式上看，通报中被查处和问责的人员共 839 人，已运用"四种形态"处理了 760 人，其中，第一种形态 332 人，第二种形态 352 人，前两种形态占比约 90%；第三种形态 74 人，第四种形态 2 人。值得注意的是被处分人员中属于"一把手"领导干部的共计 359 人，体现出权责对等、没有例外的原则。[1]

对于涉嫌犯罪的行为，主要由《监察法》进行统领性规制。其第 11 条规定："监察委员会依照本法和有关法律规定履行监督、调查、处置职责：……（二）对涉嫌贪污贿赂、滥用职权、玩忽职守、权力寻租、利益输送、徇私舞弊以及浪费国家资财等职务违法和职务犯罪进行调查；（三）对违法的公职人员依法作出政务处分决定；对履行职责不力、失职失责的领导人员进行问责；对涉嫌职务犯罪的，将调查结果移送人民检察院依法审查、提起公诉；向监察对象所在单位提出监察建议。"除此而外，对公职人员滥用职权、玩忽职守、徇私舞弊的行为，还可作出党纪政纪惩处。特别是，刑法对此详细规定了不同情形下的刑事责任。滥用职权是指国家机关工作人员故意逾越职权，

---

〔1〕 陈建平、泉纪轩："对疫情防控中部分违规违纪通报案例的分析"，载《中国纪检监察》2020 年第 6 期。

违反法律规定，处理其无权决定、处理的事项，或者违反规定处理公务的行为。如果该行为致使公共财产、国家和人民利益遭受重大损失，则可能构成滥用职权罪。玩忽职守是出于一种过失的主观心态，主要是指国家工作人员在工作中严重不负责任的行为。若由此导致了国家和人民生命财产受到重大损失的，则可能构成玩忽职守罪。《刑法》第397条第1款规定："国家机关工作人员滥用职权或者玩忽职守，致使公共财产、国家和人民利益遭受重大损失的，处三年以下有期徒刑或者拘役；情节特别严重的，处三年以上七年以下有期徒刑。本法另有规定的，依照规定。"而"徇私舞弊"行为，并不单独构成"徇私舞弊罪"，系指为徇个人私利或者亲友私情的行为，主观方面是故意，即"明知"不可为而为，是滥用职权罪、玩忽职守罪的加重情节。《刑法》第397条第2款规定："国家机关工作人员徇私舞弊，犯前款罪的，处五年以下有期徒刑或者拘役；情节特别严重的，处五年以上十年以下有期徒刑。本法另有规定的，依照规定。"国家机关工作人员担负着管理国家事务的职责，必须秉公守法，任何徇私舞弊的行为都应当予以惩处。由于这种行为是从个人利益出发，置国家利益于不顾，所以主观恶性要比第一款的规定更严重，故本款规定了较重的处罚。

第九十九条 违反本法规定，未取得医疗机构执业许可证擅自执业的，由县级以上人民政府卫生健康主管部门责令停止执业活动，没收违法所得和药品、医疗器械，并处违法所得五倍以上二十倍以下的罚款，违法所得不足一万元的，按一万元计算。

违反本法规定，伪造、变造、买卖、出租、出借医疗机构执业许可证的，由县级以上人民政府卫生健康主管部门责令改正，没收违法所得，并处违法所得五倍以上十五倍以下的罚款，违法所得不足一万元的，按一万元计算；情节严重的，吊销医疗机构执业许可证。

【条文主旨】无证行医或者违规用证执业的法律责任

【理解与适用】本条是针对未取得医疗机构执业许可证擅自执业或者伪造、变造、买卖、出租、出借医疗机构执业许可证等违法行为规定的行政法律责任。

依据《医疗机构管理条例》第24条的规定，任何单位或者个人，未取得

《医疗机构执业许可证》的，不得开展诊疗活动。依据《医疗机构管理条例》第44条规定，违反本条例第24条规定，未取得《医疗机构执业许可证》擅自执业的，由县级以上人民政府卫生行政部门责令其停止执业活动，没收非法所得和药品、器械，并可以根据情节处以1万元以下的罚款。依据《执业医师法》第39条规定，未经批准擅自开办医疗机构行医或者非医师行医的，由县级以上人民政府卫生行政部门予以取缔，没收其违法所得及其药品、器械，并处10万元以下的罚款；对医师吊销其执业证书；给患者造成损害的，依法承担赔偿责任；构成犯罪的，依法追究刑事责任。依据《无证行医查处工作规范》（国卫监督发〔2016〕25号）第2条的规定，本规范适用于县级以上地方卫生健康行政部门（含中医药管理部门，下同）及其监督执法机构依据法律、法规、规章对辖区内未经批准擅自开办医疗机构行医的单位和个人进行检查，依法追究其法律责任的行政执法活动。主要包括以下无证行医情形：未取得《医疗机构执业许可证》开展诊疗活动的；使用伪造、变造的《医疗机构执业许可证》开展诊疗活动的；《医疗机构执业许可证》被撤销、吊销或者已经办理注销登记，继续开展诊疗活动的；当事人未按规定申请延续以及卫生计生行政部门不予受理延续或者不批准延续，《医疗机构执业许可证》有效期届满后继续开展诊疗活动的；法律、法规、规章规定的其他无证行医行为。《基本医疗卫生与健康促进法》第99条第1款对未取得医疗机构执业许可证擅自执业的行为，提高了财产罚幅度，罚款数额由1万元以下的罚款提高到并处违法所得5倍以上20倍以下的罚款，违法所得不足1万元的，按1万元计算。

依据《医疗机构管理条例》第23条的规定，《医疗机构执业许可证》不得伪造、涂改、出卖、转让、出借；《医疗机构执业许可证》遗失的，应当及时申明，并向原登记机关申请补发。依据《医疗机构管理条例》第46条的规定，违反本条例第23条规定，出卖、转让、出借《医疗机构执业许可证》的，由县级以上人民政府卫生行政部门没收非法所得，并可以处以5000元以下的罚款；情节严重的，吊销其《医疗机构执业许可证》。《基本医疗卫生与健康促进法》第99条第2款对伪造、变造、买卖、出租、出借医疗机构执业许可证的行为提高了财产罚幅度，罚款数额由5000元以下的罚款提高到并处违法所得5倍以上20倍以下的罚款，违法所得不足1万元的，按1万元计算；

情节严重的，吊销医疗机构执业许可证。上述条款明显增加了处罚力度，对无证行医或违规用证执业等违法行为的打击凸显了高压态势。

《无证行医查处工作规范》（国卫监督发〔2016〕25号）第21条规定，在无证行医查处中，发现有下列涉嫌非法行医犯罪情形之一的，应当在依法查处的同时制作《涉嫌犯罪案件移送书》，按照规定及时将案件移送属地公安机关，并将《涉嫌犯罪案件移送书》抄送同级人民检察院：无证行医被卫生计生行政部门行政处罚两次以后，再次无证行医的；造成就诊人轻度残疾、器官组织损伤导致一般功能障碍，或者中度以上残疾、器官组织损伤导致严重功能障碍，或者死亡的；造成甲类传染病传播、流行或者有传播、流行危险的；使用假药、劣药或不符合国家规定标准的卫生材料、医疗器械，足以严重危害人体健康的；其他情节严重的情形。对已经作出行政处罚涉嫌非法行医犯罪案件，县级以上地方卫生计生行政部门应当于作出行政处罚之日起10日内按照前款规定移送。

第一百条　违反本法规定，有下列行为之一的，由县级以上人民政府卫生健康主管部门责令改正，没收违法所得，并处违法所得二倍以上十倍以下的罚款，违法所得不足一万元的，按一万元计算；对直接负责的主管人员和其他直接责任人员依法给予处分：

（一）政府举办的医疗卫生机构与其他组织投资设立非独立法人资格的医疗卫生机构；

（二）医疗卫生机构对外出租、承包医疗科室；

（三）非营利性医疗卫生机构向出资人、举办者分配或者变相分配收益。

【条文主旨】医疗卫生机构违法责任

【理解与适用】本条规定了不同性质的医疗卫生机构实施相关违法行为需要承担的法律责任。根据举办主体的不同，可将医疗卫生机构分为政府举办的公立医疗卫生机构和社会资本投资设立的民营医疗卫生机构；根据举办目的的不同，可将医疗卫生机构分为营利性医疗卫生机构和非营利性医疗卫生机构。根据本法第40条之规定，政府举办的医疗卫生机构应当坚持公益性质，不得与其他组织投资设立非独立法人资格的医疗卫生机构，不得与社会资本合作举办营利性医疗卫生机构。而非营利性医疗卫生机构若向出资人、举办者分配或者变相分配收益，则违背了非营利性医疗卫生机构的举办目的，成为或变相成为营利性医疗卫生机构。此外，根据《医疗机构管理条例》第23条的规定，"《医疗机构执业许可证》不得伪造、涂改、出卖、转让、出借"，若存在对外出租、承包医疗科室等行为，则属于违反《医疗机构管理条例》的违法行为，有损社会公共利益，应当予以惩处。根据本法规定，若出现以上违法行为，由县级以上人民政府卫生健康主管部门作出相应处罚，主要包括三个方面：一是责令改正，即要求相关医疗卫生机构纠正已经实施的违法行为，包括撤销已经设立的非独立法人资格的医疗卫生机构，收回已经对外出租、承包的医疗科室，要求出资人、举办者退回分配或者变相分配的收益等。二是没收违法所得，并处违法所得二倍以上十倍以下的罚款，若违法所得不足1万元的，按1万元计算。当然，若没有违法所得，即不存在没收的问题。三是对直接负责的主管人员和其他直接责任人员依法给予处分。直接负责的主管人员一般可以认定为是该单位的分管领导或业务科室负责人；而其他直接责任人，一般是具体经办人员，或者是指实施违法行为的具体工作人员。

豪康伟业公司与陕西省第二人民医院（以下简称省二院）合同纠纷案 [（2017）陕01民终8531号]，即属较为典型的、通过两级法院审理的医疗机构非法对外出租承包科室案。2016年2月24日，豪康伟业公司与省二院签订了两份《合作协议》。《合作协议》约定，豪康伟业公司与省二院共建陕西省第二人民医院健康体检中心和外科中心，豪康伟业公司负责出资承租房屋，并负责装修新建的健康体检中心。豪康伟业公司对承租房屋按照医院建设标准和经省二院同意的设计方案进行装修，经省二院验收合格后交付使用。省二院享有日常管理和人事管理权、财务管理和核算分配权、广告监管和协助办理审批手续权。豪康伟业公司享有收回投资资金和投资收益权。共建中心所有收入支出纳入省二院财务，实行统一管理，以收定支、比例分成、院科两级核算。合作期为从2016年5月1日至2026年4月30日止，共计10年。2016年5月初，因陕西省卫生和计划生育委员会办公室出台了关于开展违规承包出租科室和违规应用医疗技术自查和清理工作的通知，省二院通知豪康伟业公司停止合作协议所涉项目的装修筹建。

本案中，豪康伟业公司与省二院签订的合作协议对健康体检中心、外科中心的人员工资、福利、管理，以及投资收益分配等作了相应约定。上述行为名为"合作"，实为医院通过科室外包，为非医疗机构提供医院范围内的医疗执业资质进行经营，并通过收入分配等方式获取相应的对价，属变相出让《医疗机构执业许可证》的行为，违反了《医疗机构管理条例》第23条、第24条、第25条之规定，属违反行政法规的强制性规定，双方签署的合同依法应认定为无效合同。而且在本案中，省二院作为专业医疗机构，理应知晓法律、行政法规禁止医疗机构科室对外出租承包，还应当承担相应的行政责任。

第一百零一条　违反本法规定，医疗卫生机构等的医疗信息安全制度、保障措施不健全，导致医疗信息泄露，或者医疗质量管理和医疗技术管理制度、安全措施不健全的，由县级以上人民政府卫生健康等主管部门责令改正，给予警告，并处一万元以上五万元以下的罚款；情节严重的，可以责令停止相应执业活动，对直接负责的主管人员和其他直接责任人员依法追究法律责任。

【条文主旨】违反医疗管理制度的法律责任

【理解与适用】本条规定明确了医疗机构违反医疗信息安全制度、医疗质量管理制度或医疗技术管理制度的法律责任。

首先，医疗信息安全制度是指对医疗信息系统的硬件、软件和医疗数据信息进行安全保护的管理，以使其不被泄露、破坏和更改，保护信息系统稳定、连续地正常运行。[1]

我国20世纪70年代末，计算机进入了医疗行业，国内几家大型综合医院和教学医院运用计算机进行了教学和科研活动，比如北京协和医院、北京肿瘤医院等，当时还没有建立医院信息系统。20世纪80年代初期，随着计算机技术的发展和计算机语言的普及，部分医疗机构着手开发管理软件，比如工资结算软件等。20世纪90年代，计算机系统逐渐成熟，医院信息管理系统的建立也成为可能，同时计算机公司也适时进入医疗信息领域，有效推动了医院信息系统的建立与发展。之后，多家医院建立了各种规模的医疗信息系统，有全院医疗信息系统，也有局部问题的专门化系统，比如患者病历系统、

---

〔1〕　任忠敏等："医院信息系统安全体系的建立"，载《医学信息》2004年第7期。

药品管理系统等。医院信息系统的建立与发展提高了医院的管理水平。我国的医疗信息化建设进程，需要借鉴发达国家的成熟经验。欧美发达国家建立了以完整电子病历为核心的数字化医院，如美国印第安纳心脏医院建立了完整的数字化体系，从监护到影像，医院内部基本已不用纸张和胶片。

2002 年卫生部发布了《医院信息系统基本功能规范》以推动医院信息化建设，以医院信息化促进医院管理的现代化、科学化。2003 年卫生部发布的《全国卫生信息化发展规划纲要（2003—2010 年）》旨在加快卫生信息化建设，以适应卫生改革与卫生事业发展，满足人民群众日益增长的医疗卫生服务需求。随着医药卫生体制改革的深入，国家重点关注基本医疗卫生事业，尤其明确了医院信息化建设的重要意义和深远影响。2009 年《中共中央　国务院关于深化医药卫生体制改革的意见》明确了我国要大力推进医药卫生信息化建设；以推进公共卫生、医疗、医保、药品、财务监管信息化建设为着力点，整合资源，加强信息标准化和公共服务信息平台建设，逐步实现统一高效、互联互通。

医疗信息化的建设方便了患者就诊、优化了医疗模式、提高了医院管理效率，但患者信息泄露事件时有发生，危及患者的隐私。比如深圳市曾发生上千名孕妇的医疗信息泄露事件，在深圳市妇幼保健院产检或分娩的女性，接到了多家母婴相关公司的骚扰短信或电话，其中包括母婴护理公司、婴儿纪念品公司、产前保健公司等。并且孕妇被泄露的信息，包括孕妇的姓名、电话等基本信息，也包括产检和分娩的医疗信息，甚至可以精确到具体分娩日期，造成了严重的社会不良影响，最终相关人员被依法追究法律责任。

随着医疗信息安全越来越被重视，在《基本医疗卫生与健康促进法（草案三次审议稿）》的征集意见中，有的常委委员、人大代表和社会公众建议，应当加大对医疗信息泄露的处罚力度，因此在草案第四次审议稿中就增加了关于信息泄露的罚款规定，在原有处罚之上增加了"并处 1 万元以上 5 万元以下的罚款"的条款。

其次，医疗质量管理制度是指按照医疗质量形成的规律和有关法律、法规要求，运用现代科学管理方法，对医疗服务要素、过程和结果进行管理与控制，以实现医疗质量系统改进、持续改进的过程。国家卫生健康委员会于 2016 年发布了《医疗质量管理办法》，进行了以下制度设计：建立国家医疗质量管理相关制度；明确医疗质量管理的责任主体、组织形式、工作机制和重点环节；强化监督管理和法律责任。通过顶层制度设计，进一步建立完善医疗质量管理长效工作机制，明确了医疗质量管理各项要求，促进医疗质量管理工作步入制度化、法治化管理轨道。

《医疗质量管理办法》将医疗机构及其医务人员应当严格遵守的，对保障医疗质量和患者安全具有重要的基础性作用的一系列制度凝练为 18 项医疗质量安全核心制度，分别为首诊负责制度、三级查房制度、会诊制度、分级护理制度、值班和交接班制度、疑难病例讨论制度、急危重患者抢救制度、术前讨论制度、死亡病例讨论制度、查对制度、手术安全核查制度、手术分级管理制度、新技术和新项目准入制度、危急值报告制度、病历管理制度、抗菌药物分级管理制度、临床用血审核制度、信息安全管理制度。2018 年国家卫生健康委员会发布的《医疗质量安全核心制度要点》对每项核心制度的定义均进行了明确，并对每项核心制度实施的基本原则和关键环节提出了要求，为各级各类医疗机构制定和执行本机构核心制度提供了基本遵循。

医疗质量直接关系到人民群众的健康权益和对医疗服务的切身感受。持续改进质量，保障医疗安全，是卫生事业改革和发展的重要内容和基础，对当前构建分级诊疗体系等改革措施的落实和医改目标的实现具有重要意义。

最后，医疗技术管理制度是指政府主管部门、行业组织的自律和医疗机构对医疗技术的准入和临床应用进行的连续动态监督管理。医疗技术的有效管理有赖于医疗技术的科学分类。医疗技术，是指医疗机构及其医务人员以诊断和治疗疾病为目的，对疾病作出判断和消除疾病、缓解病情、减轻痛苦、改善功能、延长生命、帮助患者恢复健康而采取的医学专业手段和措施。医疗技术临床应用，是指将经过临床研究论证的，安全性、有效性确切的医疗技术应用于临床，用以诊断或者治疗疾病的过程。

国家卫生健康委员会于 2018 年发布了《医疗技术临床应用管理办法》，旨在通过加强医疗技术临床应用管理顶层设计，建立医疗技术临床应用的相关管理制度和工作机制，强化医疗机构在医疗技术临床应用管理中的主体责任以及卫生行政部门的监管责任，这一方面有利于规范医疗技术临床应用管理，保障医疗技术科学、规范、有序和安全地发展；另一方面，为保障医疗质量和医疗安全提供法治保障，维护人民群众健康权益。

医疗机构对本机构医疗技术临床应用和管理承担主体责任，医疗机构主要负责人是本机构医疗技术临床应用管理的第一责任人。医疗机构应当根据其自身条件和技术能力开展相应的医疗技术临床应用，建立本机构医疗技术临床应用管理制度，包括但不限于医疗技术目录管理制度、手术分级管理制度、医师授权制度、质量控制制度、动态评估制度、档案管理制度等。医疗机构在医疗技术临床应用过程中，应当及时、准确、完整地报送相关技术开展情况数据信息；开展相关技术临床应用的条件发生变化，不能满足临床应用管理规范要求或影响临床应用效果，或者出现重大医疗质量、医疗安全或伦理问题，或者发生与技术相关的严重不良后果等情形时，应当按规定向有关部门报告。

艾滋病基因编辑婴儿事件就涉及违反医疗技术的临床应用规范。根据《医疗技术临床应用管理办法》第9条规定，医疗技术具有下列情形之一的，禁止应用于临床（以下简称禁止类技术）：（1）临床应用安全性、有效性不确切；（2）存在重大伦理问题；（3）该技术已经被临床淘汰；（4）未经临床研究论证的医疗新技术。禁止类技术目录由国家卫生健康委制定发布或者委托专业组织制定发布，并根据情况适时予以调整。该案中基因编辑技术，不仅安全性无法确定，而且存在重大的伦理问题。同时贺某某的基因编辑行为也违反了《人胚胎干细胞研究伦理指导原则》《涉及人的生物医学研究伦理审查办法》等相关规定。

第一百零二条　违反本法规定，医疗卫生人员有下列行为之一的，由县级以上人民政府卫生健康主管部门依照有关执业医师、护士管理和医疗纠纷预防处理等法律、行政法规的规定给予行政处罚：

（一）利用职务之便索要、非法收受财物或者牟取其他不正当利益；

（二）泄露公民个人健康信息；

（三）在开展医学研究或提供医疗卫生服务过程中未按照规定履行告知义务或者违反医学伦理规范。

前款规定的人员属于政府举办的医疗卫生机构中的人员的，依法给予处分。

【条文主旨】医疗卫生人员的行政责任

【理解与适用】本条是关于医务人员违法时需要承担行政责任的规定。

"利用职务之便索要、非法收受财物或者牟取其他不正当利益。"这一情形,《执业医师法》第 27 条明确规定,"医师不得利用职务之便,索取、非法收受患者财物或者牟取其他不正当利益"。医疗卫生人员除了不能以保证其所提供的医疗服务具有高水平和高质量为由,索取、非法收受患者及其家属财物或以接受吃请等方式变相敛财外,亦不能明示或暗示患者及其家属利用职务或社会关系之便为其生活、工作提供帮助或方便条件。一直以来,医院"收红包"问题屡禁不止,一度形成恶劣的社会影响,这种行为不仅违背医德,而且损毁了医务人员队伍的整体形象,造成了患者对医生信任度的大幅降低、对医疗职业的不尊重,直接导致了其在诊疗过程中不配合、缺乏依从性等现象的发生,十分不利于现今医疗卫生服务的正常进行和医疗队伍的医德医风建设。《执业医师法》在第 22 条中表明树立敬业精神、遵守职业道德是医师在执业活动中须履行的义务,这也与《基本医疗卫生与健康促进法》第 51 条规定的医疗卫生人员应恪守医德,医疗卫生行业组织、医疗卫生机构、医学院校应当加强对医疗卫生人员的医德医风教育相呼应。

本条关于泄露公民个人健康信息的严格规定是与保护患者个人健康信息有关的规定。《基本医疗卫生与健康促进法》在形成时,对各审议案均有所改动。最初草案对于医疗卫生人员应受处罚的行为描述为"泄露公民健康有关的个人隐私,情节严重或造成严重后果的"。《基本医疗卫生与健康促进法(草案二次审议稿)》中则修改为"泄露公民健康有关的个人隐私,造成严重后果的",此处只作以文字修改,考虑到情节是否严重还需从后果中加以衡量,因此"情节严重"和"造成严重后果"在文法上具有重叠性,只留其一。而后,三次审议稿中再次修改为"泄露公民健康有关的个人隐私",极大地尊重了公民的隐私权,明确了无论是否造成损害后果,都不能忽视他人隐私信息的保护,将对患者合法权益的保护上升至人权保障的高度。《执业医师法》第 22 条亦明确规定医师应关心、爱护、尊重患者,保护患者的隐私。即便国家在通过法律法规强化规范,医院泄露就诊者个人信息的情形在日常诊疗活动中仍屡见不鲜,如孕妇刚刚接受医院门诊产前检查后便会立即接到月子中心或母婴产品代理商的来电和推销、肿瘤患者刚刚做完手术就会有基因检测公司找上门来,等等。此外,《传染病防治法》第 69 条也有此类规定,对于故意泄露传染病病人、病原携带者、疑似传染病病人、密切接触者涉及个人隐私的有关信息、资料的医疗机构或有关责任人员，由县级以上人民政府卫生行政部门予以相应处罚。在公共卫生事件中信息公开方面，隐私应是一种与公共利益、群体利益无关的当事人不愿他人知道或他人不便知道的个人信息，就如在新冠肺炎疫情防控期间，医疗机构内的病人、病原携带者、疑似病人及其密切接触者的部分个人信息可能不再属于隐私范畴，但依法可以公开的信息应仅限于能为防疫进行病源信息追踪所用的个人行程信息及接触信息，而非其他个人基本身份信息。依法强制的信息公开本意为高效排查病源、控制传播，而以疫情防控为名的"人肉"式信息搜集和公开逐步演变为部分网民对这些病原携带者或疑似病原携带者的"报复行为"，使其私人生活安宁与私人信息秘密受到非法侵扰并承受巨大的舆论压力的，医疗机构中泄露信息的始作俑者应为此承担相应的法律后果。患者的健康信息往往记载其身心健康状态、社会身份及生活习性，均属于个人隐私范畴，应受到尊重和保护。

《羊城晚报》曾报道了广东首例医院泄露乙肝携带者个人隐私的案例。原告张某顺利通过东莞某公司的笔试、面试后，参加了该公司安排在东莞某中医院的入职体检，体检项目包含血压、心脏、血管，还有一项是检查项目不明的抽血。张某在抽血时曾询问医院工作人员血液检验的具体项目，工组人员未予回答，更未提示会涉及乙肝病毒检查，但在之后的检验报告单上却赫然写着"检验项目：乙肝两对半"。公司最终以"乙肝检测不合格"为由拒绝录用张某。张某以医院泄露了其个人隐私为由向法院提起了诉讼。东莞市第二人民法院作出"医院赔偿张某精神抚慰金8000元，并须以书面形式赔礼道歉"的最终判决。这一案件中，医院不仅因未经同意泄露患者个人健康信息侵犯了其隐私权，还因未履行体检项目的明确告知义务而侵犯了患者的知情权。[1]

本条还规定了医务人员在开展医学研究或提供医疗卫生服务过程中未按照规定履行告知义务或者违反医学伦理规范所应承担的行政责任。《基本医疗卫生与健康促进法（草案）》曾规定，"在开展医学研究或提供医疗卫生服

---

[1] 黄玉杰："虎门中医院泄露乙肝病毒携带者隐私被判赔8000"，载《羊城晚报》2011年12月28日。

务过程中不履行告知义务，不尊重公民知情同意权利，情节严重或造成严重后果的"行为应受到相应的行政处罚，体现了对患者知情权的强调和保护。"知情权"最早是从"知情同意权"这一概念里分离出来的，与之相对应的便是诊疗过程中医疗卫生人员的告知义务，因此草案中"不履行告知义务"与"不尊重公民知情同意权利"语义重复，而前者较后者更加强调责任，故二次审议案删去了后者。据有关资料的统计，在80%以上的医疗纠纷案件中，患者均认为医方未尽到"告知"的义务，侵犯了患者的知情权，[1]可见告知的有效履行是维护医患关系和谐发展的重要手段之一。《基本医疗卫生与健康促进法》的最终规定将"不履行告知义务"的描述修改为"未按照规定履行告知义务"，再次体现了立法行文的细致全面。告知义务履行的问题应聚焦在何时履行、如何履行以及对重症患者的履行技巧，而不是"是否应履行"。我国法律法规中对告知义务的履行均规定了存在"不宜向患者说明"的情形，并强调告知时应"注意避免对患者产生不利后果"，体现了医疗卫生服务的人性化，但关于此类告知内容的范围或情形我国并未做详细划定。对此，美国法院判例形成的标准主要有三种：理性医生的标准，即中等专业水平和责任心的医生在相同情况下会向患者说明哪些内容；理性病人的标准，即普通病人在相同情况下会希望获知哪些内容；主观标准，即普通病人在当时的情况下需要被告知哪些内容才能作出合理的同意。[2]

随着近年来国内学术界对知识产权的越发重视和各医疗机构伦理委员会的相继建立，"违反医学伦理规范，剽窃、伪造科学数据或事实"的违规情形亦被写进了《基本医疗卫生与健康促进法（草案）》，但因涉及学术研究，看似与医疗卫生人员执业中的违规行为关联不大，故在二次审议稿中被整条删去。后由于部分常务委员认为应强调医学伦理的重要性、增加对医疗卫生人员违反医学伦理规范的法律责任，用以明确开展药物、医疗器械临床试验和其他试验性医学研究应当遵守医学伦理规范、并取得知情同意和伦理审查同意，便在三次审议稿中与履行告知义务并列在一起，巧妙地衔接了《基本医疗卫生与健康促进法》第54条中医疗卫生人员应当遵守医学伦理规范的规

---

〔1〕　秦艳艳："我国对患者知情权的法律保护及其完善"，载《科技信息》2008年第32期。
〔2〕　奚晓明主编：《〈中华人民共和国侵权责任法〉条文理解与适用》，人民法院出版社2010年版，第400页。

定。《医疗纠纷预防和处理条例》第 46 条还对医疗机构将未通过技术评估和伦理审查的医疗新技术应用于临床的行为作出了处罚规定：由县级以上人民政府卫生主管部门没收违法所得，并处 5 万元以上 10 万元以下罚款，对直接负责的主管人员和其他直接责任人员给予或者责令给予降低岗位等级或者撤职的处分，对有关医务人员责令暂停 6 个月以上 1 年以下执业活动；情节严重的，对直接负责的主管人员和其他直接责任人员给予或者责令给予开除的处分，对有关医务人员由原发证部门吊销执业证书；构成犯罪的，依法追究刑事责任。

此外，本条第 2 款中规定的应依法给予处分的人员范围，由最初的"属于公立医疗卫生机构中从事管理的人员"，修改为后来的"属于政府举办的医疗卫生机构中的人员"，范围的扩大和措辞的调整体现了法律的严格及其对上述违规行为的"零容忍"，更加细化了实践中的追责机制。

第一百零三条 违反本法规定，参加药品采购投标的投标人以低于成本的报价竞标，或者以欺诈、串通投标、滥用市场支配地位等方式竞标的，由县级以上人民政府医疗保障主管部门责令改正，没收违法所得；中标的，中标无效，处中标项目金额千分之五以上千分之十以下的罚款，对法定代表人、主要负责人、直接负责的主管人员和其他责任人员处对单位罚款数额百分之五以上百分之十以下的罚款；情节严重的，取消其二年至五年内参加药品采购投标的资格并予以公告。

【条文主旨】 药品招投标领域违法行为的法律责任

【理解与适用】本条对药品招投标领域违法行为的表现方式进行了分类列举，明确了执法主体、法律责任的形式和后果。2000 年以后，全国推行药品集中采购，逐步形成以地（市）为单位、委托中介机构组织实施药品采购的工作模式；2005 年以后，逐渐形成以省为单位，政府主导、建立采购平台，省卫生健康委员会或者公共资源交易中心组织实施的网上集中招标采购，其间有 2010 年重庆药交所、2013 年广东药品交易中心的市场化探索；及至 2018 年国家医疗保障局成立，招标采购职能从卫生健康行政部门和公共资源交易中心等划转至医疗保障局，国家医疗保障局迅速主持了一系列药品国家集中谈判和招标。在此之前，地方药品招标采购基本各自为战或者后期数省联盟，通常各地各级自行制定规范性文件或者药械招标方案、规则，故规则、方案及其对招投标中的违法行为的限制、约束、处罚都不尽相同。《基本医疗卫生与健康促进法》将各地实践探索总结完善并上升固化为法律责任，其实体和程序规定都更加合法、规范，更具有权威性、可操作性。

首先，该条厘清了药品招投标领域内的各种违法行为。该条款主要归纳了四种违法行为，即低于成本的报价竞标，以欺诈、串通投标和滥用市场支配地位方式竞标。第一种以低于成本价竞标成功后，厂家有的降低药品有效成分含量或以其他降低成本的方式损害质量，甚至直接生产伪劣药品危害人民健康，有的停止生产，人为造成常用质优价低的药物短缺断供。第二种欺诈方式竞标，常见表现为针对各省规则采取虚报高价、瞒报低价、伪造价格等各种弄虚作假和欺诈方式竞标。第三种串通投标是经济领域中常见的围标方式，通过串通合谋，确保某家企业先中标再利益分享、均沾或者赚取佣金。第四种以滥用市场支配地位方式竞标是本法新认定的违法行为。药品作为特殊商品，具有必需性和专用性等特点，尤其是某些专利药、新药、特药、专科药和罕见病药等，具备了在市场上和招投标中具有优势或者支配地位的条件。本法对此规定，既体现了维护人民健康和确保国家安全的必要，也沿袭了国际通行做法。上述违法行为的危害性表现在：一是损害了药品质量，增加了医疗机构和患者使用的成本和价格。二是影响药品供应保障，影响了患者的救治。三是违法赚取暴利，加重了患者负担，导致因病致贫、因病返贫；增加了医保基金本已经不堪承受的耗散，危害医保基金安全，损害社会公平正义，影响社会稳定。四是破坏公平竞争的环境，使按照诚实信用原则保证质量合理定价的企业失去了公平竞争的机会和生存发展的空间，形成"劣币驱逐良币"的不良市场环境，最终损害人民的健康、产业的健康发展和正常的社会经济秩序。

其次，明确了药品招投标工作的执法主体。一部法律能够得到贯彻实施，首先必须具备明确的执法主体。《招标投标法》对危害招投标正常运行的违法行为，究竟由哪个主体来承担执法的责任，含糊不清、语焉不详。这从立法的角度来讲，是一个很大的缺陷。这直接导致招投标领域的违法行为，可能由于缺乏明确的责任主体而得不到有效的治理。《基本医疗卫生与健康促进法》对执法主体的规定尤为清晰，针对医疗机构和医疗市场的行政管理授权，卫生健康部门作为执法主体，而对于药品招投标工作中所涉及的事项，授权医疗保障部门作为执法主体，这样就避免了因立法不清晰导致的执法主体不明而产生的监督失范问题。这是本法具有可操作性的亮点。

最后，明确了对于药品招投标违法行为的处罚种类。本法规定的处罚种类和《招标投标法》的规定一样，主要包括没收违法所得、罚款和市场禁入，同时还配套了责令改正的行政命令和认定中标无效的行政确认。而且其中的罚款，也采用了双罚制，即对于违法行为责任主体及其主要的负责人员实行双罚。相对于招标投标法而言，罚款中对于责任人处罚的范围有所扩大，市场禁入中的时间限制有所延长，最长可以达到5年。这充分说明了在招投标领域，《基本医疗卫生与健康促进法》对于药品招投标违法行为的处罚力度，要远高于招标投标法的规定。

本条的具体实施也将面临一定挑战。第一，国家和地方医保部门都面临职能集中、权力重大而机构和编制相对紧张的局面。现在医保部门的职能职责几乎没有配置对外行政执法权，具有法律专业背景、熟悉医药和招投标领域又具备执法资格的执法人员队伍亟待建设。第二，本条的规定过于原则，应尽快制定实施细则，本条才能得以贯彻落实。比如对于药品招投标领域的违法行为，本条将滥用市场支配地位参与竞标认定为违法行为纳入处罚范围，那么什么是滥用市场支配地位参与投标的行为呢？仅仅凭这一句话，执法人员根本无法作出判断。在实践中，执法人员完全可能以条款不明为由，怠于履行职责；或者任凭自己的主观意愿加以认定。所以仅仅靠本法推动药品招投标领域的执法，力度不够，必须尽快制定实施细则，把这些原则性的规定变成具有可操作性的条款，否则该条款极容易被架空，从而影响其法律权威性。第三，法律之间的衔接度不够，容易导致法条冲突。比如对于违法参与药品招投标行为的主体进行罚款，采用的是双罚制，既要处罚单位又要处罚责任人，但是对处罚哪些责任人其与《招标投标法》规定的范围不一样，两者之间存在冲突。况且本条对于承担责任的个人的界定逻辑上不周延，法定代表人与主要负责人，直接负责的主管人员和其他责任人的内涵和外延均有交叉，在具体的执法过程中极为容易混淆，甚至可能扩大处的对象。又如对于市场禁入的规定，政府采购法和招标投标法与本法对于市场禁入的期限规定均不一致，而所针对的违法行为都具有同样性质，这对于执法无疑会带来困惑。同时，通过取消资格这种方法，设立未来的市场禁入，这是一种新的行政处罚措施，属于资格罚的范畴。这种处罚种类在行政处罚法中没有规定，行政复议法和行政诉讼法也没有专门适用的条款，这无疑会加大相对人寻求救济的难度。

第一百零四条　违反本法规定，以欺诈、伪造证明材料或者其他手段骗取基本医疗保险待遇，或者基本医疗保险经办机构以及医疗机构、药品经营单位等以欺诈、伪造证明材料或者其他手段骗取基本医疗保险基金支出的，由县级以上人民政府医疗保障主管部门依照有关社会保险的法律、行政法规规定给予行政处罚。

【条文主旨】骗保责任

【理解与适用】本条规定了相关单位、个人骗取基本医疗保险待遇或基本医疗保险基金支出的法律责任。基本医疗保险基金是指国家为保障参保人员的基本医疗待遇，由医疗保险经办机构按国家有关规定，向参保单位和参保人员筹集用于基本医疗保险的专项基金。医保基金，关乎民生，是人民群众的"保命钱"，但近年来不少个人或相关机构骗取医保基金的现象屡见不鲜，骗保手段层出不穷，且花样不断翻新，成为啃食"救命钱"的社会毒瘤。2018年9月起，国家医疗保障局会同国家卫生健康委员会、公安部、国家药监局联合开展了打击欺诈骗取医疗保障基金专项行动。自专项行动开展以来，各地加大打击力度，依法依规查处了一批欺诈骗保案件。通过对这些典型案例进行分析，可以发现骗保主要有以下六种方式。

一是虚假住院。编造住院治疗材料，虚假检查检验、虚记费用，制作虚假医患交流记录、病历诊断书、处方等相关病历资料等。如在安徽省某医院以虚假住院骗取某县医保基金案中，安徽省某医院以免费体检为由，获取某县参合群众信息，编造住院治疗材料，套取新农合基金。2016年8月至2018年8月，该院共编造450人次虚假住院信息，骗取新农合基金136万元。

二是过度诊疗。将可门诊治疗的参保个人收治住院，以免费体检为由诱导参保人员住院，在医疗过程中对参保人员进行过度检查、过度诊断、过度医疗等。如在甘肃省某医院诱导病人住院骗取医保基金案中，甘肃省某医院于2018年1~10月，通过过度治疗、将可门诊治疗的参保个人收治住院、以免费体检为由诱导参保人员住院等方式骗取医保基金 13.62 万元。

三是阴阳处方。虚假增加住院天数、虚增医疗项目、虚开药品、虚记费用等。如在山西省某医院骗取医保基金案中，山西省某医院于 2018 年 1 月至 12 月，通过无医嘱收费、虚记检查收费、理疗项目多计费等方式骗取医保基金 65.71 万元。

四是串换药品或诊疗项目。如在江西省某大药房串换药品骗取医保基金案中，江西省某大药房在 2017 年 1 月至 2018 年 10 月期间医保系统内的销售数据大于其店内销售数据，存在替换、串换药品等问题，涉及金额 4.9 万元。

五是伪造医疗发票。如在北京市某社区卫生服务站购买虚假进货发票骗取医保基金案中，北京市某社区卫生服务站通过购买虚假进货发票、阴阳处方等方式骗取了医保基金。2018 年 1 月至 8 月，该服务站负责人从网上购买中药饮片进货发票 8 张，骗取医保基金 60.23 万元。

六是超医保范围诊疗。如在福建省某卫生所套换医保编码骗取医保基金案中，福建省某卫生所于 2017 年 7 月至 2018 年 6 月，通过套换医保编码、超医保支付范围开展诊疗项目等方式骗取医保基金 96.11 万元。[1]

随着医保基金规模越来越大，打击骗保行为也迫在眉睫。针对以上骗保违法行为，县级以上人民政府医疗保障主管部门可以依据《社会保险法》《基本医疗保险监督管理办法》《定点医疗机构服务协议》等法律文件对基本医疗保险经办机构、医疗机构、药品经营单位以及相关人员进行处罚。据《2018年全国基本医疗保障事业发展统计公报》及相关数据显示，截至 2018 年末，各地共检查定点医药机构 27.2 万家，查处违约违规违法机构 6.63 万家，其中解除医保协议 1284 家、行政处罚 1618 家、移交司法机关 127 家；各地共核查存在疑似违规行为的参保人员 2.42 万人，暂停医保卡结算 8283 人、行政处罚 77 人、移交司法机关 487 人，共追回医保资金 10.08 亿元。2019 年 4月，国家医疗保障局在其官网上正式公布《医疗保障基金使用监管条例（征求意见稿）》，面向社会公开征求意见，这意味着首部医保基金监管方面的法规即将出台。该征求意见稿规定，医疗保障行政部门根据违法违规情形有权作出以下处罚：警告、没收违法所得并处违法数额二倍以上五倍以下罚款、

---

〔1〕 相关案例来源于国家医疗保障局 2019 年通报的三批 24 起骗保典型案例。

责令经办机构中止或解除医（药）师服务资格、责令经办机构中止或解除医保服务协议、纳入失信联合惩戒对象名单、移送有关行政部门。有关行政部门应当根据违法违规情形给予责令停业整顿、吊销执业（经营）许可证、吊销执业资格等行政处罚。对违法违规的公职人员依法给予行政处分，构成犯罪的，依法追究刑事责任。同时，制定了对参保人员及医疗救助对象的处罚规定，若将本人医疗保障有效凭证出租（借）给他人或定点医药机构骗取医疗保障基金的，或者伪造变造票据、处方、病历等证明材料骗取医疗保障基金的，由医疗保障行政部门追回医疗保障基金，暂停其联网结算待遇不超过12个月，并视情节严重程度处二倍以上五倍以下罚款，涉嫌犯罪的，依法追究其刑事责任。

2020年3月，《中共中央　国务院关于深化医疗保障制度改革的意见》要求，健全严密有力的基金监管机制，依法追究欺诈骗保行为责任。制定完善医保基金监管相关法律法规，规范监管权限、程序、处罚标准等，推进有法可依、依法行政。建立医疗保障信用体系，推行守信联合激励和失信联合惩戒。加强部门联合执法，综合运用协议、行政、司法等手段，严肃追究欺诈骗保单位和个人责任，对涉嫌犯罪的依法追究刑事责任，坚决打击欺诈骗保、危害参保群众权益的行为。

第一百零五条　违反本法规定，扰乱医疗卫生机构执业场所秩序，威胁、危害医疗卫生人员人身安全，侵犯医疗卫生人员人格尊严，非法收集、使用、加工、传输公民个人健康信息，非法买卖、提供或者公开公民个人健康信息等，构成违反治安管理行为的，依法给予治安管理处罚。

【条文主旨】违法行为的治安管理处罚

【理解与适用】本条规定了应受到治安管理处罚的涉医违法行为。根据《治安管理处罚法》第10条的规定，治安管理处罚措施包括：（1）警告；（2）罚款；（3）行政拘留；（4）吊销公安机关发放的许可证。对违反治安管理的外国人，可以附加适用限期出境或者驱逐出境。本条规定所列违法行为均可适用这些措施予以处罚。本条规定了五类违法行为，具体如下：

（1）扰乱医疗卫生机构执业场所秩序行为。具体行为表现为：强拿硬要或者故意损毁、占用医疗卫生机构的财物等；在医疗卫生机构设置灵堂、摆放花圈、焚烧纸钱、悬挂横幅、堵塞大门或者起哄闹事、违规停放尸体等；非法携带枪支、弹药、管制器具或者爆炸性、放射性、毒害性、腐蚀性物品进入医疗卫生机构等。在特殊时期，此类行为还可能具有特殊的行为特征。例如，在新冠肺炎疫情期间，新冠肺炎确诊患者或疑似患者在医疗卫生机构就医时拒不按医务人员要求佩戴口罩，或随处吐痰、吐口水，以及以其他方式污染医疗卫生机构地面、墙壁、设备设施的行为；拒不接受或以暴力、威胁等方法阻碍医疗卫生机构及其他国家机关工作人员依法履行为防治新冠肺炎而采取的防疫、检疫、强制隔离、隔离治疗等预防、控制措施的行为；或者阻碍医疗卫生机构依法处置传染病患者尸体的行为。这些行为均有可能构成扰乱医疗卫生机构执业场所秩序的行为。

可以用一则因破坏医疗秩序而受到治安管理处罚的案例来直观感受一下。2019年2月12日，病患黄某（69岁）在安徽省某县医院因病进行手术，经抢救无效死亡。2019年2月14日上午8时许，汪某、杨某等家属聚集近百人在某县医院门诊大厅内吵闹，继而在门诊大厅门口焚烧纸钱、喊口号、辱骂医务人员，阻碍其他患者正常就医，严重干扰医院的正常医疗秩序。经当地公安机关调查取证，对汪某、杨某等8人处以行政拘留10日的处罚。

（2）实施威胁、危害医疗卫生人员人身安全的行为。具体行为表现为：殴打、故意伤害、故意杀害医疗卫生人员；以暴力、威胁等方法非法限制医疗卫生人员的人身自由，或者公然侮辱、恐吓、诽谤医疗卫生人员等。在特别情况下，也可能会有特殊的表现形式。例如，在新冠肺炎疫情期间，对医务人员实施撕扯防护用具、吐口水等可能导致医务人员感染新冠病毒的行为。

（3）侵犯医疗卫生人员人格尊严的行为。人格尊严是一种抽象人格权，明确规定在我国《民法总则》第109条中。在医疗活动中，涉及侵犯医疗卫生人员人格尊严的具体行为表现为：干涉、盗用、冒用医疗卫生人员姓名的行为；未经允许，利用医疗卫生人员肖像进行营利活动的行为；对医疗卫生人员进行侮辱、诽谤以及新闻报道严重失实，致医疗卫生人员名誉受到损害的行为；非法剥夺医疗卫生人员的荣誉，非法侵占医疗卫生人员的荣誉，严重诋毁医疗卫生人员所获得的荣誉，非法剥夺医疗卫生人员利用荣誉获取利益的权利等行为；非法侵入、搜查医疗卫生人员住所，非法跟踪医疗卫生人员，监视医疗卫生人员住所；非法刺探医疗卫生人员财产状况，调查、刺探医疗卫生人员社会关系并非法公之于众，收集医疗卫生人员不愿向社会公开的纯属个人的情况等行为。

（4）非法收集、使用、加工、传输公民个人健康信息的行为。公民的个人健康信息主要是指在体检、诊断、治疗、疾病控制、医学研究过程中涉及的个人肌体特征、健康状况、人际接触、遗传基因、病史病历等方面的信息。任何没有得到法律授权、个人健康信息主体同意的收集、使用、加工、传输个人健康信息的行为都是非法行为，是为法律所禁止的。

（5）非法买卖、提供或者公开公民个人健康信息的行为。关于禁止买卖、提供或者公开个人健康信息是否要限定在"非法"范围内，有不同的理解。有人认为凡是买卖、提供或者公开个人健康信息，均为非法，应当被禁止。有人则认为只有非法买卖、提供或者公开个人健康信息的行为才需要被禁止，而合法的交易或者提供个人健康信息的行为则不应被禁止。交易经过"去个人化"处理的信息，已经不是个人健康信息交易，而是不能单独或者与其他信息结合起来识别自然人个人身份的"大数据"，不违反法律规定，并不侵害自然人的个人健康信息。大数据的开发、利用和交易，必将极大促进社会经济的发展和方便人们的生活。[1]

实践中也出现过一些案例。例如，据鄂尔多斯某区警方信息显示，2020年2月1日，某社区卫生服务中心工作人员将涉疫情排查人员的名单发送至内部工作群，被群内的非工作人员王某（曾在该社区内开展社会医疗服务工作）擅自对外转发至3个社会群众微信群，导致个人信息泄露。2020年2月2日，某区公安分局根据《治安管理处罚法》第42条第（6）项之规定，依法对王某作出行政拘留10日的处罚决定。

第一百零六条　违反本法规定，构成犯罪的，依法追究刑事责任；造成人身、财产损害的，依法承担民事责任。

【条文主旨】民事责任和刑事责任

【理解与适用】本条是关于违反本法规定应当承担民事责任和刑事责任的概括性规定，条文虽短，却内涵丰富。尽管该条本身并不具有独立适用的效

---

〔1〕张新宝："从隐私到个人信息：利益再衡量的理论与制度安排"，载《中国法学》2015年第3期。

力，却承担了连接民法和刑法规范的接口角色，意义非凡。

从世界范围内考察，医疗卫生均是一个国家或者地区严格管控的行业领域，这不仅体现在其准入制度的严格把控方面，如医疗机构和医务人员均须取得一定资质方能执业等，而且还体现在对医疗行为的后续监管方面。当然，卫生行政部门并非在任何时候都能完好地履行法律法规赋予的法定职责。为了发展和规范医疗卫生事业，保障居民的医疗卫生安全，促进基本医疗卫生服务的公平性、可及性，我国《基本医疗卫生与健康促进法》从行业基本法的角度对医疗卫生事业的参与者赋予了不同的法定职责和法定义务。当相关主体不履行或者不能完全履行其法定职责或者法定义务时，就需要承担法律责任。

法律责任是法律义务履行的保障机制，也是违反法律义务的矫正机制，具有预防、救济和惩罚等多项功能，在整个法律体系中占有十分重要的地位。通常而言，法律责任可分为民事责任、行政责任和刑事责任。尽管我国《基本医疗卫生与健康促进法》也涉及民法、刑法的部分，但从该法的条文内容来看，其绝大部分具有行政法性质。受此影响，我国《基本医疗卫生与健康促进法》第9章规定的法律责任，其绝大部分条款亦为行政责任规范，从第98条至第106条，仅在最后一条即第106条规定了民事责任和刑事责任。事实上，这种编排一方面旨在于从形式上严格区分行政责任与民事责任、刑事责任，另一方面凸显其社会法、基本法的属性，主次分明，繁简有别，避免与民法、刑法存在大量的重复性规定，这种立法技术不仅在法律文本中十分常见，而且客观上确有简明且保持稳定的功用，否则本条就很容易受到民法或者刑法等法律法规的修改的影响而变动不居。"朝令夕改"容易损害法律的权威。当然，正是基于这样的价值选择，该条的法律适用性受到了很大影响，最大的问题在于不能单独适用。

无论是行政机关在执行法定职责过程中，还是医疗卫生人员在从事职务行为过程中，均有可能在不具备免责事由的情况下侵害公民个人的人身权、财产权等合法权益。我国《侵权责任法》第2条第1款规定，"侵害民事权益，应当依照本法承担侵权责任"。该法第15条规定，"承担侵权责任的方式主要有：（一）停止侵害；（二）排除妨碍；（三）消除危险；（四）返还财产；（五）恢复原状；（六）赔偿损失；（七）赔礼道歉；（八）消除影响、恢复名誉。以上承担侵权责任的方式，可以单独适用，也可以合并适用"。但是在医疗卫生实践中，主要涉及侵犯公民人身权所引起的损害赔偿问题。根据我国《侵权责任法》第 16 条的规定，"侵害他人造成人身损害的，应当赔偿医疗费、护理费、交通费等为治疗和康复支出的合理费用，以及因误工减少的收入。造成残疾的，还应当赔偿残疾生活辅助具费和残疾赔偿金。造成死亡的，还应当赔偿丧葬费和死亡赔偿金"。当然，如果侵害公民的人身权益使他人遭受了严重的精神痛苦，被侵权人还可以要求精神损害赔偿。若是侵犯了公民的财产权，应当按照损失发生时的市场价格或者其他方式计算财产损失。在法律适用的依据方面，除了包括我国《侵权责任法》（尤其是第 7 章"医疗损害责任"）之外，还包括《民法总则》《最高人民法院关于审理人身损害赔偿案件适用法律若干问题的解释》《最高人民法院关于审理医疗损害责任纠纷案件适用法律若干问题的解释》等。

在《基本医疗卫生与健康促进法》生效之前，实践中已经大量涌现出医疗卫生机构承担民事责任的案例。例如，2015 年 5 月 9 日，连某因主诉"孕42+2 周"入某医院就医。5 月 12 日 6 时行催产素点滴引产，18 时 35 分产钳助娩一男活婴，并诊断：产伤性阴道血肿；弥漫性血管内凝血等，于 5 月 13 日转另一医院就医、住院，住院共 106 天，出院诊断为：（1）子宫次全切除术后；（2）慢性肾功能衰竭 CKD5 期；（3）慢性心力衰竭；（4）围产期心肌病。诉讼中经连某申请，鉴定机构出具鉴定意见为：（1）某医院在对被鉴定人实施诊疗过程中存在医疗过错，与被鉴定人的损害后果之间有主要因果关系。(2)被鉴定人符合伤残二级。(3)被鉴定人不构成护理依赖。(4)后续诊疗建议以实际产生为准。连某起诉要求某医院承担医疗费、误工费、交通费及精神损害抚慰金等费用。医院认为医疗保险基金已经支付的医疗费部分不应予以赔偿。[1]法院经审理后判决医疗机构承担医疗损害赔偿的民事责任。在《基本医疗卫生与健康促进法》实施之后，仍会产生大量的医疗损害责任纠纷，这在很大程度上反映出医疗行业是一个高风险性行业。

我国《刑法》第 13 条规定，"一切危害国家主权、领土完整和安全，分

---

〔1〕 北京市第一中级人民法院："2019 法院版：医疗损害责任纠纷 10 大案例详解+裁判要点"，载 https://www.sohu.com/a/305492757_693598，最后访问日期：2020 年 4 月 15 日。

裂国家、颠覆人民民主专政的政权和推翻社会主义制度，破坏社会秩序和经济秩序，侵犯国有财产或者劳动群众集体所有的财产，侵犯公民私人所有的财产，侵犯公民的人身权利、民主权利和其他权利，以及其他危害社会的行为，依照法律应当受刑罚处罚的，都是犯罪，但是情节显著轻微危害不大的，不认为是犯罪"。无论是单位还是个人，如果其行为具有社会危害性，且应当得到刑罚处罚，那么其行为就已涉嫌犯罪。根据我国刑法的规定，刑罚被分为主刑和附加刑。主刑包括管制、拘役、有期徒刑、无期徒刑、死刑。附加刑包括罚金、剥夺政治权利和没收财产。无论是主刑还是附加刑，均可以被独立适用。对于犯罪的外国人，还可以独立适用或者附加适用驱逐出境。

　　除了故意伤害罪等传统犯罪之外，我国刑法还专门规定了诸多针对危害公共卫生的犯罪。比如妨害传染病防治罪，传染病菌种、毒种扩散罪，医疗事故罪，非法行医罪等。对于非法行医罪而言，未取得医生执业资格的人非法行医，情节严重的，处3年以下有期徒刑、拘役或者管制，并处或者单处罚金；严重损害就诊人身体健康的，处3年以上10年以下有期徒刑，并处罚金；造成就诊人死亡的，处10年以上有期徒刑，并处罚金。对于医疗事故罪而言，医务人员由于严重不负责任，造成就诊人死亡或者严重损害就诊人身体健康的，处3年以下有期徒刑或者拘役。值得一提的是，如果政府、卫生行政部门等工作人员利用职务上的便利或者徇私舞弊、滥用职权、玩忽职守、妨碍国家机关公务的合法、公正、有效执行，损害国民对国家机关公务的客观、公正、有效执行的信赖，致使国家和人民利益遭受重大损失的，将会涉嫌渎职罪，比如滥用职权罪、玩忽职守罪等。如果从事传染病防治的政府卫生行政部门的工作人员严重不负责任，导致传染病传播或者流行情节严重的，将会构成传染病防治失职罪。一旦成立，将按照我国《刑法》第409条的规定，处3年以下有期徒刑或者拘役。[1]例如，2013年2~3月，A县发现多起荨麻疹病例。相关负责人周某在其上级李某的指使下，通过实际操作阻碍了相关病例的上报。此时，病情已经达到"荨麻疹暴发"的程度。同时，李某的上级负责人，即被告人黎某在接到报告后，也没有按照规定将信息上报。其参与的卫生局会议也决定违反规定，不对疫情进行网络直报。此外，黎某

---

〔1〕　张明楷：《刑法学》，法律出版社2016年版，第1238~1267页。

要求医师修改病历，对患者病历上的"麻疹"字样进行技术处理，要求病历上不能出现"麻疹"字样，但仍以麻疹病救治。直至 2013 年 4 月中旬，上级督查发现真实情况后，在上级的督促下，黎某及其下属才进行了上报，并将标本送检。随后发布的通告文件显示，A 县疫情暴发的原因之一是瞒报、缓报疫情，错过了最佳处置时机，导致疫情蔓延扩散。[1]从本案的实际情况判断，黎某已经构成传染病防治失职罪，并因此受到刑事处罚。

不过，如果从形式上考察，我国《基本医疗卫生与健康促进法》过于侧重或者仰赖行政责任的应用，容易给民众造成"重行轻民、刑"的误解，实际上这是一种立法技术的应用，通过民事责任、行政责任和刑事责任的综合运用、多管齐下，最终规制相关主体履行法定职责和法定义务的行为，为公民的合法权益提供有力的法治保障。

---

[1] 肖飒："瞒报缓报疫情，小心构成传染病防治失职罪"，载《检察日报》2020 年 2 月 25 日，第 8 版。

第十章　附　则

第一百零七条　本法中下列用语的含义：

（一）主要健康指标，是指人均预期寿命、孕产妇死亡率、婴儿死亡率、五岁以下儿童死亡率等。

（二）医疗卫生机构，是指基层医疗卫生机构、医院和专业公共卫生机构等。

（三）基层医疗卫生机构，是指乡镇卫生院、社区卫生服务中心（站）、村卫生室、医务室、门诊部和诊所等。

（四）专业公共卫生机构，是指疾病预防控制中心、专科疾病防治机构、健康教育机构、急救中心（站）和血站等。

（五）医疗卫生人员，是指执业医师、执业助理医师、注册护士、药师（士）、检验技师（士）、影像技师（士）和乡村医生等卫生专业人员。

（六）基本药物，是指满足疾病防治基本用药需求，适应现阶段基本国情和保障能力，剂型适宜，价格合理，能够保障供应，可公平获得的药品。

【条文主旨】专业术语释义

【理解与适用】本条对本法中涉及的专业术语进行了定义、解释和列举。

（1）健康指标是衡量一个国家、民族、地区居民健康水平和状况的指标。通过健康指标可以对一个国家、地区人群健康状况作出判断和评价。健康指标在选择时一般遵守资料容易获得、敏感度高、容易计算、广为接受、重复使用结果一致的原则。确定的健康指标应具备有效、可靠、灵敏和特异等特征。[1]人群健康指标水平及其发展变化，可以发现人群主要的健康问题，筛选影响人群健康的主要因素，评估各种健康计划、方案、措施的效果。[2]国际上公认的主要健康指标包括人均预期寿命、孕产妇死亡率、婴儿死亡率、五岁以下儿童死亡率等。以上所列举的指标均为死亡类指标。

---

〔1〕李鲁主编：《社会医学》，人民卫生出版社 2017 年版，第 167 页。

〔2〕姜润生、初炜主编：《社会医学》，科学出版社 2010 年版，第 30 页。

人均预期寿命也被称为"平均寿命",即指 0 岁时的预期寿命,同一时期出生的人预期能继续生存的平均年数,是评价一个国家人口的生存质量和健康水平的重要指标。随着我国经济迅速的发展,人民物质生活水平显著提升,医疗卫生事业发展迅速,我国人均预期寿命有了很大幅度的提高。中华人民共和国成立初期,我国人均预期寿命只有 40 岁左右,2010 年我国"第六次全国人口普查"数据显示,我国人均预期寿命是 74.8 岁。根据世界卫生组织(WHO)发布的《2018 世界卫生统计报告》中人均预期寿命的数据显示,日本人均预期寿命排名世界第 1 位(84.2 岁),美国排名第 34 位(78.5 岁),中国排名第 52 位(76.4 岁)。2019 年 5 月,国家卫生健康委员会发布的《2018 年我国卫生健康事业发展统计公报》指出,我国居民 2018 年人均预期寿命为 77.0 岁。

孕产妇死亡率、婴儿死亡率、五岁以下儿童死亡率是反映一个国家和民族居民健康水平的重要指标,特别是妇幼保健工作水平的重要指标。妇女和儿童是社会弱势群体,是需要国家和社会给予支持的群体,因此保障妇女和儿童的健康权益,促进妇幼保健工作,是国家卫生与健康工作的重要内容。孕产妇死亡率是指某年孕产妇死亡数与活产数之比。从妊娠开始到产后 42 天,除意外事故等其他原因造成孕产妇死亡的均计在内,单位一般以十万分表示。其计算公式为:某年孕产妇死亡数/同年活产数×100000。孕产妇死亡率在发达国家和发展中国家的差别巨大,2010 年发展中国家孕产妇死亡率是发达国家的 15 倍,发展中国家和发达国家孕产妇死亡率分别是 240/10 万和 16/10 万。《2018 年我国卫生健康事业发展统计公报》指出,我国居民 2018 年孕产妇死亡率为 18.3/10 万。

婴儿死亡率是指某年婴儿死亡数与活产数之比。从婴儿出生到不满 1 周岁的死亡人数计算在内,单位一般以千分表示。其计算公式是:某年不满 1 岁婴儿死亡数/同年活产数×1000。中华人民共和国成立前,我国婴儿死亡率约 200‰;中华人民共和国成立后迅速下降,2000 年婴儿死亡率为 28.38‰,2010 年婴儿死亡率为 13.1‰。《2018 年我国卫生健康事业发展统计公报》指出,我国 2018 年婴儿死亡率为 6.1‰,其中城市为 3.6‰,农村为 7.3‰。

5 岁以下儿童死亡率是指某年 5 岁以下儿童死亡数与同年活产数之比。从婴儿出生到不满 5 周岁的死亡人数计算在内,单位一般以千分比表示。5 岁以下儿童死亡率反映了全球 18 岁以下儿童 90% 以上的死亡情况，因此一般用 5 岁以下儿童死亡率来反映儿童所处的卫生保健、社会经济和环境情况。其计算公式为：某年不满 5 周岁儿童死亡数/同年活产数×1000。[1]《2018 年我国卫生健康事业发展统计公报》指出，我国 2018 年 5 岁以下儿童死亡率为 8.4‰，其中城市为 4.4‰，农村为 10.2‰。

由中共中央、国务院于 2016 年 10 月 25 日印发并实施的《"健康中国 2030"规划纲要》，也明确规定了人均预期寿命、孕产妇死亡率、婴儿死亡率、5 岁以下儿童死亡率等代表健康水平的指标为"健康中国"建设的主要指标。规定人均预期寿命目标：2020 年达到 77.3 岁，2030 年达到 79.0 岁；婴儿死亡率目标：2020 年不高于 7.5‰，2030 年不高于 5.0‰；5 岁以下儿童死亡率目标：2020 年不高于 9.5‰，2030 年不高于 6.0‰；孕产妇死亡率目标：2020 年为 18.0/10 万，2030 年为 12.0/10 万。

（2）医疗卫生机构，是提供医疗卫生服务的主体，与我国医疗卫生服务组织体系相对应。医疗卫生机构主要包括基层医疗卫生机构、医院和专业公共卫生机构，分别对应医疗服务组织体系和公共卫生服务组织体系。

医疗服务组织体系是指提供医疗服务的医疗机构组成的组织体系，承担所有医疗服务的供给。根据《医疗机构管理条例》第 2 条和《医疗机构管理条例实施细则》第 3 条规定，医疗机构是指从事疾病诊断、治疗活动的组织机构，我国共有 14 类医疗机构：①综合医院、中医医院、中西医结合医院、民族医医院、专科医院、康复医院；②妇幼保健院；③社区卫生服务中心、社区卫生服务站；④中心卫生院、乡（镇）卫生院、街道卫生院；⑤疗养院；⑥综合门诊部、专科门诊部、中医门诊部、中西医结合门诊部、民族医门诊部；⑦诊所、中医诊所、民族医诊所、卫生所、医务室、卫生保健所、卫生站；⑧村卫生室（所）；⑨急救中心、急救站；⑩临床检验中心；⑪专科疾病防治院、专科疾病防治所、专科疾病防治站；⑫护理院、护理站；⑬医学检验实验室、病理诊断中心、医学影像诊断中心、血液透析中心、安宁疗护中心；⑭其他诊疗机构。根据医疗机构的规模和形式的不同，医疗机构可以分为基层医疗卫生机构和医院。

---

[1] 黄仙红、王小合主编：《社会医学案例与实训教程》，浙江大学出版社 2016 年版，第 66 页。

公共卫生服务组织体系由负责疾病预防控制、健康教育、妇幼保健、精神卫生、院前急救、采供血等工作的专门从事公共卫生服务的机构组成。[1]

（3）基层医疗卫生机构，是提供公共卫生和基本医疗服务的初级卫生保健服务机构。基层医疗卫生机构分为城市基层医疗卫生机构和农村基层医疗卫生机构，在提供医疗卫生服务方面具有较好的地理可及性。城市基层医疗卫生机构以社区为单位，以社区居民为服务对象，主要包括社区卫生服务中心、社区卫生服务站、门诊部、诊所等。农村基层医疗卫生机构以乡镇、行政村为单位，主要包括乡镇卫生院、村卫生室、医务室、诊所等。

（4）专业公共卫生机构是从事疾病预防控制、健康教育、妇幼保健、精神卫生、应急救治、采供血等工作的组织机构，主要包括疾病预防控制中心、专科疾病防治机构、健康教育机构、急救中心（站）和血站等机构。疾病预防控制中心是综合性疾病预防控制机构，是主要负责传染病预防与控制、职业卫生、学校卫生、营养与食品卫生、环境卫生等公共卫生事业的机构。专科疾病防治机构是专门性的疾病防治机构，例如职业病防治院（所）、结核病防治院（所）等。[2]其他专业公共机构包括妇幼保健院（所、站）、精神卫生中心等。

（5）医疗卫生人员，是指根据法律规定，取得医疗卫生从业资格，在医疗、预防、保健、药事机构专门从事医疗卫生服务的专业技术人员。《执业医师法》《乡村医生从业管理条例》《护士管理办法》《护士条例》《药品管理法》《执业药师职业资格考试实施办法》规定，医疗卫生人员包括执业医师、执业助理医师、注册护士、药师（士）、检验技师（士）、影像技师（士）和乡村医生等专业技术人员。医疗卫生人员不包括公务员中取得"卫生监督员证书"的人员、医疗卫生机构的管理人员、工勤技能人员。根据《2018年我国卫生健康事业发展统计公报》的数据显示，在2018年末统计的医疗卫生技术人员中，执业（助理）医师共有360.7万人，注册护士共有409.9万人，乡村医生和卫生员共有90.7万人，其他技术人员共有47.7万人。

（6）为了保障公民日益增长的卫生需求，保障贫困人群获得安全、有效、

---

〔1〕 梁万年主编：《卫生事业管理学》，人民卫生出版社2017年版，第63页。
〔2〕 梁万年主编：《卫生事业管理学》，人民卫生出版社2017年版，第64页。

价格可承受的药品，实现社会药品资源的公平性，改善防病治病效果，1975年世界卫生大会提出了"基本药物"和"国家基本药物政策"的概念。基本药物应是满足病人基本用药需求的、最重要的、不可缺少的药品，是具有可供应性、可获得性、费用可承担性、安全有效、质量合格的药品。[1]随着经济发展，各国基本药物目录内容不断拓宽。根据《国家基本药物目录》（2018年版），我国基本药物总品种有685种，包括西药417种、中成药268种。

第一百零八条 省、自治区、直辖市和设区的市、自治州可以结合实际，制定本地方发展医疗卫生与健康事业的具体办法。

【条文主旨】地方授权立法的规定

【理解与适用】本条是对地方医疗卫生事业发展的具体办法制定的授权性规定。《立法法》第72条、第73条规定，省、自治区、直辖市的人民代表大会及其常务委员会根据本行政区域的具体情况和实际需要，在不同宪法、法律、行政法规相抵触的前提下，可以制定地方性法规。设区的市的人民代表大会及其常务委员会根据本市的具体情况和实际需要，在不同宪法、法律、行政法规和本省、自治区的地方性法规相抵触的前提下，可以对城乡建设与管理、环境保护、历史文化保护等方面的事项制定地方性法规，法律对设区的市制定地方性法规的事项另有规定的，从其规定。设区的市的地方性法规须报省、自治区的人民代表大会常务委员会批准后施行。省、自治区的人民代表大会常务委员会应当对报请批准的地方性法规的合法性进行审查，同宪法、法律、行政法规和本省、自治区的地方性法规不抵触的，应当在四个月内予以批准。自治州的人民代表大会及其常务委员会可以依照规定行使设区的市制定地方性法规的职权。地方性法规可以就下列事项作出规定：（1）为执行法律、行政法规的规定，需要根据本行政区域的实际情况作具体规定的事项；（2）属于地方性事务需要制定地方性法规的事项。制定地方性法规，对上位法已经明确规定的内容，一般不作重复性规定。

本条授予地方医疗卫生事业立法权的原因有以下几个方面：

（1）《基本医疗卫生与健康促进法》的规定大多数为原则性规定，授权

---

[1] 梁万年主编：《卫生事业管理学》，人民卫生出版社2017年版，第225~228页。

地方立法可以加强本法的可操作性和实践性。本法在医疗卫生事业领域处于基本法地位，涉及健康的方方面面，包括"健康中国"战略、医学教育、基本公共卫生服务、医疗卫生机构、医疗卫生人员、国家基本药物制度、健康促进、医疗保障、政府资金保障、卫生监督等内容，内容全面、详尽，但是规定的大多数为原则性规定。例如公立医院公益性认定、医疗保障制度确认、食品安全与职业安全制度等，均为原则性规定。在本法颁布以前，我国已经出台《执业医师法》《传染病防治法》《医疗机构管理条例》《食品安全法》《职业病防治法》《药品管理法》《疫苗管理法》等具体法律法规，相对于本法，上述法律规范属于特别规定，具有较强的可操作性。除此之外，本法中大量的政策制度性规定，例如"健康中国"战略的相关内容，第一次在法律中予以确认。以往"健康中国"战略的内容在具体实施过程中一直体现为行政政策，以各地方的卫生规划形式施行。因此，授予地方立法权，可使地方尽快制定法律确认的卫生政策内容，增强权威性和可操作性，有助于卫生政策类法律规定的实施。

（2）已有的地方医疗卫生体制改革试点工作，推动了本法的出台，同时地方也可根据本法制定相关制度。在本法制定之前，随着我国医疗卫生事业的发展，国家制定了一系列医疗卫生政策和法律规范，并在 2009 年出台了《中共中央 国务院关于深化医药卫生体制改革的意见》，进行医疗卫生体制改革。本法的很多内容都参考了我国医疗卫生体制改革的经验。其中就包括一些医疗卫生体制改革的地方经验，例如公立医院改革、医疗保险制度、社会力量举办的非营利性医疗机构制度等，这些制度均先开展试点工作，探索经验取得效果后再制定成熟的政策，最后形成法律规范。因此，根据本法的内容，各地方可根据改革经验，进行试验立法，制定相关地方具体办法。

（3）考虑到每个地方的经济发展和现有医疗卫生条件的不同，医疗卫生事业发展阶段的不同，为体现各省份卫生事业发展规划的特色，授予省、自治区、直辖市和设区的市、自治州制定有关本地方医疗卫生与健康事业的具体办法的立法权。

应该注意的是，这里的授权立法机关仅包括省、自治区、直辖市和设区的市、自治州的人民代表大会及其常务委员会，其他部门无制定具体办法的立法权；同时地方制定的应该是本法的具体实施办法，属于地方性法规，应遵守不同宪法、法律、行政法规相抵触的原则，具体办法不能与本法相冲突。

第一百零九条 中国人民解放军和中国人民武装警察部队的医疗卫生与健康促进工作，由国务院和中央军事委员会依照本法制定管理办法。

【条文主旨】解放军和武警部队的特殊规定

【理解与适用】本条是对中国人民解放军和中国人民武装警察部队的医疗卫生与健康促进工作的特殊性规定，对中国人民解放军和中国人民武装警察部队制定军事医疗卫生与健康促进工作具体规定进行了立法授权。《立法法》第103条规定，中央军事委员会根据宪法和法律，制定军事法规。中央军事委员会各总部、军兵种、军区、中国人民武装警察部队，可以根据法律和中央军事委员会的军事法规、决定、命令，在其权限范围内，制定军事规章。军事法规、军事规章在武装力量内部实施。因此，中央军事委员会有权针对中国人民解放军和中国人民武装警察部队制定军事医疗卫生工作具体规定。宪法规定，一切国家机关和武装力量、各政党和各社会团体、各企业事业组织都必须遵守宪法和法律。对一切违反宪法和法律的行为，都必须予以追究。因此，《基本医疗卫生与健康促进法》作为全国人民代表大会常务委员会通过的适用全国的法律，中国人民解放军和中国人民武装警察部队也必须遵守执行。但是，武装力量的医疗卫生与健康促进工作具有一定的特殊性。从实际出发，根据有关法律规定，本条授权作为军事立法机关的中央军事委员会按照法定程序起草军事医疗卫生与健康促进工作的具体规定，作为《基本医疗卫生与健康促进法》的配套法规。

解放军和武警部队的医疗卫生与健康促进工作与一般的医疗卫生与健康促进工作相比，具有特殊性，主要原因如下：（1）解放军和武警部队管理体制的特殊性。《军事设施保护法》规定，解放军和武警部队的很多单位都是军事禁区或军事管理区，军事管理单位以外的人员、车辆、船舶进入军事管理区，必须经过军事管理区管理单位的认可。因此，在医疗卫生服务监督过程中，地方卫生监督部门无法介入军事管理区的医疗机构。解放军和武警部队的医疗需求具有特殊性，例如，对战时的医疗储备和医疗卫生服务具有特殊要求。另外，解放军和武警部队的医疗卫生信息可能涉密，例如，军队的医疗物资储备信息、特殊人员健康和就医信息、重大医疗事故信息、重大传染病疫情信息等均属于军事机密。（2）解放军和武警部队的医疗机构具有特殊性。为了保障解放军和武警部队的医疗卫生需求，国家建设了多所军队医院，具有医疗、教学、科研、预防、保健、应急服务等多项职能和任务。1999 年中国人民解放军总后勤部制定的《军队事业单位对外有偿服务管理暂行规定》和《军队医疗机构对外医疗有偿服务管理办法》规定，获得许可的军队医疗机构可以对外提供有偿服务。军队医疗机构是解放军和武警部队的后勤组成部分，是卫勤保障的核心力量，和一般的医疗机构相比，军队医疗机构具有特殊性。例如，军队职能决定军队医疗机构需要经常性的卫生备战工作，同时做好突发事件的应急医疗保障工作。[1]

因此，解放军和武警部队的医疗卫生服务和健康促进工作具有特殊性，由国务院和中央军事委员会制定相应的管理办法。虽然解放军和武警部队管理、军队医疗机构具有特殊性，但是军民兼容和军地一体的医疗卫生服务也应当符合本法的规定，因此国务院和中央军事委员会在制定军事医疗卫生与健康促进工作的具体规定时，应当依据本法的基本原则、精神，结合军事医疗卫生工作的特殊情况。

第一百一十条　本法自 2020 年 6 月 1 日起施行。

【条文主旨】法律生效日期

【理解与适用】本条是关于本法的生效日期的规定。法律的时间效力，是指法律何时生效、何时终止效力以及法律对其生效以前的事件和行为有无溯及力。法律的生效时间主要有三种：（1）自法律公布之日起生效（在没有明确生效时间规定时，根据惯例，自法律公布之日起生效）；（2）法律条文中自行规定具体生效时间；（3）规定法律公布后符合一定条件时生效（立法机关另行发布专门文件规定法律的生效时间）。

本条属于第二种法律生效时间的规定，即直接在法条中规定了法律生效日期。《基本医疗卫生与健康促进法》由中华人民共和国第十三届全国人民代表大会常务委员会第十五次会议于 2019 年 12 月 28 日通过并公布，公布与产生法律效力有一定的时间间隔。这主要是为了使各有关单位利用间隔时间（约 6

---

〔1〕　李大鹏等：“军队医院基本卫生装备研究及管理对策探讨”，载《医疗卫生装备》2009 年第 5 期。

个月），熟悉法律规定，做好实施本法的准备工作。准备工作主要包括：（1）认真清理本法颁布之前的各种法律、法规、规章、办法等，如果有与本法相抵触的，立法机关要对相关法律规范进行修订或者废止。（2）本法是医疗卫生领域的基本法，很多内容和规定都具有制度性和框架性，需要出台具体措施才能使其真正得到实施，因此需要国家出台一些配套规定进行具体化，增加可操作性；或者省、自治区、直辖市和设区的市、自治州根据本地区的发展现状，制定相应的具体办法，可以实现与本法同步生效。（3）本法的出台意义非常重要，涉及我国卫生事业发展的很多方面，同时影响和调整了多个国家行政部门的职权，涉及各级人民政府、国家和地方各级卫生健康管理部门、医疗保障部门等，因此有关部门应该在此期间做好本法的学习和法律宣传工作，为本法生效后的顺利施行做好充分的准备、创造良好的条件。（4）除对国家行政机关职权产生影响外，生效前的一段时间也是法律普及时间，各级各类医疗卫生机构及其工作人员、公众知晓、了解本法，使得本法在生效后可以得到更有效的遵守。